U0509958

本书由中国敦煌石窟保护研究基金会资助重印

庆阳北石窟寺内容总录

上

甘肃北石窟寺文物保护研究所 编著

文物出版社

图书在版编目（CIP）数据

庆阳北石窟寺内容总录：特精本 / 甘肃北石窟寺文物保护研究所编著. -- 北京：文物出版社, 2022.12
ISBN 978-7-5010-7889-9

Ⅰ. ①庆… Ⅱ. ①甘… Ⅲ. ①石窟—介绍—庆阳
Ⅳ. ①K879.29

中国版本图书馆CIP数据核字(2022)第227869号

庆阳北石窟寺内容总录

编　　著　甘肃北石窟寺文物保护研究所

责任审定　黄文昆
封面设计　周小玮
责任编辑　王　戈
责任印制　王　芳

出版发行　文物出版社
社　　址　北京市东城区东直门内北小街2号楼
邮　　编　100007
网　　址　http: //www.wenwu.com
经　　销　新华书店
印　　刷　北京荣宝艺品印刷有限公司
开　　本　889mm × 1194mm　1/16
印　　张　34　插页1
版　　次　2022年12月第1版
印　　次　2022年12月第1次印刷
书　　号　ISBN 978-7-5010-7889-9
定　　价　880.00元（上、下册）

目 录

上册

插图目录

序　一

甘肃省文物局局长、研究员 

甘肃文物众多，是名副其实的文物大省，已被世人公认。地上、地下各类不可移动文物，可分为五大类：一是古遗址；二是古墓葬；三是长城、古城遗址；四是古建筑；五是石窟寺。石窟寺是甘肃最大的优势和特色，分布广、数量多、品位高，在国内居于首位。据第三次文物普查资料统计，全省共有 337 处大大小小的石窟。敦煌莫高窟、天水麦积山石窟位列我国四大石窟。

甘肃的石窟寺，大量集中在经河西走廊由西向东的传播路线上，保存状况和保护研究基础工作起步早，成果显著。以河西走廊东入口的武威天梯山石窟为节点，石窟寺分两支向东南和东北发展。向东南的一路，有临夏永靖县的炳灵寺石窟、天水武山县的水帘洞石窟、拉梢寺石窟、甘谷大象山石窟、天水麦积山石窟等，形成了陇东南的百里石窟长廊；向东北的一路，有白银市平川区的红山寺石窟、景泰县的五佛寺石窟、靖远县的寺儿湾石窟、接引寺石窟、法泉寺石窟等，继续向东经宁夏固原的须弥山石窟，达甘肃的平凉地区和庆阳地区，这里有华亭县的石拱寺，庄浪县红崖寺、云崖寺、陈家洞石窟，泾川县王母宫石窟、罗汉洞石窟、南石窟寺，合水县保全寺、张家沟门石窟、莲花寺石窟和庆阳西峰镇的北石窟寺等，再向东有陕西省北部诸石窟和彬县大佛寺，直达山西大同云冈石窟。这是佛教石窟寺西传东渐，在中原地区北线传播的主要线路。

北石窟寺，正好处于古丝绸之路陇右道东段北线要道上，这里是释家信士开凿石窟、创建寺院首选的最佳之处。自北魏创建以来，历经西魏、北周、隋唐至宋代，相继增修扩建未曾间断，从而形成一处规模宏大的石窟群，成为陇东佛教文化的中心。陇东石窟总体数量较多，但相比河西石窟，在保护、研究方面稍逊一筹，唯有北石窟寺，早在 20 世纪 60 年代之初就成立了保护研究机构，一批文物工作者在这里默默坚守，进行保护、研究，做了大量的基础性工作，使石窟文物得到了有效保护并对外开放，供游人参观、考察、学习，感受古代文化艺术和佛教思想的博大精深。

宋文玉同志是北石窟寺文物保护研究所的第二任负责人，在这个远离城市的山沟里的工作岗位上坚守了二十年的时间。他本是一名教师，在走上这个岗位之前，对文物工作知之甚少，更不要说对石窟寺、佛教文化、佛教艺术的研究。然而，在这二十年间，他清苦坚守，潜心钻研，对佛教石窟寺有了比较深的理解和认识，撰写了数十篇关于佛教石窟的学术论文，特别难能可贵的是在艰难的条件下，含辛茹苦，用五年多的时间，带领所里的部分人员完成了这部《庆阳北石窟寺内容总录》，并做了一定的论证和研究。该书虽存在一些技术方面的缺陷，但它却是北石窟寺一项里程碑式的工作，不仅保留下了北石窟寺较为翔实的信息，也达成了几代文物工作者设想要对我省一些重要石窟编著石窟总录的愿望，值得庆贺。

编著者多次希望我能对这本完成不易的《总录》写几句话作为序言，思虑再三，当之实难胜任，却之又不恭，所幸在该书编著过程中和联系出版方面给过一些帮助，斗胆妄言，也算是我与老宋同志在文博战线上一起摸爬多年的一种相互慰藉。

2012 年 10 月 1 日于兰州

序　二

北京大学考古文博学院教授、博士生导师

甘肃省是中国北方地区佛教石窟遗迹保存最多的省区之一，据统计，大小石窟遗存100多处。已经被列入国家级文物保护单位的石窟，已多达10余处。西起敦煌、河西一带，东至天水、陇东地区，佛教石窟随处可见。这些宝贵的佛教文化遗产，成为研究中国佛教发展历史的珍贵资料。研究中国西北地区佛教历史、佛教考古、佛教艺术以及中外文化交流的各个学术领域，都特别关注甘肃地区的佛教石窟。

敦煌莫高窟是我国第一批被列入世界文化遗产名录的佛教石窟。敦煌研究院又是我国第一个佛教石窟学术研究保护单位，研究人员的数量和水平均居全国之首。相比而言，其他石窟的条件要差一些。有些地区的石窟，在保护与研究方面，差距比较大。陇东地区石窟也在其中。

陇东地区石窟，在20世纪20年代，即受到外国学术界的关注。1925年，前往敦煌莫高窟，企图大规模盗劫洞窟壁画的美国人华尔纳，被当地群众阻止，后转至榆林窟，复又至陇东泾川地区活动，其所获资料后来发表。当时随行的陈万里，在其《西行日记》中，记录了华尔纳的行动，也提到泾川南石窟寺碑的发现。陈万里当时未能到北石窟考察，但他准确地判断，一定有与南石窟相对应的北石窟存在。

庆阳北石窟的调查工作，曾在20世纪50年代末至60年代初展开。甘肃省几次组织专业人员勘察，并发表调查简报。此后，陇东、北石窟寺开始受到我国学术界关注。甘肃省及泾川县文物主管部门成立了甘肃北石窟寺文物保护研究所和泾川县南石窟寺文物保管所，同时派出专业人员驻守、管理，并持续至今。

陇东地区与陕西、宁夏毗邻，在佛教发展、传播中，与上述地域有着密切的关联。5世纪末，这一地区出现佛教造像;6世纪初，即有大规模的南、北石窟寺的开凿与建造。因此，在研究我国北方地区北朝佛教石窟时，甘肃陇东地区的重要地位不容忽视。

中国绝大部分佛教石窟，地处偏僻，人烟稀少，生活条件相对比较恶劣。这种自然条件与现状，为从事石窟保护工作的人员，带来外人难以想象的诸多困难。70年代，我到新疆克孜尔石窟考察，当时的负责人姚士宏，是提着供应的食油去克孜尔千佛洞，开始艰难的管理、保护工作的。当时那里没有电灯，没有交通工具（有的只是毛驴车），没有广播，没有娱乐，没有正常人起码的生活条件，但他一个人坚持了二十多年。70年代，我到甘肃炳灵寺石窟，是自己带着主食和食油去的（在洛阳特地请我的师弟温玉成，在饭馆弄到一些猪油，装在塑料桶中，从洛阳带到麦积山，又带到炳灵寺）。那时炳灵寺只有四名工作人员，当地每年仅供应几十斤麦子，其余都是土豆。可以说，生存都有困难。但是王万青一直坚守在炳灵寺石窟，直到他去世。他的一生都献给了中国石窟的保护事业。80年代初，我第一次到北石窟寺，见到王荫槐，他在北石窟经营了二十多年，生活条件虽有所改善，仍然十分艰苦，但他也坚持到退休。一般文保单位石窟的工作人员，情况大都相似，很多人过着苦行僧般的生活，默默地做着自己应该做的事，但他们却无怨无悔。四十多年中，我接触了许多在基层工作的同道，内心对他们怀着深深的敬意。如果没有他们的常年坚守和辛勤付出，这些石窟就很难得到有效保护。近年来，文物盗劫活动日益猖獗。如果不是文物保管人员尽心尽力加强防范，也许佛教石窟会遭到更多破坏。文物部门的工作条件，虽逐步改善，但在自然条件恶劣的地区，特别是石窟保管单位，仍然十分艰苦，需要在政策方面，予以适当的倾斜和关照。

目前，庆阳北石窟寺已由文物保管所发展为文物保护研究所，职工由原来的三人发展到现在的十三人，保护队伍不断壮大。宋文玉已经在这个平凡的岗位上坚守了二十个年头，很不容易。

十九年前，我在甘肃带学生教学实习。受甘肃省文物局的委托，临时在天水麦积山石窟举办为时一个多月的石窟考古培训班。宋文玉刚到北石窟不久，就赶到天水参加学习，与我有师生之缘。他回去之后，一直坚守在自己的岗位上，默默无闻地做着石窟保护的基础工作，且取得了一定的成绩。今年，他准备将自己集数年之功编辑整理的《庆阳北石窟寺内容总录》一书出版，这是一件很有意义的基础性工作，希望能引起学术界对北石窟的更多关注。其用心之良苦，令人感佩。该书收录了北石窟寺全部洞窟的详细数据资料，矫正了以往对个别洞窟某些认识上的偏差，石窟断代也较之以前有所突破。每个洞窟都附有测绘图，可以直观地反映洞窟的形制及造像遗存的分布。同时，书中亦收录了南石窟寺的内容。这是目前为止关于北石窟寺最为全面的基本资料书。他要我为书作序，我不能推却。

我从内心里向工作在基层的同行们，致以崇高的敬意，感谢他们默默的辛勤劳动，也希望全社会，特别是有关部门在石窟保护和研究方面，给予他们必要的支持和帮助。

2012年11月21日于北京

概　述

宋文玉

北石窟寺是北朝时期陇东高原最大的一座佛教石窟寺院，位于甘肃省东部庆阳市西南25公里的覆钟山下蒲、茹二河交汇的东岸二级阶地上。地理坐标为北纬35° 36′ 35″，东经107° 32′ 00″，海拔1064 ~ 1083米。覆钟山，俗称“寺山峁”，是董志塬中部西侧的一座小山峁，山顶低于董志塬面，突兀浑圆，形如覆钟，故名。山体上为黄土，下为白垩纪沉积形成的黄砂岩，相对高度250多米，山脉呈南北走向。山前是蒲、茹二河，蒲河自北而南从石窟前流过，茹河从西向东于石窟南侧汇入蒲河向南流去。蒲河西岸，南有高峻的鸡头岭，北有绵缓

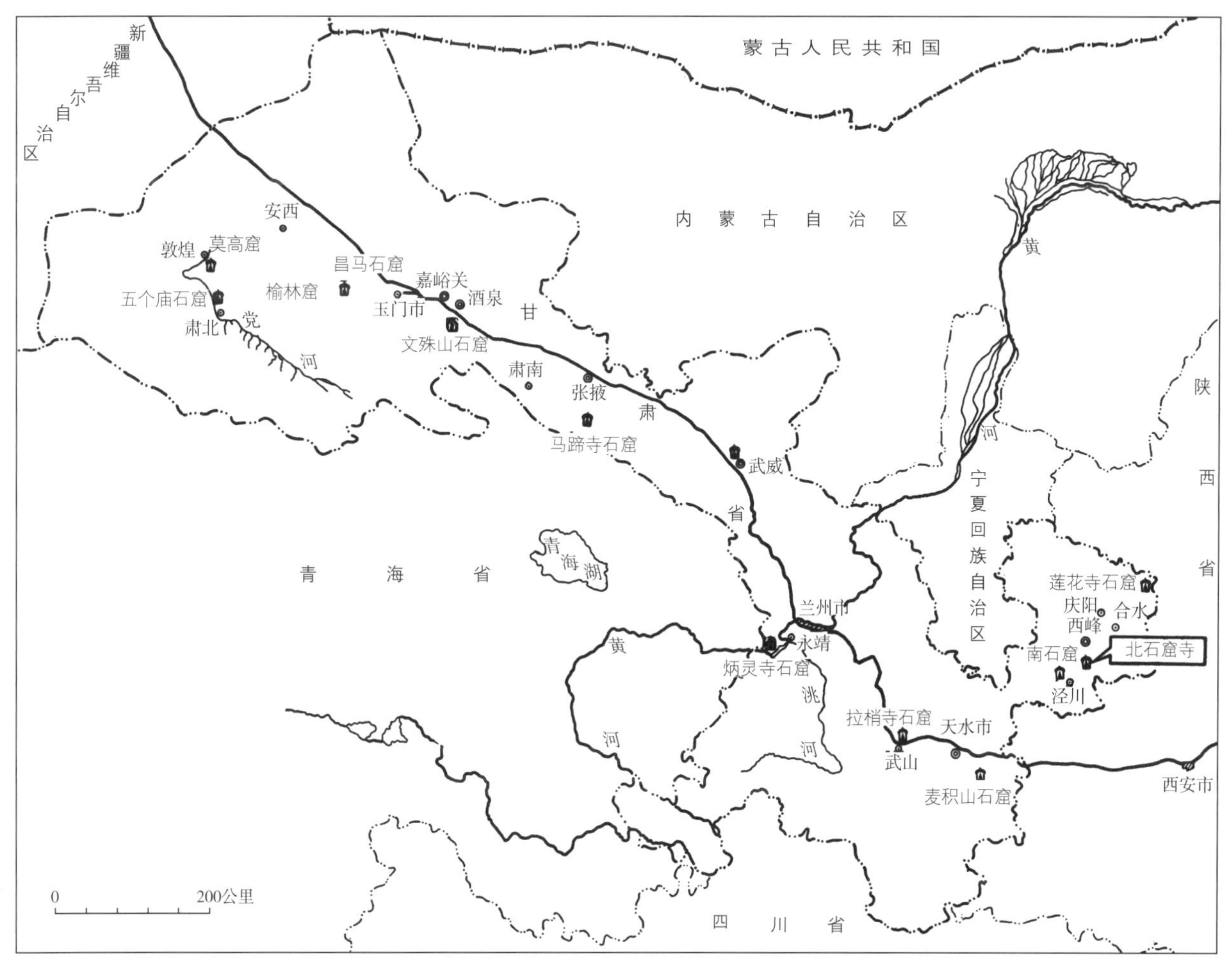

图1　庆阳北石窟寺位置图（采自《陇东石窟》，文物出版社，1987年）

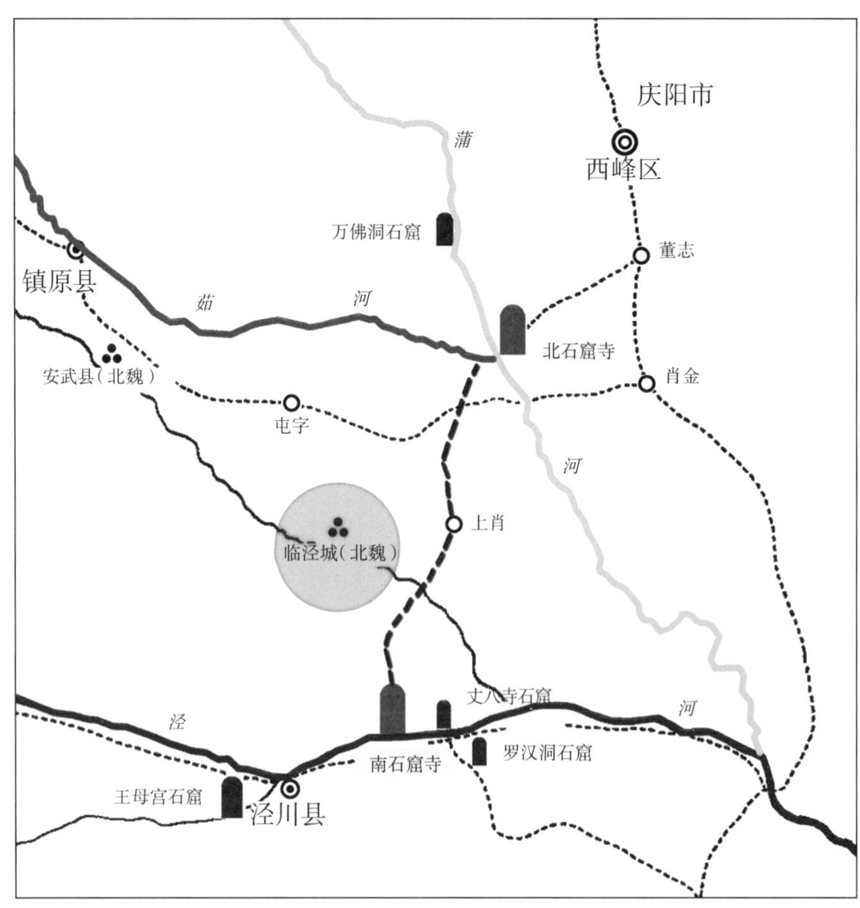

图2 北石窟寺周边石窟位置图

的大坡山，茹河从两山之间流出汇入蒲河。蒲河东岸是北石窟寺的主窟群，其窟龛集中雕刻在覆钟山西麓脚下高 20 米、南北长 120 米的岩石崖体上（图 1、2）。

北石窟寺现存窟龛共包括五处，分布在蒲河两岸的砂岩崖面上。蒲河东岸，寺沟门石窟群（即北石窟寺院）为主窟群。主窟群以南 1.5 公里处自北向南分别有石道坡、花鸨崖、石崖东台三处石窟群。主窟群以北 1.9 公里处的蒲河西岸，有楼底村 1 号石窟（俗称北 1 号窟）。上述主窟群以外的四处石窟群应为北石窟寺的扩展和延伸，南北延续 3.4 公里。主窟群 294 个窟龛，加楼底村等四处 14 个窟龛，北石窟寺现共有大小窟龛 308 个，石雕造像约 2429 身，还有石碑 8 通，阴刻和墨书题记 152 方，壁画彩绘 90 多平方米，古建筑遗迹 3 处，是陇东地区一处著名的佛教石窟遗存，也是甘肃规模较大的古代石窟群之一。1988 年 1 月 13 日，北石窟寺被国务院公布为第三批全国重点文物保护单位，1995 年 4 月，中共庆阳地委确定其为市级爱国主义教育基地。

一 北石窟寺地理位置及历史沿革

陇东，即包括陇山以东的今甘肃省平凉市和庆阳市。此地地处黄

图3 北石窟寺洞窟分布图

土高原，海拔1020～1800米，黄土层厚达200多米，境内沟壑纵横，在河流冲刷及沟壑深切的黄土层下为早白垩纪形成的沉积岩——黄砂岩，岩质柔细，胶结性较好，易于雕刻。沿泾河两岸及陇山和子午岭的黄砂岩断面上，大大小小分布着70余处石窟。其中规模较大的是6世纪初期创建的庆阳北石窟寺和平凉泾川南石窟寺。此外，还有泾川王母宫石窟、罗汉洞石窟、丈八寺石窟，镇原石空寺石窟，华亭石拱寺石窟，庄浪云崖寺石窟，合水保全寺石窟、张家沟门石窟、莲花寺石窟等中小型石窟，它们大多数创建于北朝到唐宋时期（图3～7）。

北石窟寺所在地古属《禹贡》雍州之域，春秋战国时属义渠国，秦分三十六郡，此地属北地郡。汉武帝元鼎三年（前114）析北地郡置安定郡，治高平（今宁夏固原）[1]，北石窟寺之地属彭阳县。到东汉时安定郡改治临泾，部分县划归武威郡[2]。魏、晋皆置有安定郡。十六

[1] 《汉书》卷二八《地理志下》，中华书局，1962年，第1615页。

[2] 《后汉书》卷二三《郡国五》，中华书局，1965年，第3519页。

国时先后为前赵、前秦、后秦所领。430年，北魏置泾州，治安定郡临泾城[3]，至太和十一年（487）北魏孝文帝时期置豳州[4]，北石窟寺之地属西北地郡彭阳县。西魏、北周时置泾州、豳州（北周为宁州）。隋代置弘化郡、安定郡、北地郡（今宁县）。唐代此地属宁州。五代、宋时，属原州彭阳县。金置庆原路，元代为镇原州，明清属镇原县。2007年5月，笔者与董华锋博士考察了位于今镇原县彭阳村的彭阳古城遗址，遗址距北石窟寺约5公里，保存基本完好，城墙轮廓清晰，现存彭阳古城遗址可能是宋代修补的遗存。

西汉时期，匈奴人曾多次入侵。“汉孝文皇帝十四年，匈奴单于十四万骑入朝那、萧关，杀北地都尉卬，虏人民畜产甚多，遂至彭阳。使奇兵入烧回中宫，候骑至雍甘泉”[5]。匈奴人入侵的路线是：从固原入北地郡朝那县境内的萧关[6]（今宁夏彭阳县古城乡西北的任山河），杀北地都尉孙卬，之后到达彭阳县（今镇原县太平乡彭阳村）。在彭阳县城兵分两路，一路从彭阳经平凉到华亭，烧了回中宫[7]，然后即可进入陕西陇县、千阳、凤翔，进而可到达长安；另一路则从彭阳经宁县至旬邑，侦察兵还到了雍县（今陕西凤翔）和淳化县甘泉宫，从甘泉宫往南经咸阳即可达长安。需要注意的是，匈奴人这次入侵有十四万骑，也就是说，他们所走的路线应该是当时比较重要的大路。此外，汉武帝曾多次北出萧关视察安定高平，走的应当也是这两条路线。

23～24年，东汉史学家班彪“避难凉州，发长安，至安定，作

[3] 《魏书》卷一〇六下《地形志下》，中华书局，1974年，第2618～2620页。

[4] 《魏书》卷一〇六下《地形志下》，第2627～2628页。

[5] 《史记》卷一一〇《匈奴列传》，中华书局，1982年，第2901页。

[6] 关于萧关的地理位置，可参见刘满《萧关位置辩》、《再论萧关的地理位置》、《固原访古记——三论萧关的地理位置》，三文均载同氏著《河陇历史地理研究》，第281～314页。

[7] 关于回中宫，可参见刘满《陇东访古记——回中、回中宫和回中道考索》，载同氏著《河陇历史地理研究》，第226～244页。

图4 北石窟寺寺沟门窟群远景

图5 北石窟寺寺沟门窟群外景

《北征赋》”[8]，详细记述了自长安至安定治所高平（今固原市原州区）的路线。班彪从长安出发，至泾阳，然后到淳化甘泉宫，继而至旬邑豳乡，后到宁县参观了义渠戎国国都和泥阳班氏祖庙，然后又到了彭阳（今镇原彭阳村）、镇原，循茹河西上；在经过朝那县萧关时，班彪还凭吊了汉孝文皇帝十四年为国捐躯的北地都尉孙卬，然后方到达固原。这条路线与前揭汉孝文皇帝十四年匈奴入侵的路线是一致的。从固原往西北，经今海原县，再往西北至今甘肃白银市平川区、靖远县。那里渡口众多，如今靖远县双龙乡仁和村和今景泰县五佛乡沿寺东南都有古渡口[9]，过黄河再往西走就可到达武威，进入河西走廊。

唐天宝十四载（755），安史之乱爆发，唐肃宗仓惶逃往灵武：“上回至渭北，便桥已断，水暴涨，无舟楫……自奉天而北，夕次永寿，百姓遮道献牛酒……戊戌，至新平郡。时昼夜奔驰三百余里，士众器械亡失过半，所存之众，不过一旅。己亥，至安定郡，斩新平太守薛羽、保定太守徐彀，以其弃郡也。庚子，至乌氏驿，彭原太守李遵谒见，率兵士奉迎，仍进衣服粮糗。上至彭原，又募得甲士四百，率私马以助军。辛丑，至平凉郡，蒐阅监牧公私马，得数万匹，官军益振……上初发平凉，有彩云浮空，白鹤前引，出军之后，有黄龙自上所憩屋腾空而去……七月辛酉，上至灵武。”[10]

唐肃宗逃亡的路线：从长安出发过渭河，然后至奉天（今陕西乾县），晚上到了永寿，后经新平郡（今陕西彬州）、安定郡（甘肃泾川）

[8] 南朝梁萧统编，李善注《文选》，岳麓书社，2002年，第28～293页。

[9] 刘满《西北黄河古渡考（二）》，《敦煌学辑刊》2005年第4期，第130～140页。

[10]《旧唐书》卷十《肃宗本纪》，中华书局，1975年，第240～242页。

图6　北石窟寺寺沟门窟群下层窟龛平面图

而至彭原（治今宁县），然后往西经今镇原县至平凉郡（原州别称，今固原）。虽然肃宗从泾川到固原绕了宁县，但是基本上走了汉孝文皇帝十四年匈奴入侵的路线。此外，据研究，唐代大诗人王昌龄、王维和大书法家颜真卿等人的诗歌反映他们西行也选择走这条路[11]。

可见，汉唐时期，自长安出发沿泾河和渭河河谷可至固原，然后到武威，进入河西走廊，而且这条路线一直是畅通的。北石窟寺正好处于蒲、茹二河的交汇处，距汉彭阳县城不足 5 公里，因而，可以说这里处于古丝绸之路陇右道东段北线要道上，这为北石窟寺的创建和发展及其以后的佛教艺术交流提供了重要的保障。正由于地处交通要津，背山面水的幽美地理环境，这里成为释家信士开凿石窟、创建寺院首选的最佳之处。自北魏创建以来，历经西魏、北周、隋唐至宋代，相继增修扩建未曾间断，从而形成了一处规模宏大的石窟群，成为陇东佛教文化的中心。此石窟群唐代以前称北石窟寺，宋代称彭阳县石窟寺，元代称东大石窟，清代以后称寺沟门石窟寺，称第 165 窟为“佛洞”。

[11]　刘满《丝路东段中线概述》，同氏著《河陇历史地理研究》，第 209 页。

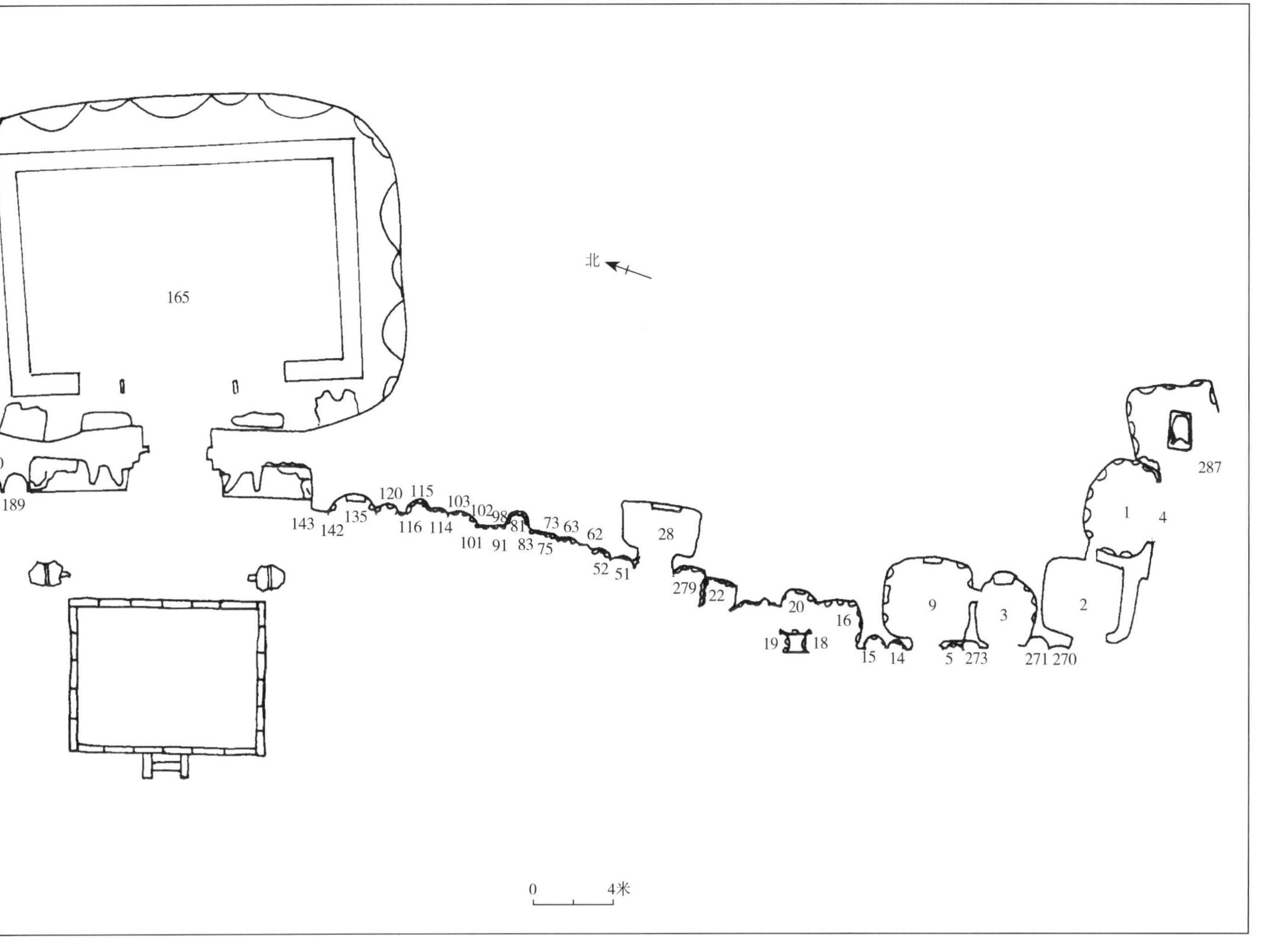

二　北石窟寺造像的时代特色及佛事活动

北石窟寺自北魏创建以后，西魏、北周、隋、唐和宋、元、明、清时期，僧侣信众在这里不断进行增凿、扩建和修缮妆銮，其规模不断扩大，窟龛数量也不断增多。寺沟门主窟群区域内，以第165窟为中心，向南向北扩展。就目前对洞窟分期断代情况看，北魏时期，此寺院内开凿有7个洞窟，基本都处在中下层：第165窟南侧开凿了第28窟和第113号敞口大龛；北侧中层开凿有第229窟和第237、244、250号敞口大龛。西魏时期，在第165窟以南中层，仅开凿了第70号一个窟，规模较大些，然后在上部开凿了第44号大龛，这两个窟龛门外两侧均雕了成对的守门力士，造型粗拙，情况非常相似。另外，下层有第135龛，北段中层又开凿了第191、199、202、206、211、227等6个小型佛龛，此6个佛龛原来断代为北周，但仔细观察，其主尊衣饰与第44龛、135龛的主佛服饰如出一辙，非常相似，故我们还是认为是西魏时期开凿的。北周时期的窟龛基本开凿在第165窟两侧的崖面中层。隋代围绕北周的洞窟向上层发展，并在第165窟门外南北两侧崖面，开凿了许多小型窟龛。唐代向南北两侧发展，而且南段发展到二、三层；唐代以后寺院内似乎分为南北两院。根据我们清理窟院时的地下土层看，在第165窟窟门向南30米处，地下有东西向隔墙的基础夯土层，可能曾有过隔墙。南部崖面石窟分为三层，第三层上部还有一座庙宇的房基，二、三层窟外还有前殿和廊檐一类木构建筑。据现存窟龛的形制、造像风格和有关开窟题记看，北石窟寺始建于北魏，兴盛至唐代，延及宋元，宋代以前各朝代均有新开的窟龛，宋代以后未发现有新开的洞窟，但改刻的痕迹很明显，且建有大规模的窟檐、游廊、栈道和前殿。寺院木构建筑非常壮观，可惜清末毁于战乱，同治以后寺院逐步荒废。重新保护以后，经过全面调查清理，现存的主要洞窟状况概述如下：

1. 北魏洞窟

北魏时期是佛教在中国兴盛和发展的第一个高潮，云冈石窟、龙门石窟相继开凿。北魏开国皇帝道武帝拓跋珪，一生“好黄老，览佛经”，与佛教结下不解之缘。他曾任用高僧法果为道人统，管理僧教事务。法果称道武帝为“当今如来”，号召僧侣顶礼膜拜。文成帝拓跋浚复法兴佛，大修石窟寺院，接受高僧昙曜建议，于“京城西武州塞凿山石壁，造窟五所”。用工无数，耗资巨万，雕饰奇伟，冠于一世，建成云冈石窟著名的“昙曜五窟”，创造了佛教石窟的艺术瑰宝。孝文帝迁都洛阳，兴佛之风更盛，于城南伊水两岸，斩山凿石，开窟雕像，创建了龙门石窟，造就了又一处佛教艺术的殿堂。宣武帝元恪，崇尚佛教比其先辈有过之而无不及，据《魏书·宣武帝纪》载，宣武帝常给文武大臣亲授佛经于朝堂之上。其妃“胡太后又作永宁寺，皆在宫侧；又作石窟寺于伊阙口，皆极土木之美。而永宁尤盛，有金像高丈八者一，如中人者十，玉像二。为九层浮屠，掘地筑基至黄泉；浮屠高九十丈，上刹复高十丈，每夜静，铃铎声闻十里。佛殿如太极殿，南门如端门。僧房千间，珠玉锦绣，骇人心目。自佛法入中国，塔庙之盛，未之有也”（《资治通鉴》卷一四八）。这一时期大兴佛教是一种社会现象，也是一种政治形势。上既崇尚，下自效之。黄河流域，丝路沿线，自然成为佛教发展的重点地区和传播中心，北石窟寺也正是这一时期开凿创建的。北魏时期在北石窟寺所开洞窟保存下来的有8个，即第165、113、229、237、244、250、28窟及楼底村1号窟。具有代表性的是第165窟和楼底村1号窟。

第165窟位于寺沟主窟区正中，是该石窟寺的精华所在，也是北石窟寺寺沟门窟群开凿时间最早、规模最大、内容最丰富的北魏代表洞窟（图8）。相对“南石窟”而言的“北石窟”最初当指此窟，宋时称“原州彭阳县石窟寺”，元代称“东大石窟寺”，明清时叫“佛洞”。窟高14米，宽21.7米，进深15.7米，平面呈横长方形，覆斗形顶。窟内四壁下有宋元时期修缮时重砌的坛沿，高1.2米，宽0.98米，东壁坛

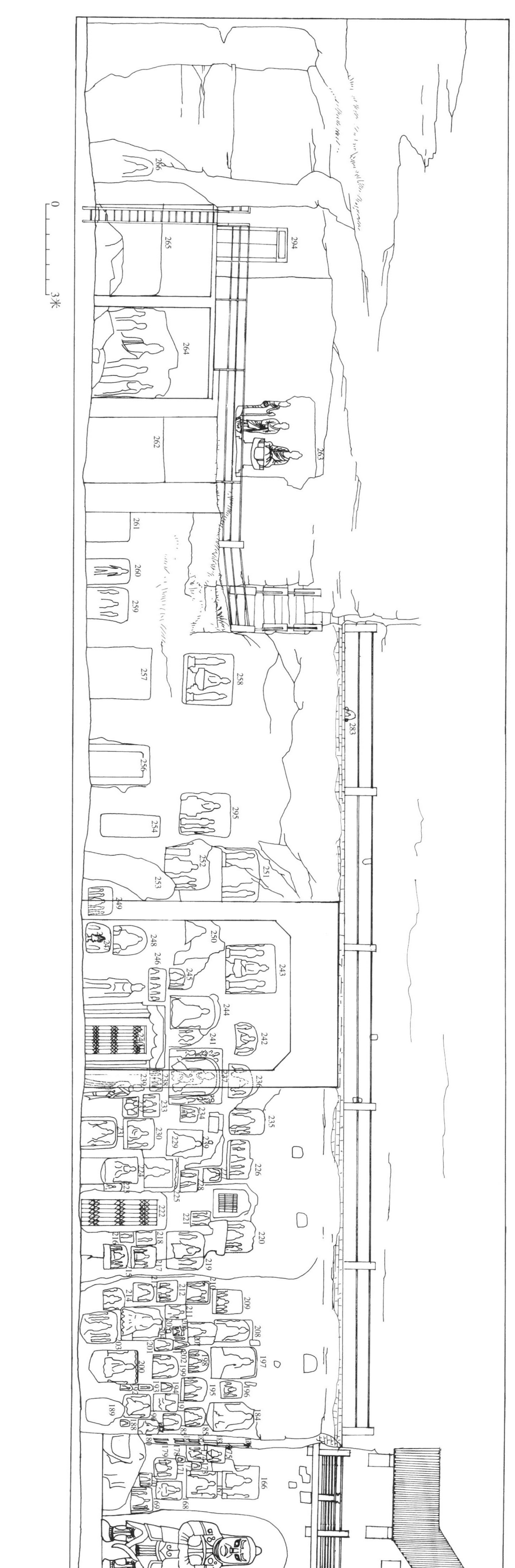

图7 北石窟寺寺沟门窟群立面图

图8 第165窟内景

沿距壁面 2.4 米，南北两壁坛沿距壁面 1.96 米。窟门上方凿盝形顶明窗，高 2.25 米，宽 1.85 米，深 1.9 米。窟门高 5.9 米，宽 3 米，深 1.95 米，平顶，外面上部雕盝形帷幔。窟内造像以七佛为主体，配以胁侍菩萨和弥勒菩萨、骑象菩萨和阿修罗天、千佛等。正壁(东壁)雕三身立佛、四身胁侍菩萨，南北两壁各雕二身立佛、三身胁侍菩萨。每佛身后凿舟形背光，背光之间下部雕胁侍菩萨，顶部四披雕伎乐天、供养人等。佛身高 8 米，均作磨光高肉髻，面相方圆，细眉大眼，直鼻厚唇，体魄雄健。南侧三身立佛面形稍窄，鼻梁棱起，略小，整体稍显俊秀，雕刻得较为精细美观。主尊和北侧三立佛较粗壮，面形宽大，鼻子准头大而扁平，雕刻手法粗犷。佛内着僧祇支，外着双领下垂褒衣博带式袈裟，内衣束带于胸前打结，佛衣下端可见衣裙三层，服饰衣纹细而流畅；右手前举，左手向前下指，掌面厚大，作施无畏印和与愿印。其造型与云冈石窟第二期太和十三年（489）开凿的第 13 窟西壁立佛及龙门石窟宾阳中洞南北壁立佛有相似之处，而第 165 窟的七佛面形方广，体形更为雄健粗壮，服饰更显得厚重一些，具有强烈的体积感。这种高大完整的七佛题材，在全国其他石窟中是罕见的。所谓七佛，据佛教说法，即为过去庄严劫中的毗婆尸佛、尸弃佛、毗舍浮佛及现在贤劫中的拘楼孙佛、拘那含牟尼佛、迦叶波佛和释迦牟尼佛。《魏书·释老志》里说:“释迦前有六佛，释迦继六佛而成道处今贤劫。”《增壹阿含经》卷四十五《不善品》亦云:“七佛天中天，照明于世间。”说明七佛在佛教中占有很高的地位。供奉七佛，在南北朝非常时兴。北石窟寺开凿如此恢弘高大的石窟，雕造如此高大的七佛像，无疑要显示其至高无上的地位和深远的政治意义。

七佛之间雕有 4 米高的胁侍菩萨共 10 身，多作高发髻，上束小花钿，面目清秀，形体修长，上身多数袒露，戴宽项圈，下着长裙，帔巾自双肩搭下于腹际相交穿璧或纽结下垂后反折上至小臂向外搭下。正壁菩萨左手向上握一“如意宝珠”(一说花蕾)。佛与菩萨的面部和手足部分，原涂赭色，双眉和胡须用石绿色勾出，以增强佛教的威严和神秘气氛。

西壁（前壁）两侧，各雕一尊通高5.8米的菩萨。南侧菩萨为倚坐，北侧菩萨为交脚坐，均高髻方冠，上身袒露，戴宽项圈，项圈上饰各种铃形物，帔巾在腹际交叉穿一圆璧，下着裙，右手举于胸前，掌心向外。南侧菩萨左手置于膝上掌握一花蕾，北侧菩萨左手置膝上，掌心向上。这应该是弥勒菩萨。北魏昙曜译《大吉义神咒经》第一卷里，除了谈到七佛，也涉及七佛和弥勒菩萨的关系，“弥勒在兜率天上与大众围绕，我至心念过去一切诸佛，未来一切诸佛，现在一切诸佛无上法王，如是一切三世诸佛，我皆归命我悉归依”。《魏书·释老志》也说到“将来有弥勒佛，方继释迦而降世”。因此弥勒被称为未来佛。

西壁窟门两侧又雕两尊造像，南侧靠近门旁为一尊菩萨端坐于立象背上正中，头后雕圆形头光。造像通高3.05米，菩萨高髻上束花鬘冠，面容恬静，上身袒露，戴项圈，双肩搭宽博帔帛，下着裙，右腿微屈下垂，左腿盘于右膝之上，双目远视前方，仪态安详。菩萨身前雕一驭象奴，上身赤裸，下着莲叶状短裙，锁眉怒目，双手抱握“如意钩”，双膝跪于象背。菩萨身后雕一弟子，身着袈裟，双手捧如意宝珠，半跪于象背，面带微笑，稚气纯真。三身造像身份有别，表情各异，显示出内在的文静和智慧。关于此造像的尊格，有普贤菩萨和帝释天两种说法。窟门北侧雕一尊三头四臂的阿修罗像，通高3.1米。三头中间的面部显得慈祥温和，左右的面部则是愁苦和愤怒表情。头上背后壁面上刻有山岳浮雕，四臂中的后两臂分擎日、月，前两臂手中各持金刚降魔杵，下半身姿态不明，后代在修缮时用泥巴塑成结跏趺坐姿，这种改造未必恰当。这两尊造像非常独特，国内其他石窟很少见，处在护法的位置，增强了整个石窟的庄严和神圣的氛围。

第165窟除以上主要造像外，在窟的四壁遍布浮雕佛传及佛本生故事，有“宫中伎乐”、“降龙入钵”、“割肉贸鸽”、“莲花化生”、“猕猴献宝”和众多飞天等。特别在西壁上部高2.5、长18米的梯形面上，以连环画的形式浮雕了佛本生故事“舍身饲虎”图，生动地表现了佛教宣传的“自我牺牲”精神。

洞窟外壁在门外两侧雕刻两身护法天王，其身高5.8米，身着铠甲，足蹬毡靴，怒目锁眉，神情威严，大有震慑一切邪魔的气魄。北侧天王头戴皮盔，两手上下相叠抱于胸前，两脚稳稳地踏在地上，不可撼动的沉重躯体，显得刚强无畏。南侧天王头部略向内侧，上身稍向北扭转，鼻梁高直，额宽，面部凹凸分明，给人以动的感觉。天王身旁横卧两尊雄狮，虽年久残损，但张牙舞爪，威态犹存。

整个第 165 窟规模宏大，造型严谨，内容丰富，气势磅礴。似乎按佛经教义统一规划，一次性完成。虽经一千五百多年的风雨沧桑，至今保持得仍很完整。

北魏开凿的另一石窟是楼底村 1 号窟（俗称北 1 号）。该窟开凿在蒲河西岸距地面 8.5 米高的岩壁上。窟平面为长方形、平顶，窟内正中凿一中心塔柱，柱为两层，下层为方形，上层为八棱形。窟高 4.45 米，宽 4.26 米，残深 6.72 米。窟内西壁（正壁）雕一佛二菩萨，均作立姿，佛高 4.4 米，菩萨高 4.35 米，已严重风化，形体模糊。南北壁各分两层开龛造像，上层残留三龛，下层开两个方形大龛，每龛内雕一佛二菩萨或二佛并坐。中心柱下层四面各开一龛，除南面龛内雕一佛二弟子外，其他龛内均雕一佛二菩萨。上层八面，每面开长方形龛，内雕一佛二菩萨。龛楣上下浮雕千佛、飞天、弥勒、思惟菩萨和供养菩萨、弟子，还雕有大象、马匹、怪兽等内容。这些造像中佛和菩萨多为秀骨清相，颈长肩窄，面部稍长，高髻。佛均为结跏趺坐，头稍前倾。菩萨侍立，宽袖大裙，风度飘逸，形神庄重秀丽，线条细腻柔和，刀法多用阴刻，给人以超俗出众的感觉。根据窟形及造像特征分析，有学者认为，该窟与泾川王母宫石窟如出一辙，约开凿于 5 世纪晚期北魏迁都洛阳至 6 世纪初的北魏宣武帝初期，即 495 ～ 504 年，是目前所见北石窟寺开凿最早的洞窟。但也有学者认为其开凿于北魏延昌至孝昌年间，即 514 ～ 526 年。

第 113 窟是一个平顶垂幕式低坛窟。位于主窟区南段，窟高 1.7、宽 1.2、深 0.86 米。窟内正壁（东壁）开圆拱形龛。龛高 1.5、宽 1.2、深 0.4 米。内有低坛，坛高 0.52、深 0.4 米。正壁大龛内雕一佛二菩萨。佛通残高 1.48 米，身披双领下垂式袈裟，内着僧祇支，束带垂于胸前，结跏趺坐于低坛之上，衣裾呈四瓣垂于座前；菩萨残高 0.5 米，侍立于低坛之上。南壁内侧雕一菩萨，立于圆形莲台上；外侧雕界栏，高 0.28、宽 0.4 米，浮雕二身女供养人，着交领长襦，曳地长裙。北壁内侧雕一菩萨，立于圆形莲台上；外侧雕界栏，高 0.38、宽 0.42 米，浮雕三身男供养人，着交领长袍，其中东侧供养人左手持香炉。此窟造像清秀，服饰衣纹简洁，属北魏晚期作品。

第 237、244、250 三龛位于窟区北段中层，是并排的三个敞口大龛，内正壁雕一佛二菩萨，外侧两壁雕供养人，正壁上部雕飞天。

第 229 窟位于第 237 龛南侧，为三佛六菩萨中型窟，造像风格与前三窟相同，应为北魏晚期秀骨清像的风格。

2. 西魏窟龛

西魏时期，北石窟寺所开窟龛现存有 11 个，即第 44 龛、70 窟、135 龛和第 87、191、199、202、206、211、225、227 龛。其中尤以第 135 龛和第 70 窟较有代表性，简述如下：

第 135 龛位于第 165 窟南侧，为一敞口大龛，平面为半圆形，穹

图9　第135龛
图10　第240窟南壁造像

隆顶，龛顶前沿雕帷幔，顶部两角雕莲花（图 9）。龛高 2.3、宽 2.04、深 1 米。龛内东壁（正壁）雕一佛，南、北两侧各雕一菩萨和一力士，佛高 1.9 米；菩萨立于莲台上，高 1.1 米；力士紧贴龛沿内侧立于龛底，通高 1.27 米。佛作磨光高肉髻，双肩较窄，颈部较长，内着僧祇支，腰部束带于腹前打结，外披宽博袈裟，结跏趺坐于长方形座上，右足外露，衣纹规则而不密，衣裾于佛座前自然下垂。佛身后浮雕莲瓣形通身背光，背光上彩绘火焰纹，佛头上方彩绘一怪兽头，两边绘千佛，佛两侧背光上又彩绘二菩萨。两壁所雕的菩萨面部已毁，上身袒露，颈戴项圈，下身着裙紧贴腿，斜披络腋。北侧菩萨帔巾自双肩搭下后穿肘下垂，双手举于胸前合十，立于莲台上，浮雕圆形莲瓣项光，北壁背光外彩绘供养弟子。在佛、菩萨的背光后顶部两侧，浮雕伎乐和比丘各四身。伎乐置于两侧壁，作高髻，着圆领大衣，有吹奏长箫和排箫的，有击铃拍镲的。比丘从背光后伸出头作听经状。二力士上身袒露，头后浮雕圆莲瓣头光，下着大裙，面部残毁严重。此窟的造像布局严谨，排列紧凑，富有变化。

第 70 窟位于窟群的南端上部，为一竖长方形的平顶大窟。窟门外南、北两侧各浮雕一力士像。窟内前部正中雕一通顶方形中心柱，中心柱下层被后人凿通，成为一拱形门洞状。在南壁向外又凿一小圆拱形门洞与第 29 窟相通。此窟高 6.1、宽 4、深 5.2 米。中心柱上层西（正面）、南、北三面各开一圆形浅龛。正面龛内雕一佛二菩萨，佛结跏趺坐，二菩萨侍立。龛下雕五身伎乐人。南面龛内雕一人乘骑一头怪兽，龛下浮雕一窄袖长裙的人，弯腰抚摸着躺在鱼形船上的人。其下又一长方形浅龛内，浮雕六身供养人像，均着对襟宽袖长衫，下着大裙。北面上方有两个方形龛，内各雕二僧，均着通肩大衣，下浮雕六身供养人像。中心柱两侧的造像可能是后代人补雕的内容，题材不详。

此窟由于距地面较高，适合居住且干燥，故后代住人的痕迹明显，窟内四壁烟熏火烤的状况非常严重，并有后人斧凿痕迹。中心柱以内部分，经后人重新开凿，因而壁面粗糙，均无造像。也可能此窟是一座未开凿完毕的洞窟，中心柱东壁上部与窟东壁相连。窟壁明显残留大量斜向凿痕，应为后代改凿所留。

西魏造像不论佛或菩萨，面形多少还保持北魏晚期以来那种瘦削清俊的特点。佛的服饰以褒衣博带袈裟为主，衣裾长垂于座前。菩萨多为高髻宝冠，上身袒露，下着裙，帔帛披肩或斜披络腋。佛座多为方台，衣裾多作重叠下垂，较北魏服饰稍轻薄，衣纹更疏稀自然。供养人有穿对襟宽袖上装的，有穿圆领窄袖胡装的。

3. 北周佛窟

北周统治的历史虽然较短，但佛教仍较盛行。尽管周武帝曾进行过灭法毁佛运动，但开窟造像之风并没有停止。这一时期北石窟寺共开凿佛窟佛龛现存有 17 个，即第 60、71、96、103、105、106、116、117、119、122、184、194、197、204、208、230、240 窟等。最有代表性的为第 240 窟和第 60 窟。

第 240 窟位于窟群北段，是一个平面长方形覆斗式顶的大型洞窟（图 10）。窟高 4.29、宽 5.29、深 5.25 米，低坛基，横长方形藻井顶，盝形顶窟门。门外上部雕饰天幕，外壁两侧雕 1.98 米高的两身形如菩萨样的力士。窟内东壁（正壁）、南壁、北壁各雕一佛二菩萨。佛高 2.5 米，结跏趺坐于方形台座上，低平肉髻，面相方圆，细眉小眼，颈粗肩宽，鼻高口小。菩萨身高 2.3 米，均作侍立状，发髻高绾，宝缯垂于两侧，戴项圈、璎珞，下着裙，姿态自然，面带微笑。这应该是一座三方佛题材的洞窟，正壁为释迦牟尼佛，南为阿弥陀佛，北为药师佛。隋代妆修时在窟门内上方西披彩绘维摩诘经变壁画。唐代在窟门两侧增开四个长方形小龛，内雕一佛二弟子二菩萨。清代晚期用泥巴重涂彩绘。1981 年，尝试性清理了部分泥层，恢复了原貌。

第 60 窟位于窟区南段中层，平面近方形，平顶，低坛基。窟高 1.14、宽 1.3、深 1.06 米。窟内正壁雕一佛二弟子。佛高 1 米，弟子高 0.78 米，南北两壁正中各雕一佛，佛高 0.92 米，两佛外侧各雕一弟子。窟门外两侧各雕一儿童模样的小力士。佛为低平肉髻，面相圆润，两肩较宽，着通肩袈裟。主佛施无畏印，两侧佛为禅定印，三佛均结跏趺坐，弟子、力士侍立。

经过北魏、西魏的不断发展和革新，北周造像在继承前代传统的基础上，有了显著的变化，如佛肉髻低平，面形方圆，口小唇薄，面带微笑。菩萨多作高髻宝冠，宝缯下垂肩头，帔巾于腹际交叉后穿肘下垂，胸前又挂长璎珞垂至膝际。弟子多着圆领下垂的袈裟或通肩袈裟，也有内着僧祇支，外着袒右肩的半披袈裟。力士有雕作菩萨状的，也有雕作儿童状的，如第60窟，门外两侧力士头上雕出小锥髻，形象如儿童一般，天真可爱；第240窟外的力士，雕成形似菩萨样的力士形象，尤为别致。供养人上着对襟内衣，下着长裙，外披宽袖大袍。这些造像比例适度，手法娴熟，准确生动地表现了佛、菩萨、弟子的气度，也体现出雕造者的匠心独运。

4. 隋代造像

隋代统治三十七年间曾兴盛一时，佛教也形成热潮，开窟造像比较时兴，且形式多变。隋文帝杨坚是一个有作为的开国皇帝。589年隋灭南陈，统一大江南北、黄河上下。隋文帝励精图治，与民生息，国力日渐强盛，同时又提倡佛教，故而继北周武帝灭佛之后，神州大地上又重新大兴佛教。《通鉴·隋纪》文帝开皇二十年(600)，“帝晚年深信佛道鬼神，辛巳，始诏：有盗毁佛及天尊、岳、镇、海、渎神像者，以不道论；沙门毁佛像，道士毁天尊像者，以恶逆论”。由此可知隋文帝不仅信佛，而且道释兼而崇之，这也许是与他本人诞生于寺庵，由尼姑养育成人有关。北石窟寺这一时期开凿的洞窟较多，现存计有50个窟龛，即 第21、46、48、49、50、53、54、55、57、58、64、65、66、72、81、82、85、93、97、109、114、115、126、127、128、129、132、133、136、138、142、144、147、149、151、158、159、166、167、178、180、181、187、190、200、213、221、224、242、248等龛窟。绝大部分是小型洞窟和佛龛，代表窟是第85窟、第93龛及151窟等。

第85窟位于窟群南段中部，是个平面作半圆形的低坛穹隆顶窟，窟高1.6、宽1.5、深1.3米。窟内东壁(正壁)坛基上雕一佛二菩萨，佛高1.5米，菩萨通高1.06米。佛着圆领下垂袈裟，结跏趺坐，衣裙垂于座前；菩萨高发髻，长辫垂于肩上，宝缯束发下垂肩后，帔帛自双肩下垂于胸前穿壁或穿肘下垂，戴宽项圈，袒上身，立于莲花台上。南北两壁各雕一弟子一供养人。弟子通高0.68米。供养人通高0.59米，南壁为女装，北壁为男装，形成对称格局。

第93龛位于窟区南段中上层，为平面半圆形平顶低坛龛(图11)。龛高1.04、宽0.93、深0.45米，内雕一宝冠佛及二胁侍菩萨。佛高0.95米，头戴宝冠，宝缯下垂，内着僧祇支，束带打结后垂于胸前，外着双领下垂袈裟，左手抚膝，右手上举于胸前，面带微笑，结跏趺坐于低坛上。胁侍菩萨双手交叉抱于胸前侍立两侧。此龛题材有学者认为是弥勒说法，也有学者认为是地藏菩萨。还有学者认为未必是隋代雕造，特别是胁侍菩萨，有后代改刻的痕迹。

第151窟位于第165窟南侧，坐南面北，是一个低坛穹隆顶小窟，高1.3、宽1.2、深1米。窟内三壁共雕三佛四菩萨二弟子，佛高0.96米，结跏趺坐于低坛上；佛两侧各雕二菩萨双双侍立，高0.65米；门内两侧各雕一弟子，高0.6米。正壁主佛着圆领下垂袈裟，东西两壁佛着通肩袈裟，正面两壁菩萨，宝缯束发垂肩，上身袒露，下着裙，两两相

图11　第93龛

依，显出一种亲切感。这些作品在很大程度上突破了宗教的规范，赋予了浓郁的生活气息，也说明隋文帝大力提倡佛教具有明显的民俗性和广泛性，反映出隋代北石窟寺佛教造像的多样性和世俗化的特点。

5. 唐代窟龛

618 年，李渊称帝，建立唐王朝，定都长安。泾河上游地区有宁、泾、原三州，北石窟寺属宁州关内道，距国都长安仅 200 多公里，归宁州丰义县管辖。

贞观之治，给唐王朝带来了空前的兴盛和安定，也给泾河流域上游地区的泾、原、宁三州带来了福祉。这一时期的经济文化都得到了较快发展，北石窟寺也迎来了空前的鼎盛时期。唐代从高祖李渊到太宗李世民，以及其后的李治、武则天、李隆基诸帝，都热衷于佛教。李渊于 619 年为僧尼制定“十德”，来管理整顿佛教；李世民曾亲自为高僧玄奘翻译的佛经作《大唐三藏圣教序》；武则天更是以佛教僧侣为其登基大造舆论，后来组织僧人翻译《华严经》，又主持“开光”仪式，这样上行下效，远近成风，佛教一度风靡全国，再造辉煌。

由于当时统治阶级对佛教的推崇和弘扬，开窟造像达到了空前高潮。从初唐到盛唐以至晚唐，北石窟寺共开凿大小窟龛 195 个，占整个石窟总数的三分之二多。初唐时期有些窟龛有题记，分别是：

第 171 龛龛外下方，阴刻题记：“□显庆元年岁[次]□□（丙辰）六月甲午[朔]九日壬[子]本□□崇义□故□□洛□□府□□造像一龛□□托生西方□□皇帝□[及]□□四海□兴。”

第 210 龛外下方，阴刻题记：“显庆四年九月廿五日清信女杨大娘为亡夫敬造阿弥陀像一龛愿亡者托生西方俱登正觉清信女屈大娘□□□一心供养。”

楼底村1号窟东北角阴刻题记“大唐贞观二年……/迦一区愿……/□面□如来/国令世□/□子眷属恒/□□□福祐/□□与□”，说明楼底村1号窟外北侧的小龛和东壁的小龛应是唐代增开的。除此之外，还有第40、41、146、153、162、168、169、172、173、174、179、180、181、219、220等共计20个窟龛均属初唐开凿。

这一阶段所造均为拱形小龛，龛内设低坛，上雕一佛二弟子二菩萨二力士。从题记看，造像内容多为释迦佛或阿弥陀佛。主尊坐佛袈裟衣裾覆于台座之上，造像上身稍长，有隋代造像的遗风。

北石窟寺盛唐时期营建的窟龛最多，其中3个窟有题记。第32窟东壁大龛，南壁上部阴刻题记：“大周如意元年岁次壬辰四月甲午朔八日戊戌，太州仙掌县人、奉义郎、行泾州临泾县令杨元裕敬造阿弥陀像一铺。凡夫普明，五眼慧圆，六通海镜，万因而临，有感倾心，无緣□愿，今□大者欤！泾州临泾县令杨元裕，奉为亡□银青光禄大夫行□台侍郎、行泾州□□亡□弘农郡夫人、京兆韦氏敬造阿弥陀像一铺。（以下转正壁左侧）弘□阿□□□□□□□□……”

第257窟，甬道北壁上方，阴刻题记：“惟大周证圣元年岁□乙未六月己酉朔廿五日。□□□□县朝散大夫行宁州丰义县令安守筠为世代父母见存眷属及法界苍生于宁州北石窟寺造窟一所，一佛二菩萨□迦叶舍利佛七世□□□□□讫，以此功德，普除八难，□□安生，亡□□解脱，永世有□□咸登正觉。”

花鸨崖石窟南端第3窟窟内西壁北侧阴刻：“天宝元年……赵和僧一心供养。”

除上述三个洞窟外，还有第2、3、4、5、9、10、11、12、13、14、15、16、19、20、22、23、24、25、26、27、30、31、33、36、37、38、39、42、43、45、51、56、59、62、63、67、68、69、73、76、78、79、80、83、84、89、90、91、92、94、95、98、100、101、102、104、107、108、110、111、112、118、120、121、123、130、131、139、140、141、143、145、146、148、150、152、153、154、155、156、157、160、161、162、163、164、168、169、170、172、173、174、175、176、177、179、182、183、185、186、192、193、195、196、198、201、203、205、207、209、212、214、215、217、218、222、223、226、228、231、232、233、234、235、236、238、239、241、243、245、246、247、251、252、253、254、255、256、258、260、261、262、263、264、265、266、268、269、270、271、273、274、277、278、279、280、281、282、291等窟龛，加之石道坡6个窟龛、花鸨崖3个窟龛、石崖东台4个窟龛等，计有173个窟龛为盛唐时期所建造。这一时期多有大型洞窟，造像功德主多为地方中、小

图12 第222窟正壁主尊弥勒佛（局部）

官吏。造像题材以一佛二弟子二菩萨或一佛二弟子二菩萨二力士最为常见。造像内容有阿弥陀佛、弥勒佛、七佛等。盛唐时期的造像刀法洗练、线条流畅、造型刚健，人物形象写实，生动传神。需要说明的是，这一阶段的有些洞窟可能始凿于初唐，如第222窟。

盛唐时期的精华代表洞窟是第222、263和32窟。

第222窟位于第165窟北边，应为盛唐时期所完成的一个大型佛殿式洞窟（图12）。窟高5.96、宽6.3、深5.3米，覆斗式顶，顶部有浮雕藻井。正壁有坛基，雕一佛二弟子二菩萨，佛高4.35米，弟子高2.85米，菩萨高3.04米。佛作磨光高肉髻，面部圆润，细眉大眼，鼻大口方，肩宽腰圆，内着僧祇支，外披袈裟，右披覆肩衣，善跏趺坐，双足踩半圆形莲台，左手抚膝，右手前伸，掌心向外，弟子菩萨侍立。此窟内本尊及弟子菩萨为北石窟寺唐代造像保存最完整的一组作品，雕作技巧娴熟，风格质朴大方，具有较高的历史价值和艺术价值。从内容尊格看，主尊体态健壮，表情庄严自如，弟子、菩萨头部较大，但神情潇洒，面带微笑，应为弥勒宣说佛法的群像造型，虽无造窟题铭，但从题材和雕凿艺术风格看，应是初唐开凿、武周完工的作品，与彬县大佛寺大佛及二菩萨、麟游慈善寺2号窟的造像风格非常接近，显得很有气势，堪称北石窟的“大云寺”。

第222窟的造像除正壁高大的本尊而外，窟内南、北、西壁布满小龛，基本分为四层，共计64龛，217身造像。这些佛龛多作方形、圆拱形或长方形，龛内雕一佛二菩萨、一佛二弟子二菩萨、一佛二弟子，或一舒相坐菩萨，或二菩萨并立。佛多作结跏趺坐，禅定印或说法印，弟子菩萨侍立，大部分保存完好。整个窟内显得富丽堂皇，庄严肃穆。根据造像衣纹的表现和雕刻的刀法技巧看，上层高处小龛接近于初唐，造像身材较短壮，形象类似初唐的第171龛；下层小龛年代稍晚些，应到武周至盛唐时期完成。造像雕刻得细腻生动，其衣饰贴体自然，线条流畅。菩萨发髻高耸，上身袒露，下着羊肠裙，轻纱透体，帔帛自双肩搭下，或用一手举起，身躯活泼优美而有曲线，富有情感，显示出旺盛的青春活力。这些优美的人物造型，展示了极乐世界的佛国生活，也反映出当时社会已处在太平盛世，一派歌舞升平的繁荣情景。此窟在后代进行过改造和装修。大概在宋代以后，在窟门上部开凿了明窗，明窗很不规整，壁面粗糙，凿痕明显。窟门甬道两壁，改凿两拱形小龛，龛内雕舒相坐菩萨，肩披帔帛长巾，下着裙，戴长瓔珞，南龛菩萨右肘下雕一狮子，北龛菩萨左脚下踩一象，雕造手法也较为粗糙。

第263窟位于窟区北端上层二台处，为平面方形平顶低坛窟（图13）。窟内东壁（正壁）开一圆拱浅龛。窟高2.36、宽3.4、深3.94米。正壁龛内雕一佛二弟子二菩萨。佛通高1.8米，弟子高1.6米，菩萨高1.78米。佛作磨光高肉髻，面形丰满，鼻直口方，眉似新月，双眼微启

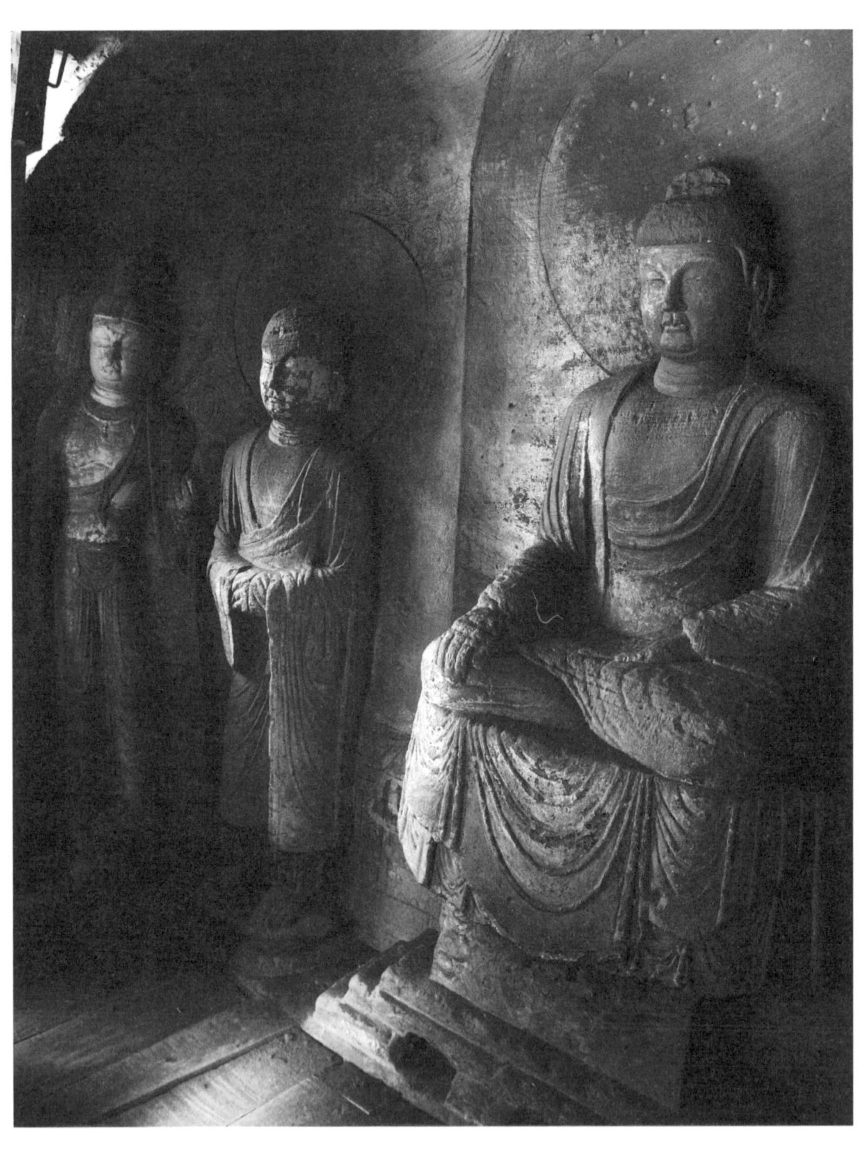

图13 第263窟佛、弟子、菩萨

下视，神情庄重安详。内着僧祇支，外着袈裟，结跏趺坐于一叠涩式束腰须弥座上，右手抚膝，左手置于腹前，掌心向上作接引状。台座上衬“节波育”，衣纹为凸起的圆线条。二弟子一老一少，均着袈裟，立于半圆台上，南侧弟子双手捧钵，北侧弟子拱手于胸前。菩萨上身袒露，下着裙，形体秀丽，南侧菩萨左手持净瓶。南壁雕三立佛，北壁原雕三身立佛，现塌陷，造像被毁，仅留东侧一佛残像下半身。这些造像雕刻得极为精细俊美，堪称唐代造像的上乘之作。

第 32 窟位于窟群南端二台处，在北石窟寺唐代佛窟中规模较大，且有确凿的开窟纪年题记。此窟为平面不规则的长方形平顶窟，窟高 2.53、深 6.5、宽 13.2 米。西壁凿三个竖长方形窟门。窟内北侧凿一平面方形中心柱，高 2.49、宽 1.33、深 1.72 米。东壁（正壁）凿一长方形的低坛大龛，龛高 2.5、宽 4.13、深 1.61 米，坛基高 0.46、深 0.5 米。龛内雕一佛二弟子二菩萨二力士，佛通高 1.6 米，弟子高 1.45 米，菩萨高 1.47 米，力士高 1.46 米（图 14）。佛高肉髻已残，面相丰满圆润，

图14 第32窟东壁大龛

颈部刻三道弦纹。弟子、菩萨力士头部均毁。其服饰和雕刻技法比第263窟造像更为精细。力士袒上身，肌肉隆起，下着战裙，左手叉腰，右手上举，立于一长0.66、宽0.23、高0.21米的山形台上，形体十分雄健威武，战裙向外斜飘，有“吴带当风”的特征，显示了佛国护法神的英雄气概。佛与菩萨衣薄透体，有“曹衣出水”的优美感。此龛南壁上部阴刻造像题铭，为大周如意元年四月临泾县令杨元裕出资兴造。大龛南侧又开一浅龛，龛内雕一佛一弟子，均作立姿。其佛南侧似有一未完工的立式造像。窟西壁雕一立佛，通肩袈裟，作施无畏印和与愿印。中心柱四面开龛造像，正面龛顶雕一斗三栱仿木结构窟檐，内雕一佛二弟子二菩萨，佛结跏趺坐于一束腰座上，弟子、菩萨侍立。

此窟造像较多，内容丰富，为盛唐时期的代表洞窟，为分析研究北石窟寺唐代造像提供了准确可靠的依据。

北石窟寺中晚唐时期窟龛中并没有发现题记，但据造像风格特征看，最具代表性的应属第1窟和第267窟。第267窟内正中地面圆雕一倚坐佛，四壁雕造七佛二菩萨二力士（南壁造像毁）。第1窟内造七佛一弟子二力士。很显然，这一时期流行七佛题材，造像有明显模仿盛唐造像的痕迹，但缺乏活力，略显臃肿。

除此之外，我们在核对记录中，部分窟龛由于风化严重，造像模

图15　第165窟明窗北壁罗汉像

糊，特征不明显，难以确定造窟时代的，在石窟内容总录的开凿时代项下，暂记为“不详”。这种情况共计有42个窟龛，即第4、6、7、8、17、18、25、29、33、34、47、52、61、68、74、75、86、88、99、124、125、134、137、188、189、216、249、259、272、275、276、278、283、284、285、286、287、288、289、290、292、293龛等，只能留待后人进一步考证了。

6. 宋代佛窟

随着都城的东迁，宋代的陇东逐渐成为偏远地区，经济文化随之衰落，佛教活动也受到一些影响，加之寺院内岩体上已遍布窟龛，能够开窟造像的余地不多，所以北石窟寺宋代新开的洞窟很少。现存宋代窟龛仅有第35窟和第165窟明窗南北两壁所雕的罗汉像，此外第222窟甬道两壁的两身舒相坐菩萨，也应是宋代的作品。

第35窟位于窟群南端高处第三层平台处，是一个平面近方形的中型平顶洞窟，高2.42、宽3.15、深2.65米。窟内三壁满开佛龛，现南壁佛龛已被后人毁坏，有炕台遗迹。东壁（正壁）正中浅龛内雕一佛，结跏趺坐于方座上，风化严重，仅留残迹。北壁保存较好，分上下两层开龛造像，龛内多雕五方佛题材，佛结跏趺坐于仰覆莲束腰台座上，头部多残，形体丰满圆润，外着袈裟，袒胸，手作禅定印。

第165窟明窗南北两壁共雕十六身罗汉，每身罗汉均分别浮雕在圆拱形浅龛内，身着袈裟，面形圆润，神态各异（图15）。在人物性格刻画上极为写实，人物形象生动自然，雕刻技法娴熟，堪称宋代佳作。

宋代虽然开凿的窟龛不多，但佛事活动未曾中断。第32窟门外北侧，有宋代一则题记："淳化三年六月/重修此寺。"此窟内外现有许多重修过的遗迹。第165窟内保存宋代重修石窟的残碑和绍圣元年（1094）《原州彭阳县石窟寺盂兰会记》碑，清楚地记载了当时佛事活动的盛况，每逢中元节设盂兰法会，近寺十社善男信女前来进香者，"其众如云"。政和戊戌（1118）北宋抗夏名将种师道，统五路军出鄜延，途经陇东，亲自到北石窟寺瞻礼七佛，流连抵暮而归。南宋建炎二年（1128）庆州知府宋万年到北石窟寺瞻礼七佛后题诗云："奇工怪迹孰雕镌，闻说神灵造胜缘。高廓一龛开古佛，并包万象见西天。僧为优钵岩前释，民是桃源洞里仙。何必空同为隐逸，此处真可老参禅。"第165窟外的许多遗迹，都是宋代的遗物。由此可以想见宋代北石窟寺的佛事情景。

7. 元代的佛事活动

北石窟寺没有发现元代的窟龛造像，但题记很多，比较重要的有三则。一是第45窟南壁墨书"至元八年（1271）三月一日，京兆府牛董云来寺进香"。说明当时这里的僧人与京兆府及中原一带的佛教往来密切。二是第165窟门外北壁有一方阴刻碑记《宗派图》，记载了元代延祐七年（1320）由陕西大明院高僧，宣授妙辩真行大师讲经沙门义融主持倡导，纠集本院僧众联合咸阳最师茔寿圣寺众法属，整理前十辈字号，确立后续十辈字号的事情，参议法属众多，仪式隆重，程序严谨。此事件关系到寺院佛教传承的仪轨大事，其程序为：先重温现有字号，再推举德高望尊的大师主持仪式，然后焚香发愿，随后依般若经重续后嗣字号，最后起誓："愿后远近法属，仗此般若之因，同证无为之果。"三是第165窟正壁北侧墨书，记述大元至正元年（1341）七月，石窟寺众僧在宣授妙辩真行大师讲经沙门义融的主持下，妆銮七佛圣像的情景。题记中提到参与此事的有职位的高僧多达30人，他们不仅妆修彩绘了七佛，还修筑了窟内四周砖雕祭坛，而且建立了较为完整的寺院机构。窟门内西壁南侧阴刻的一身供养人像，推测应是元代至正年间众僧拥戴的高僧妙辩真行大师义融的形象。这些较大规模的妆銮维修等佛事活动，说明元代统治者对佛教的重视，同时也反映了北石窟寺从宋金战乱的衰落中，经过一系列整顿，开始重新走向繁荣。

8. 明清时期的遗存

明清时期北石窟寺虽无新的窟龛造像，但佛事活动依然盛行，现留下有许多题记、碑刻和建筑遗迹，比较有代表性的有明武宗正德元年（1506）的佛灯并《重修佛灯记》碑，嘉靖三十三年（1554）三月的《观音圣湫祈雨感应碑记》碑，康熙四十三年（1704）修建石窟山门纪念碑《大清碑记》，乾隆五十三年（1788）的窟前献殿建筑遗址，乾隆六十年（1795）《重修石窟寺诸神庙碑记》碑，嘉庆二年（1797）《重修石窟寺碑记》碑，以及宣统元年（1909）修建的戏楼、娘娘庙等。这一时期佛事活动时断时续融入了大量世俗的成分，文化艺术内涵相对较肤浅。同治七年（1868），遭遇战乱破坏，岩面外露的窟龛造像头部均被打毁，大窟前的献殿、钟鼓二楼及窟檐回廊等木构建筑全被烧毁，佛事活动也随之中断。光绪、宣统年间，当地村民有过间断的修缮活动，戏楼和娘娘庙就是此时修建的，随后寺院就废弃了。

这里需要说明的一点，是关于造像的改刻情况。在清理核对登记中，发现有许多造像其形态和衣纹很不自然，如第48、71、129、190龛的主尊，第93龛的胁侍，第222窟甬道的舒相菩萨，第240窟外的力士等，明显被后代改刻过。第48龛佛的衣裾很粗糙，且不自然不协调。第71龛的菩萨衣纹线条流畅，刀法细腻，姿态端庄优美，而主尊佛体形瘦小，衣纹简单粗糙，刀法僵硬粗拙，且凿痕遍体，与菩萨形象极不相称。第129窟和第159、190龛的佛衣裾，纹饰简单粗俗。第93龛的胁侍，头部是菩萨，却身穿袈裟，又像弟子，身后也有明显改刻的痕迹。第222窟甬道的舒相菩萨刀法僵硬，比例失调。第240窟外菩萨形象的力士，被后代改刻得不伦不类，失去了原有的艺术美。由此可以说，宋金、元明时期，北石窟寺虽很少有新开凿的窟龛，但对原来的造像进行了大量的改刻重修，这既反映了佛事的延续，又表现出后代世俗文化对早期严谨规范的佛教文化的改造和冲击。

三　北石窟寺的发现、调查与保护

1. 北石窟寺的发现与调查

清代晚期，由于战乱，北石窟寺荒废，淡出人们的视野。直至1925年，陈万里先生随同美国福格艺术博物馆第二次中国考察队西行考察，在泾川调查王母宫石窟，首次发现《南石窟寺之碑》和南石窟寺，对洞窟进行了清理，并预测“既有所谓南石窟寺，则必有一北石窟寺与之相对”[12]。当时由于时间紧迫，陈先生并未来得及调查“北石窟寺”。

1959～1960年，甘肃省博物馆文物工作队岳邦湖、陈贤儒等先生，在陇东进行文物普查时，经当地群众介绍，在董志塬的西侧，蒲河与茹河交汇处东岸的覆钟山下，发现了北石窟寺，当时称寺沟门石窟，他们对其作了初步调查，并组织当地群众开始了保护工作。1960年，庆阳县文化馆贺书璧先生对石窟作过简要的初步记录。1961年，甘肃

[12] 陈万里《西行日记》，甘肃人民出版社，2002年，第42页。

省博物馆文物工作队的赵之祥、吴柏年和敦煌文物研究所霍熙亮先生受甘肃省文化局的派遣，到北石窟寺开展第二次全面调查。当时，霍熙亮先生担任石窟内容调查记录、洞窟编号及搜集题记等工作，省博物馆的赵之祥、吴柏年先生分别担任洞窟测绘和摄影工作。经过40多天的辛勤工作，完成了预定的调查任务。同时还调查了楼底村1号窟。我们现在还能见到当年霍先生执笔的调查记录，这是目前关于北石窟寺最早的完整记录[13]。在此记录中，霍熙亮先生根据第257窟甬道北壁上方阴刻题记中“为世代父母见存眷属□法界苍生于宁州北石窟寺造窟一所”一语，将此石窟寺定名为“北石窟寺”。在此基础上，1962年，岳邦湖、赵之祥、初世宾、吴柏年先生再次到北石窟寺，进行了为期一个多月的调查核对工作，又进行了部分洞窟的清理。1963年6月，在中央美术学院工作的华裔日本学者邓健吾先生，来北石窟寺考察一星期时间，回京后于1963年第7期《文物》杂志上，发表了《庆阳寺沟石窟“佛洞”介绍》一文，第一次较系统地对外介绍了北石窟寺第165窟。1964年8月，国家古建筑维修所的杨烈、宋森才等专家，来北石窟寺作调查，测绘了部分洞窟，并指导文管所划定保护区域，制定保护规则，树立标志牌说明等，加强了石窟保护工作。

20世纪50年代末至60年代初，甘肃省老一辈考古工作者多次对北石窟寺进行调查，当时调查的结果称北石窟寺有窟龛295个，石雕造像2126身，石碑7通，这一成果一直为学术界沿用。1985年甘肃省文物工作队和北石窟寺文物管理所在调查的基础上出版了《庆阳北石窟寺》一书。1987年又出版图录《陇东石窟》。2007年上半年，我带着本所工作人员会同四川大学考古学系董华锋博士（时为兰州大学敦煌学研究所博士研究生），对所有文物遗存重新进行了核对和补录，新增了13个窟龛编号，因而现在北石窟寺拥有大小窟龛308个，石雕及彩塑造像2429身，壁画彩绘90平方米，石碑8通，阴刻和墨书题记152方，清代建筑遗迹3处、古建戏楼1座。

2. 北石窟寺的保护

1963年2月，经甘肃省文化局批准，正式成立专门的保护机构——庆阳北石窟寺文物保管所，由张鲁章同志一人负责，从此以后，北石窟寺正式得到了保护。1965年，王荫槐同志调入，张、王二人组成了文管所班子。1964～1970年，先后划定保护范围，加固了部分洞窟门框、危岩。1974～1975年，修建了第165窟明窗外木栈道和雨棚，同时用条石砌筑支顶加固了第222窟和第240窟外悬崖危岩。1981年7～8月，在省文物行政部门的支持下，北石窟寺文管所邀请甘肃省博物馆张宝玺、李现、林国权等专家，对部分濒危窟龛和造像进行了局部加固和修复，用环氧树脂对风化残损的造像作了修补，并试探性地对第240窟内的清代泥皮进行了部分清理，揭除了第240窟顶部及南、北壁面晚清时所涂的部分泥层，恢复了部分北周造像的原貌，修复了个别

[13] 2007年10月4日霍熙亮先生之女霍秀峰女士造访北石窟寺，将这次调查的记录馈赠甘肃北石窟寺文物保护研究所，在此深致谢忱。另可参见宋文玉、董华锋《霍熙亮先生北石窟寺调查记录提要》，《丝绸之路》2008年上半年版；宋文玉、董华锋《霍熙亮先生北石窟寺调查记录整理研究》，《敦煌研究》2008年第4期。

图16 1961年参与调查清理北1号窟工作人员合影

图17 20世纪60年代北石窟工作人员合影

图18 1981年8月清理第240窟工作现场

唐代造像残损的鼻子和耳朵及局部衣饰。1983 ～ 1990 年，李最雄先生带领专业人员多次来北石窟寺进行 PS 药剂防风化喷涂试验。1993 年 7 月，为重点窟安装了钢铁防盗门窗。1993 年 8 月我被甘肃省文化厅调来北石窟寺，担任文物保护研究所所长。1995 年 4 ～ 8 月，为了保证北石窟寺的安全，我组织民工，修筑窟区北端 55 米砖石围墙，建造了值班岗亭和引桥。1996 年 4 月，加固了清代古建筑戏楼，修建了窟院值班室。1997 ～ 1998 年，修建了窟区大门、接待室，加固砌护了窟区挡土墙，修筑了砖石围墙，加固了栈道。2000 年，进行了石窟地质水文调查和工程测绘，完成了加固工程的立项及前期准备工作。2002 年

9～10月，对第165窟进行临时性抢险支顶。2004年7月～2005年8月，完成了北石窟寺危岩体抢险加固及渗水治理工程，消除了窟群岩体失稳和重点洞窟冒顶的险情。2006年，完成了石窟安全技术防范系统工程，实现了安全人防技防并举。2007～2008年，完成了文保所办公房改建工程，改善了办公条件。2009年7月，完成了《北石窟寺保护规划》设计初稿（图16～18）。

半个世纪以来，在上级主管部门的正确领导和大力支持下，北石窟寺两代石窟工作者，在极端艰苦的条件下，怀着对文博事业的无限热忱，克服种种困难，为北石窟寺文物保护事业作出了应有的贡献。特别是近几年以来，本所绝大多数工作人员改变了过去只看护不研究的观念，自觉撰写各类学术论文，并在相关刊物上发表，北石窟寺的保护和研究工作步入了新的发展阶段。

四　北石窟寺研究状况

北石窟寺石窟群被重新发现保护以来，已经过了半个多世纪，也受到中外诸多学者的关注，不少专家学者先后多次到北石窟寺考察研究，如国内老一辈的石窟专家马世长教授、温玉成研究员、张宝玺研究员、董玉祥先生等，还有台湾的李玉珉、赖鹏举先生，日本的东山健吾、冈田健先生，以及甘肃的郑炳林、杜斗成先生等。他们对北石窟寺的研究和保护曾提出过宝贵意见。2002年7月，本所联合兰州大学敦煌学研究所和庆阳师专举办了“北石窟寺佛教文化国际学术研讨会”，来自国内外的100多名专家学者齐聚西峰，极大地推动了北石窟寺的研究工作。目前，学术界对北石窟寺的研究主要反映在以下几个方面：

（一）关于石窟定名和第165窟部分造像及浮雕内容的讨论

1. 北石窟寺定名、开凿年代和功德主的问题

1925年，陈万里先生随同美国福格艺术博物馆中国考察队西行考察，在泾川调查王母宫石窟，发现南石窟寺，并预测附近必有“北石窟寺”。一般来说，有南就有北。综观该地区石窟，从地理位置、窟形及造像布局上看，泾川南石窟寺第1窟和庆阳北石窟寺第165窟如出一辙。1959～1960年，甘肃省博物馆文物工作队在陇东董志塬的西侧，蒲河、茹河交汇处东岸的覆钟山下发现北石窟寺，当时被称为寺沟门石窟。1961年，霍熙亮先生根据第257窟甬道北壁上方阴刻题记，将此石窟群定名为“北石窟寺”。这一说法为后来的学术著作所沿用。

北石窟寺系北魏永平二年（509）泾州刺史奚康生所创建，这一结论并非来自直接的记载。现存于北石窟寺的宋代残碑记载：“泾州节度使（刺史之误）奚侯刱置。”又，清乾隆六十年（1795）《重修石窟寺诸神庙碑记》记载：“今原州之东有石窟寺者，粤稽厥初，盖创自元魏永平二

年，泾原节度使（泾州刺史之误）奚侯刱建”。1936年，甘肃学者慕少堂《重修镇原县志》卷三记载:“石窟寺在县东九十里，北魏宣武帝永平二年泾州刺史奚侯创建，刻石为龛，龛内有唐人题咏，俱磨灭不可读”。此奚侯不见史载。如前所述,《南石窟寺之碑》清晰地记载石窟为奚康生永平三年（510）所建,《魏书》卷七十三奚康生传说他任泾州刺史的时间在永平二年至四年。因而，奚侯即奚康生，北石窟寺为奚康生于永平二年（509）所建是合乎情理的。这种说法在邓健吾《庆阳寺沟石窟“佛洞”介绍》、董玉祥执笔的《庆阳北石窟寺》和张宝玺所编《陇东石窟》等书中均予采用，亦为学术界和国家文物部门所认可。

虽然上述观点目前得到普遍认同，但实际上依然有可商榷的余地，第165窟这么大的石窟，以北魏当时的科学技术和陇东地区的施工手段，不可能在三年内完成如此浩大的工程，是永平二年开建的还是永平二年完工的？有哪些人参与？与南石窟寺有无直接关系？均无直接的资料依据，有待后人深入研究，并作出进一步的解释。

2. 关于第165窟七佛题材的讨论

北石窟寺七佛的主题，具有非凡的意义。从北魏的第165窟到唐代的第257、263、256窟至晚唐的第267窟和第1窟，均以七佛为主尊。特别是第165窟七尊大佛的组合，国内罕见。对此主要有两种观点：

一种观点，以张宝玺为代表，通过梳理印度桑奇大塔、犍陀罗艺术、北凉石塔和炳灵寺石窟、云冈石窟等地的七佛造像题材认为，七佛与弥勒体现的是三世佛信仰，是一种古老的题材，南北石窟寺的七佛是佛教艺术本身发展的产物，与政治背景没有关系。魏文斌[14]亦持此观点。

另外一种观点，以杜斗成为代表，通过分析奚康生开凿南北石窟寺的政治背景和目的，参照云冈石窟昙曜五窟开凿的背景等有关资料，认为七佛与弥勒除了表现三世佛信仰之外，还与北魏皇帝有密切的关系，提出七佛七帝说，即七佛象征北魏的七位皇帝[15]。石松日奈子[16]、党燕妮[17]、翁鸿涛[18]等人均循此说。

对于第165窟内七佛造像的定名，一直以来未得到很好解释。董华锋在《庆阳北石窟寺北魏洞窟研究》一文中根据北凉石塔、云冈石窟第13窟、普泰二年薛凤规造像碑等材料，尝试性地对七佛作出定名[19]，即正壁中间为释迦牟尼佛，释迦右侧为毗婆尸佛，左侧为迦叶波佛，北壁顺次为尸弃佛，毗舍浮佛，南壁为拘楼孙佛、拘那含牟尼佛。

3. 关于第165窟门内两侧的交脚菩萨的讨论

对第165窟前壁两侧的两尊菩萨，一般认为是弥勒菩萨，与七佛组成三世佛题材，其中北侧一尊为交脚像。新加坡学者古正美在其《贵霜佛教政治传统与大乘佛教》等著作中将犍陀罗、云冈石窟等地的交脚弥勒像解释为转轮王像[20]。

翁鸿涛根据这一结论，进而将北石窟寺第165窟中的交脚菩萨解

[14] 魏文斌、唐晓军《关于十六国北朝七佛造像诸问题》,《北朝研究》1993年第3期。

[15] 杜斗成、宋文玉《南、北石窟与奚康生》,《丝绸之路》2004年第2期,第31～34页。

[16] 石松日奈子《陇东地区早期佛教造像的来源》，贾延廉主编《陇东石刻初探》，内部发行,2010年,第41页。

[17] 党燕妮《〈南石窟寺碑〉校录研究》,《敦煌学辑刊》2005年第2期,第228页。

[18] 翁鸿涛《南、北石窟寺七佛二“弥勒”造像的宗教及现实寓义》，贾延廉主编《陇东石刻初探》，内部发行,2010年,第62～65页。

[19] 董华锋《庆阳北石窟寺北魏洞窟研究》，兰州大学博士学位论文，2010年。

[20] 古正美《贵霜佛教政治传统与大乘佛教》，允晨文化实业股份有限公司，1993年，第589页。

释为转轮圣王[21]。

至于为何此窟内出现了两身弥勒菩萨，一般以为是为了窟内造像的对称，而翁鸿涛在文章中将两身弥勒分别解释为转轮圣王和弥勒。笔者认为，此二弥勒解释为弥勒上生与弥勒下生更妥切。

4. 关于窟门内两侧的阿修罗和骑象菩萨的问题

第165窟内前壁窟门两侧的两身造像比较特别，在国内早期石窟中是不多见的。居北侧者为护法阿修罗天，其三头四臂，右上手擎日轮，左上手持月轮。此定名自邓健吾始[22]，后为学术界所认可，未见有异议。

较有争议的是居窟门内南侧者，此造像着菩萨装，侧身舒相坐在大象背上，身后雕一胡跪、双手捧花蕾的沙弥弟子，身前雕一双膝跪，上身裸，双手握一如意钩的胡人。

对后一题材，一种观点认为是普贤菩萨像。邓健吾就根据其形象，结合《妙法莲华经·普贤菩萨劝发品》等文献，将其定名为普贤菩萨[23]。赖鹏举则进一步阐明了此普贤菩萨与禅观的关系[24]。另外一种观点认为此骑象菩萨为帝释天。这种观点以张宝玺为代表。他还进一步结合北侧的阿修罗将其确定源自帝释天与阿修罗的战争[25]，二像在此窟中均为护法。

5. 关于第165窟内多处浮雕内容的研究

第165窟四壁原满布浮雕，现藻井浮雕已全失，四披浮雕伎乐天，现仅存西披、北披两方及东披一些残迹。较有争议的有三处浮雕：

一是西披的大型浮雕。

关于此浮雕大致有三种观点：第一种观点认为是萨埵太子本生故事。邓健吾、张宝玺、梁丽玲等均持此观点[26]。第二种观点认为北侧为睒子本生、南侧是萨埵太子本生。此观点以暨远志为代表[27]。他认为，孙修身先生最先发现了睒子本生，并将此浮雕分为南北两个部分来讨论。第三种观点认为是栴檀摩提太子饲虎本生。此观点最初由董玉祥提出，后由董华锋作了详细的论证[28]。

二是北壁两立佛身光交界处三角形空间的浮雕题材。

《庆阳北石窟寺》描述这铺造像“北壁顶部二佛背光空间上雕太子及伎乐人等，可能为宫中娱乐”[29]。《陇东石窟》则认为：“第165窟内北壁正中的两佛背光之间浮雕佛本生故事，有剜腿肉者、持鸽者及弹琵琶和阮咸的乐者，其下雕坐佛、供养比丘、供养菩萨等。故事内容似为尸毗王本生的一部分。”[30]而在后来的进一步考察中，我们发现了墨书题记“……尸/毗……”，进一步证明，将其定为尸毗王本生是合理的。

三是第165窟东壁与北壁交界处下方的浮雕。

《庆阳北石窟寺》只就画面的内容作了描述，未予定名。《陇东石窟》认为该浮雕“似属降服火龙”[31]。赖鹏举则认为这铺造像“内容

---

[21] 翁鸿涛《南、北石窟寺七佛二“弥勒”造像的宗教及现实寓义》，贾延廉主编《陇东石刻初探》，内部发行，2010年，第54～55页。

[22] 邓健吾《庆阳寺沟石窟“佛洞”介绍》，《文物》1963年第7期，第31页。

[23] 邓健吾《庆阳寺沟石窟“佛洞”介绍》，《文物》1963年第7期，第31～32页。

[24] 赖鹏举《丝路佛教的图像与禅法》，财团法人圆光佛学研究所，第216～217页。

[25] 张宝玺《北石窟寺七佛窟之考释》，未刊稿。

[26] 邓健吾《庆阳寺沟石窟“佛洞”介绍》，《文物》1963年第7期，第26页；张宝玺《陇东石窟》，文物出版社，1987年；梁丽玲《萨埵太子本生故事画所据佛典之判读》，载郑炳林、花平宁《麦积山石窟艺术文化论文集》上，兰州大学出版社，2004年，第546～567页。

[27] 暨远志《泾州地区南北石窟寺与云冈二期石窟的比较分析》，《深圳文博论丛》2005～2006年合刊，文物出版社，2007年，第66页。

[28] 董玉祥《关于北石窟寺的名称、创建与造像题材考证》，李红雄、宋文玉《北石窟寺》，甘肃文化出版社，1999年，第18～20页；董华锋《庆阳北石窟寺北魏洞窟研究》，兰州大学博士学位论文，2010年。

[29] 甘肃省文物工作队、庆阳北石窟寺文管所《庆阳北石窟寺》第114页。

[30] 甘肃省文物工作队、庆阳北石窟寺文管所《陇东石窟》图39和图版目录第3页。

为群山中置一棺，棺四周燃以熊熊烈火，棺上为一结跏趺坐、手结禅定印之佛，佛的两侧各有一力士守护。据内容看，应属佛传中佛涅槃后荼毗的场面”[32]。金申先生也肯定这一观点。

（二）关于楼底村1号窟的讨论

1. 关于洞窟年代的问题

关于楼底村 1 号窟的开窟年代问题，《庆阳北石窟寺》和《陇东石窟》等书中只提出是北魏时期的洞窟，但没有进一步讨论。《庆阳北石窟寺》说“楼底村 1 号窟、第 237 窟和第 250 窟等北魏窟龛中的造像，显然比 165 窟要晚”[33]，《陇东石窟》认为:“北一号窟（即楼底村 1 号窟）是北魏时期开凿的一个中心塔柱窟。”[34]

暨远志运用考古学的研究方法，认为该窟系泾州地区一期石窟，开凿时间是太和十九年（495）至景明四年（503）[35]。他将该窟与王母宫石窟及云冈第 6 窟进行细致的比较，认为楼底村 1 号窟与云冈第 5、6 窟之间表现出了很大的相似性[36]，楼底村 1 号窟“无论是洞窟形制，还是造像布局和题材内容，都与泾川王母宫石窟比较一致，并将之与云冈第 6 窟作了整体及细部的类比，其开凿时代当在 494 ～ 504 年之间”[37]。

董华锋在其博士论文中，则列举了大量例证，认为楼底村 1 号窟应是开凿于北魏延昌至孝昌间（514 ～ 526）[38]。

2. 关于窟主的问题

暨远志在关于楼底村 1 号窟功德主问题这方面，讨论得较为深入。他根据相关文献和石刻题记材料，认为此窟系北朝豳宁地区部族所开凿[39]。这种说法很有借鉴意义。

3. 关于窟内中心塔柱的研究

此窟内的中心塔柱为下部四边形，上部八面体的形制。陈晓露分析了八面体佛塔由犍陀罗向中国的传播过程及北凉石塔与楼底村 1 号窟、王母宫石窟之间的关系，认为此中心塔柱系仿照佛塔而建[40]。董华锋则进一步依据北凉石塔，对楼底村 1 号窟和王母宫石窟中心塔柱八面龛像作了定名。赖文英也认为楼底村 1 号窟是将北凉石塔的佛塔概念引入了石窟当中[41]。而滨田瑞美则认为此中心塔柱表现的就是塔本身[42]。

4. 关于中心塔柱西面、北面和南面龛龛楣造像风格的研究

楼底村 1 号窟中心柱龛楣雕造的特点：衣纹由阳刻的等距离平行绵密线纹组成。早在 20 世纪 50 年代，松原三郎撰文《北魏の鄜县样式石彫に就て》，结合延昌二年（513）铭道教三尊像和延昌四年铭道教三尊像，将此种造像风格定名为“鄜县样式”，后来的研究引用了这一概念[43]。夏朗云也注意到了这一点，并认为楼底村 1 号窟这种特殊的造像风格与北朝长安及其附近地区石刻文化及道教艺术关系密切。他还认为第 165 窟与云冈石窟有因缘，造像借鉴了云冈石窟第 9、10、

[31] 甘肃文物工作队、庆阳北石窟寺文管所《陇东石窟》，图 44，图版目录第 4 页；吴荭、魏文斌《甘肃中东部石窟早期经变及佛教故事题材考述》，《敦煌研究》2002 年第 3 期，第 23 页。

[32] 赖鹏举《丝路佛教的图像与禅法》，财团法人圆光佛学研究所，2002 年，第 210 ～ 211 页。

[33] 甘肃省文物工作队、庆阳北石窟寺文管所《庆阳北石窟寺》，第 42 页。

[34] 甘肃省文物工作队、庆阳北石窟寺文管所《陇东石窟》图版目录第 4 页。

[35] 暨远志《泾州地区北朝石窟分期试论》，《考古与文物》2009 年第 6 期，第 36 ～ 45 页。

[36] 暨远志《泾州地区北朝石窟分期试论》，《考古与文物》2009 年第 6 期，第 36 ～ 45 页。

[37] 暨远志、宋文玉《北朝豳宁地区部族石窟的分期与思考》，中山大学艺术史研究中心编《艺术史研究》第七辑，中山大学出版社，2005 年，第 370 页。

[38] 董华锋《庆阳北石窟寺北魏洞窟研究》，兰州大学博士学位论文，2010 年。

[39] 暨远志、宋文玉《北朝豳宁地区部族石窟的分期与思考》，《艺术史研究》第七辑，中山大学出版社，2005 年，第 343 ～ 386 页。

[40] 陈晓露《从八面体佛塔看犍陀罗艺术之东传》，《西域研究》2006 年第 4 期，第 63 ～ 72 页；董华锋《试论北魏陇东的八面体中心塔柱》，郑炳林、俄军主编《2009 丝绸之路国际学术研讨会论文集》，三秦出版社，第 97 ～ 102 页。

[41] 赖文英《泾川王母宫石窟造像思想探析》，《敦煌学辑刊》2011 年第 2 期，第 144 页。

13窟的诸多因素，才形成了自己的这种风格，是继云冈石窟之后的又一新形式，它是具体吸收了“云冈模式”的一些因素又加以改造而形成的一种新模式。他认为楼底村1号窟开凿时代早于北石窟寺第165窟，最早的北石窟寺应该是楼底村1号窟[44]。

（三）关于北石窟寺各朝代开窟建寺背景的讨论

北石窟寺是在北魏中期大兴佛教形势下创建的，它的产生是一种社会意识形态的综合反映，是历史文化沉积的结晶也反映着魏晋以来民众的新思潮，又因佛教文化的传入和渗透，而成为这种思潮的表现形式。现在的研究成果认为，北石窟寺创建洞窟的功德主是北魏名将泾州刺史奚康生，奚康生为什么要建南北石窟寺？多数学者根据史书记载而推论，《魏书·世宗纪》载，永平二年春正月，泾州沙门刘惠汪聚众反，诏华州刺史奚康生讨之，《魏书·奚康生传》载：“康生久为将，及临州尹，多所杀戮。而乃信向佛道，数舍其居宅以立寺塔，凡历四州，皆有建置。”据此认为，奚康生于永平二年正月领兵到泾州镇压了沙门刘惠汪的叛乱，杀了许多僧人，于是在兼任泾州刺史期间，为了赎其杀人之罪，便开窟建寺，大作功德。其实，北石窟寺第165窟可能并非一人所倡，也并非三年内所能建成，与奚康生有无关系至今尚无直接史料证据。暨远志在《北朝豳宁地区部族石窟的分期与思考》一文中，列举了大量的资料，认为包括北石窟寺在内的泾河流域的北朝石窟，为当时本地部族所创建，出于其信仰所需，此见解不无道理，值得借鉴。

张宝玺《庆阳北石窟几则唐代造像铭记》一文[45]，考订了北石窟寺的三方唐代题记，并认为此时的窟龛多为地方官吏和平民所开；刘治立先生《唐朝时期的北石窟寺蠡测》，则讨论了唐代北石窟寺信仰方向、寺院结构以及发展脉络等问题[46]。他还著文讨论了宋金时期北石窟寺的佛事活动及其社会功能[47]。

现存第165窟内的宋绍圣年间《原州彭阳县石窟寺盂兰会记》碑记载，当时这里的佛事非常兴盛，每逢中元盂兰盆会，善男信女进香礼佛者“其众如云”，均出于自觉自愿，并非官府所迫。虽是一种宗教信仰，也反映出民众对美好生活的向往，而官府县令是无法理解的，认为“是皆不可质其彼识而然也”。

北石窟寺并无元代造像，但董华锋、宋文玉以第165窟摩崖石碑《宗派图》为切入点，研究了元代北石窟寺繁盛的佛事活动[48]，认为元代北石窟寺和陕西关中一带僧人来往频繁，受中原佛教文化影响较大，且元代延祐以后，北石窟寺的寺院机构比较健全，佛事活动非常兴盛。

（四）石窟内容及功能的考释

[42] 滨田瑞美《试论庆阳北石窟寺北魏时期中心柱窟的造像构思》，贾延廉主编《陇东石刻初探》，内部发行，2010年，第48页。

[43] 松原三郎《北魏陕西派石雕の一系谱——とくに道仏并存と融合》，载《中国佛教雕刻史论》，吉川弘文馆，1995年，第35～52页；齐藤龙一《中国南北朝时代の“鄜县样式”佛教·道教造像に关する再检讨》，载曾布川宽编《中国美术の图像学》，京都大学人文科学研究所，2006年，第321～359页。

[44] 夏朗云《庆阳楼底村1号窟与王母宫石窟中的稍细密平行线衣纹的考察》，贾延廉主编《陇东石刻初探》，内部发行，2010年，第122～137页；《南北石窟早期最大洞窟杂考》，《史学论丛》第7辑，兰州大学出版社，1997年；《南北石窟寺最早洞窟续考》，《史学论丛》第10辑，兰州大学出版社，2003年。

[45] 张宝玺《庆阳北石窟几则唐代造像铭记》，《敦煌研究》2000年第4期，第58～62页。

[46] 刘治立《唐朝时期的北石窟寺蠡测》，郑炳林、花平宁主编《麦积山石窟艺术文化论文集》下，兰州大学出版社，2004年，第362～371页。

[47] 刘治立《宋金时期的北石窟寺》，《敦煌学辑刊》2002年第2期，第99～103页。

[48] 董华锋、宋文玉《庆阳北石窟寺摩崖石碑〈宗派图〉考释》，《考古与文物》2009年第1期，第85～88页。

赖鹏举在《丝路佛教图像与禅法》第十四章《后秦僧肇的“法华三昧”禅法与陇东南北石窟寺的七佛造像》[49]中，以《南石窟寺之碑》为基础，研究认为后秦僧肇的“法华三昧”禅法在北魏后半期为南、北石窟寺的禅僧所奉行。暨远志《泾州地区南、北石窟寺的比较研究》一文[50]，从洞窟形制、造像题材、造像布局、艺术风格等几个方面，将南、北石窟寺与云冈二期石窟做了全面的比较研究。

于向东的《南北石窟寺的造像思想初探》[51]，认为南北石窟寺早期造像的题材与造型均源于云冈石窟，并探讨了石窟礼拜忏悔的功能。赖文英《泾川王母宫石窟造像思想探析》一文[52]，探讨了泾川王母宫石窟的造像思想，为我们研究与王母宫石窟关系十分密切的楼底村 1 号窟提供了极好的借鉴。

董华锋以《庆阳北石窟寺北魏洞窟研究》为题的博士论文[53]，系统探讨了北石窟寺北魏时期洞窟开凿的历史背景、造像内容及其宗教功能。

（五）文物保护方面的研究

多年来，本所工作人员一直在努力调查记录北石窟寺的病害状况，并对其作出分析，发表了系列文章[54]，对重点洞窟做了专门讨论[55]。

1. 认为岩体渗水是导致很多病变的根本原因

我们邀请了相关专家研究北石窟寺地下水的治理[56]，同时积极论证在 20 世纪 70 年代修建的雨棚基础上，扩大雨棚的防雨范围，以更有效地避免大气降水直接对岩体的侵蚀[57]。

2. 认为造像风化是北石窟寺最普遍的一种病变

敦煌研究院李最雄在石质文物保护研究实验的基础上，对北石窟寺的石质进行了检测和化学全分析，探讨了 PS-C 对加固风化砂岩石雕的作用[58]。

此外，灌浆锚杆技术在第 165 窟窟顶加固工程中的应用，为我们以后解决类似的问题积累了很好的经验[59]。

（六）论著编纂

1985 年，董玉祥执笔，由甘肃文物工作队和庆阳北石窟寺文管所编辑出版了调查报告《庆阳北石窟寺》。1987 年，张宝玺执笔，甘肃省文物工作队和庆阳北石窟寺文物保管所合编出版了《陇东石窟》，以上二书向世人系统介绍了北石窟寺。1999 年李红雄、宋文玉合编出版了《北石窟寺》文集，对北石窟寺创建的历史背景及其石刻艺术作了进一步的探讨[60]。2009 年，北石窟寺建寺 1500 周年、发现 50 周年、对外开放 10 周年，又恰逢新中国成立 60 周年，由宋文玉主编，北石窟寺文物保护研究所将多年来发表在不同刊物上的论文分为考古调查与研究、文物保护与开发、旅游鉴赏与考识、史料考证与信息等四类，编辑成

[49] 赖鹏举《丝路佛教的图像与禅法》，财团法人圆光佛学研究所出版，2002 年，第 206 ～ 217 页。

[50] 暨远志《泾州地区南北石窟寺的比较分析》，李振刚主编《2004 龙门石窟国际学术研讨会论文集》，河南人民出版社，2006 年，第 387 ～ 400 页。

[51] 于向东《南北石窟寺的造像思想初探》,《兰州大学学报》2007年第2期,第47 ～ 54页。

[52] 赖文英《泾川王母宫石窟造像思想探析》,《敦煌学辑刊》2011 年第 2 期，第 140 ～ 149 页。

[53] 董华锋《庆阳北石窟寺北魏洞窟研究》，博士论文，兰州大学，2010 年。

[54] 宋文玉《甘肃庆阳北石窟寺病害分析及防治对策》，《2005 年云冈国际学术研讨会论文集·保护卷》，第 116 ～ 121 页。

[55] 宋文玉《北石窟寺 165 号窟的加固与保护》，《丝绸之路·文论》2001 年上半年专辑；詹社红《浅谈北石窟寺圣母宫壁画彩塑病害的防治与保护》，《陇右文博》2005 年。

[56] 李文军《北石窟寺地下水与石窟岩体潮湿渗水的关系及地下水治理措施》,《敦煌研究》2006 年第 4 期。

[57] 孙毅华《对庆阳北石窟寺修建防雨棚的调查报告》、《北石窟寺窟檐雨棚设计方案》（内部资料）。

[58] 李最雄《应用 PS-C 加固风化砂岩石雕研究》,《敦煌研究文集·石窟保护篇》下。

[59] 刘丽萍、李国祥、魏国安《灌浆锚杆在庆阳北石窟寺 165 号洞窟病害治理中的应用》,《路基工程》2001 年第 6 期，第 68 ～ 70 页。

《北石窟寺论文集》[61]，大大地便利了学术研究。

五 今后的努力方向

通过学者们的努力，北石窟寺的研究工作取得了初步的成绩，为以后的研究奠定了良好的基础。但是，目前的研究无论是在深度上还是在广度上都仍有很大提高的空间：

第一，调查报告问题。现已有《庆阳北石窟寺》一书出版，但囿于客观条件，北石窟寺内容并未被详细报告。本次编辑的《庆阳北石窟寺内容总录》，正是我们多年来在这方面努力工作的集体成果。在此次工作过程中，我们还努力尝试运用3D激光扫描等新兴测绘技术于考古调查，希望能做得更加精确。承北京东方道迩信息技术有限责任公司以公益为目的，为北石窟寺第165窟进行三维激光扫描测绘，完成了本书中该窟现状的结构图。

第二，窟龛断代及内容问题。自20世纪60年代初，北石窟寺被重新发现以来，学界就开始对北石窟寺年代问题进行研究。但是，依然有很多问题需要进一步论证，例如北魏晚期和西魏时期的窟龛怎么区分，北周和隋代的窟龛怎么区分，唐代窟龛又经历了怎样的发展历程。也就是说，北石窟寺造像的排年谱系仍未建立起来。当然，这与北石窟寺有题铭的窟龛和相关文献记载缺少直接的关系。

此外，北石窟寺部分窟龛的内容仍需进一步考证，如隋代第48、93龛等窟龛内戴宝冠的主尊的定名问题，再如第246龛和256-3号龛二坐佛一舒相坐菩萨组合的内容题材等问题。

第三，石窟造像的进一步有效保护问题。自北魏永平二年（509）北石窟寺始凿以来，经历了1500多年，受到自然的、人为的多方面影响，可谓历经风霜雪雨，阅尽人间沧桑。现有的308个窟龛几乎均有不同程度的病害存在。窟龛岩体出现了裂隙、渗水、松动等问题，窟内造像出现了片状风化、粉状风化、不同部位的差异风化、烟熏，造像、壁画表层起甲、变色等多种病变，很多浮雕、壁画已不复存在。虽然石质文物保护技术在不断进步，我们也在做一些常规的窟龛温湿度监测、落沙记录等工作，但是，目前针对北石窟寺文物保护方面存在的问题，尤其是严重的渗水问题和造像风化问题，研究工作还远远不够，北石窟寺这一文化瑰宝的保护工作依然形势严峻，迫在眉睫，刻不容缓。我们的工作任重而道远，今后还需要付出更加艰辛的努力。

（本文对洞窟佛龛的断代大部分借鉴了《庆阳北石窟寺》、《陇东石窟》二书中的研究成果，特此予以说明）

[60] 李红雄、宋文玉《北石窟寺》，甘肃文化出版社，1999年。

[61] 宋文玉《北石窟寺论文集》，内部印行，2009年。

北石窟寺七佛窟之考释

张宝玺

北魏泾州南、北石窟寺本为北魏泾州刺史奚康生分别创建于永平二年（509）和三年（510）的一对双窟。按现行行政区划，北石窟属庆阳市辖境，今称庆阳北石窟寺。求索泾州南北石窟寺名称来源可知，它们原是北魏泾州境内的两座石窟，存在着南北对应关系。《魏书》："泾州，治临泾城。"[1]北魏临泾城的位置有不同的说法。相当一部分地理著述认为，北魏临泾城是在今镇原县南六十华里，也有的人认为在今泾川西北的当原城。我们在探讨南北石窟的名称来源时，也试图找到临泾城的位置，以说明南北石窟寺一在临泾城之南、一在临泾城之北，结果未有所获。多年的考古调查并没有找到相应的城址。此城是毁掉了或是根本就不存在，无明确答案，以致两窟位于临泾城之南北缺少依据。今据史地专家对于泾州的多方考订，认为东汉至北魏安定、临泾为一地，就是今天的泾川县城所在地泾河北岸泾州古城[2]。其城背靠兼山，面临泾河，是历史上的名城。历史沧桑变化，城址尚存，其位置据山川形胜，扼交通要道[3]。南石窟寺在泾河北岸临泾城东十五华里。北石窟寺却在泾河支流蒲河与茹河的交汇处蒲河的东岸，两窟南北相去九十华里。两窟距离遥远，这种关系是当时形成的。因此，南北石窟寺之称其实源自泾州境内地理位置上的南北对应关系，并不需要以位于临泾城南北来解释。

泾州东邻豳州，北石窟寺地处北魏泾州东界，有些朝代泾州辖区越过了蒲河东岸到萧镇（今肖金）。而有些朝代豳州（宁州）辖区跨过蒲河西岸到彭阳。所以北石窟寺有些朝代归泾州辖区，有些朝代归豳州（宁州）辖区。北魏时属泾州，而唐代北石窟归宁州丰义县（原彭阳县），石窟造像题记中就有宁州北石窟之称。宋、元、明、清泾州、原州辖地越过了蒲河东岸，北石窟属泾州、原州彭阳县（唐丰义县），有时又称作东大石窟。近年来对北石窟地界北魏时是否属泾州多有争议，但从这一带地域演变来看，北石窟北魏时地属泾州是不会有问题的。历代行政区划变迁情况，保存于北石窟内的多方题记可供研究。

南北石窟是一对双窟，南石窟在南石窟寺窟群内今编号为第1窟，北石窟在北石窟寺窟群内今编号为第165窟。两窟的形制完全相同，都是以七佛加弥勒菩萨为主像的佛殿窟，比较起来，北石窟规模大于南石窟，也

[1] 《魏书》卷一百六下《地形志下》。

[2] 祝世林《泾州地望新议——论临泾、安定、泾州的历史演变》，《平凉古代史考述》。

[3] 刘玉林《泾州故城调查记》，《平凉文物》。

图19　北石窟佛像
图20　南石窟佛像

早一年起建，内容上还多出门首二天王及二狮，以及护法神帝释天和阿修罗天等尊，看来更着力于北石窟的营造。虽然是同时期修建的洞窟，两窟的造像风格上却有明显差别，北石窟造像风格古朴硕健（图19），南石窟造像风格趋于清秀婉丽（图20），当是不同来源的工匠所致。两种风格的并存，应是处于新旧风格转变时期。北石窟造像属云冈石窟的古朴硕健风格，而南石窟造像则属龙门石窟为代表的清秀婉丽风格。

一 窟形及造像布局

第165窟是规模宏大的横长方形佛殿窟，平面作横长矩形，窟高14.46（现在的实测高度）、宽21.7、深15.7米。绕窟一周凿低坛基，佛像站在坛基上，原坛基已被后世所筑的砖雕护墙所遮盖。长方形平顶垂帐窟门，门上方设方形盝顶明窗。窟顶盝形，大部损毁。盝顶，或称覆斗顶，是中国传统建筑内部空间常用的一种屋顶形式，表现的是横长方形的盝顶帐[4]。从比较完整的西壁和北壁来看，顶部雕有水平帐楣，四角向心雕斜上的帐杆，连接窟顶中央的长方形天井，与麦积山石窟第127窟结构大体相同。这里帐楣、帐杆断面略方，浮出平面低浅呈宽带状。

窟内正壁雕三立佛，左右壁各雕二立佛，前壁雕二弥勒菩萨，是完整意义上的七佛加弥勒菩萨造像。前壁窟门两侧是护持佛法的帝释天、阿修罗天。窟门外壁站立二天王及二身狮子。

这种横长方形佛殿窟适应七佛造像，在此以前很少采用。这种佛窟的形成及七佛造像的布局究其根源应起自佛寺，寺院中佛殿一般是三、五、七开间的横长方形。今天已经看不到当年留下来的木构七佛殿实物，其记载存世的也很少，仅见如北魏杨衒之《洛阳伽蓝记》中洛阳“大觉寺，广平王怀舍宅也，在融觉寺西一里许。百瞻芒岭，南眺洛汭，东望宫阙，西顾旗亭，禅皋显敞，实为胜地。是以温子升碑云:‘面水背山，左朝右市’是也。怀所居之堂上置七佛”[5]。在洛阳这样兴盛的都城，像广平王元怀这样舍宅立大觉寺，改住所为七佛殿许不止此一处。佛教造像的发展演变，佛寺应该是其主要的载体，七佛殿应该首先形成于佛寺，遗憾的是没有能够留下来，仅在石窟里才有完整的遗存（图21）。

二 天王及二狮

第165窟的造像，我们首先迎来的是站在窟门外气宇轩昂的二身天王，北侧身高5.77、南侧身高5.7米。北侧天王头戴尖顶兜鍪，身披铠甲，下着战裙，腿裹行縢，脚穿毡靴，两手平放于胸前，双眼斜立，面容忿怒（图22）。南天王形同北天王，身着铠甲，两手残，怒目凝视远方（图23）。这两身天王的着装和造像风格颇似唐代造像，局部处理

[4] 傅熹年《麦积山石窟所见古建筑》，天水麦积山石窟艺术研究所编《中国石窟·天水麦积山》，文物出版社，1998年。

[5] 北魏杨衒之《洛阳伽蓝记》卷四。

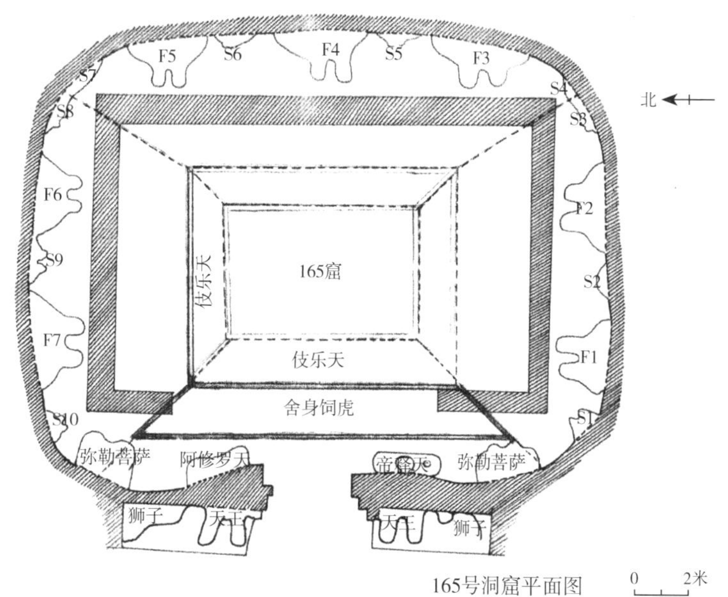

图21　第165窟造像内容分布平面图（F1～F7示意7尊立佛，S1～S10示意10尊菩萨）

上也有不一致的地方，北天王有身光无头光，南天王有头光无身光，似乎造像经历了一段时间才造成这种差别，也可能是受到崖面石质的限制。但是，从它所处的层位与周围诸佛龛先后关系看，它仍然应该是北魏时期的造像，说明这种风格的天王造像在北魏时已经形成。在北朝石窟造像中立于门侧的，以二力士及各类护法神的比较多，而造二天王却极为罕见，起码在我国北朝大型石窟中没有再见到过。就南、北石窟寺窟群而言，南石窟门首开龛造二力士（似为后来补雕），北石窟寺北 1 号窟（即楼底村 1 号窟）为力士（一存一毁），第 70 窟为二力士，第 240 窟为二力士（形似二菩萨）。佛教艺术中有四天王造像，初唐以来二天王造像纳入佛七尊、佛九尊的造像组合之中。由此推测，这里可能是四天王中的两身，而且是最早在北魏造像序列之中出现的例子。石窟门首造力士，源于古印度石窟门侧的守门人，如印度毗达尔柯拉石窟第 4 窟门两侧的二守门人，为公元前 2 世纪遗物。印度石窟之守门神，一般不着铠甲，上身裸，下着裙，跣足，头戴花冠，身体扭转呈 S 形。犍陀罗地区的武士则一般扭动不大，身体都比较粗壮。而北石窟这两身天王，已完全是身着铠甲中国武将的装束，多少承袭了犍陀罗艺术的传统。

门首两侧的狮子，背向窟门，形体巨大，北侧体长 2.80、高 1.32 米，南侧体长 2.28、高 1.44 米。北侧狮子张开大口，作伏卧状，胸腹触地（或系未完工）（图 24）。南侧狮子头部残失，胸部刻旋涡状狮毛，以前腿为支撑作蹲坐状（图 25）。这两身狮子损毁严重，细微部多已残失，就其形体观察，多数人认为是狮子，有的学者则认为是老虎，在犍陀罗艺术中，曾有老虎为坐骑的例子[6]。本人认为它是狮子，一身伏卧，一身蹲立而且有狮毛，是在有意刻画形体上的差别，似乎另有一种

[6]　李松《略论中国早期天王图像及其西方来源——天王图像研究之二》，兰州大学敦煌学研究所、麦积山石窟艺术研究所编《麦积山石窟艺术文化论文集》上，兰州大学出版社，2004 年。

图22　第165窟门外北侧天王
图23　第165窟门外南侧天王

涵义。狮子常用来比喻佛陀的无畏与大威势力，能降伏一切。造像中狮子形象出现最多的是狮子座，狮子蹲于佛座两侧，如洛阳龙门石窟古阳洞主尊佛座前的蹲狮，在同类造像中堪称形体高大。这里将狮子放在窟门外两侧，看来亦具有守门神的身份，北朝石窟造像中尚属鲜见。

三　帝释天、阿修罗天

第165窟门内前壁的两身护法，南侧乘象帝释天，通高3.04米。帝释天着菩萨装，髻冠方形，束发上结髻，已残失，侧身舒相坐在大象背上，有圆形头光，额上具第三只慧眼，右手扪于胸前，所持器物断裂，已不清楚是什么东西。帝释天常见持物为金刚杵。袒上身，下着裙，帔巾绕身，裙裾下垂，纹理清晰，显得相当飘逸。就形象而言，与本窟胁侍菩萨妆饰无大的区别。身前跪着驭象奴，目视前方，双手紧握驭象刺棒（安库斯），棒上端弯曲如钩，形似如意。身后胡跪一弟子，双手捧摩尼珠（亦似莲蕾，细部似刻有莲瓣）。大象身形高大，长鼻触地，备有鞍鞯、笼头（图26）。这尊造像的定名始于20世纪60年代初的调查，邓健吾在《庆阳寺沟石窟"佛洞"介绍》一文中首次推订为普贤菩萨，但在图版说明中定名为乘象菩萨[7]，此后普贤菩萨和乘象菩萨两名一直被沿用。持普贤菩萨论者就此有所发挥，视为定论，但持慎重态度的人对这个定名抱存疑态度，只是形象地称之为乘象菩萨，不作普贤菩萨定论。因普贤菩萨虽然乘象，但并非佛的护法，门侧应是护法神

[7]　邓健吾《庆阳寺沟石窟"佛洞"介绍》，《文物》1963年第7期。

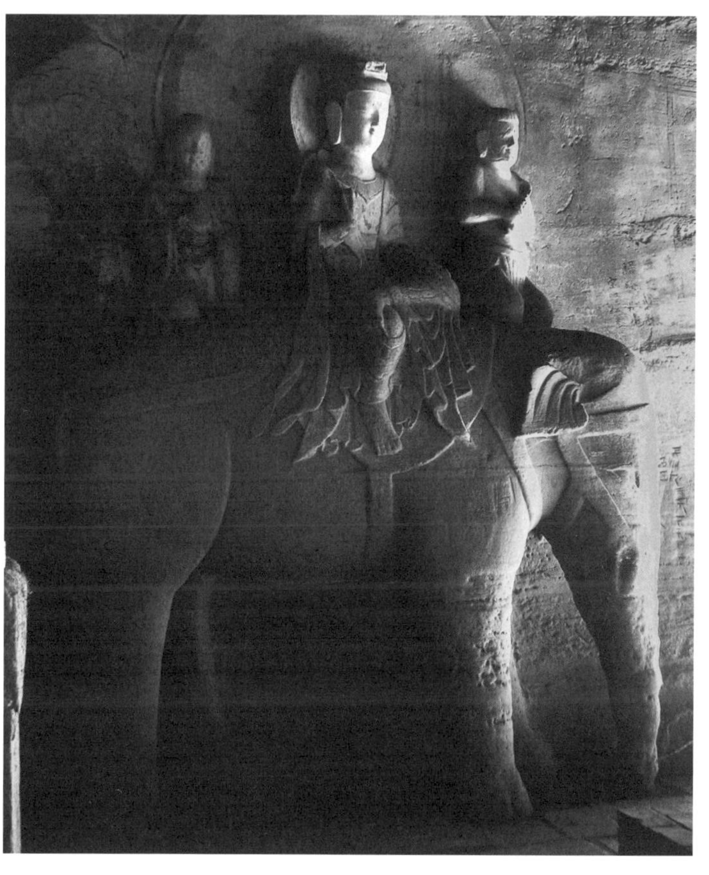

图24　第165窟门外北侧狮子
图25　第165窟门外南侧狮子
图26　第165窟门内南侧乘象帝释天

的位置。本人今考订其应是乘象帝释天。帝释天的形象在印度犍陀罗艺术中，头戴敷巾冠饰或戴圆筒形高宝冠，手持金刚杵犹如王者、武士的形象，相当一部分着天人装，即菩萨装，身佩项圈、耳珰等饰物，前额具第三只眼睛。帝释天的坐骑是大象阿伊罗婆陀，常与大梵天护持于佛之两侧。在龙门石窟宾阳中洞窟门甬道左右两壁护法神的位置，就是帝释天与大梵天配对。北侧帝释天一头四臂，火焰状怒发，身披璎珞，左上手持金刚杵，右上手执三叉戟。左下手握白拂，右下手残，作忿怒护法相。南侧大梵天，三头四臂，身披璎珞，下着战裙，左上手执三叉戟，右上手握宝剑，左下手执玉环，右下手持金刚杵，足踏夜叉（图27）。而相当数量的帝释天作菩萨装，戴宝冠，袒上身，身绕飘带，下着裙，额上具三只慧眼。北石窟这尊帝释天应是乘象菩萨装的寂静相，

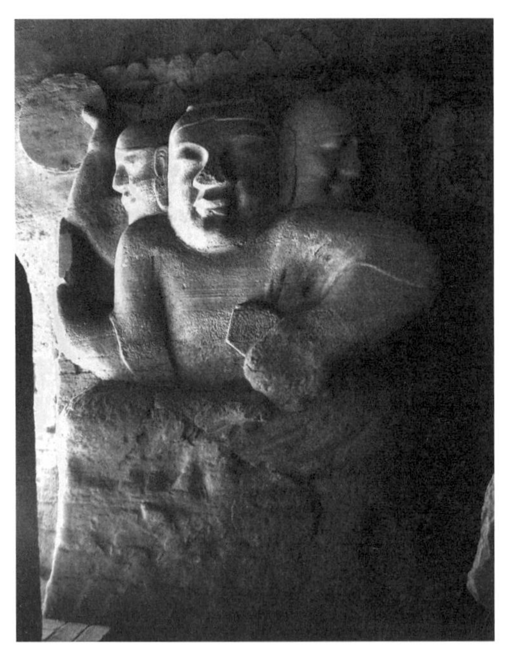

图27　龙门石窟宾阳中洞窟门甬道帝释天（左）和大梵天（右）

图28　第165窟门内北侧阿修罗天

以后汉传佛教寺院作菩萨装寂静相的帝释天更为普遍。

北侧阿修罗天，通高3.05米，三头四臂，中面为平寂相，左、右面为忿怒相。右手向外举长柄牌，左手胸前紧握金刚杵，右上手擎日轮，左上手持月轮，着短袖衣，结跏趺坐于方形座上，从迹象看方座上水波起伏，海面动荡，似有水族之类动物。象征位于大海中的须弥山，因座残现已敷泥重修，残迹已被掩盖。虚空间浮雕山岳，云气萦绕。此尊定为阿修罗天王素无异议（图28）。

帝释天原是摩伽陀国婆罗门，修得福果，死后成为忉利天王（即三十三天）。万福完满，极度娱乐，比较不如意的事是除了寿命将尽，五衰相现之外，就是与阿修罗的战争。帝释天统领三十三天众与居住在须弥山北大海底的阿修罗众是世仇。帝释天与阿修罗的战争，是佛教故事中常见的题材，称为修罗场、修罗战，其情形无比惨烈，后来言归于好。这里他们都具守护神的尊格，雕刻于窟门两侧具有新意，显然是经过了佛教大师们的精心设计。

四　七佛、弥勒菩萨及胁侍

窟内处于主尊地位的七佛，每身高约8米，它们的布局是正壁3身，左右壁各2身。二身弥勒菩萨则位于前壁，身高5.8米。七佛身侧伴有菩萨共10身，每身高4米。这是一铺完整意义上的七佛加弥勒菩萨造像。

七佛的形象基本一致，皆舟形身光直至顶披，佛磨光高肉髻，面形方圆，其中五身额上刻有毫光，仅南北壁内侧相对应的两身（F2、F6)没有毫光。均着双领下垂大衣，胸前系带打结。衣纹棱起，衣裾作

图29 第165窟正壁居中立佛

层次叠起的喇叭口状。双手施无畏印和与愿印，右手掌心向外，五指并立向上；左手掌心向外，指尖向下，拇指与食指或中指或无名指相捻，相捻的程度略有变化。形体古朴硕健，相比较之下南壁两身（F1、F2）略显体态修长，北壁两身（F7、F8）体态较粗壮。佛像都经历了后代的重新妆銮，额顶增画了髻珠，面部有的妆金，有的涂色，佛衣重新彩绘，身光也全部重绘，由多层火焰组成（图29）。

现按平面逆时针顺序编号F1～F7，分述如下（图21）：

F1 南壁（左壁）西侧佛，北魏原雕，形同F4，但较为清俊。经历重新妆銮敷彩，面部现显赭红色。佛衣绿、赭诸色相间仍很明显。

F2 南壁（左壁）东侧佛，北魏原雕，形同F4，但较为清俊。经历重新妆銮敷彩，面部现显赭红色，比F1要更红一些。

F3 东壁（正壁）南侧佛，北魏原雕，形同F4。经历重新妆銮敷彩，面部涂金，现褪去变成黄黑色。

F4 东壁（正壁）居中佛，处于主尊的位置，北魏原雕，作为窟内表现的重点，雕造格外用心。肉髻高大，面形方圆，着双领下垂袈裟，胸前系带打结。右手施无畏印，掌心向外，五指并直向上；左手与愿印，掌心向外，伸拇指、食指、中指，指尖向下，屈无名指、小指。衣裾喇叭口形衣褶。棱形起伏的衣纹。经历重新妆銮敷彩，面部涂金褪变成黄黑色。头光由多层火焰组成（图29）。

F5 东壁（正壁）北侧佛，北魏原雕，形同F4。经历重新妆銮敷彩，面部是很鲜明的橙红色。

F6 北壁（右壁）东侧佛，北魏原雕，形同F4，且较为粗壮，经历重新妆銮敷彩，面部敷彩已消褪，在石面上直接敷色，呈肉红色。

F7 北壁（右壁）西侧佛，北魏原雕，形同F4，且较为粗壮，脖颈几乎与面等粗。经历重新妆銮敷彩，面部敷彩已消褪，在石面上直接敷色，现呈肉红色。佛衣绿赭诸色相间仍很明显。

十身胁侍菩萨分别侍立于佛侧，每身高仅及佛高的一半，均束发饰髻冠，其中一身宝缯垂于脑后。多数为裙帔装，其中一身披袈裟，圆形头光，都经历了重修。编号S1～S10，分述如下（图21）：

S1 南壁西端菩萨，敷有泥质重修层，冠失，面部上肢重修层已剥去，显出石刻原貌，下巴残毁，身披袈裟，双手合掌于胸前。发辫垂于肩，仍有残迹。

S2 南壁中间菩萨，束发上结髻，方形髻冠，袒上身，下着裙，帔巾绕身，中束环。敷有泥质重修层，形象完整。

S3、S4 位于东南角，即南壁东端菩萨和东壁南端菩萨，两身形象近似，敷有泥质重修层，菩萨束发，上结髻戴冠。袒上身，下着裙，帔巾绕身，中束环。S3方形髻冠，左手上举持花蕾，右手置腹际。S4圆形髻冠饰花钿。左手置腹际，右手举胸前。均下肢残失严重。

S5 主尊F4南侧（左侧）菩萨，束发上结髻，圆形髻冠，饰花钿，裙帔装，左手胸前持摩尼珠。敷有泥质重修层，形象完整，是重修后形象完美的一尊。

S6　主尊 F4 北侧（右侧）菩萨，束发上结髻，方形髻冠，饰花钿，裙帔装，左手胸际握摩尼珠。敷有泥质重修层，形象完整。

S7、S8　位于东北角，即东壁北端菩萨和北壁东端菩萨，均束发，髻冠残失，裙帔装。S7 右手胸际握摩尼珠。S8 宝缯垂于脑后。敷有泥质重修层，上肢重修层多已剥去，较多地保留原刻形象，是本窟菩萨中重修层已剥落原刻形象存真的两尊，下肢残损（图 30）。

S9　北壁中间菩萨，束发上结髻，圆形髻冠，前饰花钿，裙帔装。敷有泥质重修层，形象完整。

S10　北壁西端菩萨，束发上结髻，圆形髻冠，裙帔装，右手胸际握摩尼珠。敷有泥质重修层，虽形象完整，彩画明丽，但对原作改动较大，形象处理上也欠佳。

前壁（西壁）北侧和南侧雕二身弥勒菩萨，高 5.8 米。北侧弥勒菩萨，交脚而坐，两胫相交，宝缯束发，缯带飘扬于脑后，髻冠为多面形，发辫垂肩，袒上身，戴项圈，下着裙，帔巾绕身于腹际结环。右手掌心向外，五指并直，作施无畏印，左手掌心向上置于左膝之上（图 31）。

南侧弥勒菩萨，坐姿呈并脚状，如善跏趺坐，宝缯束发，髻冠呈多面形。裙帔装与北侧弥勒菩萨相同，宽项圈下垂挂珠串，右手施无畏印（上残），左手握摩尼珠（图 32）。

七佛又称七世佛，是三世佛信仰的另外一种表现形式。七佛指释迦牟尼及其以前出现的六位佛陀，即过去庄严劫末的毗婆尸、尸弃、毗舍浮等三佛，与现在贤劫的拘留孙，拘那含牟尼、迦叶、释迦牟尼等四佛，七佛再加上将于未来世成佛的弥勒菩萨，表现的是过去、现在、未来诸佛依次相承的关系。

七佛造像没有留下题铭，它们的次第关系可以作这样的推测，参比三世佛窟布局，中释迦右过去左未来。若依此判定本窟七佛造像次第，正壁居中为现在贤劫释迦牟尼佛。释迦牟尼佛右侧为过去庄严劫三佛（正壁北侧一尊和北壁二尊）。释迦牟尼佛左侧为现在贤劫的过去三佛（正壁南侧一尊和南壁二尊）。前壁为将于未来世成佛的弥勒菩萨。这里弥勒菩萨为二身，显然是为了窟内造像布局的平衡。此外，前壁北侧的交脚菩萨是佛教图像中弥勒上生兜率天待机的形象，在中亚、龟兹、敦煌石窟中甚为常见，亦出现于中原。前壁南侧菩萨作善跏趺坐比较特殊。弥勒下生成佛说法的形象多为善跏坐姿的佛像，作菩萨装的十分少见。另一种说法认为其一身为转轮王。南北朝时期的七佛信仰已很深广，从社会信仰的角度概括为“释迦前有六佛，释迦继六佛而成道，今处贤劫，文言将来有弥勒佛，方继释迦而降世”[8]，清楚说明七佛和弥勒菩萨的前后继承关系。七佛信仰终北朝之世一直盛行。

[8]《古今图书集成·释教部汇考卷第一·周》。

图30　第165窟东北角菩萨
图31　第165窟前壁北侧弥勒菩萨
图32　第165窟前壁南侧弥勒菩萨

五　浮雕佛教故事

该窟满布浮雕，从结构上看，天井浮雕已全失，内容不明。窟顶四披浮雕伎乐天，现仅存西披、北披两方及东披一些残迹。西披下部至明窗之间雕大型舍身饲虎图。其余的浮雕均刻在佛身光之间的壁面上；正壁三身佛像身光之间是维摩变；正壁东南角雕猕猴故事、阿弥陀佛莲花化生、太子习工巧明；正壁东北角上部二方浮雕残去，仅存下方降服火龙；南壁全残。北壁二佛身光之间雕尸毗王割肉贸鸽及伎乐天。前壁（西壁）雕千佛（明窗南二排 21 身，明窗北一排 11 身连接到西南角和西北角各两排 5 身）。西南角上部为千佛，下部一方飞天。西北角上部为千佛，下部残存佛像数身。这里既有本生故事舍身饲虎图、尸毗王割肉贸鸽，本行故事太子习工巧明，也有经变画维摩变、净土变雏形阿弥陀佛莲花化生，佛教故事画猕猴故事、降服火龙以及尊像千佛和伎乐天，内容多种多样，相当丰富。简表如下：

第165窟浮雕情况表

<table>
<tr><td>方位</td><td>东（正面）</td><td>东北角</td><td>北（右面）</td><td>西北角</td><td>西（前面）</td><td>西南角</td><td>南(左面)</td><td>东南角</td></tr>
<tr><td>天井</td><td colspan="8">残</td></tr>
<tr><td>顶披面上部</td><td colspan="2">伎乐天存1身</td><td colspan="2">伎乐天存2身</td><td colspan="2">伎乐天存2身</td><td>残</td><td></td></tr>
<tr><td>顶披面下部
佛身光之间</td><td>维摩变</td><td>残</td><td>割肉贸鸽
伎乐天</td><td>千佛</td><td colspan="2">舍身饲虎</td><td>残</td><td>?</td></tr>
<tr><td>壁面上部</td><td>无</td><td>残
降服火龙</td><td>无</td><td>千佛
坐佛、人
物数身</td><td>千佛</td><td>千佛
飞天</td><td>残</td><td>猕猴故事
莲花化生
习工巧明</td></tr>
</table>

伎乐天窟顶四披中，每披应有四身伎乐天，现残去大半。西披残存两身伎乐天，中置硕大的博山炉，飞天由两侧对飞，身体微作 U 字形，未见飘带。左侧伎乐天，双手持弯形号角吹奏。右侧伎乐天甚残，似为吹横笛（图 33）。北披残存两身伎乐天，飞翔作舞，其一托果盘，面向窟门一侧（图 34）。东披南侧仅存一身伎乐天，吹排箫。南披全失。

舍身饲虎图　位于西披，宽 18 米，高 2.6 米，是场面极为博大的饲虎图。据邓健吾先生的考证："明窗上缘即西壁的梯形面是表现北凉昙无谶译《金光明经》第四卷《舍身品》摩诃萨埵本生故事的浮雕，其上部已风化，很难辨识。左边分四段：描写太子摩诃萨埵在竹林中见一带着几个小虎的母虎，母虎正处于饥饿的困境，王子乃发慈悲，从悬崖上跳下，以自己的肉体饲虎的场面。右边为两段：上段描写国王夫人，正睡在高楼上，忽于梦中见不祥之事的部分；下段为两位大臣向国王报告王子舍身之事，国王同夫人共至舍身处，夫人见王子遗骨后，因悲痛而昏倒的场面。上部正中为舍利供养图，中间安放着舍利塔，左右雕有虔诚供养的两位比丘。"[9] 本人持同样的看法。画面应是以右侧开始向左侧延伸，以连续和穿插的构图形式，表现了三兄弟出游、遇虎、萨埵跳崖、被虎啖食、王及王后惊梦、赶赴现场、王后昏厥在地、收拾遗骨、起塔等情节完整的故事内容[10]。该图左侧部分，画面清晰可见一虎啖食太子及数虎围食。太子仰面平卧于地，受到惊恐头发竖立起来，老虎从太子身后匍匐走来，开始舐食太子额头，是为饲虎图可以肯定（图 35）。

[9]　邓健吾《庆阳寺沟石窟"佛洞"介绍》，《文物》1963 年第 7 期。

[10]　张宝玺《陇东石窟》，文物出版社，1987 年。

图33 第165窟西披伎乐天
图34 第165窟北披伎乐天
图35 第165窟西披饲虎图中老虎啖食太子

右侧屋宇人物大部尚且清楚，但定名上存在争议。暨远志先生考证为“睒子本生”，以六幅小画面表现狩猎、误伤、报信、双亲、医治等情节。睒变中常见的睒子中箭，盲父母所居草庐未见。左侧舍身饲虎确认出三太子出游、刺颈跳崖、老虎食人、寻见白骨、起塔供养。整幅是睒子本生和萨埵本生二图相对[11]。董华锋考订该幅饲虎图浮雕是根据《佛说菩萨投身饴饿虎起塔因缘经》完成的栴檀摩提太子饲虎巨作，可以指认出十一个情节：1. 太子“少小已来常好布施”；2. 裴提舍国王卧病；3. 太子进宫进献牛头栴檀；4. 屋内三人，并有一鸟落在右侧坐者右臂上，即经称的乌鸟传书；5. 国王迎接太子；6. 太子供奉五通神仙道士；7. 太子山中学道；8. 太子发愿饲虎；9. 太子纵身跳崖饲虎；10. 王与夫人伏太子尸上；心肝断绝，闷不识人；11. 起塔供养。同是饲虎，这里的栴檀摩提太子饲虎，与萨埵太子饲虎有别，其中还有乌鸟传书的细节[12]。

画面中的一组越出底缘冲突性的人物，一人昏厥倒地，两人搀扶，其一人捧钵似为奉汤进食。持饲虎论者认为是夫人闻王子饲虎后昏倒在地，或王与夫人伏太子尸上。持睒变论者则认为是医治睒子。就该幅构图来看，有些像睒子前胸中箭跌倒在地，但终未找到箭之所在（图36）。一般睒变中睒子前胸中箭跌倒在地都要极度夸张，一定要有一箭在胸，而且是反复出现，这里则没有看到。

北石窟饲虎图中有一个细节值得重视，卷首屋后雕有两尊怪兽，前者为奇蹄，竖双耳，额顶似角非角，长尾，举右前蹄似在走动。后者为偶蹄，胸毛很长，四肢着地，蜷曲腰身（图37）。这两身怪兽是佛教故事中的动物，还是中国神话故事中的动物，尚不识其涵义，对它的解读也许对了解整体图形有帮助。

与此相仿的泾川南石窟寺前披同样是大型浮雕饲虎图，可惜的是已全残，唯位于末端的三太子骑马出游尚存。据此推测，它与北石窟饲

[11] 暨远志《泾州地区南、北石窟寺的比较分析》，《2004年龙门石窟国际学术研讨会文集》，河南人民出版社，2006年。

[12] 董华锋《庆阳北石窟寺北魏洞窟研究》，兰州大学博士生论文，未刊稿，2010年。

图36　第165窟西披饲虎图下缘一组人物

图37　第165窟西披饲虎图卷首二怪兽

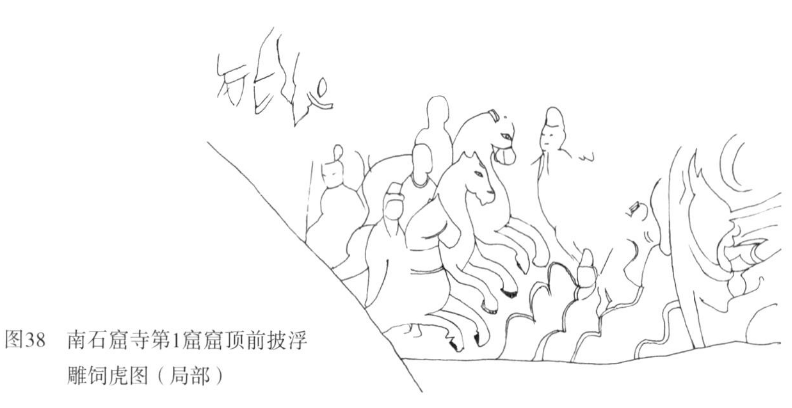

图38　南石窟寺第1窟窟顶前披浮雕饲虎图（局部）

虎图表现方式有所不同，这里是萨埵太子三兄弟骑马出游，而北石窟浮雕图中没有骑马人物（图 38）。

在北朝各大石窟中，云冈石窟没有大型饲虎图，唯第 45 窟有一幅小型浮雕饲虎图。龙门石窟宾阳中洞的浮雕饲虎图位于前壁中层，与须大拏太子施舍图相对。饲虎图中突出的形象是太子坠崖，母虎张着大口率六小虎欲食太子（图中虎子数目一说是二子，一说是五子，本人观察是六子），太子安详地跪坐在众虎之间。身后是国王及王后赶到现场（一说是二兄寻觅太子）。太子衣服挂在远处树上[13]。除此之外没有更多情节，要比北石窟饲虎图简单得多（图 39）。

莫高窟有十余幅北朝时期的饲虎图壁画，它们多据《金光明经》所绘。麦积山石窟第 127 窟饲虎图壁画，起首是萨埵三太子辞别父母骑马走出王城出游。壁画表现力较强，展示的情节多，应都是据《金光明经》所绘。

千佛图　前壁浮雕千佛，壁宽 18.5 米，明窗南二排 21 身（图 40），明窗北一排 11 身，接连到西南角和西北角各二排 5 身，其布局以前壁为主，跨越到左、右壁。千佛每身高 1.2 米，半侧面，着交领大衣，定印，尖拱状身光。前壁大面积空闲，度其位置是留作浮雕千佛用的，只见到一部分，推测是未全部完成的千佛图。千佛是佛教造像中最常见的题材，与七佛的关系尤为密切，按照大乘佛教的说法，过去现在未来三世三劫中，每劫中都有千人成佛，称三世三千佛，以象征大乘佛

[13]　顾彦芳《龙门石窟北朝本生、佛传及因缘故事考索》，龙门石窟研究院编《龙门石窟研究院论文选》，中州古籍出版社，1904 年。

图39　龙门石窟宾阳中洞浮雕饲虎图

图40　第165窟前壁浮雕千佛（局部）

图41　第165窟西南角浮雕飞天

教的无边无际、无始无终。佛教造像中更重视现在贤劫千佛。本壁现存千佛四十余身，预计全部完成后在百身以上，亦不足千身，以其约数代表千佛。

飞天　位在西南角下方，未着冠，裸体，肢体向下飘飞，身姿凌空，帔巾、飘带高高扬起，右手举在头上握巾带，身下饰以云朵（图41）。其形体与顶披伎乐天是一样的，都是体态丰圆，身姿扭动，折腰程度不大，很少装饰。本幅则头向下，下肢在上，身姿向下俯冲，很像饲虎图中太子坠崖。

与此飞天相对的西北角下方，浮雕残存一坐佛，右侧坐着二人，左侧立着身材较小的二人，应是已残的佛教故事。

维摩变　位在正壁三身佛像身光之间的三角形壁面空间，剥蚀残损严重。从残迹看，北侧维摩诘稍侧向左坐在屋形龛内，其身后立一侍者，侍者仅存脚趾。屋脊之上二佛相对而坐，鸱尾上立着展翅的双鸟，两侧还有人物，已残（图42）。屋形龛顶上立双鸟虽然并不多见，但也有一定的例证，如云冈第13窟七佛屋形龛上的长尾双鸟。还有我国传统文化中的鸟衔草图、双鸡图等等，这里是双鸟展翅。左幅文殊菩萨稍侧向右而坐，龛顶上似为华盖。其侧尚有人物，形象已不可识别（图43）。维摩变（文殊菩萨问疾）是大乘佛教艺术中最常见的题材之一，如龙门石窟宾阳中洞前壁上层浮雕维摩变也堪称同时期的巨作。

猕猴故事　位于东南角上层，画面中间界栏所示，应是书写榜题之处，却未见文字。两侧各坐一猕猴手捧圆形物，猴首猴尾尚可看得清楚，是以猕猴为题材的故事，似为猕猴奉蜜（图44）[14]。佛经中常以

[14]　暨远志《泾州地区南北石窟寺与云冈二期石窟的比较分析》，《深圳文博论丛》2005、2006合刊，文物出版社，2007年。

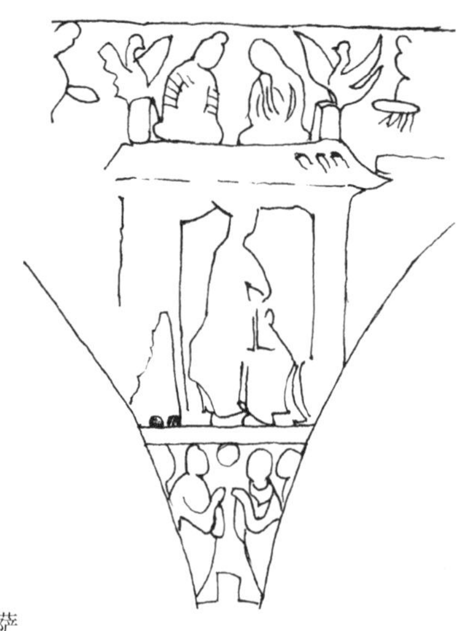

图42　第165窟东披维摩变之维摩诘
图43　第165窟东披维摩变之文殊菩萨

图44　第165窟东南角猕猴故事

图45　第165窟东南角阿弥陀佛莲花化生

猕猴来比拟凡夫的迷惑和五欲之炽盛，重在劝人修持心性。

阿弥陀佛莲花化生　位于东南角中层，左侧圆拱龛内坐佛，说法印，交领大衣，衣褶垂于台座上。右侧莲池中一茎莲花伴二片荷叶，盛开的莲花上显露三身化生童子，其结构是佛像与莲池各占一半（图45）。敦煌莫高窟北朝壁画艺术中，凡具宝池莲花的说法图，都可以看作是净土变的雏形，说明净土变在北朝正在形成过程中[15]。北石窟这幅浮雕，可以看作是石刻艺术中少见的例证之一。虽然它的构图形式是一侧为阿弥陀佛，一侧为莲池，与阿弥陀佛坐在中间，莲池位在下方的说法图有所不同，但其主题同样是表现阿弥陀佛和莲池。除此之外仅能看到的是美国弗利尔美术馆藏南响堂石窟第2窟北齐浮雕阿弥陀净土变，其他地方就很少见到了。我国关于西方净土和无量寿佛的雕塑绘画东晋十六国已很流行，而净土变的雏形在北魏正在形成过程中，为隋唐宏大的净土变开了先河。

工巧明　东南角下层刻太子习工巧明。两个跪着的婆罗门样人物，分别手拿直尺和水准仪（图46）。工巧明是古印度文化科学技术领域的一个概念，五明之一。五明系古代印度的五类学科，即声明、工巧明、医方明、因明和内明。工巧明即现代所谓的工艺学，指有关技术、工艺、音乐、美术、阴阳、历数等学艺，包括的范围很广。据《瑜伽师地论》卷十五“略说工业所有妙智”，谓：营农、商估、事王、书算计度数印、占相、咒术、营造（建筑、雕塑）、生成（豢养六畜等）、防那（纺织、编织、缝纫）、和合（调解争论）、成熟（饮食业）、音乐、凡十二处，均属此。在印度，这类工作多由四种姓之一的首陀罗担任，悉达太子曾历经四年习工巧明。这里没有出现太子，仅以善于技巧的婆罗门样人物示之。其下为半侧面的三坐佛。

降服火龙　东北角下层刻降服火龙，此图上段已残去，唯留下半段，出现的身像已看不到全身，仅见下肢。中间主像结跏趺坐在起火的

[15]　史苇湘《关于敦煌莫高窟内容总录》，敦煌文物研究所整理《敦煌莫高窟内容总录》，文物出版社，1982年。

图46　第165窟东南角太子习工巧明

图47　第165窟东南角降服火龙

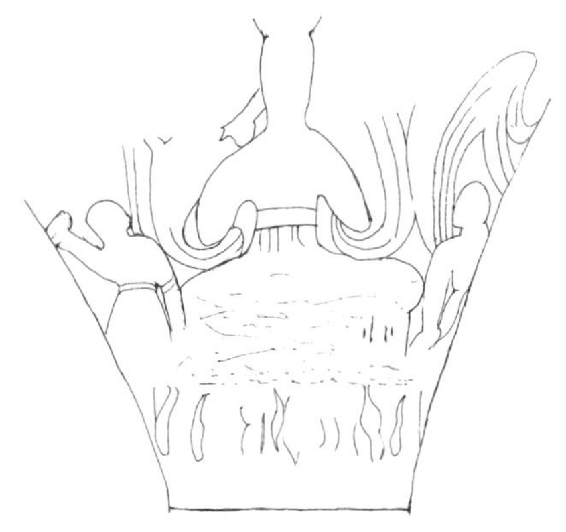
图48　南石窟寺第1窟南壁浮雕降服火龙

束腰方座上，火焰由座基燃起，方座之上是扁平球状火团，而身像正好坐于其上。佛座周围也窜动着火苗，身像坐在熊熊烈火之中而巍然不动。两侧站着的人物也仅存下半身，似为婆罗门形象。右侧两身，前一身着短裙，后一身仅存胫、足；左侧一身左臂于腹际握拳似持物。佛座周围环绕群山，其自然环境是在群山之中（图 47）。按此应有火龙入钵等情节，因主像手臂残缺，是否持钵就不得其详了。降服火龙的故事《佛本行集经· 迦叶三兄弟品》和《普曜经》有载：说的是住草堂（或石室）的毒龙危害人畜，尔时吐火焰逼如来，如来以道力降毒龙，以威火灭其毒火，毒龙有所畏。佛告毒龙汝意伏者当入钵中，明旦佛持钵盛龙而出之，降服了毒龙。也有人认为此幅是焚棺，持此论者认为佛是坐在棺材上，燃烧着的是棺材，是佛涅槃后荼毗的场面。南石窟浮雕中有着同样的内容。位于南壁二佛身光之间。菩萨头戴宝冠，身披飘带坐在熊熊起火的佛座上，两侧站着二力士，飘带绕身，手中举物，皆仰望菩萨（图 48）。降服火龙源于犍陀罗艺术，云冈石窟也盛行这种题材。

尸毗王割肉贸鸽　位于北壁两身光之间的三角形壁面空间里，图分上下两层，上层右侧作菩萨装的尸毗王坐在圆形筌蹄高座上，头戴圆

图49　第165窟北壁尸毗王割肉贸鸽

筒形高宝冠。与菩萨冠戴不同，是王者之冠。颈佩项圈，一手扶腿，一手割腿肉。身前一菩萨以手托鸟站立一侧，菩萨头结圆髻。尸毗王身前的界栏内所书榜题文字已模糊不清，不能释读。尸毗王身后坐着帝释天，同样头戴王者之圆筒形高宝冠，颈佩项圈，右手托鸟，左手持金刚杵。帝释天身前界栏内所书榜题文字亦模糊不清，唯首行第一字“鹰”和同行最后一字“尸”尚可辨认。尸毗王的前方继菩萨身后站着一位僧人，形象高大，剃发，着僧衣，侧面向尸毗王，右手紧握，左手拿着形似长柄香炉一样的东西（图49、50）。下层是二坐佛，中间雕一化生童子，其飘带飘向右上。右侧站着一菩萨，似在操作什么。上层人物两侧数身伎乐天，弹琵琶、奏阮咸、击钹在演奏天乐。伎乐天分别向左向右面朝佛像的身光，从构图惯例看，它们是环绕主佛身光的伎乐天。这个三角形的空间，采取连续穿插式构图，共12身人物。尸毗王割肉贸

图50　第165窟北壁尸毗王割肉贸鸽及以测试之神身份出现的帝释天

图51 第165窟北魏百花卷草纹边饰图案

图52 第165窟唐代重修层佛像身光

图53 第165窟前壁元代阴刻供养人像

鸽，是一个极为严庄的时刻，将伎乐天组织在一起，也增添了几分悲壮气氛。尸毗王割肉贸鸽的故事据《贤愚经》所载[16]，一鹰急追，一鸽飞入大王腋下求救，大王以身肉救鸽，挽救了鸽子生命。本幅帝释天是以测试尸毗王之神的身份出现，亦是王者的形象，头戴帝释天固有的圆筒形高宝冠，右手托鸽，左手持金刚杵，坐在一侧，仍然是公元2世纪犍陀罗艺术的延续。多数贸鸽图都有王宫、老鹰及天平等场景，本图因残，一些细节受损。现可确定的是这样几个情节：尸毗王自割腿肉贸鸽；求救鸽子落在菩萨手臂上；以测试之神的身份出现的帝释天。

六　几次较大规模的重修

北石窟自北魏建窟，历西魏、北周、隋、唐、宋、元、明、清，1500年间经历多次重修。有记载的是元代进行的大规模重修。从层位上看，唐代也进行过整体性重修。重修过程中虽然对残破之处进行局部敷泥补塑，但佛像形体高大，形象完整，因而对整体影响不大。而对菩萨的重修却造成较大的改动，对身光的几次重绘也都留下了层位关系。

首先，需要观察一下北魏原始层壁画的保存情况。可以说，全窟的壁画原创仅存西北角舍身饲虎图边框上的百花卷草纹边饰图案。图案突出的是团状的花朵，花瓣有单层的，也有两层的，里外之间隔以圆珠纹。由主茎将舒展着的花朵花叶串在一起。图案时久，已褪变成烟黑色，以青绿色为主调（图51）。

唐代重修层，主要是整体性地重绘了佛像身光，七佛两侧增绘了形体高大的菩萨，今已被元明重修层所覆盖，唯F1左侧菩萨和F5右上的部分身光尚且清楚。身光里层是千佛，外层绿地红色火焰纹，以红

[16] 《贤愚经》卷一。

色为主调（图 52）。

根据窟内正壁一方重修石窟墨书题记所载，元至正元年（1341）对洞窟进行过大规模整体性重修。主要工程是重新妆銮了佛像，佛面有的重新涂金，有的重新染色；对身像不同程度地进行了敷泥施彩，重新绘制了身光，用的是石质颜料，至今颜色明显。按照当时已形成的造像理念，佛顶增绘了髻珠。菩萨改变要大一些，凡是残缺的部分都进行敷泥修补，致使有些菩萨面容有所改观。前壁门侧一方阴刻的供养人像，剃发，着圆领长袍，腰束带，双手胸前合十，很有气质，可能是与本次重修有关的人物，也许就是这次重修的功德主（图 53）。

明代的重修，主要是给菩萨造像上方增绘了云气，所覆盖的面积相当大，以白黄色为主调。

七　完整意义上的七佛窟形成于南北石窟寺

关于七佛的考释，本人拙文《北凉石塔艺术概述》和《麦积山石窟的七佛窟》有所论及[17]，都是从文物本身出发所作的分析，今讨论北石窟寺七佛窟时，仍然需要就七佛的流变作一些补充性梳理。

七佛，又称过去七佛，指释迦佛及其出世前所出现之佛，它们的名称据早年所译的阿含部四经中的《长阿含经· 大本经》、《增壹阿含经· 十不善品》，即毗婆尸佛、尸弃佛、毗舍浮佛、拘留孙佛、拘那含牟尼佛、迦叶佛、释迦牟尼佛。有关七佛的佛经很多，也存在着不同的序列，七佛的译名不尽相同。

佛教内部派别很多，大乘佛教和小乘佛教各自都有自己的经典。据学者研究，认为小乘佛经《阿含经》比较真实地反映了释迦创教时期的教义。到了部派佛教时期，《阿含经》的思想内容仍是各种大小乘派别教义的基础。东晋十六国及南北朝初期，在我国先后完成了四部《阿含经》的翻译，其中《长阿含经》和《增壹阿含经》都有七佛的品序。

后秦弘始十四至十五年（412 ～ 413），罽宾沙门佛陀耶舍与凉州沙门竺佛念译于长安的《长阿含经》卷一《大本经》云："佛告诸比丘，过去九十一劫时，世有佛名毗婆尸如来，至真，出现于世；复次，比丘，过去三十一劫，有佛名尸弃如来，至真，出现于世；复次，比丘，即彼三十一劫中，有佛名毗舍婆如来，至真，出现于世；复次，比丘，此贤劫中，有佛名拘楼孙，又名拘那舍，又名迦叶；我今亦于贤劫中，成最正觉"[18]。

该经还述及七佛出现的因缘，并列举与七佛有关的劫名、种姓、寿量、菩提树、说法、弟子、子名、父名等本生因缘。大约如下表[19]：

[17]　张宝玺《北凉石塔艺术》，上海辞书出版社，2006 年；《麦积山石窟的七佛窟》，麦积山石窟艺术研究所编《麦积山石窟研究》，文物出版社，2010 年。

[18]　《大正藏》第 1 册，第 1 页。

[19]　参见蓝吉富主编《中华佛教百科全书》，中华佛教百科文献基金会，1994 年。

七佛情况表

七　佛	种　族	俗　姓	王　城	菩提树	侍　者	寿　量
毗婆尸	刹帝利	拘　邻	槃头波提	波罗利	尤　忧	八万岁
尸　弃	刹帝利	拘　邻	光　相	分陀利	忍　行	七万岁
毗舍浮	刹帝利	拘　邻	无　喻	波　罗	寂　灭	六万岁
拘留孙	婆罗门	迦　叶	安　和	尸利沙	善　觉	四万岁
拘那舍	婆罗门	迦　叶	清　净	优昙跋	安　和	三万岁
迦　叶	婆罗门	迦　叶	波罗奈	尼拘律	善　友	二万岁
释迦文	刹帝利	瞿　昙	迦毗罗卫	毕钵罗	阿　难	百岁

东晋隆安元年（397），罽宾沙门僧伽提婆译于建康的《增壹阿含经》卷四十四《十不善品》云：

佛告阿难九十一劫有佛出世，名毗婆尸如来，至真，等正觉，出现世间。

复于三十一劫中，有佛名试诘如来，至真，等正觉。出现于世。

复有佛出现世间，名曰毗舍罗婆。

于此贤劫中，有佛出世，名曰拘楼孙如来，出现世间。

于此贤劫中，有佛出世，名曰拘那含牟尼如来，至真，等正觉。

于此贤劫，有佛，名为迦叶，出现世间。

我今如来释迦牟尼出现于世。

将来久远弥勒出现，至真，等正觉。……弥勒出现，国土丰乐[20]。

上列经文所载，七佛之中，过去劫有毗婆尸、尸弃、毗舍浮等三佛，现在贤劫有拘留孙、拘那含牟尼、迦叶、释迦牟尼等四佛。《增壹阿含经》又云“将来久远，弥勒出现”，“弥勒出现，国土丰乐”，将弥勒信仰寓意于七佛之中，石窟石刻中为什么将弥勒列于七佛之后，在这里得到解释。

弥勒信仰约于1～2世纪形成，弥勒造像最早出现于2～4世纪印度北部秣菟罗及西北部犍陀罗的艺术中，特别在犍陀罗雕刻中是常见的题材。

从东晋十六国到南北朝，我国完成了多种弥勒经典的汉译，其中鸠摩罗什译《佛说弥勒下生经》、《佛说弥勒大成佛经》和沮渠京声译《佛说观弥勒菩萨上生兜率天经》，即所谓的“弥勒三部”，最为重要。加上西晋竺法护译《弥勒菩萨所问本愿经》，上述四部弥勒经典囊括了有关弥勒菩萨的主要事迹和教义。表现在佛教造像方面，就是弥勒菩萨的地位一再被提升，因其继七佛而成佛，将它列在七佛之后，并尊为过去、现在、未来三世佛中的未来佛，甚至多将他奉为主尊像。

七佛的造像源于印度，在无佛像雕刻的时代就已经出现，公元前

[20]　《大正藏》第2册，第786页。

图54　过去七佛与弥勒菩萨（日本私人藏）

图55　过去七佛与弥勒菩萨（拉合尔博物馆藏）

图56　过去七佛与弥勒菩萨（白沙瓦博物馆藏，3世纪）

图57　过去七佛与弥勒菩萨（白沙瓦博物馆藏，2～3世纪）

3世纪始建于阿育王时期的桑奇大塔，就有以并列的七棵菩提树（带空座）或者以七座塔表示过去七佛，应是最早表现七佛的雕刻。

2～3世纪，进入佛像雕刻的印度犍陀罗艺术中，出现了完整的七佛及弥勒菩萨的八尊造像浮雕，现统计到的共七例。日本栗田功《犍陀罗艺术》图录收集到的七佛一菩萨造像浮雕共五例。另外，现藏白沙瓦博物馆有出土于巴基斯坦的一件。现藏于拉合尔博物馆的帝释窟说法残片中亦有七佛与弥勒。七件之外，我们还可以看到日本私人收藏的一件七佛与弥勒造像浮雕（图54）。它们均属于供养小塔或造像基座的一部分，其位置在造像塔的下缘，一般雕刻七佛并列，取坐姿或立姿，其左端或右端有一身弥勒菩萨，形成八身的组合。例如，现藏于拉合尔博物馆的“帝释窟说法”浮雕残片中，下缘一列五身坐佛一身弥勒菩萨，一般认为右侧已残失了二坐佛，不难肯定是七佛一弥勒菩萨的浮雕。弥勒菩萨头束发髻，右手施无畏印（？）左手似持水瓶。各像之间显露出天神或供养者面部（图55）。犍陀罗艺术中过去七佛及弥勒菩萨以立像居多，弥勒菩萨束发或结发髻，右手上举齐肩，手掌朝前或手背朝前，左手提水瓶，例如巴基斯坦白沙瓦博物馆藏七佛及弥勒菩萨浮雕（图56）。现藏巴基斯坦白沙瓦博物馆的另一件七佛及弥勒菩萨浮雕立像，左端残去一佛，右端是弥勒菩萨（图57）。现藏拉合尔博物馆，出土于穆哈莫德·那利“舍卫城现大神变”雕刻上下分三栏，上栏为采女睡眠和逾城出家并二菩萨龛像，中栏为主尊所在的一佛二胁侍菩萨并二坐像龛。下栏为七佛和弥勒菩萨并立，中间是释迦牟尼佛，两侧各有供养人三四身（图58）。这里的七佛并弥勒菩萨位在下栏，七佛与弥勒菩萨的

图58　舍卫城现大神变（拉合尔博物馆藏，2世纪）

图59　楼兰 LA.II 出土七佛一菩萨木雕

图60　酒泉出土北凉承玄二年（426）高善穆石塔

图61　酒泉出土北凉承玄二年（426）高善穆石塔拓片

造像序列已很完整。其他雕刻，大体同此模式。

大型七佛造像据北魏杨衒之《洛阳伽蓝记》卷五道荣传云：那迦罗阿国（今阿富汗）“窟北有山，山下有六佛手作浮图（周祖谟校释云：六当作七），高十丈。云此浮图陷入地，佛法当灭，并为七塔。七塔南石铭，云如来手书，胡字分明，于今可识焉。”所记是七佛造像[21]。

从考古发现来看，米兰佛寺所在地的新疆鄯善地区，十分流行七佛一菩萨信仰。M.II 佛寺走廊内壁发现的八尊大型坐佛像，从形式看，表现的应该是七佛一菩萨题材。在楼兰遗址中也出土数件七佛一菩萨木雕，其年代应大致在 5 世纪（图 59）。

内地最早的七佛造像是在北凉石塔上。目前存世的 14 座，其中有纪年较早的在 426 ～ 436 年，晚一些的到 460 年前后，总体上在 5 世纪初期到中期，相对时间比较集中，由于大体出自北凉境内，所以称北凉石塔。其中武威 1 座，酒泉 6 座，敦煌 5 座，吐鲁番（高昌）2 座，都

[21]　周祖谟《洛阳伽蓝记校释》卷五，中华书局 1987 年。

图62　酒泉出土北凉承玄二年（426）高善穆石塔佛像
图63　酒泉出土北凉承玄二年（426）高善穆石塔弥勒菩萨像
图64　云冈石窟第13窟七佛

是小型供养塔，高度在25～150厘米，以40～50厘米居多，皆由塔刹、塔身、基座三部分组成。塔刹以下，覆钵形塔身八像龛内刻七佛一弥勒菩萨，下面圆柱形塔身刻经文《增壹阿含经》卷四十二《结禁品》中十二因缘或长或短的一段及发愿文[22]。八面体基座上多数线刻八神王并附八卦符号。塔上的主尊造像七佛一弥勒菩萨，以酒泉出土的北凉承玄二年（426）高善穆石塔为例，塔顶刻七重相轮，宝顶刻北斗七星，塔身覆钵周雕八龛；七坐佛皆着通肩大衣，禅定印，结跏趺坐；弥勒菩萨裙帔装，交脚坐（图60～63）。

石窟内造七佛像见于云冈石窟，云冈石窟第10、11、13窟各有一铺七佛像。此际，弥勒菩萨并不列在七佛之后，而是七佛位于弥勒菩萨为主尊的洞里。这三个洞窟属于云冈第二期（471～494）。第13窟平面椭圆形，穹隆顶，正壁主像为弥勒菩萨，七佛位于主室前壁门窗之间，分立于三屋形龛下，中龛三立佛，左、右龛各二立佛，共计七佛，皆作施无畏印和与愿印。应该注意到这种中龛三立佛左右龛二立佛与北石窟正壁三立佛左右壁二立佛的布局相当接近，前者是平面展开，后者是立体结构。前者的七佛龛安排在弥勒菩萨为主尊的洞窟里，七佛与弥勒菩萨的对应关系十分明显（图64）。

第11窟中心柱窟，中心柱两层，下层四面龛内均为立佛，上层南

[22]　殷光明《北凉石塔研究》，台北觉风佛教艺术文化基金会，2000年。

图65 云冈石窟第11窟七佛
图66 云冈石窟第10窟七佛

面龛为弥勒菩萨，右壁（西壁）中层屋形大龛内雕七佛立像，皆作施无畏印和与愿印（图 65）。

第 10 窟为分前后室的中心柱窟，主像为弥勒菩萨，主室前壁门楣上雕七身坐佛，中佛为说法印，余六佛为禅定印（图 66）。

第 13 窟和第 10 窟的七佛皆位于弥勒菩萨为主尊的窟里，第 11 窟主尊虽不是弥勒，七佛虽位于侧壁，但中心柱正面（南面）上层仍有弥勒菩萨，就七佛与弥勒之间的关系而言，可以视为北凉石塔的延续。所不同的是弥勒菩萨的地位有所提升，在洞窟里往往处于主尊地位，而七佛成为众多列龛中的一龛。

完整意义的七佛窟，形成于北魏中期，以南、北石窟寺（即庆阳北石窟和泾川南石窟寺）最早而且配备完善。确定了完整的造像序列和与之相适应的窟形。

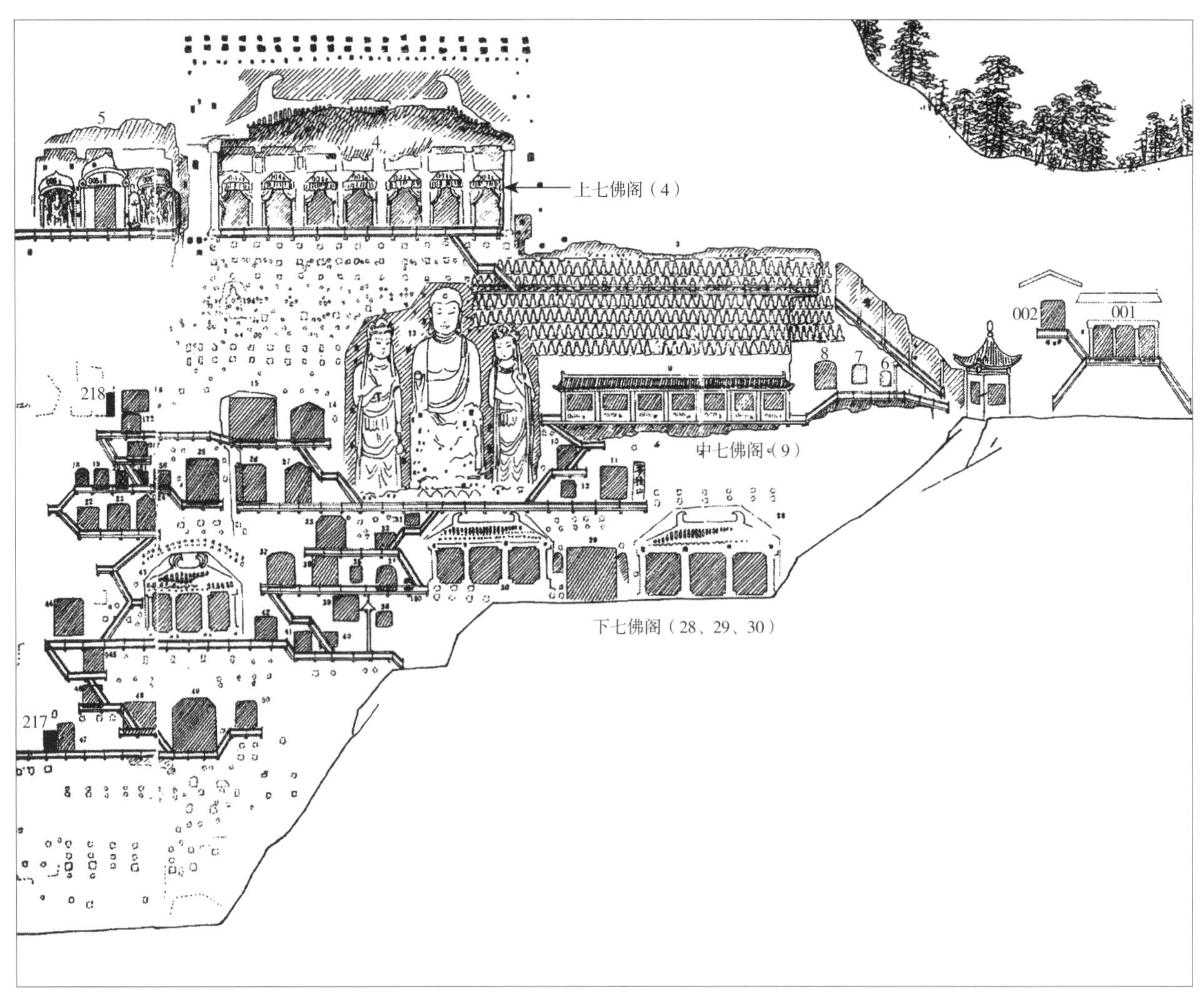

图67　麦积山石窟上、中、下七佛阁

继后，北周时期七佛造像在陇右地区特别流行，窟形转变为崖阁式，凡是大的工程都是崖阁造像或摩崖悬塑。此外，还有相当数量的方形四角攒尖顶中小型七佛窟，甚至中心柱窟选定七佛为主尊。这一时期七佛的造像序列中不再有弥勒菩萨。

麦积山石窟上、中、下七佛阁占据东崖大半崖面。第4窟称上七佛阁，又叫散花楼，一般认为是北周大都督李允信为亡父所造，北朝著名文学家庾信所撰写的《秦州天水郡麦积崖佛龛铭》文云："大都督李允信者，籍于宿值，深悟法门，乃于壁之南崖，梯云凿道，奉为亡父造七佛龛。"[23] 其工程之巨大超越了前代，首先表现在建筑的壮观上，采取仿木构七间八柱殿堂式建筑形式，上凿单檐庑殿式顶，前面为七间八柱廊檐，正壁并开七个佛帐式大阁。临崖壁最高处造像开扩了视野，充分利用了空间效应，它不仅是麦积山最壮观的七佛窟，而且也是石窟群中最宏伟的一个洞窟。代表了融建筑、造像、壁画为一体的新形式。七阁安置七佛及其胁侍弟子、菩萨像，每阁内泥塑一佛二弟子六菩萨，或一佛八菩萨。

第9窟，称中七佛阁，同样是前部为檐廊、正壁并列七阁的崖阁

[23]　《庾子山集》卷十二，另见现存麦积山石窟《秦州天水郡麦积崖佛龛铭》刻石。

式窟龛，中阁泥塑一坐佛二弟子，左右六阁各为泥塑一坐佛二菩萨，虽历经宋、明、清重修重塑，崖阁形制则是北周原制。阁之上方均为千佛廊，实际是七佛阁的一部分。另一种意见认为大都督李允信所造七佛龛即此第9窟，上七佛阁的功德主有可能是地位更高曾三度出任秦州刺史的宇文广及其家族[24]。

第28、29、30窟合称下七佛阁，由位于正中的一个单窟，和左右两个仿木构建筑庑殿顶四柱三开间崖阁三佛窟组成。但各窟窟形及细部装饰有一定的差别，塑像遭到扰动已很不均衡，存者皆为重塑品。一般识者不把它当七佛窟看待，但考虑到它们处在同一水平线上，其总体还是协调的，是一铺七佛窟仍有可能，明清以来称之为下七佛阁（图67）。

麦积山石窟统计到的中小方形四角攒尖顶七佛窟11座。其造像布局多数是正壁一佛左右壁各三佛。武山拉梢寺千佛沟又称七佛沟，系位于高空的摩崖悬塑七佛。须弥山石窟第51窟为中心柱式大型洞窟，选定七佛为主尊，于正壁造三坐佛，左右壁各造二坐佛，均为大像[25]。北周七佛窟增多，窟形也多样化。

综观我国七佛造像的历程，由十六国时期的七佛造像演变到北魏中期的七佛窟，标志着七佛信仰跨入了新阶段。石窟工程宏大，在佛教石窟寺的营造史上占有重要的地位。其中，北石窑寺七佛窟具有特殊的意义，窟形宏伟，七佛与弥勒菩萨形成完备的组合，颇有新意，又有窟内乘象帝释天与阿修罗天对应、窟外二天王和双狮护法，壁面和窟顶浮雕千佛、飞天、故事画像及装饰图案，内容丰富，布局严整，蔚为壮观，且与南石窟寺遥相呼应，实在是中国佛教艺术史上无与伦比的壮举。

[24] 金维诺《麦积山石窟的兴建及其艺术成就》，《中国石窟·天水麦积山》，文物出版社，1987年；黄文昆《麦积山的历史与石窟》，《文物》1989年第3期。

[25] 《须弥山石窟内容总录》，文物出版社，1997年。

北石窟寺内容总录

一 凡例

第一，《北石窟寺内容总录》按庆阳北石窟寺文物保护研究所现行窟龛编号排序。所列项目包括位置、时代、形制、造像、壁画、题记、保存现状等。

第二，位置，指该窟龛在北石窟寺所处的区域及与其他窟龛的相对方位、窟口方向。

第三，时代，主要说明窟龛的原建年代，有题铭的注明具体年代，没有开建题铭的，以历史朝代标注。有些重修内容较多的在“保存现状”栏内说明情况。有些窟龛形制和造像风化严重，难以确定营造年代的用“不详”表示。

第四，形制，指该窟龛的构造形制，主要记录窟门、窟龛平面、立面、顶部形状等。高、宽和进深尺寸以厘米为单位，均为实测数据。

第五，造像，主要记录窟龛内造像内容。先记正壁，再记左、右侧壁，后记前壁门两侧壁面和顶部。左右方位，以主尊为正位分述之。

第六，壁画，包括装饰彩绘等内容，记录现有能看清楚的内容。

第七，题记，先注明题记所处的位置、书刻形式，再记录其内容。缺损莫辨的文字，用□表示；连续缺字多，且难以确定字数的，用……表示。所缺文字能根据上下文识读的，用（　）加字表示。有疑意的字用加框的形式来表示，如[字]。

第八，保存现状，指目前窟龛的完整程度以及后代改凿或重新妆修的情况。

二　寺沟门窟群（第1～294窟）

第1窟

位置：窟群南端下层，位于第267窟西北侧。坐北面南，窟口南偏西17度。

时代：晚唐

形制：平面马蹄形，平顶，盝形窟门。窟高325、宽440、深360厘米。门残高205、宽120厘米。窟内四周设低坛基，坛基高29、深40厘米。

造像：窟内雕七佛一弟子二力士，佛与弟子均雕于浅龛内，龛深6厘米。七佛高220厘米，其中三尊内着僧祇支，外披双领下垂式袈裟，其余四尊着通肩袈裟。东西两侧佛像肉髻饰方格形发纹，双足分踏小莲花台。一弟子位于东壁靠北端，高204厘米，着僧衣，双手捧物于腹

图68　寺沟门窟群第1窟平、剖面及立面展开图

北

0　40厘米

0　40厘米

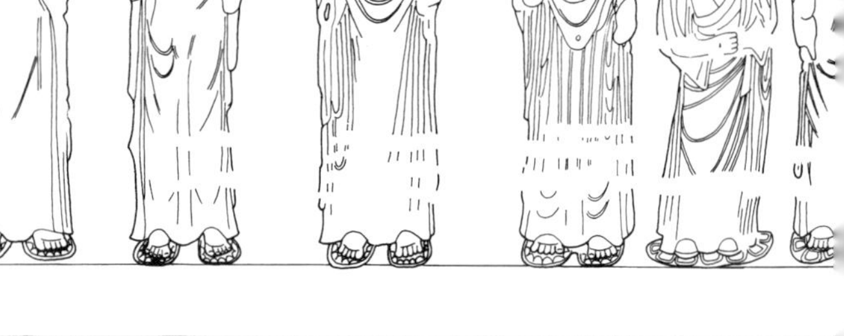

0　40厘米

际，立于莲台上。窟门内两侧各雕一力士，通高 180 厘米，上身袒露，下着战裙，立于山形台上。窟门内西侧坛基上雕一蹲狮，残高 48 厘米。

南壁上部开三小龛：

1–1 号龛：位于窟门西侧，龛深 13 厘米，内雕一佛二菩萨，佛残高 102 厘米，结跏趺坐于束腰圆座上。二菩萨侍立两侧，西侧菩萨高 90 厘米，东侧菩萨身体大部分残失，仅存双足。

1–2 号龛：位于窟门西侧 1 号龛西侧，龛深 10 厘米，内雕一立佛，残高 95 厘米。

1–3 号龛：位于窟门东侧，龛深 12 厘米，龛内雕一菩萨，原高 95 厘米，现菩萨下半身残缺，残损的壁面被修补封堵，菩萨上半身残高 55 厘米。

保存现状：此窟原来埋在泥土中，20 世纪 60 年代始清理出土。窟顶风化严重。除东西壁二佛头部可见发髻、面容外，其他造像头部均风化严重。窟内无壁画和题记。窟门东侧上方凿有两孔方洞。东侧力士腹部人为凿一小洞。西壁下部凿有高 140、宽 50 厘米的残洞与第 2 窟相通。窟内西北角地面凿一平面近梯形的坑，长 117、宽 95、深 58 厘米。20 世纪 70 年代用青砖对通第 2 窟的残洞进行封护，对窟门支撑加固。窟门内侧现砌有一方形立柱，高 270、宽 24 厘米，支撑窟顶。门外做有简易雨篷。

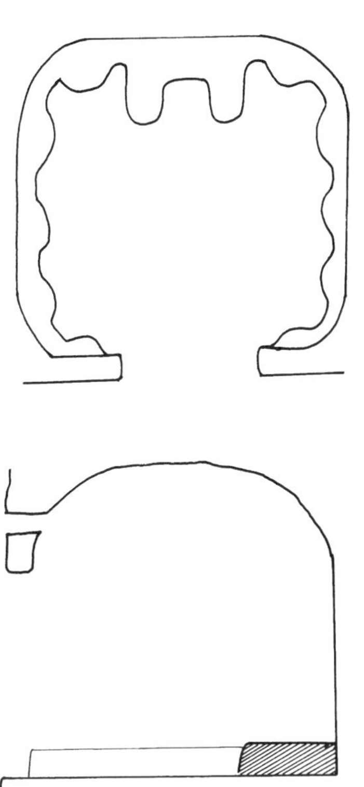

图69　第2窟平、剖面图

第2窟

位置：窟群南端，位于第 1 窟西北侧。坐东面西，窟口北偏西 80 度。

时代：唐

形制：平面马蹄形，穹隆顶，方形门。窟高 375、宽 390、深 370 厘米。门高 200、宽 160 厘米，门道深 30 厘米。门上开小明窗，高 30、宽 40 厘米。

造像：窟内残存七佛二菩萨痕迹，从残存佛座遗迹看，正壁可能为一善跏趺坐佛，二胁侍侍立；南北两壁各为三身立佛底部残迹。

保存现状：窟顶风化严重，四壁残损。正壁（东壁）凿有一长方形通道与 1 号窟相通，通道高 140、宽 50 厘米，西南角后世住人时开有烟道。窟内造像均毁，仅留残痕。窟内北侧从顶部延及东西两侧有一道裂隙。北壁距地面 2 米处凿有两个圆洞。

第3窟

位置：窟群南端下层，位于第 2 窟北侧。窟口北偏西 80 度。

时代：唐

形制：平面方形，穹隆顶，低坛基。窟高 283、宽 310、深 283 厘米。坛基高 25、深 50 厘米。

造像：窟内原雕一佛四弟子二菩萨二力士。正壁浅龛内佛残高

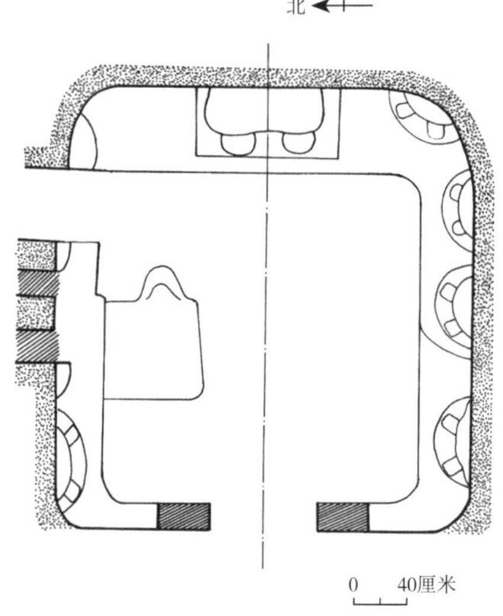

图70 第3窟平、剖面及立面展开图

184 厘米，善跏趺坐于方座上，二弟子侍立两侧。南北两壁各雕一弟子一菩萨一力士，弟子残高 161 厘米，菩萨残高 150 厘米，力士残高 145 厘米。

保存现状：窟内北壁有人为凿穿的三孔残洞与第 9 窟相通。东侧残洞高 196、宽 56 厘米，呈不规则形。其余二小方洞高 39、宽 26 厘米，似为烟道。窟内留有居住痕迹，南壁留有人为开凿的两个方孔。北壁菩萨与力士遭人为破坏，仅残留力士飘带，造像损毁并风化严重。20 世纪 70 年代用青砖加固窟门。

第4龛

位置：窟群南段下层，位于第 3 窟门外北侧。

时代：不详

形制：平面半圆形，立面方形浅龛。龛高 90、宽 85、深 30 厘米。

造像：龛内原雕五尊像，可能是一佛二弟子二菩萨。

保存现状：龛形残损，底部塌陷，造像风化严重，仅留胸部残迹。

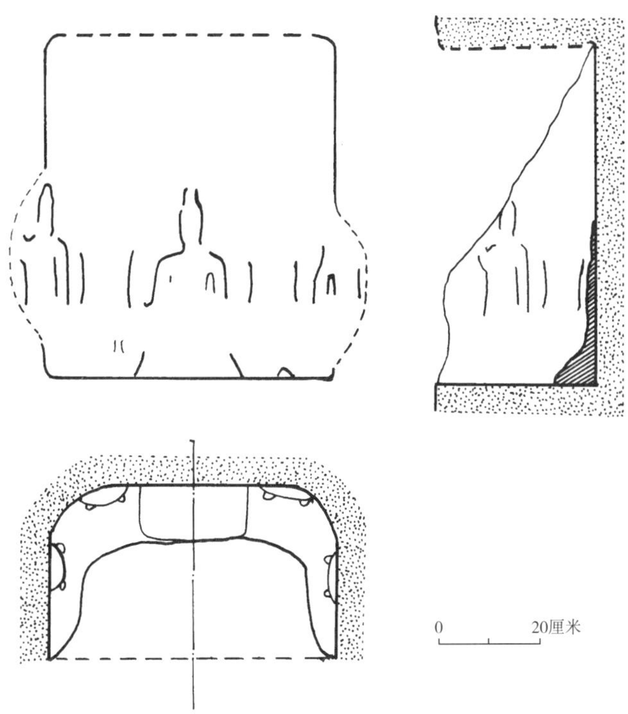

图71　第4龛平、剖、立面图

第5龛

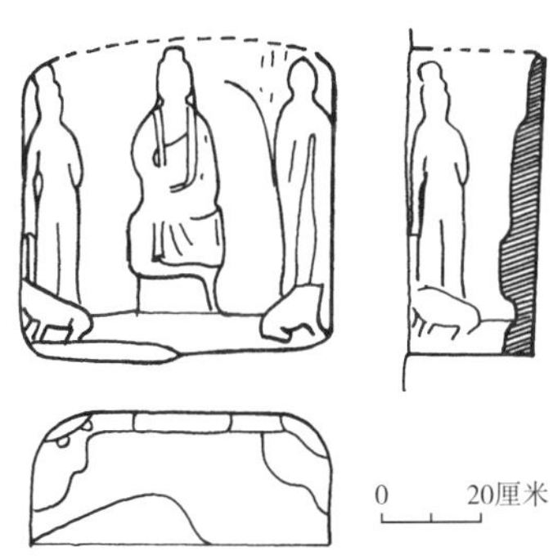

图72　第5龛平、剖、立面图

位置：窟群南段下层，位于第 6 龛下方。

时代：唐

形制：平面长方形，平顶浅龛。龛高 70、宽 65、深 34 厘米。

造像：龛内雕一佛二菩萨。佛通高 47 厘米，着双领下垂式袈裟，结跏趺坐于方形束腰座上。二菩萨高 42 厘米，侍立于两侧。菩萨足侧各雕一半卧状狮子。

保存现状：龛形南侧顶部残损，有人为砍凿的痕迹。佛南侧凿一不规则的竖形洞与第 9 窟相通，此洞长 44、宽 15 厘米，为第 9 窟内住人用的烟道，2010 年已修补。造像风化严重，头部均属人为破坏，南侧菩萨仅残留左半身。

第6龛

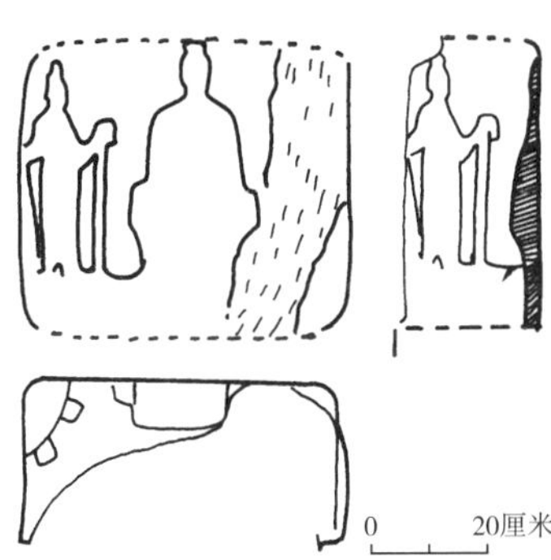

图73　第6龛平、剖面图

位置：窟群南段下层，位于第 5 龛上方。

时代：不详

形制：平面半圆形，圆拱形浅龛。龛高 57、宽 55、深 25 厘米。

造像：龛内雕一佛二菩萨。佛残高 36 厘米，坐于束腰座上。二菩萨侍立两侧，北侧菩萨高 30 厘米。

保存现状：龛形及造像残损风化严重，头部均残，南侧菩萨仅留残迹，底部已与第 5 龛连通。

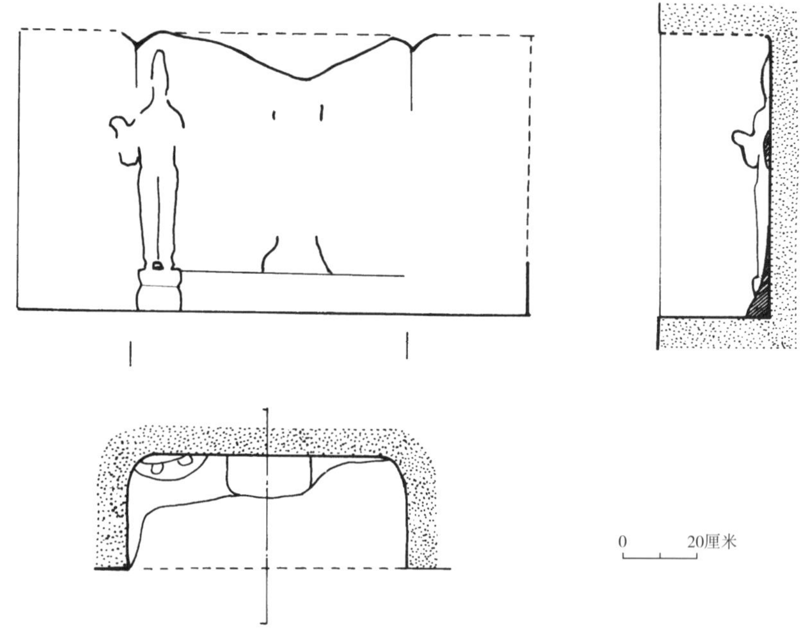

图74 第7龛平、剖面及立面展开图

第7龛

位置：窟群南段下层，位于第6龛上方。

时代：不详

形制：平面长方形，立面方形浅龛，顶部略呈圆拱形。龛高60、宽70、深20厘米。

造像：龛内现仅留北侧侍立菩萨，高55厘米，其他造像均残。

保存现状：此龛风化严重，龛内佛像北侧有一残洞与第9窟相通，2010年已修补。龛正壁有一风化凹陷的残洞。其余造像风化殆尽，北侧菩萨残形可辨识。龛形较为模糊。

第8龛

位置：窟群南段下层，位于第7龛上方。

时代：不详

形制：平面半圆形龛，高84、宽88、深43厘米。

造像：龛内残存七尊像，正壁可能为一佛二弟子二菩萨，北壁残存二立像下半身。佛残高60厘米，弟子、菩萨高54厘米。

保存现状：龛形及造像风化、残损严重。龛内造像仅留残迹。

第9窟

位置：窟群南段下层，位于第8龛偏北下侧。窟口北偏西84度。

时代：唐

形制：平面马蹄形，覆斗顶，中有藻井，绕窟凿高坛基。窟高

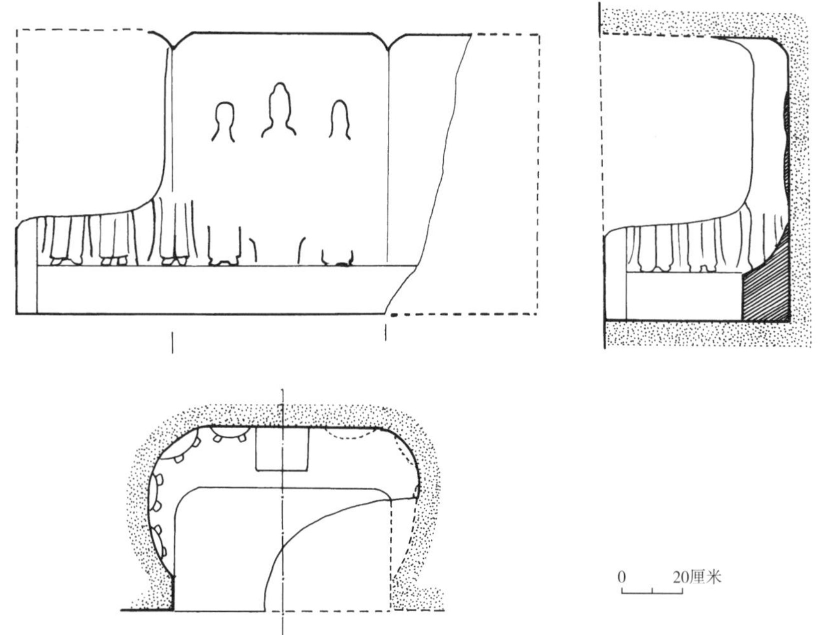

图75 第8龛平、剖面及立面展开图

398、宽435、深378厘米。坛基高76、深36厘米。窟门残高237、宽143厘米，窟门内南北两侧各开四个方形或圆拱形浅龛。

造像：窟内东壁（正壁）开舟形浅龛，残高210厘米，内雕一佛，高200厘米，结跏趺坐于束腰八棱形座上，龛外两侧高坛基上各雕一弟子侍立，高160厘米。南壁开一舟形浅龛，残高188厘米，内雕一佛，高200厘米，结跏趺坐于方形座上，内着僧祇支，外披双领下垂式袈裟，龛外雕二菩萨，高170厘米，侍立于两侧。北壁开一舟形浅龛，残高203厘米，内雕一佛，高200厘米，善跏趺坐于方形座上，内着僧祇支，外披双领下垂式袈裟，双足分踏莲台，手印残不可识。龛外两侧各雕一侍立菩萨，高170厘米。南北两壁菩萨造型相似，颈戴带状项圈，上身袒露，帔巾自双肩下垂，右手屈肘上举，左手下垂握巾，下着长裙，裙腰外翻。

窟门内南北两侧（前壁）分两层各开4个浅龛，共8龛，分述如下：

9-1号龛：位于窟门内（前壁）南侧上层，圆拱形浅龛，残高46、宽34、深10厘米。龛内雕一佛二菩萨。佛残高40厘米，坐姿；二菩萨侍立两侧，高40厘米。造像均下部残损。

9-2号龛：位于窟门内（前壁）南侧1号龛北侧，圆拱形浅龛，高57、宽40、深10厘米。龛内雕一佛二菩萨，佛残高45厘米，结跏趺坐于束腰方座上；二菩萨侍立两侧，高42厘米。

9-3号龛：位于窟门内（前壁）南侧2号龛北侧，尖楣圆拱形浅龛，高54、宽44、深10厘米。龛内雕一佛二菩萨。佛高40厘米，内着僧祇支，外披双领下垂式袈裟，结跏趺坐于束腰方座上；二菩萨高40厘米，肩披长巾，上身袒露，下着裙，侍立两侧，北侧菩萨手中持物上扬。

9-4 号龛：位于窟门内（前壁）南侧 1 号龛的下方，圆拱形浅龛，龛高 55、宽 42、深 10 厘米。龛内雕一佛二菩萨。佛高 45 厘米，结跏趺坐于束腰方座上；二菩萨残高 45 厘米，侍立两侧圆台上，南侧菩萨右手上扬，北侧菩萨左手上扬。

9-5 号龛：位于窟门内（前壁）北侧上层，尖楣圆拱形浅龛，高 50、宽 58、深 10 厘米。龛内雕一佛二弟子二菩萨。佛高 40 厘米，结跏趺坐于束腰方座上；弟子与菩萨高 40 厘米，均侍立两侧。

9-6 号龛：位于 5 号龛北侧，尖楣圆拱形浅龛，高 45、宽 43、深 10 厘米。龛内雕一佛二菩萨，佛高 36 厘米。菩萨高 33 厘米。佛结跏趺坐于方座上，二菩萨侍立于两侧。

9-7 号龛：位于 5 号龛下方，立面长方形浅龛，高 60、宽 40、深 12 厘米。内雕二菩萨并立，高 50 厘米。

9-8 号龛：位于窟门内北侧的 6 号龛下方，尖楣圆拱形浅龛，高 60、宽 53、深 15 厘米。龛内雕一佛二菩萨，佛高 40 厘米，内着僧祇

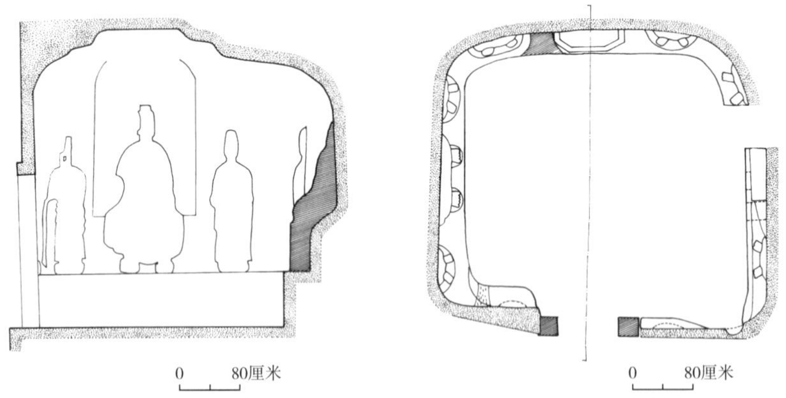

图76 第9窟平、剖面及立面展开图

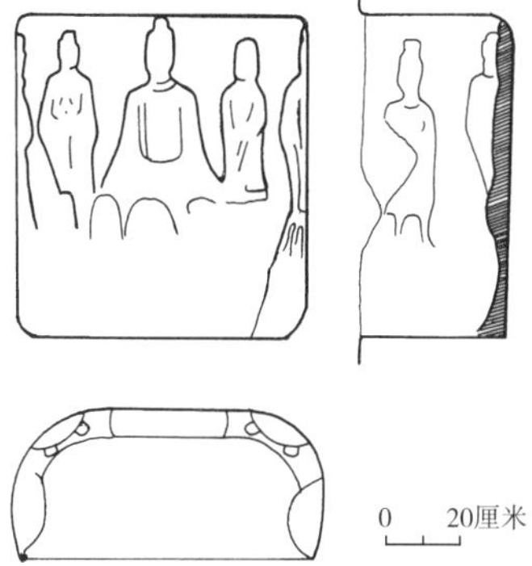

图77　第10龛平、剖、立面图

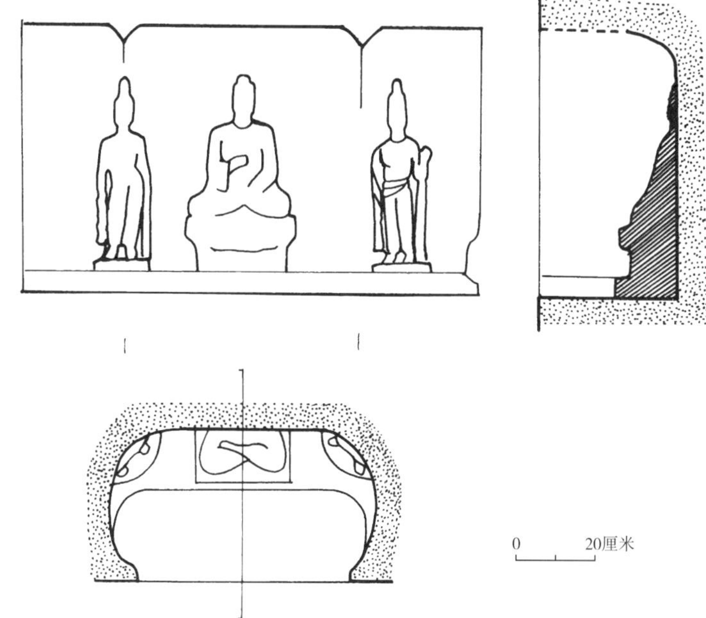

图78　第11龛平、剖面及立面展开图

支，外披双领下垂式袈裟，结跏趺坐于方座上，二菩萨高 40 厘米，侍立于两侧。

保存现状：此窟为唐代开凿的中型洞窟，现状无彩绘和壁画，壁面和造像均已风化，剥落较严重，并有明显的烟熏痕迹。窟顶风化严重，四披相交处残留有覆斗顶藻井浮雕垂带。正壁造像风化剥蚀严重，形象服饰模糊难辨。南侧佛与左右胁侍菩萨衣纹较清晰，北侧三身造像风化落沙严重，但比正壁轻微。西壁窟门两侧的小龛相对风化较轻，南侧小龛造像衣纹更为清楚。窟内南侧有三个残洞与第 3 窟相通，2010 年已修补。窟内南侧残留后世住人的炕台残迹，并有烟道，现也已修补。窟门内南侧 2 号龛内存一残洞与外部相通，2010 年修补。窟内东壁北侧有一竖向裂缝，宽 10 厘米，自东壁延及窟顶、西壁。20 世纪 70 年代用青砖加固窟门。2004 年，岩体加固工程时对青砖补修的窟门进行了做旧处理。

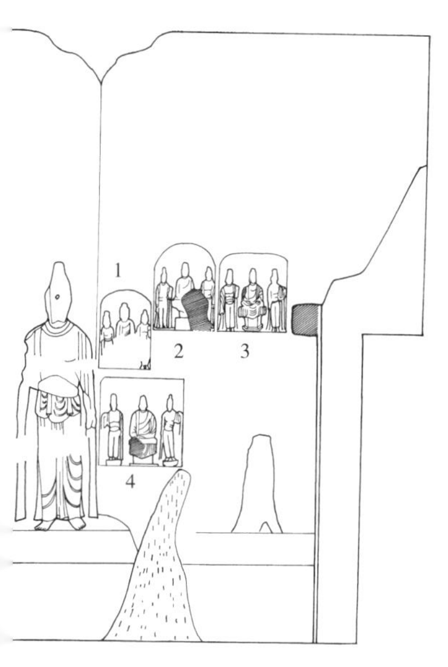

第10龛

位置：窟群南段下层，位于第 9 窟北侧。

时代：唐

形制：平面半圆形，立面方形平顶浅龛。龛高 90、宽 82、深 40 厘米。

造像：龛内雕一佛二弟子二菩萨。佛高 60 厘米，结跏趺坐，菩萨弟子侍立于两侧，弟子高 52 厘米，菩萨高 55 厘米。

保存现状；龛内正壁佛头北侧有一小洞与第 9 窟相通，2010 年已修复。造像风化严重，下部多残损，形象已模糊不清。

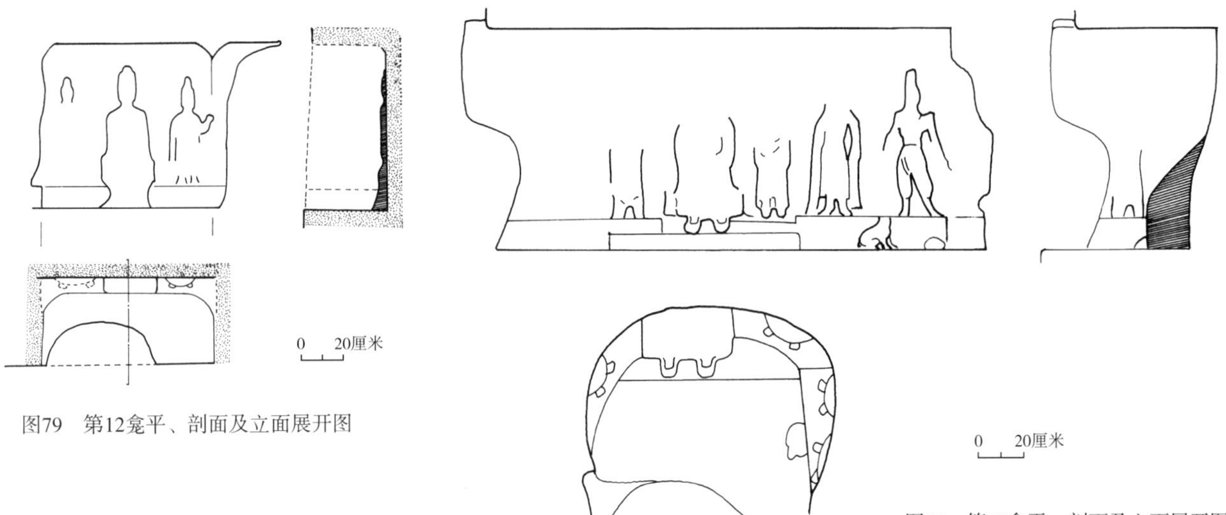

图79　第12龛平、剖面及立面展开图

图80　第13龛平、剖面及立面展开图

第11龛

位置：窟群南段下层，位于第10龛上方。

时代：唐

形制：平面半圆形，立面方形平顶浅龛。龛高70、宽60、深30厘米。

造像：龛内雕一佛二菩萨。佛高50厘米，结跏趺坐于束腰座上。二菩萨高40厘米，侍立于两侧。

保存现状：造像头部残损，体形完整，但衣纹风化不可识。

第12龛

位置：窟群南段下层，位于第11龛上方。

时代：唐

形制：平面半圆形浅龛，高75、宽80、深10厘米。

造像：龛内雕三尊像，主尊像坐姿，可见头光，二像侍立两侧。

保存现状：龛形残损，仅留正壁。龛内造像风化严重，仅留残迹。

第13龛

位置：窟群南段下层，位于第12龛上方。

时代：唐

形制：平面半圆形，高100、宽110、深100厘米。

造像：龛内残存一佛二弟子一菩萨一力士。佛善跏趺坐。弟子侍立两侧，菩萨、力士侍立于南侧。

保存现状：龛形及造像残损严重，北侧造像多不存，南侧造像仅可辨其形态。

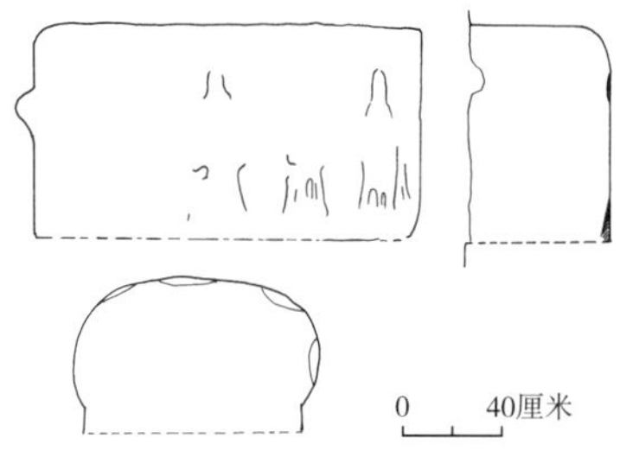

图81 第14龛平、剖面及立面展开图

图82 第15龛平、剖面及立面展开图

第14龛

位置：窟群南段下层，位于第15龛上方。

时代：唐

形制：平面半圆形，圆拱顶。龛高90、宽87、深55厘米。

造像：龛内残存三尊像身形，主尊可能为佛像，南侧壁可能为一弟子一菩萨。

保存现状：龛底坍塌，与第15龛连通。龛北侧残损，与第16窟相通，现已修补。龛内北侧造像已不存，正壁及南侧造像仅留残迹。

第15龛

位置：窟群南段下层，位于第14龛下方。

时代：唐

形制：平面半圆形，方形敞口龛，平顶。龛高100、宽100、深70厘米。

造像：龛内残存七尊像，可能为一佛二弟子二菩萨二力士。佛结跏趺坐，弟子、菩萨、力士侍立两侧。

保存现状：龛顶残破，龛内造像风化严重，正壁造像仅留残迹，两侧力士形态能辨识。

第16窟

位置：窟群南段下层，位于第15龛北侧。

时代：唐

形制：平面方形，穹隆顶。窟残高270、宽220、深210厘米。

造像：窟内残存一佛一弟子一菩萨一力士及一狮子。佛结跏趺坐于束腰座上，弟子、菩萨、力士侍立于南侧壁低坛上。

图83 第16窟平、剖面及立面展开图

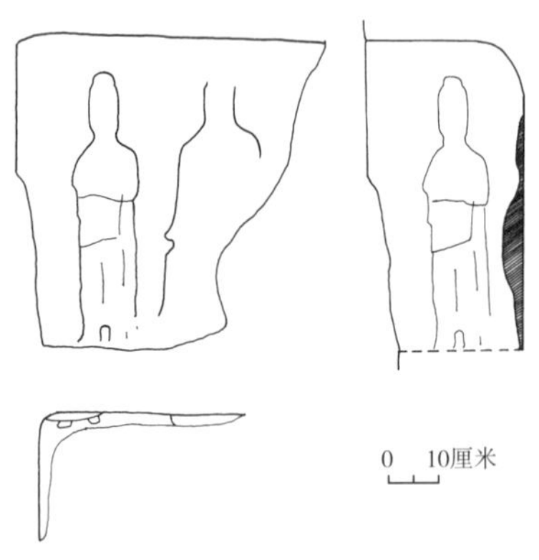

图84 第17龛平、剖面及立面展开图

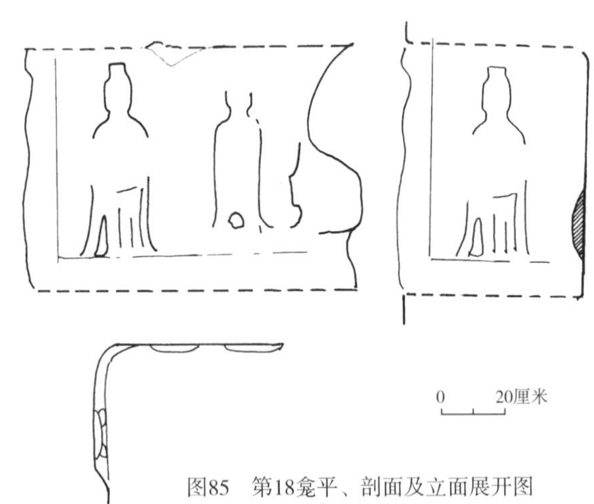

图85 第18龛平、剖面及立面展开图

保存现状：窟形残损，窟门难辨形制，窟顶风化凹陷深约35厘米，窟北壁坍塌，与第20窟相通。造像模糊，正壁佛及南壁造像能辨识形体。20世纪70年代用青砖做了北墙支顶加固，2004年对支顶的砖墙进行了做旧处理。窟内北侧有一纵向裂隙。

第17龛

位置：窟群南段下层，位于第18龛上方。

时代：不详

形制：平面半圆形，立面近方形圆拱顶龛。龛高64、残宽60、残深30厘米。

造像：龛内现残留一佛和右侧胁侍。坐佛残高60厘米。胁侍侍立，高50厘米。

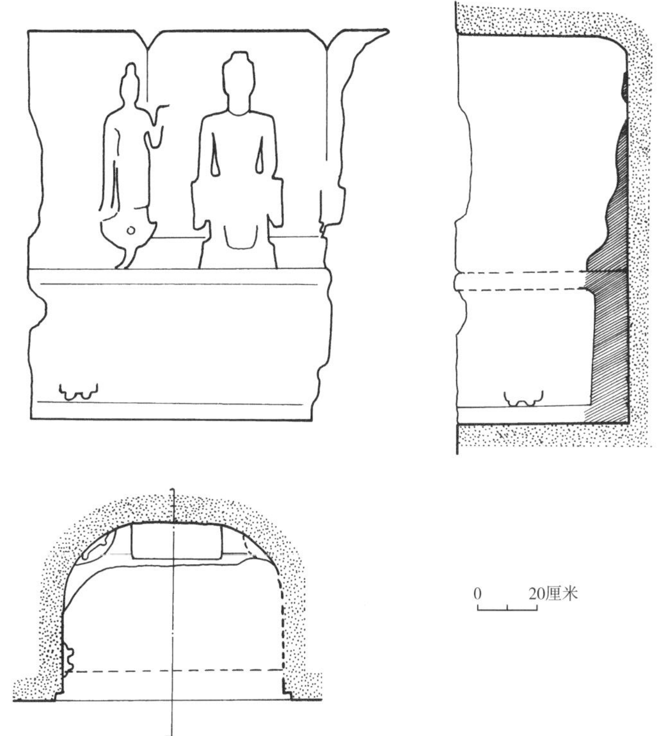

图86 第19龛平、剖面及立面展开图

保存现状：龛形残破，南壁及龛底塌陷，与第16窟相通，北壁较完整，造像残损，佛风化严重，下部残缺，形象模糊，胁侍仅可辨其形态。

第18龛

位置：窟群南段下层，位于第17龛下方。

时代：不详

形制：平面半圆形，圆拱顶龛。龛高100、残宽60、深50厘米。

造像：龛内北壁现存二立像，可能为一弟子一菩萨。正壁下部残见佛座痕迹。

保存现状：龛底部及南壁残损，与第16窟相通。龛内仅留正壁佛座残迹、北侧弟子及北壁菩萨。

第19龛

位置：窟群南段下层，位于第20窟西侧，坐南面北 。

时代：唐

形制：平面半圆形，平顶，龛楣原雕帷幔。龛高120、宽75、深30厘米。龛内有坛基，坛基高40厘米。

造像：龛内残存一佛一菩萨。佛通高70厘米，善跏趺坐于束腰台座上。东侧菩萨残高67厘米，侍立于带茎莲台上。

保存现状：龛底部及西壁坍塌，造像风化严重，两身造像仅可辨其形态。表层衣纹全无，有起甲现象。

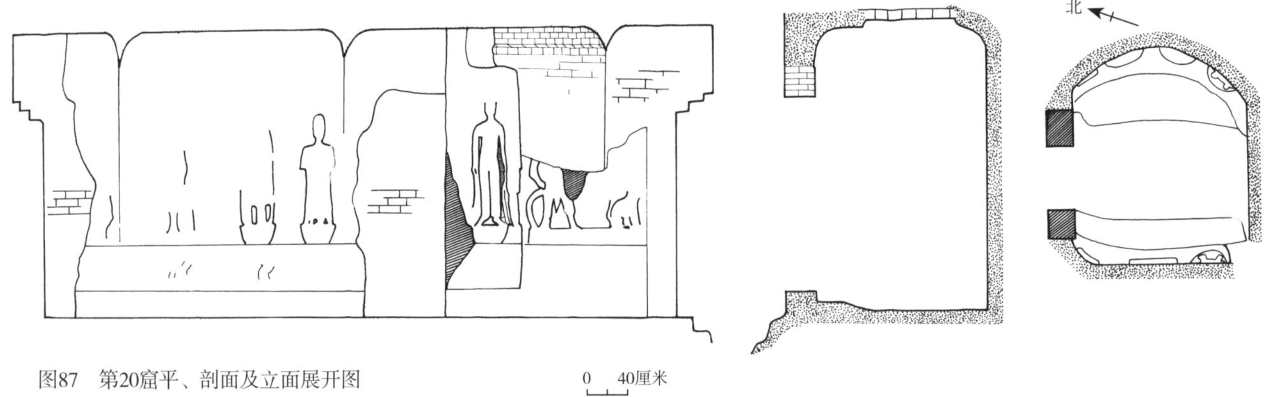

图87　第20窟平、剖面及立面展开图

第20窟

位置：窟群南段下层，位于距地面120厘米处、第16窟北侧。坐南面北，窟口北偏东5度。

时代：唐

形制：平面近似圆形，穹隆顶。窟门上部原雕成帷幕状。窟高240、宽210、深190厘米，窟门高190、宽125厘米。窟内有低坛基，坛基高40厘米。

造像：窟内残存西壁菩萨及力士下半身，菩萨残高127厘米，头部残，身披帔巾，下着裙，立于圆台上；力士仅留下身衣带；东壁及北壁造像残损严重，仅留三尊像残迹。

保存现状：此窟正壁（南壁）坍塌，造像已不存；西壁上部坍塌，

图88　第21窟平、剖面及立面展开图

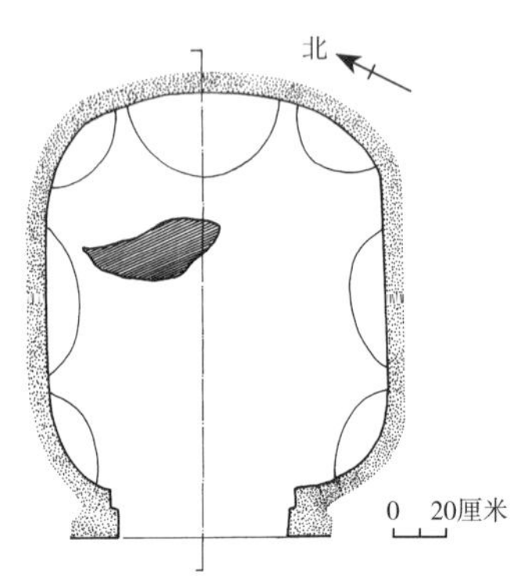

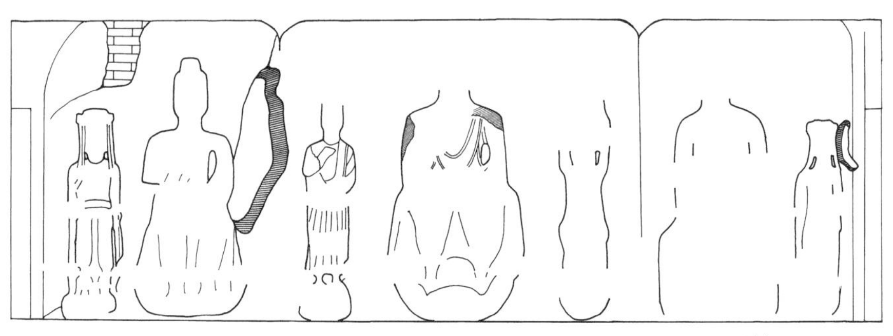

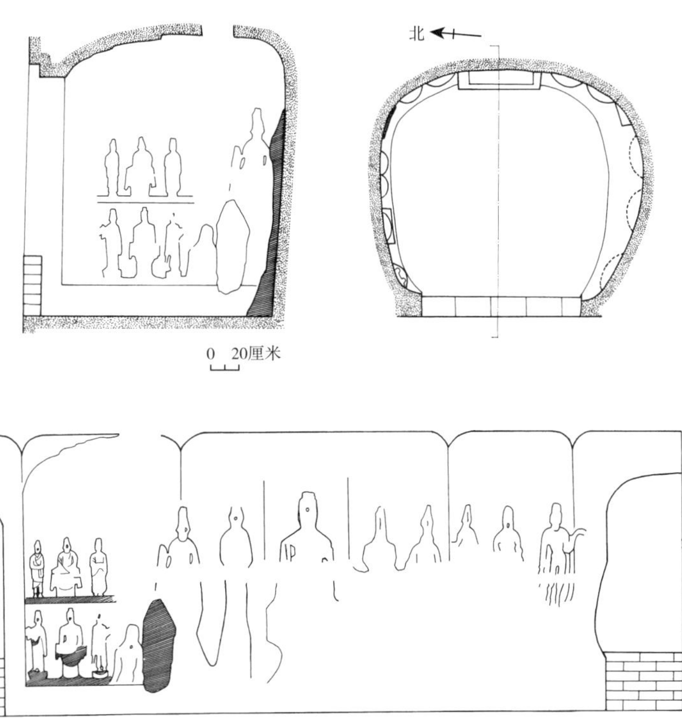

图89 第22窟平、剖面及立面展开图

地面南北凿一道长沟槽，长173、宽86、深24厘米。东壁风化落沙严重。窟门及顶部于20世纪70年代用青砖砌补加固。

第21窟

位置：窟群南段下层，位于第22窟上部、距地面高220厘米处。窟口南偏西50度。

时代：隋

形制：平面近似圆形，平顶。窟高180、宽185、深185厘米。窟门原为竖长方形，高125、宽80厘米，现顶部残损。

造像：窟内正壁（东壁）雕一佛二弟子。佛通高150厘米，善跏趺坐于方座上；弟子高125厘米，侍立于两侧圆台上。南北壁各雕一佛。北壁佛高150厘米，立于莲台上。南壁佛残高150厘米，结跏趺坐于方座上。门内两侧各雕一菩萨，高120厘米。门外两侧雕二力士，高106厘米。

保存现状：此窟风化较严重，窟底部靠里边塌陷出一残洞与第22窟顶部相通，窟东北侧残损，形成一高105、宽32厘米的菱形残洞，与第25龛相通。窟内造像风化，多留残迹，唯窟门内北侧菩萨及北壁弟子保存较为完整，衣纹能够辨识。

第22窟

位置：窟群南段下层，位于第21窟下方。窟口北偏西88度。

时代：唐

形制：平面马蹄形，穹隆顶。正壁及南壁各凿一浅龛。窟高175、宽180、深150厘米。

造像：窟内正壁浅龛内原雕一佛，龛外两侧各残存二尊像上半身，佛残高115厘米，胁侍残高110厘米，侍立两侧。南壁浅龛内雕一佛二胁侍菩萨，佛残高35厘米，西侧菩萨残高50厘米。北壁凿上下两层龛，上层龛内雕一佛二弟子，佛通高40厘米，结跏趺坐于束腰座上；弟子高36厘米，侍立两侧。下层龛内残存二佛二菩萨，主尊佛残高45厘米，结跏趺坐于圆形束腰座上，菩萨残高43厘米，侍立于两侧圆台上。东侧佛，残高42厘米，结跏趺坐于方座上。

保存现状：窟形基本完整，顶部风化严重，与第21窟相通。窟内造像残损严重，南壁造像仅留上部残迹，下半身风化脱落殆尽。北壁造像能识别造型。窟内顶部及四周落沙严重。

第23龛

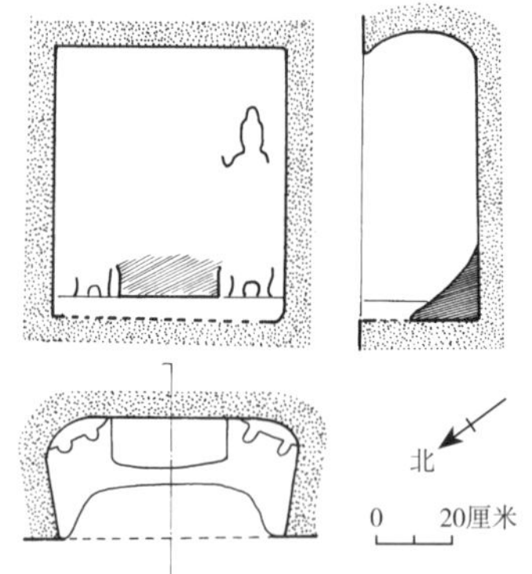

图90　第23龛平、剖面图

位置：窟群南段下层，距地面290厘米处，位于第22窟右上方，面向西北方向。

时代：不详

形制：平面半圆形，立面长方形，平顶浅龛。龛高80、宽62、深30厘米。

造像：造像风化殆尽，从所留残迹可辨认原雕有三尊像。

保存现状：龛底坍塌，龛内造像风化严重，仅留残迹。

第24龛

位置：窟群南段下层，距地面290厘米处，位于第25龛外西侧，坐南面北。

时代：唐

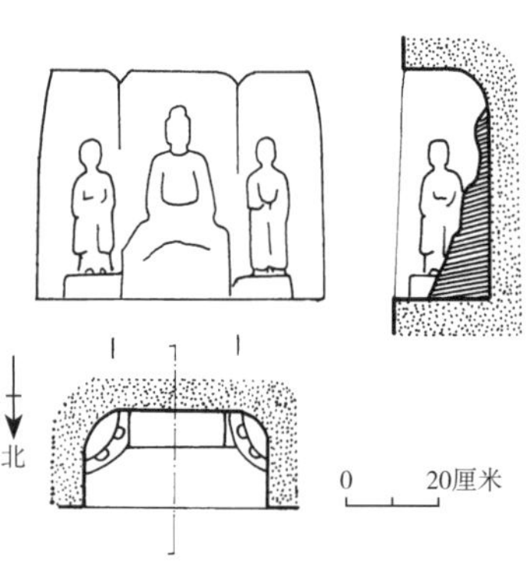

图91　第24龛平、剖面及立面展开图

形制：平面长方形，立面呈梯形，浅龛。龛高50、宽40、深15厘米。

造像：龛内雕一佛二弟子。佛通高38厘米，结跏趺坐于方座上。二弟子高31厘米，侍立于两侧。

保存现状：龛形完整，造像表面风化，衣纹模糊，仅可辨形态。

第25龛

位置：窟群南段下层，距地面235厘米，位于第26龛上方。

时代：唐

形制：平面近半圆形，立面方形平顶龛。龛高120、宽100、深70厘米。

造像：龛内原雕一佛二菩萨。佛残高86厘米，结跏趺坐。菩萨残

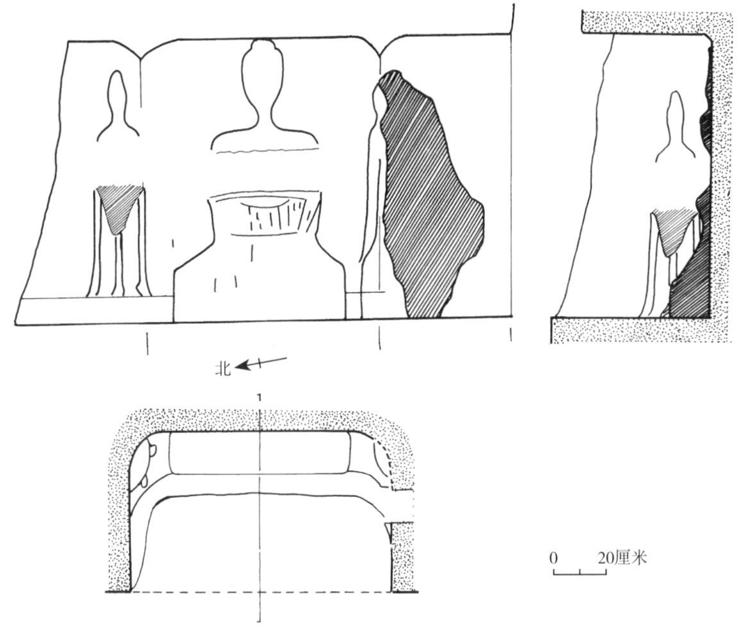

图92　第25龛平、剖面及立面展开图

高 79 厘米，侍立于两侧圆台上。

保存现状：此龛风化严重，龛形残损，龛底坍塌，南壁凿洞与第 21 龛相通。造像上部风化严重，仅留残迹，下半身可辨识，南侧菩萨残毁。

第26龛

位置：窟群南段下层，位于第 25 龛下方。

时代：唐

形制：平面半圆形，立面梯形，平顶浅龛。龛高 100、宽 110、深 40 厘米。

造像：龛内残存三尊像痕迹。

保存现状：龛形风化严重，龛内造像仅留残迹。龛内上下有两道岩石风化带，落沙严重，造像仅可见形态。

第27龛

位置：窟群南段下层，位于第 26 龛下方。

时代：唐

形制：平面半圆形，立面方形。龛高 103、宽 118、深 68 厘米。

造像：龛内残存一佛二弟子二菩萨。正壁拱形龛内雕一佛，残高 82 厘米，善跏趺坐，有圆形头光；北侧弟子残高 75 厘米，菩萨残高 75 厘米，南侧造像残损严重。

保存现状：龛形损毁，顶部坍塌，与第 26 龛相通，龛内造像风化落沙严重，大部分仅留残迹。正壁造像胸部以下多处风化，南壁造像已不存。

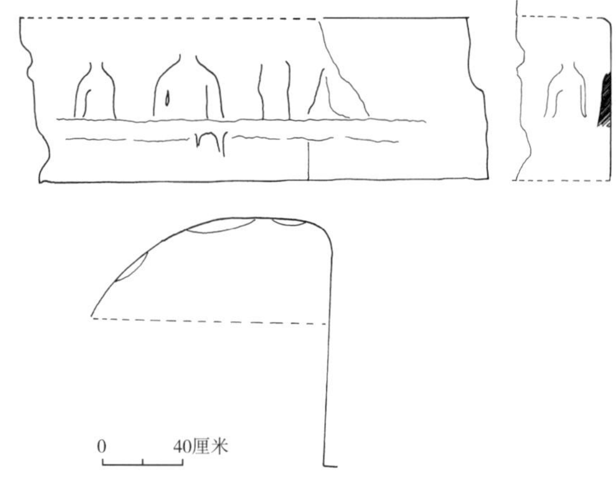

图93　第26龛平、剖面及立面展开图

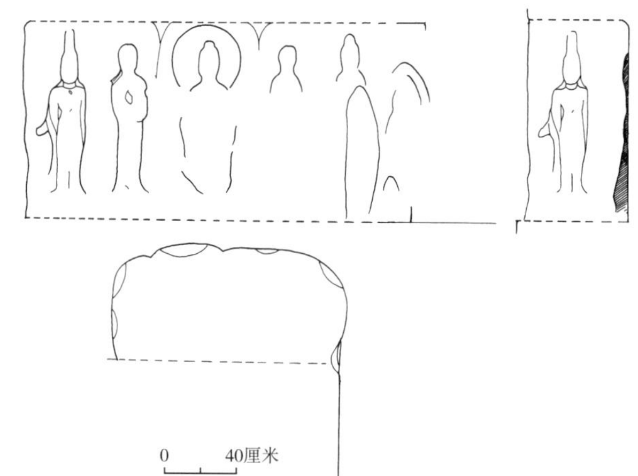

图94　第27龛平、剖面及立面展开图

第28窟

位置：窟群南段下层，位于第 27 龛北侧。窟口南偏西 75 度。

时代：北魏开凿，唐代增修。

形制：平面长方形，覆斗顶，顶部中间有长方形藻井，正壁及南北壁原有低坛基。窟高 324、宽 288、深 229 厘米。长方形窟门，门高 250、宽 178、深 105 厘米。坛基高 48、深 50 厘米。

造像：窟内正壁（东壁）残存一佛二菩萨身形，佛残高 202 厘米，坐于方形座上，衣裾垂于座前。右侧菩萨残高 168 厘米，侍立于覆莲台上，现仅可见菩萨衣裾的下摆和莲台。北壁人字形浅龛内原雕三尊像，已被人为凿毁；南壁造像人为凿毁，无法辨认。西壁及甬道壁面上，唐代共开凿十四个小龛，分述如下：

28–1 号龛：位于窟门内南侧上层，尖楣圆拱形浅龛。龛高 90、宽 63、深 8 厘米。龛内残存一菩萨痕迹，残高 73 厘米，立于圆台上。造像被人为凿毁，仅留残迹。

28–2 号龛：位于窟门内南侧下层，方形浅龛。龛高 75、宽 60、深 5 厘米。龛内残存一佛二胁侍痕迹。佛残高 64 厘米，坐于方座上。弟子残高 50 厘米，侍立于两侧圆台上。

28–3 号龛：位于窟门内甬道南壁上层，方形浅龛。龛高 37、宽 47、深 3 厘米。龛内原雕一佛二胁侍。佛残高 44 厘米。胁侍残高 40 厘米，侍立两侧。佛与西侧胁侍被加固的砖门框遮挡。

28–4 号龛：位于窟门内甬道南壁下层，方形浅龛。龛高 59、宽 49、深 4 厘米。龛内原雕一佛二菩萨。佛坐于束腰座上。菩萨残高 44 厘米，侍立两侧。佛与西侧菩萨被加固的砖门框遮挡。

28–5 号龛：位于窟门外甬道南壁上层，方形浅龛。龛高 63、宽 62、深 9 厘米。龛内雕一佛二菩萨。佛高 45 厘米，坐于束腰座上，身后雕圆拱形浅龛。菩萨通高 45 厘米，侍立两侧，风化严重。

28-6号龛：位于窟门外甬道南壁中层，方形浅龛。龛高44、宽60、深3厘米。龛内原雕一佛二胁侍。佛坐于束腰圆座上，身后残见圆拱形浅龛。二胁侍侍立两侧。此龛风化严重，仅留残迹。

28-7号龛：位于窟门外甬道南壁下层，圆拱形浅龛。龛高98、残宽48、深8厘米。龛内原雕一菩萨，残高75厘米，舒相坐于圆形束腰座上，上半身及头部残缺。

28-8号龛：位于窟门内北侧上层，立面方形浅龛。龛高63、宽45、深9厘米。龛内雕二尊并立佛像，残高54厘米，立于束腰仰覆莲台上，二佛均着双领下垂式袈裟，南侧佛双手捧物于胸前，北侧佛右手下垂左手屈置胸前。

28-9号龛：位于窟门内北侧下层，方形小龛。龛高62、宽23、深5厘米。龛内雕一立佛，残高53厘米，着双领下垂式袈裟，立于仰覆莲台上。

28-10号龛：位于窟门内甬道北壁上层，方形小龛。龛高50、宽36、深5厘米。龛内雕一佛二菩萨。佛通高36厘米，结跏趺坐于方形座上，二菩萨侍立两侧，头部有修补孔。

28-11号龛：位于窟内甬道北壁中层，方形浅龛。龛高50、宽44、深3厘米。龛内雕二并立像。残高42厘米，造像被人为破坏掉头

图95　第28窟平、剖面及立面展开图

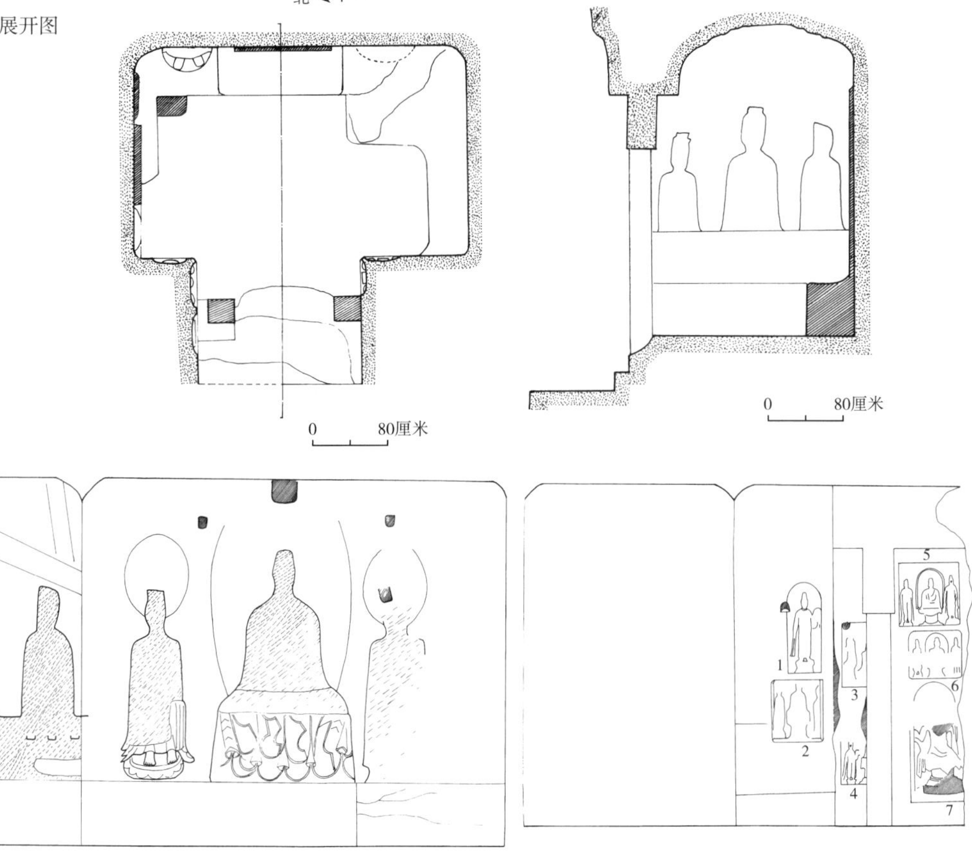

部及衣饰。

28–12 号龛：位于窟内甬道北壁下层，方形浅龛。龛高 53、宽 48、深 3 厘米。龛内残存三尊并立像。通高 44 厘米，均立于圆台上，右侧二菩萨并立，左侧立像，身体残毁，仅留头胸。

28–13 号龛：位于窟门外甬道北壁上层，圆拱形龛。龛高 87、宽 48、深 12 厘米。龛内雕一菩萨，通高 68 厘米，舒相坐于圆形束腰座上，左脚踏莲台，右手侧举。头部及腿部残。

28–14 号龛：位于窟门外甬道北壁下层，圆拱形龛。龛高 74、宽 40、深 8 厘米。龛内雕一菩萨，通高 64 厘米，坐于方形束腰座上。造像头部及衣饰皆残损，仅可识形态。

题记：窟内南壁、东壁、西壁上均有墨书题记，分述如下：

南壁东侧墨书："石窟佛像大龛□/自古□□□□□/金命造成□□像/消灾延寿□□添/本州等州判经至正元□/十六□□金□□□元/一十六人□公到□□□"；

西侧墨书："泾州泾川县河南□/义……/半间……/……/……/……□年七月"。

东壁主尊南侧墨书题记二方：

第一方："……长……/……成……/……/……山见……/……/……乌……/……陈……"；

第二方："……学面借……/……情知识……/……/……/……"。

东壁主尊北侧墨书二方：

第一方："锁□洲……/灯……/……/……/……/……/……至正元……/……/……"；

第二方："此……/修……"。

北壁墨书仅可识："坊"、"大风"等字。

西壁 28–8 号龛上方墨书："共合……/床头针定溪边石/井底无鱼竹底池/宿客来眠过半夜/忽闻山僧到来居/至元七年十二月初一日……/泾州……"；

西壁 28–8 号龛内北侧墨书："泾阳□□□左□□"；

西壁门内南侧墨书："邠州三水县□城/舅娘五人到此/上旬五日……"

保存现状：此窟原为北魏所开，唐代进行过修缮，增开了十四个小龛并造像。窟顶原有藻井，现可见北披角部残留浮雕垂带。今窟顶风化成凹槽，四周顶部残留桩孔，地面残破不平。窟内造像人为损毁殆尽，正壁仅留佛座和悬裳以及北侧菩萨的足部和覆莲台。北壁造像已毁，仅留痕迹。南壁整体壁面凿损，造像痕迹全无。窟内有居住的痕迹，地面有三处方形桩孔，北壁下部有炕台遗迹，西壁烟熏的油垢残留较多。

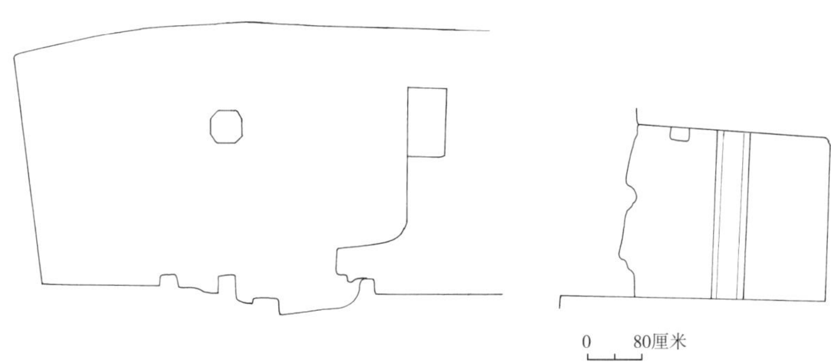

图96　第29窟平、剖面图

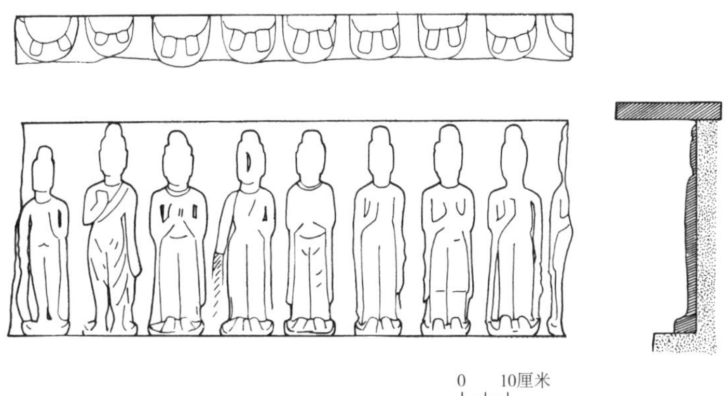

图97　第30龛平、剖面及立面图

第29窟

位置：窟群南段中层，位于第 30 龛北侧。

时代：不详

形制：平面长方形，平顶敞口大窟。窟高 250、宽 580、深 310 厘米。窟中间凿有八棱形石柱，直径 54 厘米，高 240 厘米，窟顶崖面上部留有方形残孔。

造像：窟内已无造像，壁面有明显凿痕。

题记：窟内东壁有墨书三方：

第一方："将疏倘密微经雨 / 似证赠还□远在烟"；

第二方："小人争大人 / 欲以所书 / 不然……"；

第三方："欲以所书"。

保存现状：窟前半部分坍塌，窟内造像已无。南壁靠东，凿穿一洞门；北壁凿一洞与第 70 窟连通，现为第 70 窟出入通道。

第30龛

位置：窟群南段中层，位于第 32 窟北侧。

时代：唐

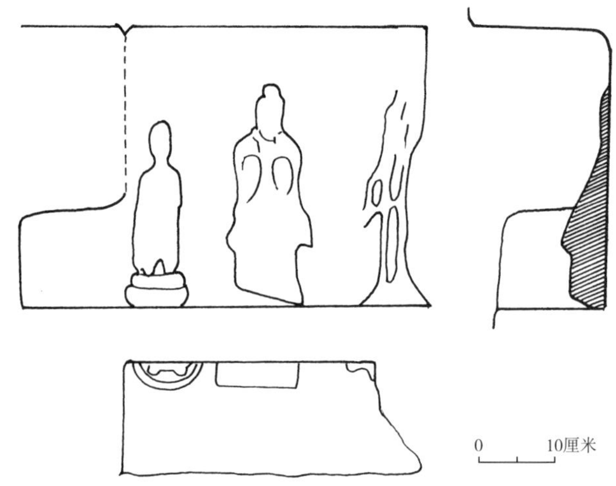

图98　第31龛平、剖面及立面展开图

形制：平面长方形，立面呈横长方形浅龛，平顶。龛高55、宽117、深10厘米。

造像：龛内雕三佛六菩萨。中间七身造像稍高，通高42厘米。或两手举于胸前，或右手举于胸前，左手下垂，均立于圆台上。

保存现状：龛两边残毁，龛内造像头部皆残，最南端菩萨仅残留右半身。自北至南第三、四、五身像胸部以下与岩面剥离。

第31龛

位置：窟群南段中层，位于第30龛上方。

时代：唐

形制：平面方形龛，高70、宽64、深53厘米。

造像：龛内残存三尊像，中央佛残高40厘米，坐于束腰座上，二胁侍侍立两侧。

保存现状：龛形已毁，龛内造像风化严重；南壁坍塌，造像仅留残迹。

第32窟

位置：窟群南段中层，位于第3窟上部。窟口南偏西65度。

时代：唐武周如意元年（692）

形制：平面不规则长方形、平顶、中心柱大窟。窟西壁有三个门，中间门与中心柱正面龛相对，南北两侧门较大。窟高253、宽1320、深650厘米。窟内正壁开长方形低坛基大龛，龛高250、宽413、深161厘米，坛基高46、深50厘米。窟内北侧有方形中心柱，高249、宽233、深172厘米。正壁及南北两侧、北壁、西壁、中心柱四面及窟门甬道上均开龛造像。

造像：此窟很不规则，可能是相继开凿，后期不断改造而成现状。南端与第34窟凿通。窟内小龛和造像较多，为记录和识读方便，分三

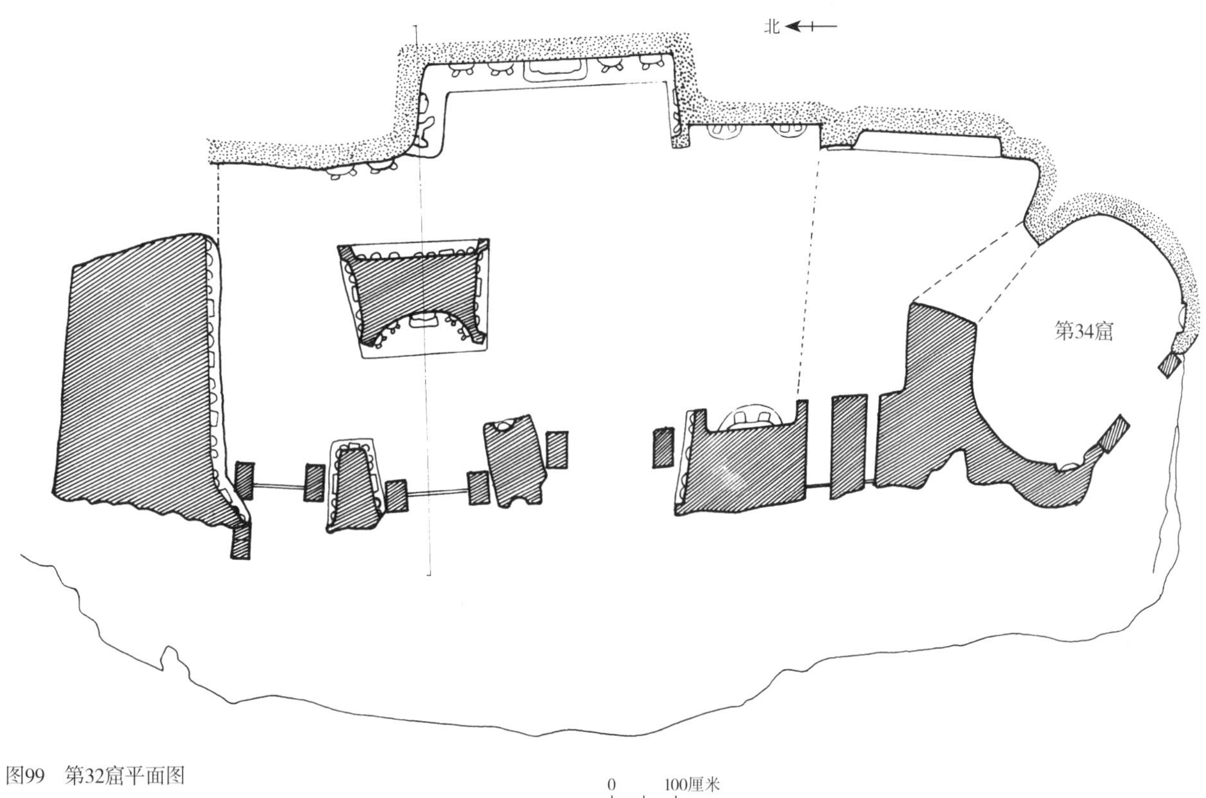

图99 第32窟平面图

部分记录：1. 中心柱窟，可能为此窟开凿建造的第一步；2. 有题铭的如意年大龛，为第二步；3. 中心柱窟南侧大龛，可能是最后的扩展。现分述如下：

1. 中心柱窟

（1）中心柱 中心柱四面开龛造像，西、东面各开一层龛并造像，南、北面开两层龛并造像。

正面（西面），32-13号龛：平面长方形，圆券顶，龛口雕成两侧方形立柱，柱头斗栱一斗三升上承额枋的木构建筑形式。龛高170、宽

图100 第32窟剖面图

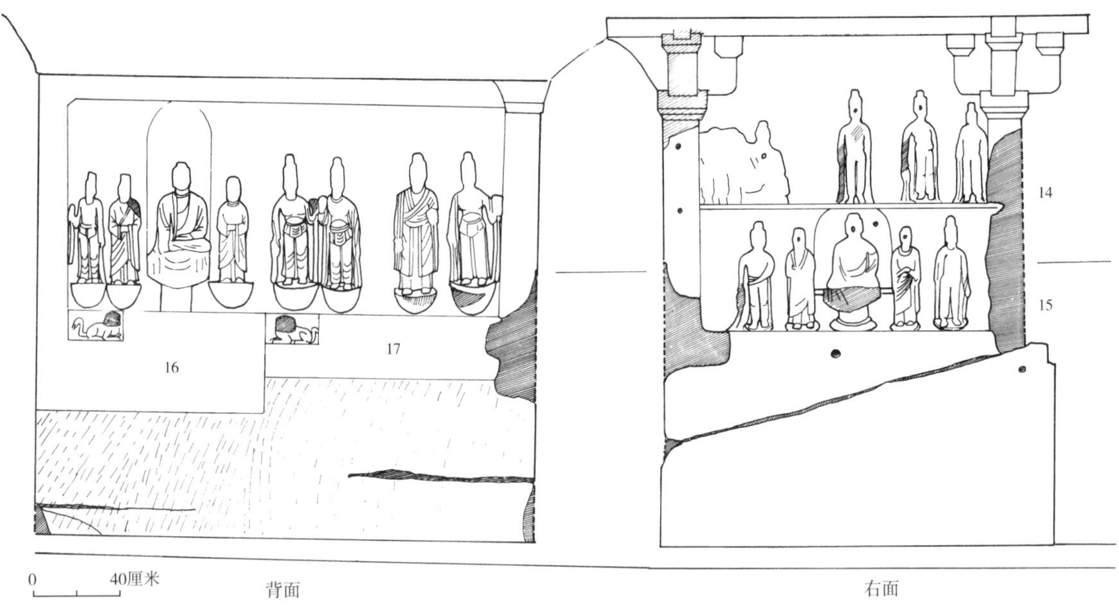

图101　第32窟中心柱立面（背面、右面）展开图

图102　第32窟中心柱立面（正面、左面）展开图

186、深 60 厘米。龛内雕一佛二弟子二菩萨。佛残高 130 厘米，内着僧祇支，外披袈裟，结跏趺坐于圆形束腰座上，左手抚膝，右手置于腹前，掌心向上，身后浮雕舟形背光及圆形头光。弟子残高 102 厘米，双手抱于腹前。菩萨残高 122 厘米，南侧菩萨左手持净瓶。弟子菩萨均侍立于两侧圆台上。

右面（北面），32-14 号龛：位于中心柱北面上层，立面横长方形浅龛。龛高 74、宽 114、深 16 厘米。龛内东侧两尊造像已毁，仅留西侧三尊并立菩萨，残高 50 厘米。32-15 号龛：位于中心柱北面下层，

图103 第32窟东壁立面展开图

横长方形浅龛，龛高60、宽116、深13厘米。龛内雕一佛二弟子二菩萨。佛残高50厘米，结跏趺坐于束腰圆座上。弟子残高47厘米，菩萨残高48厘米，均侍立于两侧。

背面（东面），32–16号龛：位于中心柱东面南侧，立面横长方形浅龛，龛高82、宽118、深12厘米。龛内雕一佛二弟子二菩萨二卧狮。佛残高68厘米，结跏趺坐于束腰座上。弟子残高64厘米，菩萨残高68厘米，均侍立于两侧圆台上。二菩萨下方各雕一卧狮，高12、长16厘米。32–17号龛：位于中心柱东面北侧，立面长方形浅龛。龛高94、宽84、深12厘米。龛内雕一佛二菩萨。佛残高77厘米，立于圆台上。菩萨残高76厘米，侍立于两侧圆台上。

左面（南面），32–18号龛：位于中心柱南面上层。立面横长方形尖拱顶浅龛，龛高76、宽104、深16厘米。龛内正中雕一坐像，残高56厘米，舒相坐于方座上，左脚下踩莲花，背后雕舟形背光。二胁侍菩萨，残高56厘米，侍立两侧。32–19号龛：位于中心柱南面下层，横长方形浅龛，龛高70、宽100、深8厘米，龛内雕一佛二弟子二菩萨。佛残高57厘米，结跏趺坐于束腰座上，身后浮雕舟形背光。弟子残高54厘米，菩萨残高58厘米，均侍立于两侧圆台上。

（2）正壁（东壁）北侧开双龛，均为圆拱形浅龛。南龛高128、宽80、深19厘米，龛内雕一立像，残高103厘米，身着僧衣，右手自然下垂，左手捧物于胸前，立于圆台上。北龛高128、宽50、深9厘米，内雕一立像，残高100厘米，似未完工。

（3）北壁　北壁东侧凿一长方形大洞与29号大龛相通。北壁壁面分两层开龛造像，上层共开四个小龛造像，下层为壁面高浮雕造像。

32–1号龛：位于北壁上层西侧，长方形浅龛。龛高96、宽73、深10厘米。龛内雕一菩萨，残高68厘米，舒相坐于束腰圆座上，身后浮雕舟形背光。其西侧雕二菩萨，通高67厘米；东侧雕一菩萨，通高68

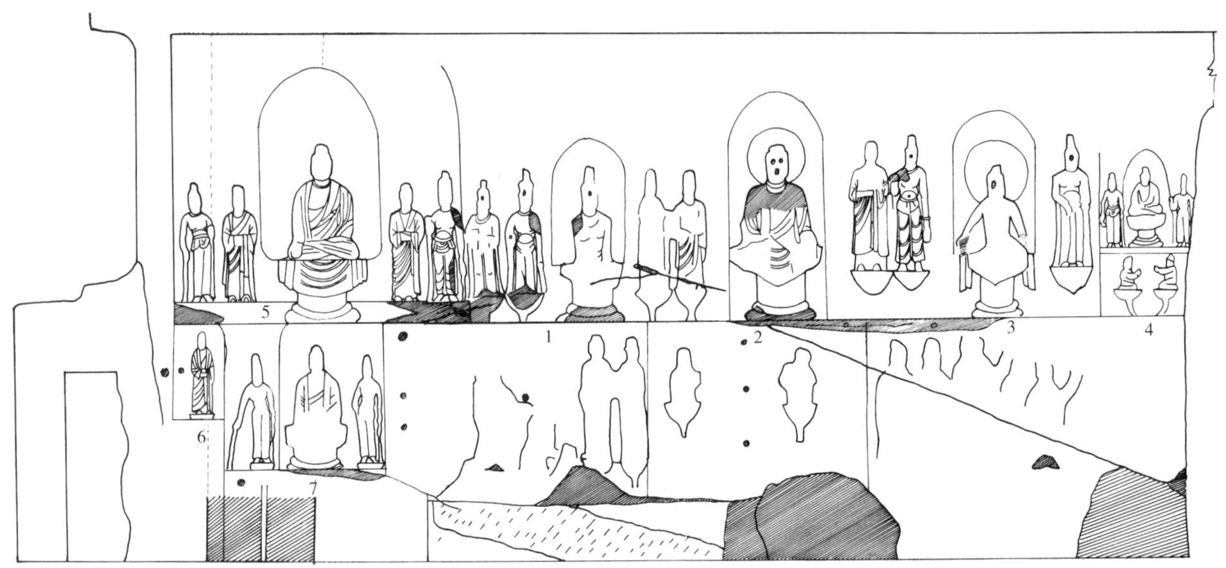

图104　第32窟北壁及窟门甬道立面展开图

厘米。三尊菩萨均侍立于带梗莲台上。

32–2 号龛：位于北壁上层、32–1 号龛东侧，长方形圆拱顶浅龛。龛高 96、宽 146、深 17 厘米。龛内雕一佛，龛外雕二弟子。佛残高 74 厘米，结跏趺坐于束腰圆台上，佛头后有圆形浮雕项光。其西侧弟子残高 70 厘米，侍立于带梗莲台上，东侧弟子残高 56 厘米，侍立于悬空半圆形座上，上部残存一飞天痕迹。

32–3 号龛：位于北壁上层、32–2 号龛东侧，圆拱形浅龛，龛高 96、宽 70、深 19 厘米。龛内雕一菩萨，残高 67 厘米，舒相坐于束腰圆座上，身后有浮雕背光。龛外雕二菩萨，高 60 厘米，侍立于两侧悬空半圆台上，西侧菩萨手持净瓶。

32–4 号龛：位于北壁上层、32–3 号龛东侧。长方形浅龛。龛高 83、宽 46、深 6 厘米。龛内上方雕一佛二菩萨，龛下方另开浅龛，内雕相对而跪的二化生童子。佛残高 37 厘米，结跏趺坐于叠涩式束腰座上，身后凿圆拱浅龛。菩萨残高 32 厘米，侍立于龛外两侧。二化生童子残高 27 厘米，相对跪于带梗莲台上。此排造像头部均残，舒相菩萨下部残损严重，难辨腿部形状。

北壁下层高浮雕有并立菩萨、莲台等痕迹，均被人为凿毁，残损不可识，故未编号分述。

（4）西壁及窟门甬道　西壁壁面被后期凿改明显，但窟门甬道开佛龛多个。

32–5 号龛：位于北侧窟门甬道北壁上层，平面半圆形，圆拱形顶浅龛。龛高 96、宽 100、深 25 厘米。龛内有低坛，坛高 10、深 8 厘米。龛内雕一佛二弟子二菩萨。佛残高 70 厘米，结跏趺坐于束腰圆座上，左手抚膝，右手置于腹前，掌心向上。身后浮雕舟形背光。弟子残高 54 厘米，菩萨残高 57 厘米，均侍立于两侧低坛上。32–6 号龛：位于

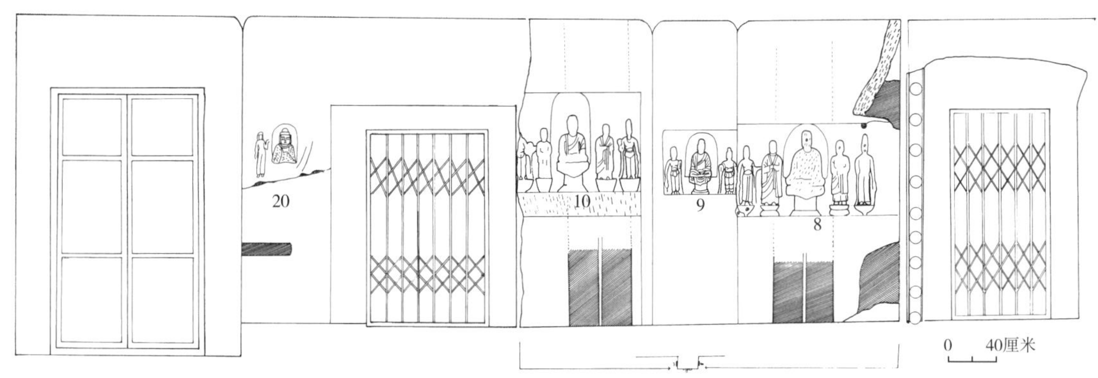

图105 第32窟西壁北侧及窟门甬道立面展开图

北侧窟门甬道北壁下层。圆拱形浅龛，龛高43、宽24、深5厘米。龛内雕一弟子，残高40厘米，双手捧物于胸前，立于圆台上。32–7号龛：位于北侧门甬道北壁下层，6号龛东侧。方形浅龛，龛高63、宽76、深12厘米。龛内雕一佛二菩萨。佛残高56厘米，结跏趺坐于束腰圆座上，身后雕圆拱形背光。菩萨残高48厘米，侍立于两侧圆台上。

32–8号龛：位于北侧窟门甬道南壁，立面横长方形浅龛。龛高78、宽120、深12厘米。龛内雕一佛二弟子二菩萨。佛残高68厘米，结跏趺坐于束腰方座上，身后雕圆拱形背光。二弟子残高60厘米，二菩萨残高62厘米，均侍立于两侧圆台上。

32–9号龛：位于北门内南侧。方形浅龛。龛高52、宽60、深12厘米。龛内雕一佛二菩萨。佛残高42厘米，结跏趺坐于束腰圆座上，身后有圆拱形背光。菩萨残高38厘米，侍立两侧。

32–10号龛：位于中间窟门甬道北壁，立面横长方形浅龛。龛高80、宽100、深10厘米。龛内雕一佛二弟子二菩萨。佛残高58厘米，结跏趺坐于束腰圆座上。弟子残高54厘米，菩萨残高59厘米，均侍立于两侧圆台上。

32–11号龛：位于南侧窟门甬道南壁上层，立面横长方形浅龛。龛高82、宽128、深13厘米。龛内雕一佛二弟子二菩萨。佛残高65厘米，结跏趺坐于束腰座上。弟子残高55厘米，菩萨残高62厘米，均侍立于两侧圆台上；西侧弟子与菩萨所雕岩面下滑，似脱离岩体。32–12号龛：位于南侧窟门甬道南壁下层，立面横长方形浅龛。龛高70、宽130、深18厘米。龛内雕一佛二弟子二菩萨。佛残高66厘米，结跏趺坐于叠涩式束腰圆座上。弟子残高52厘米，菩萨残高52厘米，侍立于两侧圆台上。东侧菩萨仅残留下半身。

南侧窟门内西壁北侧，为一不规则小浅龛。龛高54、宽38、深5厘米，近乎摩崖浮雕。龛内雕一佛一菩萨。佛高40厘米，菩萨高37厘米。造像线条粗拙，似未完工。

（5）南壁 中心柱窟原应有南壁，后期被凿毁，向南扩展，故南壁及造像不存。

图106 第32窟西壁南侧及窟门甬道立面展开图

2. 如意年大龛：此龛虽有题铭，但应为此窟的二期工程，雕凿精美。

大龛位于正壁（东壁）中间稍偏南，龛内凿低坛基，正壁坛基上雕一佛二弟子二菩萨，南北侧壁上雕二力士二卧狮。佛通高160厘米，面相丰满，颈部有三道纹，内着僧祇支，外披袒右袈裟，右披覆肩衣。衣纹细密流畅，左手置于腹前，掌心向上，右手抚膝，结跏趺坐于叠涩式五棱束腰须弥座上。弟子残高145厘米，身材修长，外着袈裟，双手抱于腹前，右侧年轻弟子跣足，左侧年老弟子脚穿圆头履。菩萨残高147厘米，上身袒露，下着长裙，裙腰外翻，帔巾自双肩搭下垂地。弟子菩萨均侍立于两侧叠涩式五棱台基上。龛南北两壁各雕一力士，残高146厘米，上身袒露，下着战裙，胸部及臂膀肌肉块块隆起，双脚跨立于山形台上。二力士足下内侧各雕一卧狮，高22、长44厘米。龛内造像除主尊外，其余造像头部均残。

3. 中心柱窟南侧大龛：中心柱窟南侧原形制似曾有一道墙壁，南侧可能另凿一洞窟，现已凿通，形成一个近似大龛的平顶窟。此处东壁凿一长方形不规则大龛。龛高273、宽217、深46厘米。龛内雕一佛一弟子立像，佛头上部似凿一华盖状穹隆形顶。佛通高240厘米，身着通肩袈裟，立于仰莲台上。弟子通高216厘米，内着僧祇支，外披双领下垂式袈裟，双手捧物于腹前，侍立于佛右侧仰覆莲圆台上。佛左侧弟子似被后人凿毁，现仅留痕迹，抑或是未完工的雕像。其南侧，又凿一横长方形坑，高148、宽295、深60厘米，内无造像。

与东壁龛相对的西壁，窟门南侧，凿一竖长方形龛。龛高250、宽126、深30厘米。龛内雕一佛，通高228厘米，内着僧祇支，外披通肩袈裟，右手下垂作半握拳状，左手似持一物，立于圆台上。

西壁南端上方，原开方形浅龛。龛高94、宽96厘米。龛内原雕一佛二菩萨。后因在此龛处开凿明窗，将造像凿毁，现仅留佛头上部项光及龛侧菩萨飘带。

窟东壁最南端，与第 34 窟凿通。

题记：窟正壁如意年大龛内南侧力士头部上方有阴刻题记一方："大周如意元年岁次壬 / 辰四月甲午 朔八日戊 / 戌太州仙掌县人奉 / 义郎行泾州临泾县 / 令杨元裕敬造阿弥 / 陁像一铺 / 凡夫普明五眼慧润 / 六通海镜万 因而临 / 面际倾心无 隳□愿 / □大者欤泾□临泾 / 县令杨元裕奉为□ / 亡 父银青光禄大夫 / 行□台侍郎 行泾州 / □□亡□弘 农郡夫 / 人 窦兆 婆氏敬造阿 / 弥陀像一铺记□ / □□□□□□"。

龛内东壁及南壁略下阴刻："乡心庶□胜治十力化此三而着 所写 圆赈给眼 图披 道 / 有□□泊斯□大拯沦溺宕开 灵□ / 魄游月辰神驰紫烟永固层窟 / □ 仙海田"；"弟子曹季方记之"；"……而不□□为……"；"仏弟；"弟子刘恕佛一心供养"；"泾原丘□□ /……周士清题开戊 寅四年九月廿八日记 窦明氏寿州霍丘县人也"；"四月十一日□□"。

东壁南侧菩萨与弟子间阴刻："咸□十一年□月末"；"□ 佃绿□用二人□"；佛与南侧弟子间墨书："老王借面五斤 / 借炭十四斤十两 / 五斤四两 / 五斤二两"；"百上其家"；佛座铺敷物上阴刻"上下上"，墨书"横"；东壁北侧弟子与菩萨间墨书："金……/ 金卯 王……/"；北侧菩萨以北墨书："金……"

北壁力士西侧阴刻："本师"。

正壁南侧龛内弟子北侧阴刻："□法"。

32-8 号龛内西侧阴刻："夜 家 陈 通祖□ 留 僧□ 宿□"；

8 号龛外南侧阴刻："淳化三年六月 / 重修此寺。"

窟门外南侧有竖行阴刻："正寅"，"石窟寺"。

保存现状：窟形残损风化严重，根据残留的炕台、烟道等遗迹推测，后代人将三个窟凿通，修炕台灶台住人、生火。现成为一个不规则的大窟，西南侧与第 34 窟凿通。20 世纪 70 年代对门窗进行了混凝土支撑加固，80 年代对窟内地面用水泥预制块进行铺衬保护，90 年代给各门窗安装了防盗栅栏，2012 年 5 月用青陶方砖更换原预制块，重新铺整地面。窟内造像潮湿风化、烟熏、人为破坏严重，多数造像头部残缺。

第33龛

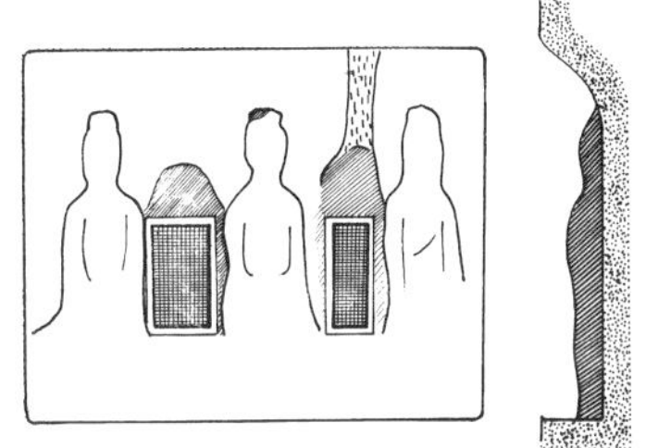

图107　第33龛剖面及立面图

位置：窟群南段中层，位于第 32 窟南侧。

时代：不详

形制：平面横长方形，立面亦呈横长方形，浅龛。龛高 200、宽 275、深 20 厘米。

造像：龛内残存三尊造像身形，残高 130 厘米，可能为三坐佛。

保存现状：龛形因岩石风化，形制较模糊，龛内有两个小窗与第 32 窟相通，造像风化严重，仅留残迹。

第34窟

位置：窟群南段中层，位于第33窟南侧。

时代：不详，可能为唐代开凿。

形制：平面马蹄形，穹隆顶。窟高212、宽276、深244厘米。窟北壁凿一洞，高172、宽120厘米，与第32窟相通。窟门向南，门高186、宽152厘米（现已封闭）。

造像：窟内原造像已被人为破坏，模糊不清，难以辨认，现仅残留窟门内两侧两立像残迹，残高153厘米。

保存现状：窟形风化严重，北壁凿洞与第32窟相通，20世纪90年代安装防盗栅栏门，并将南面窟门封闭。

第35窟

位置：窟群南段上层，位于第36窟南侧。窟口北偏西73度。

图108　第35窟平、剖面及立面展开图

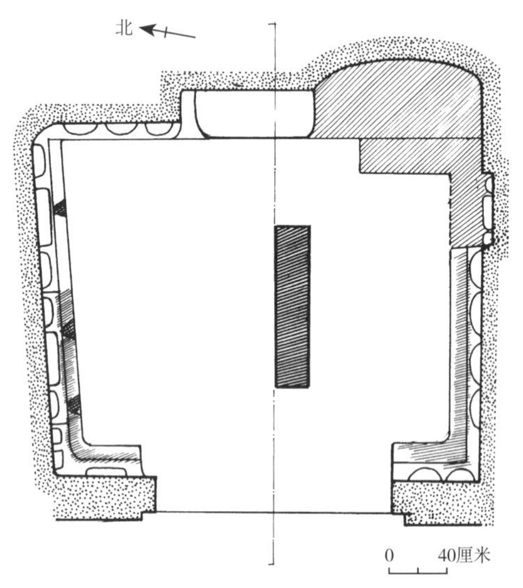

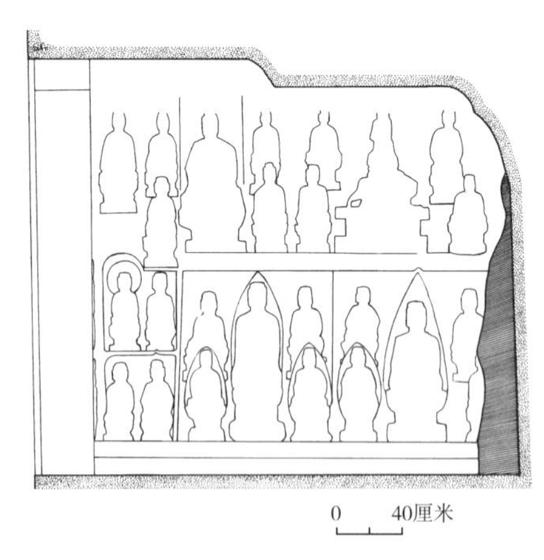

时代：宋

形制：平面长方形，平顶，盝形顶窟门。窟高 242、宽 315、深 265 厘米。门残高 236、宽 175、深 20 厘米。

造像：窟内正壁（东壁）开一浅龛，残高 209、宽 100、深 30 厘米。龛内雕一佛，残高 163 厘米，结跏趺坐于束腰座上。佛座下壶门内雕一立狮，残高 17、长 23 厘米。南壁风化、损毁严重，造像模糊。北壁、西壁窟门两侧、南壁及东壁北侧共开十九个浅龛，分述如下：

35-1 号龛：位于北壁上层东侧，方形浅龛。龛高 87、宽 120、深 10 厘米。龛内雕一乘兽菩萨和一驭兽奴。菩萨残高 86 厘米，坐于兽背莲座上，坐姿不可识，驭兽奴残高 17 厘米，站于菩萨下莲座侧面作牵兽状。兽及驭兽奴立于束腰方台上。两侧上下共雕四身佛，各残高 50 厘米，着双领下垂式袈裟，双手作禅定印，结跏趺坐于束腰莲座上，西侧下层佛头部与上层佛的莲座相叠。

35-2 号龛：位于北壁上层中间，方形浅龛。龛高 88、宽 95、深 7 厘米。龛内雕五尊佛像。正中佛残高 88 厘米，着双领下垂式袈裟，双手作禅定印，结跏趺坐于束腰莲座上。两侧上下共雕四尊佛像，各残高 51 厘米，着双领下垂式袈裟，双手作禅定印，结跏趺坐于束腰莲座上，下层两佛的头部与上层两佛的莲座相叠。

35-3 号龛：位于北壁上层西侧，方形浅龛。龛高 60、宽 34、深 5 厘米。龛内雕一佛，残高 51 厘米，着双领下垂式袈裟，双手作禅定印，结跏趺坐于束腰莲座上。

35-4 号龛：位于北壁下层东侧，尖楣方形浅龛。龛高 102、宽 95、深 18 厘米。龛内雕五尊佛像。正中佛残高 83 厘米，两侧佛残高 52 厘米。五尊佛均着双领下垂式袈裟，双手作禅定印，结跏趺坐于束腰莲座上。正中及两侧下层佛像身后浮雕舟形背光。两侧下层佛头部及背光上部与上层佛莲座相叠。

35-5 号龛：位于北壁下层中间，为尖楣方形浅龛。龛高 102、宽 91、深 18 厘米。龛内雕五尊佛像。正中佛残高 83 厘米，两侧佛残高 52 厘米。五尊佛均着双领下垂式袈裟，双手作禅定印，结跏趺坐于束腰莲座上。正中及两侧下层佛像浮雕舟形背光，两侧下层佛像头部及背光上部与上层佛像莲座相叠。

35-6 号龛：位于北壁下层西侧，为不规则浅龛。龛高 50、宽 59、深 10 厘米。龛内雕二尊佛像，残高 49 厘米，均着双领下垂式袈裟，双手作禅定印，结跏趺坐于束腰莲座上。

35-7 号龛：位于北壁下层西侧，方形浅龛。龛高 51、宽 44、深 6 厘米。龛内雕二尊佛像，残高 49 厘米，均着双领下垂式袈裟，双手作禅定印，结跏趺坐于束腰莲座上。

35-8 号龛：位于门内北侧上层，方形浅龛。龛高 54、宽 33、深 6 厘米。龛内雕一佛，残高 53 厘米，着双领下垂式袈裟，双手作禅定印，结跏趺坐于束腰莲座上。

35-9 号龛：位于门内北侧下层，圆拱形顶浅龛。龛高 53、宽 32、深 10 厘米。龛内雕一佛，残高 52 厘米，着双领下垂式袈裟，双手作禅定印，结跏趺坐于束腰莲座上。

35-10 号龛：位于西壁窟门内南侧上层，圆拱形浅龛。龛高 55、宽 30、深 10 厘米。龛内残存一像头、胸部，残高 23 厘米，胸部以下被一圆洞打破，衣纹、手印、坐姿不可识。

35-11 号龛：位于西壁窟门内北侧下层，方形浅龛。龛高 55、宽 53、深 7 厘米。龛内雕二尊佛像，残高 46 厘米，均着双领下垂式袈裟，双手施禅定印，结跏趺坐于束腰莲座上。

35-12 号龛：位于南壁上层东侧，原为一浅龛，现龛形已毁，残高 49、宽 70、深 6 厘米。龛内残存一像痕迹，残高 41 厘米，残损严重，仅留痕迹，衣纹、手印、坐姿均不可识。

35-13 号龛：位于南壁上层中间，浅龛，龛形已毁，残高 41、宽 52、深 6 厘米。龛内残存二像痕迹，残高 27 厘米，造像残损严重，胸部以下残，衣纹、手印、坐姿均不可识。

35-14 号龛：位于南壁上层西侧，原为一浅龛，龛形已毁，残高 54、宽 81、深 9 厘米，龛内原雕四尊佛像，各有舟形背光，现造像风化模糊。唯最西侧佛像保存较为完整，残高 53 厘米，着双领下垂式袈裟，双手作禅定印，结跏趺坐于束腰莲座上。其余三尊造像仅留残迹，衣纹、手印、坐姿均不可识。

35-15 号龛：位于南壁下层东侧，原为一浅龛，现龛形已毁，残高 76、宽 100、深 9 厘米。龛内残存有五尊造像痕迹，唯西侧下层造像可辨为一尊结跏趺坐佛，残高 45 厘米，衣纹、手印不可识。其余四尊造像仅留痕迹。

35-16 号龛：位于南壁下层西侧，龛形已毁，残宽 128 厘米，龛内原雕造像，现全部被人为损毁，龛底仅留并排五个半圆形莲台残迹。

35-17 号龛：位于东壁北侧上层，原龛形已毁，残高 72、宽 90、深 9 厘米，龛内原雕三尊造像，均残损严重，仅留痕迹。

35-18 号龛：位于东壁北侧下层，靠北，原龛形已毁，残高 56、宽 67、深 6 厘米，龛内原雕两尊造像，残损、风化严重，仅留痕迹。

35-19 号龛：位于东壁北侧下层，靠南，凿圆拱形龛，残高 55、宽 29、深 7 厘米，龛内原雕一尊造像，残损风化严重，已无法辨认。

保存现状：窟顶风化，东壁有一水平裂隙，窟门已毁，窟内正中 20 世纪 70 年代用青砖砌一立柱支顶。窟南壁造像风化、残损严重，北壁造像较完整。窟内曾有人居住过的痕迹。现造像头部均毁。近年窟内渗水潮湿风化严重。

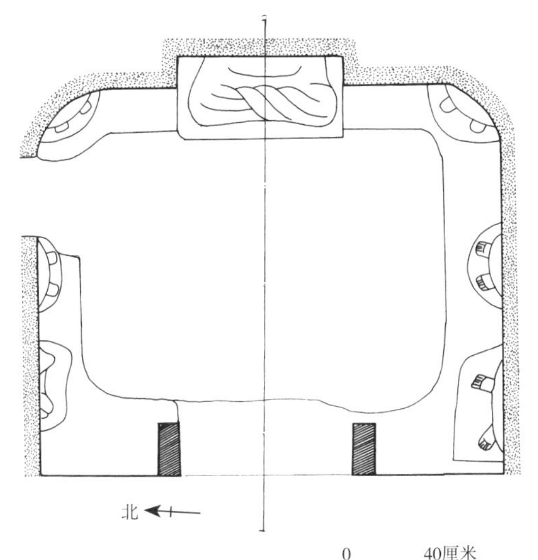

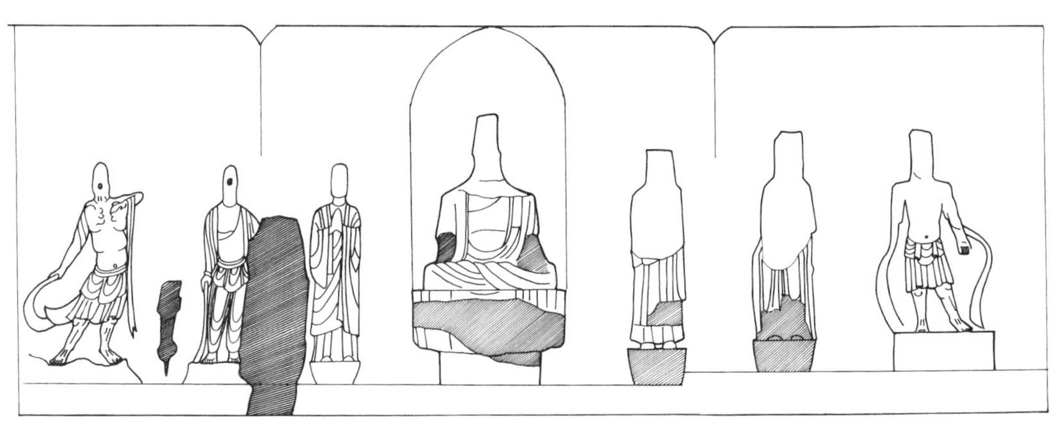

图109 第36窟平、剖面及立面展开图

第36窟

位置：窟群南段上层，位于第35窟北侧、第37窟南上侧。

时代：唐

形制：平面马蹄形，穹隆顶，低坛基，方门。窟高180、宽180、深175厘米。坛基高25、深28厘米。窟门高150、宽110、深23厘米。

造像：窟内雕一佛二弟子二菩萨二力士。正壁雕一佛，残高130厘米，结跏趺坐于束腰方座上。弟子残高110厘米，北侧弟子双手合十，菩萨右手握帔巾。菩萨残高110厘米，力士残高110厘米。弟子、菩萨侍立于两侧半圆台上，二力士侍立于山形台上。窟底凿一深坑，坑深180、宽165、长182厘米。坑内南壁又凿一梯形深龛，龛上部宽80厘米，下部宽117厘米，高100、深73厘米。龛内无造像。坑内北侧凿一狭窄通道与第37窟连通。

图110 第36窟北侧菩萨像

保存现状：窟顶部风化，北壁有一残洞，底部凿一深坑。窟门已残，顶部有一残洞。20世纪70年代用青砖支顶门框。窟内造像风化严

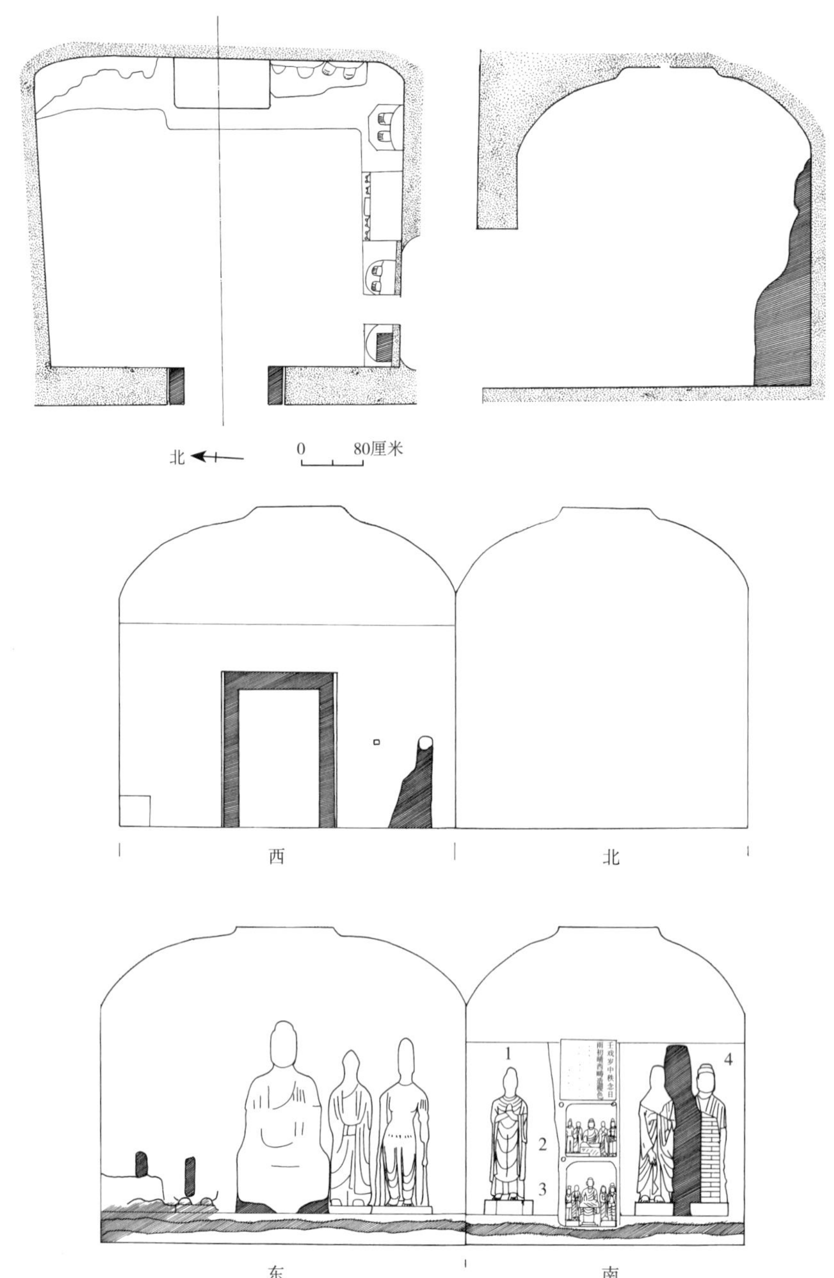

图111　第37窟平、剖面及立面展开图

重，头部均毁。

第37窟

位置：窟群南段上层，位于第36窟北侧。窟口北偏西45度。

时代：唐

形制：平面方形，覆斗式顶，低坛基，方形门。窟顶中心原有浮雕藻井，现四披可见垂带和平棊。窟高426、宽410、深435厘米。坛基高36、深98厘米。窟门高195、宽142、深60厘米。

造像：窟内正壁原雕一佛二弟子二菩萨。佛残高235厘米，结跏趺坐于方座上。南侧弟子残高 193 厘米，菩萨残高 207 厘米。北侧造像已毁，仅留残迹。南壁开四个龛，分述如下：

37–1 号龛：位于南壁东侧，立面方形，圆拱顶。龛高 212、宽 128、深 45 厘米。龛内雕一佛，残高 156 厘米，身着通肩袈裟，双手合十于胸前，立于五棱台上，身后浮雕桃形头光。

37–2 号龛：位于南壁 37–1 号龛西侧上层，圆拱形浅龛。龛高 70、宽 77、深 8 厘米。龛内雕一佛二弟子二菩萨。佛通高 48 厘米，内着僧祇支，外披袈裟，左手扶膝，右手已残，结跏趺坐于方座上。弟子高 43 厘米，身披袈裟，双手捧物于胸前，左侧弟子头裹纶巾。菩萨高 44 厘米，肩披长巾，上身袒露，下着裙，一手下垂握帔巾。弟子、菩萨均侍立于两侧。佛胸前墨书“中身”二字。

37–3 号龛：位于 37–2 号龛下方，圆拱形浅龛。龛高 81、宽 68、深 8 厘米。龛内雕一佛二弟子二菩萨。佛通高 62 厘米，结跏趺坐于叠涩式束腰座上；弟子残高 44 厘米，身披袈裟，双手捧于胸前；菩萨残高 44 厘米，上身袒露，下着裙。弟子、菩萨均侍立于两侧。

37–4 号龛，位于南壁西侧，平面长方形大龛。龛高 222、宽 160、深 41 厘米。龛内雕二佛。东侧佛残高 189 厘米，左手举于胸前，右手下垂于腹前执衣襟，西侧佛残高 185 厘米，磨光肉髻，身着袈裟，均立于圆形台上。

题记：南壁上方界栏内阴刻：“壬戌岁中秋念七日 / 小雨初晴西畤造稷 / 邑宰原武郑耆老拉 / 颍川赵直孺联辔观 / 稼于石窟邂逅武威 / 安敦仁遂成小酌颇 / 有清逸之兴命笔以 / 记岁月男彦申侍行 ”。

西壁南侧阴刻：“王生才一簇”；墨书：“宣和三年十月廿……风马……”；“壬辰李秋中 / 河南刘德夫同事 / □夫……”；“道光……/ 游……”；“……柳……”；“……司……顶”；“……廿……”。

西壁北侧阴刻：“正□七年七月七日”。墨书：“□□祭过题 / 彭阳道过 / □可济湘陵 / 炼丹灶不见 / □边蹑屐忘 / 闻梵云飘炉 / 毫映碧连谁□ / □雕石壁遐迤 / 如梢钟声群 /……”；“……/ 初臣同游……/……”；“同观□□ / 石窟寺……”；“……/……/……/……/……□宇 / 泾曰县□□□ / □□邑宴□ / 定祭叩”。

保存现状：窟形基本完整。窟内造像损毁、风化严重。东壁、南壁造像头部残缺。北壁造像均毁。4 号龛内有一残洞与第 36 窟相通，20 世纪 70 年代用青砖支顶。

第38窟

位置：窟群南段上层，位于第 39 窟上方。

时代：唐

形制：平面呈马蹄形，穹隆顶，低坛基，方形窟门。窟高 160、宽 120、深 105 厘米。窟门高 110、宽 85、深 25 厘米。基坛高 26、深

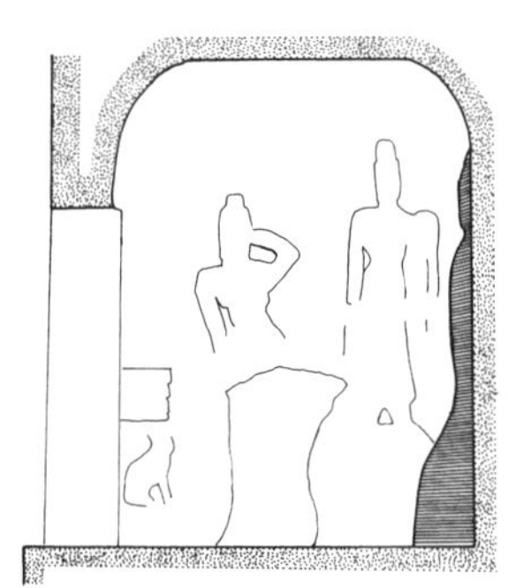

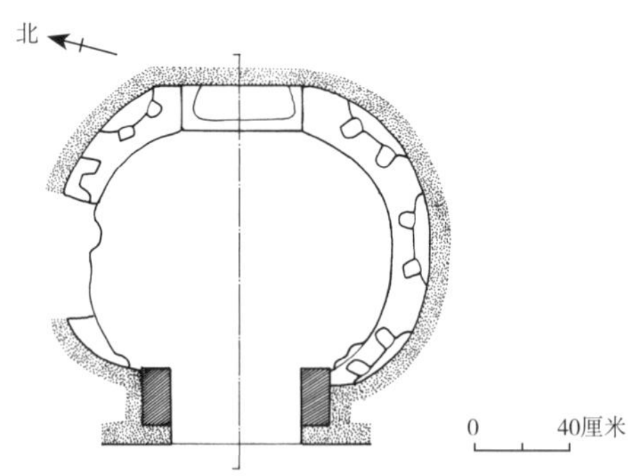

图112　第38窟平、剖面及立面展开图

18、周宽 189 厘米。

造像：窟内雕一佛二弟子二菩萨二力士。佛残高 97 厘米，弟子残高 86 厘米，菩萨残高 100 厘米，力士残高 85 厘米。佛结跏趺坐于方座上，二弟子二菩萨二力士侍立于两侧。窟门内两侧各雕一半卧状狮子，残高 18 厘米。佛、弟子、菩萨残留彩绘头光。

保存现状：窟顶风化，窟门南侧残损。窟北侧有一洞与第 39 窟相通。窟内造像风化严重，仅留残体。

第39窟

位置：窟群南段上层，位于第 40 窟南侧。

时代：唐

形制：平面呈马蹄形，平顶低坛。窟高 190、宽 180、深 156 厘米，坛高 28、深 18 厘米。方形门，残高 155、宽 125、深 20 厘米。

造像：窟内正壁（东壁）开圆拱形龛，龛内雕一佛，龛外雕二弟子二菩萨二力士。佛残高 144 厘米，结跏趺坐于束腰座上。北侧弟子残高 135 厘米，南侧弟子已毁；菩萨残高 125 厘米，力士残高 125 厘米。弟子、菩萨侍立于两侧低坛莲台上。力士立于窟南北壁西边两侧低坛山形台上。

题记：窟内北壁力士右上方墨书："……子冲国□阳□……"；"……春甲辰康发□题 / □职事□萧□ / □弟安发同……/ □宣和甲辰首 / 丁亥二日也 / 凉周"；"……像在玉……"；"花□□大木"。

北壁菩萨与力士间墨书："先"。

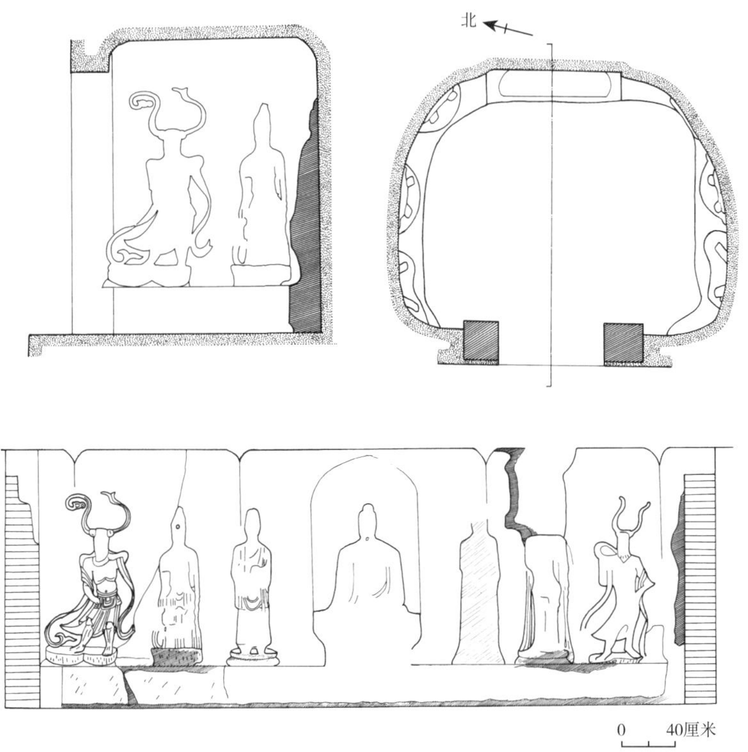

图113　第39窟平、剖面及立面展开图

南壁菩萨与力士间墨书："王……/……"

彩绘：菩萨、力士的帔巾和裙上有红色彩绘。

保存现状：窟顶风化，东南角上部有一洞与第37窟相通。造像残损、风化严重，头部均毁。20世纪70年代用青砖支撑加固。

第40龛

位置：窟群南段上层，位于第39窟北侧。

时代：唐

形制：平面长方形，平顶敞口大龛。龛高260、宽300厘米，北侧深150厘米，南侧深90厘米。龛内有低坛基，高20、深27厘米。

造像：龛内正壁（东壁）开拱形龛，龛高120、宽100、深20厘米。龛内雕一佛，头部残失，残高125厘米，善跏趺坐于方座上，龛外两侧各开一拱形浅龛，内各雕一菩萨，身后浮雕桃形头光，残高90厘米，侍立于两侧。龛内南、北壁各开一浅龛，龛内各雕造像一身，残损、风化严重，南侧造像残高85厘米，北侧造像残高96厘米。正壁北侧又雕一方形小龛，高80、宽65、深30厘米，方龛内雕一佛二菩萨，佛残高60厘米，结跏趺坐于束腰方座上，菩萨残高45厘米，侍立于两侧，佛及菩萨残留彩绘头光。

题记：大龛内东壁佛龛内北侧墨书："京兆□式民瞻缘幹/过此投宿是寺时阜昌/甲寅六月上瀚日书"；其上小楷墨书"此寺时雨/□□千端/此尽而去□"；其上墨书"游此信□"。

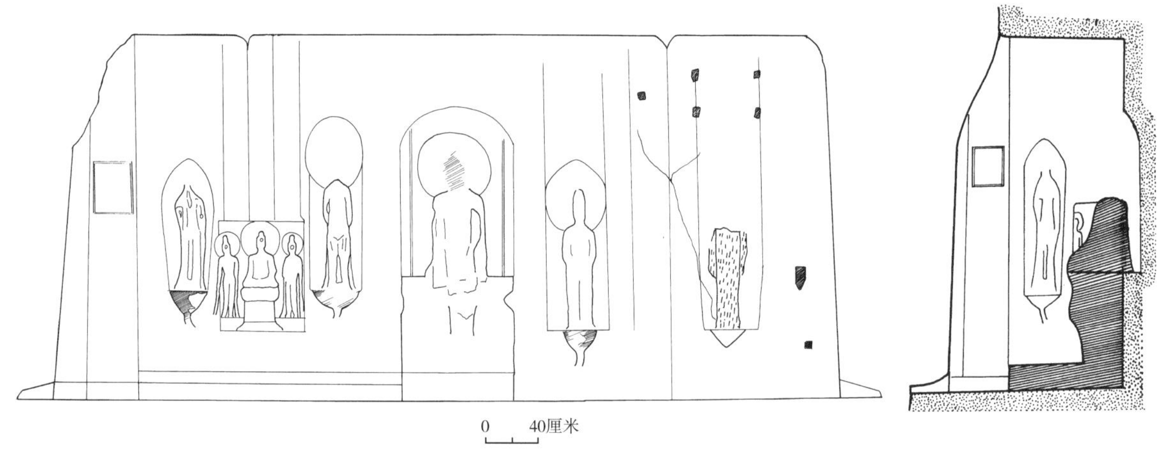

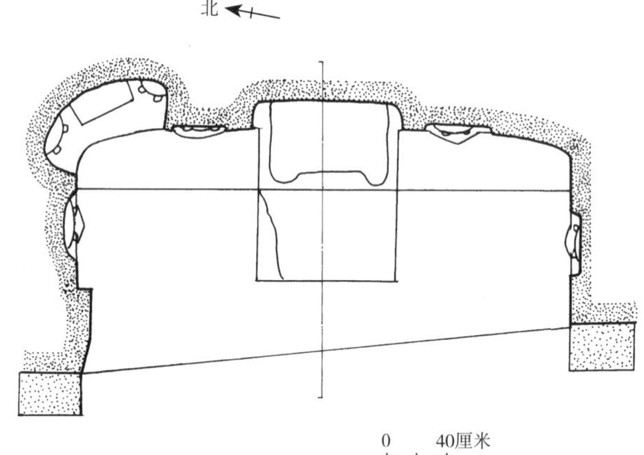

图114 第40窟平、剖面及立面展开图

佛龛内南侧墨书："天元岁次庚辰□月望后二日／爷□宋偕李商因迁调河□／培北书更至此异日荣观。"

佛龛上部墨书："貞元三年三月十五日……；"于此元……／曾游……／外所……"；"……州……"；"……雪景……"；"泾州□圀……"

东壁南侧墨书："裴天倪吴子厚／胡从道同游／观览前人题／识叹相远□／数百年以后／观此者当如中可胜叹耶／绍圣丙子□／六月廿二日"；"……秀□来……／……"；

东壁南侧菩萨头光内墨书："汝人寇续题／嘉祐庚丑岁春／台笔法□□／年昔□□□／上方观□和天复／同张巡□来此……"；"太原府……"

东壁南侧菩萨龛内右下方墨书："……经游于□忽观石……／……题于□政和……／……过□□唤……／……窟……"

东壁南侧菩萨龛外墨书："……崇宁九年……"；"……／……张济然□节……"；"……兴……／……／……／……而……／……颜……"；"大……／……／络……／窟……"；"……达……／……同……"；"……雨……"；"……谏……"；"……宣和……"

东壁北侧上方墨书："杨君□／孙几圣／吴景山／同游至／□暮雨／□□观／……"

图115 第41龛平、剖面及立面展开图

图116 第41龛东壁北侧飞天

正壁北侧下方墨书:“杨君□孙几圣吴景山/惠大师同登斯阁是□/暮雨初收蒲川上草色/连云济花浠□□潇洒/景正当愁思更□□□/□□盈耳。”

北壁东侧墨书:“宣和六岁次甲辰年/三月廿四日到此窟记”。北壁西侧门柱上有阴刻题记一方，共五行，每行八字，仅可识:“龛”、“年”等字。

东壁北侧菩萨头光内墨书:“……进……/……功……/……/……”

南壁西侧龛边竖行阴刻:“嘉祐癸卯伏念⊟日□□□……”;“……年政和/九月二日”;“杨”。墨书:“……时……”

保存现状:大龛顶前沿坍塌，留有桩槽残迹。造像风化、毁损严重，头部均毁。北壁中部有界栏，阴刻文字风化严重，无法识读。

第41龛

位置:窟群南段上层，位于第40窟北侧。

时代:初唐

形制:平面长方形，平顶敞口大龛。龛高280、宽210、深135厘米。

造像:龛内东壁(正壁)正中雕一佛，残高85厘米，结跏趺坐，雕葫芦形背光，背光上有华盖。佛上方浮雕山石、菩提树，两侧浮雕二

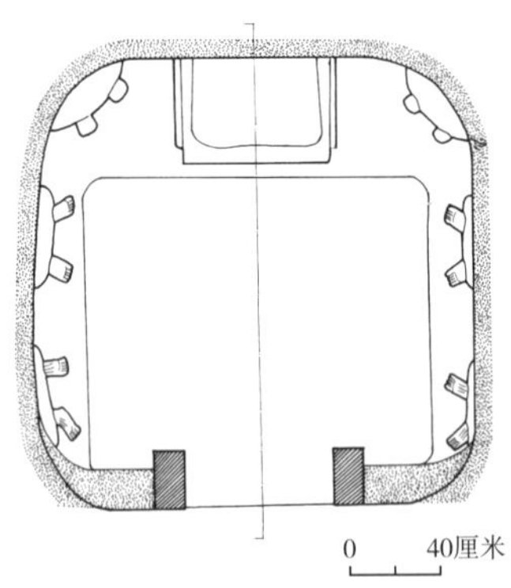

图117 第42窟平、剖面及立面展开图

飞天。正壁残见山石、人物痕迹，风化难辨。佛左右两侧各雕二组山林中树下思惟等情节。

北壁：上部拱形龛内，雕并坐二像，残高47厘米；下方雕一天王，右手执剑，残高145厘米，身体略扭，天王西侧（右侧）雕一半蹲卧狮子，高60厘米。

南壁：上层开两龛，龛内各雕一坐像，相对侧身而坐，东龛像举左手，西龛像伸右手，似作辩论状。两像均残高55厘米；下方雕一天王，残高150厘米，左手上扬，右手执鞭。

题记：窟内正壁佛龛内阴刻："佇"；墨书："康……"

北壁墨书："鄜州释……"；"……夏"

南壁天王铠甲上墨书："护法善神"四字。

保存现状：龛顶部及龛檐已毁。龛内造像大部风化，浮雕大多模糊，有些仅留残迹。南北两壁天王像较清晰，南壁天王保存较完整。

第42窟

位置：窟群南段上层，位于第41龛北侧。窟口北偏西78度。

时代：唐

形制：平面长方形，穹隆顶小窟，低坛基，方形窟门。窟高185、宽153、深105厘米；坛基高30厘米，正壁坛基深35厘米，南北坛基深15厘米。

造像：窟内雕一佛二弟子二菩萨二力士。

正壁（东壁）佛残高115厘米，结跏趺坐于方座上，内着僧祇

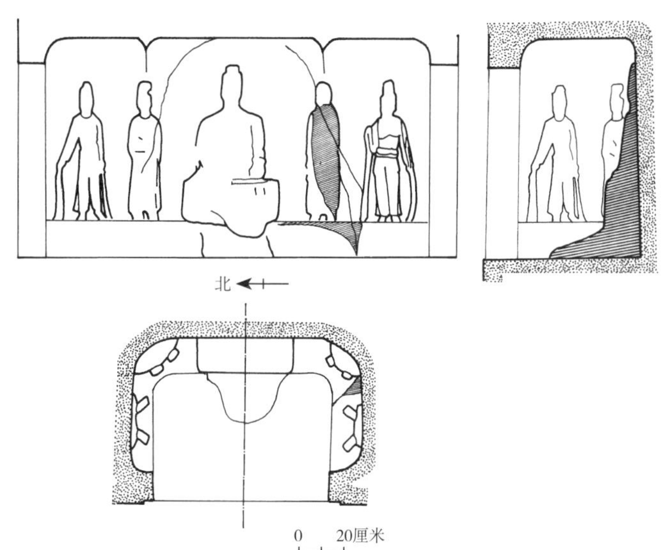

图118 第43龛平、剖面及立面展开图

支，外披双领下垂式袈裟，佛身后浮雕舟形背光。二弟子残高103厘米，身着僧衣，侍立两侧。

南北两壁菩萨残高105厘米，上身帔帛，下着裙，肩披长巾，侍立于低坛上。力士残高92厘米，上身袒露，下着裙，飘带绕肘，立于低坛上。佛、弟子残留彩绘头光。

题记：窟内东壁佛龛内墨书："老刘/同祭/□□/逐□/□知□/此秋中囦"；"……滇□空……"。

南壁墨书："□卿赵/光和政和□/年岁……/天眷元年……"；"……/……石□疆……/……高□□/……笑"；"……宝"；"洞仙"。

南壁菩萨与弟子间两方题记不可识。

北壁墨书："口念真经□□□/□修本姓永后世"；"……/……仲春/……憩……/……之彭阳……/室翁……"；"囲□如老□/观□书/寺……"；"定戒……/美原……/□大……"；"……志……"

西壁北侧阴刻："光祖"。墨书："□成景光/邂逅庆/宁寺/□师时大阮/□寅五月廿三日"；"奉……/志玊石窟历年眷/提作诗古今文"；"……之祭……/……览□寺……/……"；"大定……"

保存现状：窟门顶部残损，窟顶风化，20世纪70年代，用青砖支顶了门框。窟内造像头部均毁，留有补修小孔。北壁力士胸部有一裂隙直通窟顶。

第43龛

位置：窟群南段上层，位于第44窟南侧。

时代：唐

形制：平面半圆形，穹隆顶，方龛，低坛基。龛高86、宽78、深54厘米，坛基高15、深10厘米。

造像：龛内雕一佛二弟子二菩萨。佛残高78厘米，善跏趺坐于方

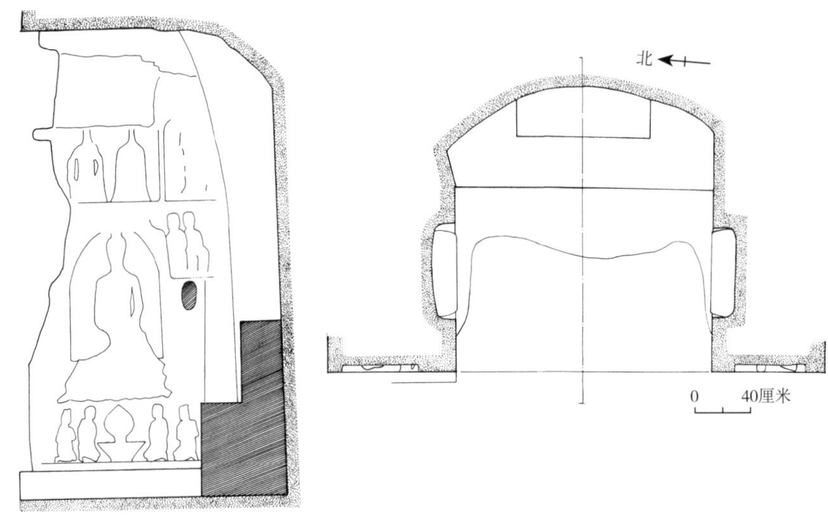

图119 第44龛平、剖面及立面展开图

座之上。二弟子残高53厘米，侍立于低坛上。二菩萨残高58厘米，侍立于低坛圆台上。

题记：龛内东壁墨书题记，但已模糊不可识。

北壁墨书："镇原施主 / 嘉靖十六年八月"；"……/……宗□ /……化到"。

南壁墨书："良缘□□ / 云伟拾肆"。

保存现状：龛形较完整，顶部略残，正壁有一圆弧状裂缝。造像风化严重，头部均残。

第44龛

位置：窟群南段上层，位于第45窟南侧。龛口北偏西45度。

时代：西魏

形制：平面长方形敞口大龛，圆拱顶。龛高270、宽217、深125厘米。正壁（东壁）有低坛基，高40、深32厘米。坛基上方开扇形龛，底宽190、高210厘米。南北两壁开圆拱顶浅龛。

造像：东壁（正壁）低坛基上雕一方座，座上原应雕一结跏趺坐佛，现造像已毁，仅留曾修复过的桩孔。龛上部已残损，龛外两侧雕二天王，残高 144 厘米，腰部以上残缺不可识。

北壁：上层开方形浅龛，残高 55、宽 75、深 7 厘米，龛内雕二身坐像。中层开圆拱形浅龛，龛内雕一结跏趺坐佛，残高 106 厘米，内着僧祇支，外披双领下垂式袈裟，衣裾搭于龛下。龛外东上方浮雕二听法弟子，残高 35 厘米。龛下中间雕一博山炉，香炉两侧各浮雕一比丘一供养人，相向拱手胡跪，博山炉高 40 厘米，供养人高 40 厘米。

南壁：上层开浅龛，残高 60、宽 75、深 7 厘米，龛内造像损毁严重，仅可见西侧造像的痕迹。中层开一圆拱顶浅龛，龛内雕一坐佛，残高 104 厘米，着双领下垂式袈裟，结跏趺坐，悬裳垂于龛下。龛下中间雕一博山炉，炉两侧各浮雕一比丘一供养人，相向拱手胡跪于博山炉两侧，博山炉高 40 厘米，供养人高 40 厘米。

保存现状：此大龛顶部残破，龛檐已毁，仅留桩槽、柱眼等。正壁造像已毁，只留方座；南北两壁造像风化严重，龛外两侧力士仅留残迹。

第45窟

位置：窟群南段上层，位于第 44 龛北侧。

时代：唐

形制：平面马蹄形，穹隆顶小窟，低坛基，方门。窟高 167、宽 137、深 110 厘米。坛基高 20、深 10 厘米。正壁开舟形浅龛，龛高 107、宽 80 厘米。窟门高 136、宽 95、深 20 厘米。

造像：窟内雕一佛二弟子二菩萨二力士。正壁（东壁）舟形龛内雕一佛，残高 135 厘米，结跏趺坐于方座上。南北两壁低基坛上各雕一弟子一菩萨。弟子残高 107 厘米，菩萨残高 114 厘米，均侍立于莲台上。门内南北两壁各雕一力士，残高 107 厘米，侍立于山形台上。

壁画：此窟四壁上部留有墨绘云纹、莲花等图案，清晰可见。约高 23、长 150 厘米。

题记：窟内正壁（东壁）佛龛南侧上方墨书："彭城刘□□汾阳郭□ / 庆阳僧□□凉州僧远函 / 是阁迤逦□抵暮而归 / 建炎庚戌□月十有一日题"。龛内墨书："……问大……"

南壁上方墨书："……朝至元八年京兆府 / ……牛董云集寺"；"……至元八年三月一日记 / 京兆府宁县牛董云集寺 / □初十日记返"；"系南宋重庆府人为 / □ / 大像寺戒师□ / 就矜助缘善□ / 宋释沙门子性 / 谨题计□ / 至元八年□□□日"；"□逢 / 李福章 /……十七年正月……/……同届……/……□□岁……"

保存现状：窟门北侧残损，窟顶风化。窟内造像风化严重，头部均损毁，形体模糊。

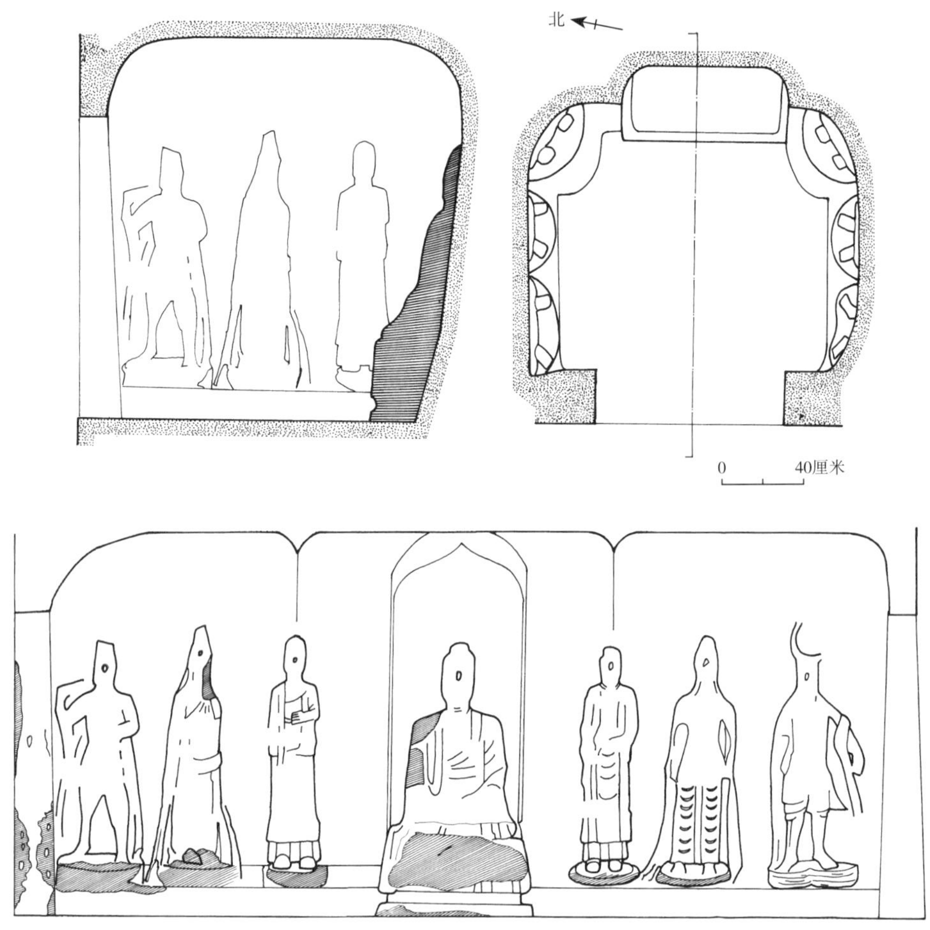

图120　第45龛平、剖面及立面展开图

第46龛

位置：窟群南段中层，位于第 47 龛上方。

时代：隋

形制：平面半圆形，圆拱顶龛。龛高 86、宽 76、深 50 厘米。

造像：龛内雕一佛二菩萨。佛残高 85 厘米，菩萨残高 64 厘米。佛内着僧祇支，外披双领下垂袈裟，结跏趺坐于方形低坛上，作施无畏印和与愿印。二菩萨身披长巾，于胸前交叉下垂，侍立于两侧圆形低台上。

保存现状：龛南侧毁损。底部残留桩眼，龛内造像风化严重，头部有修补孔，形体模糊。

第47龛

位置：窟群南段中层，位于第 48 龛上方。

时代：不详

形制：平面半圆形，方形平顶龛。龛高 65、宽 60、深 30 厘米。

造像：龛内雕一佛二弟子二菩萨。佛残高 50 厘米，弟子、菩萨残

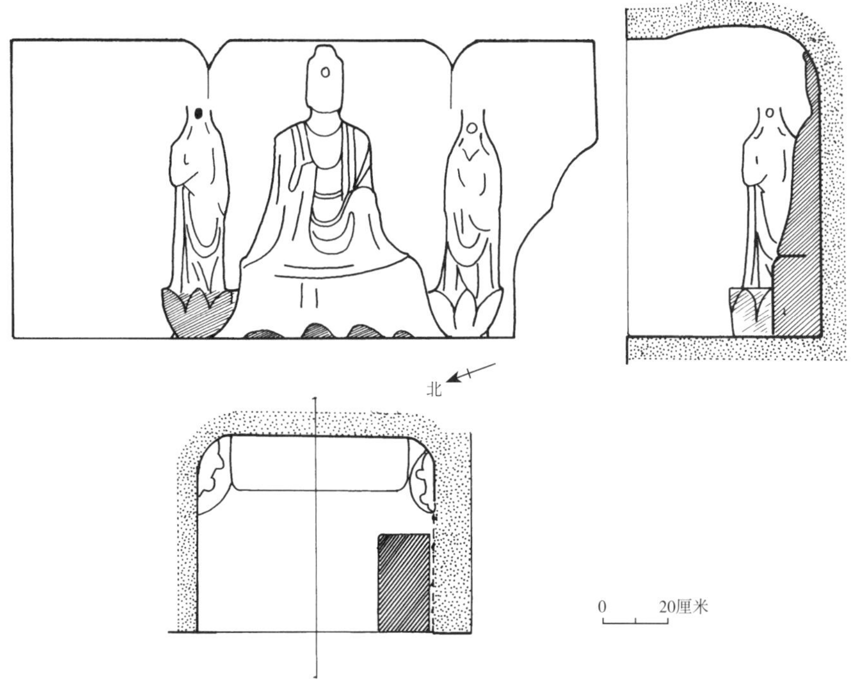

图121　第46龛平、剖面及立面展开图

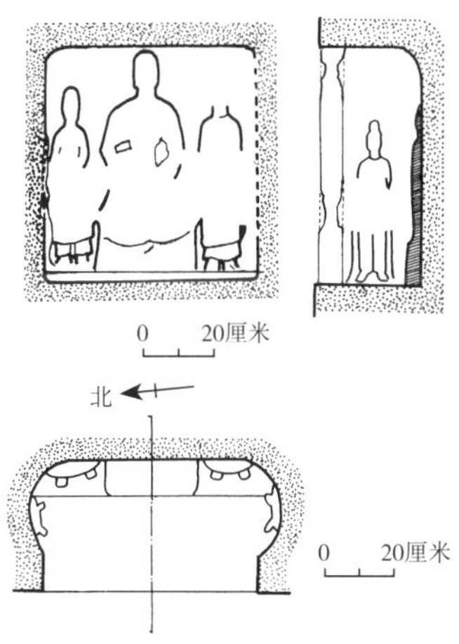

图122　第47龛平、剖面图

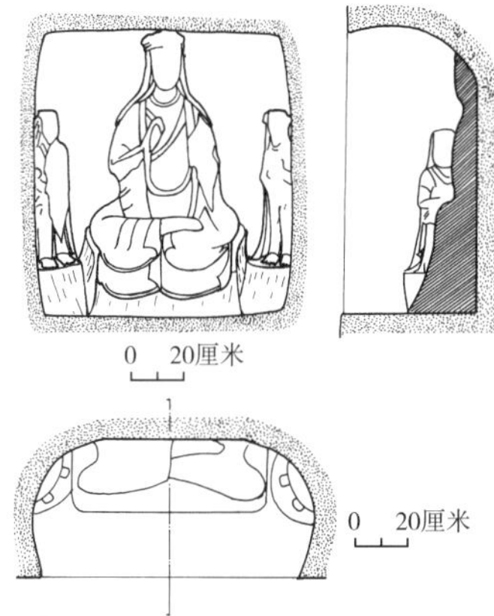

图123　第48龛平、剖面图

高45厘米。佛坐于方座上，二弟子二菩萨侍立于两侧。

保存现状：龛形风化严重，南壁已毁。龛内造像风化严重，仅留残迹，南侧菩萨已毁。

第48龛

位置：窟群南段下层，位于第47龛下方。

时代：隋

形制：平面半圆形，平顶浅龛。龛高110、宽100、深23厘米。

造像：龛内雕一佛二菩萨。佛残高100厘米，菩萨残高76厘米。佛头戴宝冠，右手作说法印，内着僧祇支，外披双领下垂袈裟，结跏趺坐于方座上，右足外露。二菩萨宝缯垂肩，长巾垂地，侍立于两侧圆台上。

保存现状：龛顶风化残损。龛内造像面部均毁。

第49龛

位置：窟群南段下层，位于第48龛下方。

时代：隋

形制：平面半圆形，方形浅龛。龛高58、宽58、深16厘米。

造像：龛内雕一佛二菩萨。佛残高50厘米，菩萨残高45厘米。佛坐于束腰座上，二菩萨侍立于两侧圆台上。

保存现状：龛顶残损。龛内造像毁损严重，北侧仅留残迹。

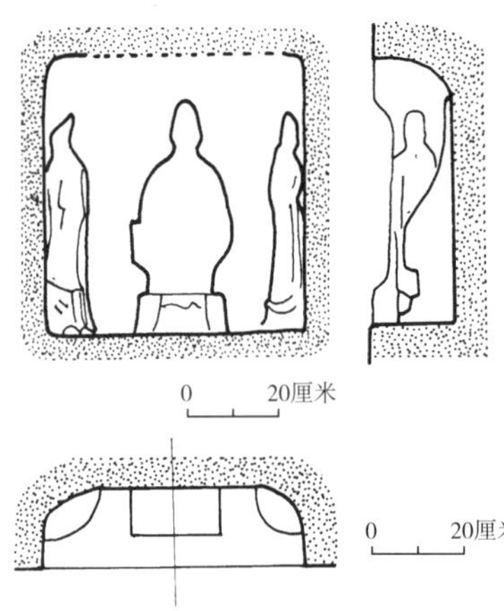

图124 第49龛平、剖面图

第50龛

位置：窟群中层，位于第 49 龛北侧。

时代：隋

形制：平面半圆形，圆拱顶浅龛。龛高 52、宽 50、深 16 厘米。

造像：龛内雕一佛二菩萨。佛高 44 厘米，善跏趺坐于方座上。菩萨高 40 厘米，侍立于两侧。龛内壁残留彩绘项光及背光。

保存现状：龛右壁下部残缺。龛内造像风化严重，头部均残，佛头部留有修补过的桩孔。北侧菩萨仅留残迹。

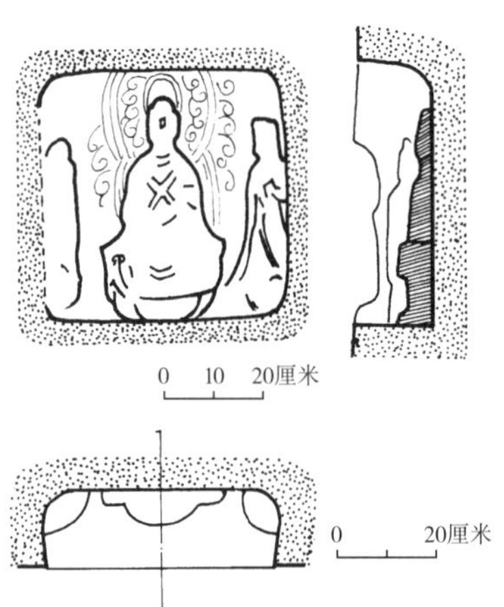

图125 第50龛平、剖面图

第51龛

位置：窟群南段下层，位于第 50 龛下方。

时代：唐

形制：平面长方形平顶龛，低坛基。龛高 73、宽 100、深 50 厘米。坛基高 10、深 12 厘米。

造像：龛内雕一佛二弟子二菩萨。佛通高 50 厘米，弟子高 48 厘米，菩萨高 47 厘米。佛结跏趺坐，二弟子、二菩萨侍立于两侧低坛上。

龛外北侧雕一圆拱顶小龛（51–1），高 48、宽 16、深 6 厘米。龛内雕一立菩萨，高 42 厘米。

龛外南侧雕一方龛（51–2），高 44、宽 24、深 6 厘米。龛内雕一佛，结跏趺坐。51–2 号龛下部有一龛形痕迹，风化不辨。

保存现状：龛形基本完整。龛内造像风化严重，面目模糊，佛头部残留修复过的桩孔。佛座前地面人为凿一凹坑。

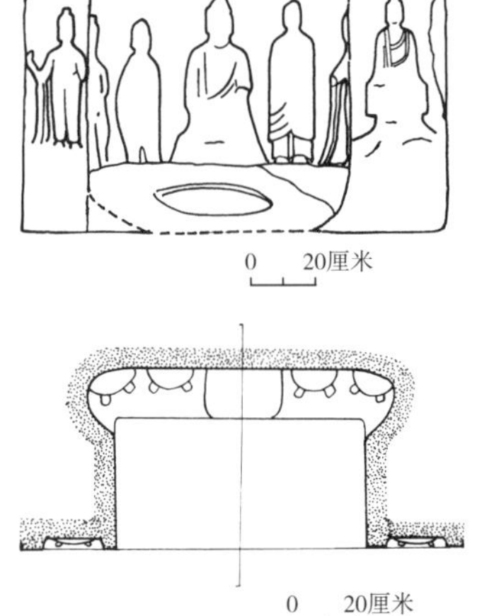

图126 第51龛平、立面图

第52龛

位置：窟群南段下层，位于第 51 龛北侧。

时代：不详

形制：平面方形，平顶龛。龛高 64、宽 66、深 34 厘米。

造像：龛内原雕五尊像。主尊佛残高 50 厘米，有舟形身光。近中尊二胁侍残高 48 厘米，侍立两侧，外侧二胁侍形体已毁，仅留残迹。

保存现状：龛形残损严重，龛顶及南壁均残毁，南侧有一竖向裂隙，龛南下角有一方洞。龛内风化严重，造像仅留痕迹，南壁胁侍已不存。

第53龛

位置：窟群南段下层，位于第 50 龛北侧。

时代：隋（后代有过改刻）

形制：平面半圆形，穹隆顶，低坛基。龛外雕垂帐。龛高 74、宽 80、深 54 厘米。坛基高 13、深 11 厘米。

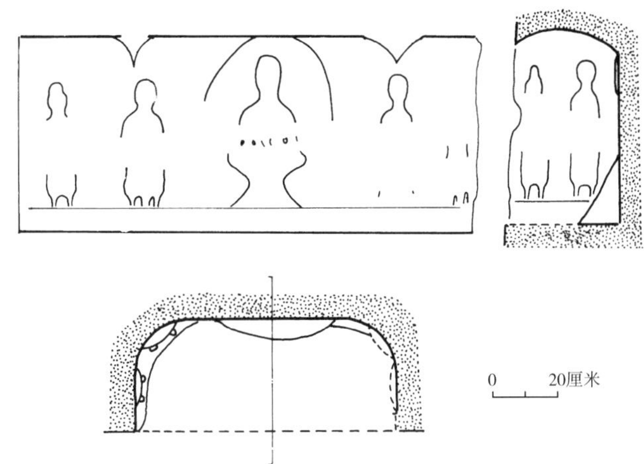

图127　第52龛平、剖面及立面展开图

造像：龛内原雕五身像。主尊佛通高68厘米，现身体外侧有较大身形痕迹。胁侍残高40厘米、36厘米。佛内着束带僧祇支，束带两端于腹前下垂，外着双领下垂袈裟，两手作禅定印。内侧二胁侍着袈裟，下摆窄紧，侍立于圆台上。外侧二胁侍仅留残迹。佛身后残存彩绘背光。

保存现状：龛形基本完整，南壁残损，顶部风化较严重。龛内造像头部均残，身体可能均被后代改刻和修补过。

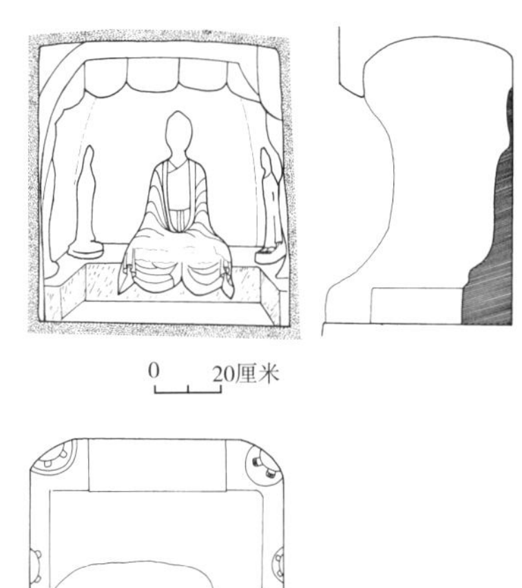

图128　第53龛平、剖面图

第54龛

位置：窟群南段下层，位于第50龛上方。

时代：隋

形制：圆拱顶浅龛，高23、宽18、深5厘米。

造像：龛内雕一佛，高20厘米，着双领下垂式袈裟，结跏趺坐，双手作禅定印。

保存现状：龛形完整。龛内造像头部风化。

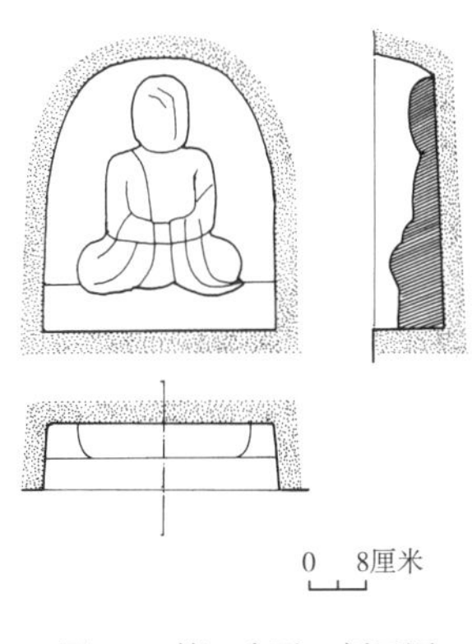

图129　第54龛平、剖面图

第55龛

位置：窟群南段下层，位于第53龛上方。

时代：隋

形制：平面长方形，龛顶残失。龛内开浅龛，浅龛外浮雕尖拱形龛楣。龛高107、宽70、深56厘米。

造像：正壁开圆拱形龛，龛内雕一佛二菩萨。佛通高87厘米，菩萨高76厘米。佛内着束带僧祇支，外披双领下垂式袈裟，下摆覆于台座之上。右手上举于胸前，左手抚膝，结跏趺坐于低座之上，右足外露。二菩萨肩披宽巾，下着长裙，侍立于圆形莲台上。

保存现状：龛顶部已坍塌，与第56龛相通。龛内造像头部毁损。

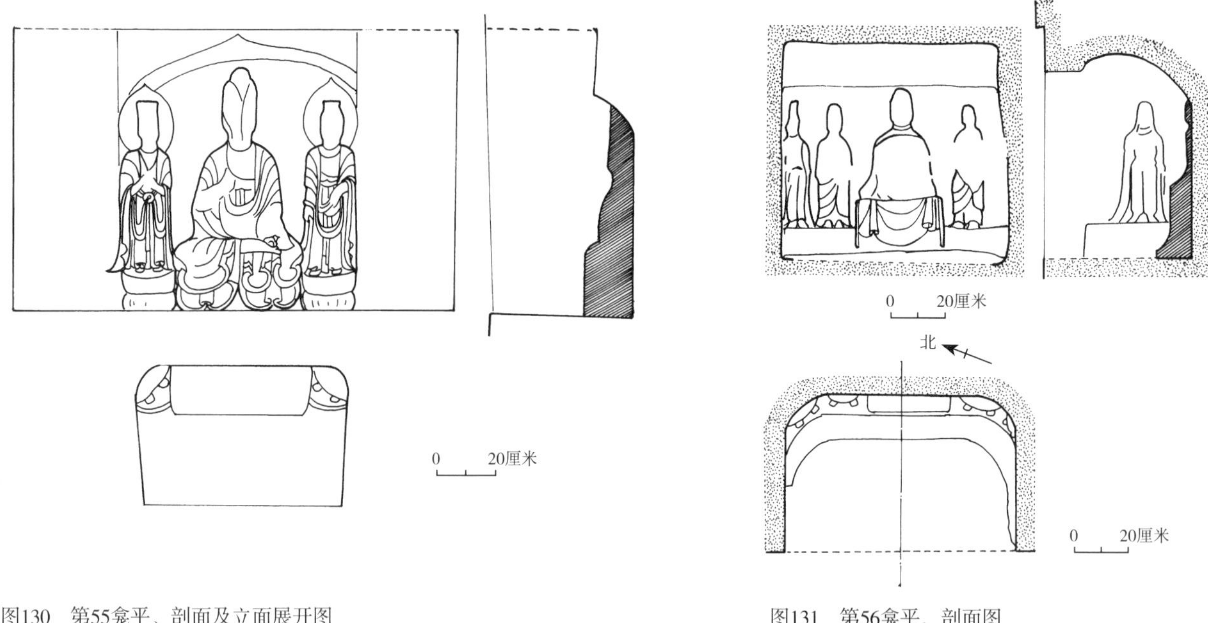

图130　第55龛平、剖面及立面展开图

图131　第56龛平、剖面图

第56龛

位置：窟群南段中层，位于第 55 龛上方。

时代：唐

形制：平面半圆形，平顶，低坛基。龛高 80、宽 84、深 50 厘米。坛基高 7、深 8、宽 80 厘米。

造像：龛内雕一佛二弟子二菩萨。佛高 54 厘米，弟子高 45 厘米，菩萨高 50 厘米。佛结跏趺坐于方座上，弟子、菩萨侍立于两侧。南侧菩萨已毁。

保存现状：龛底坍塌。龛内造像风化严重，面部模糊不清，南壁菩

图132　第57龛平、剖面及立面展开图

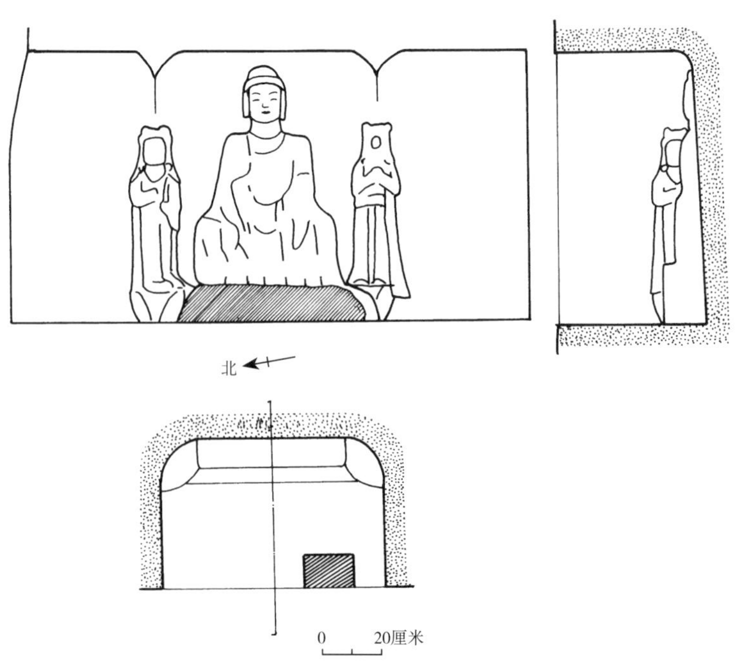

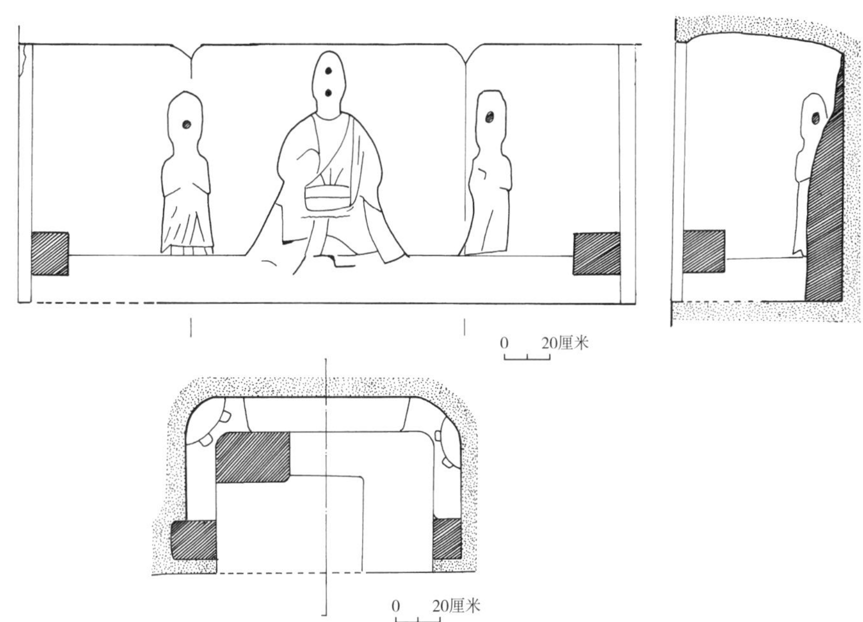

图133 第58龛平、剖面及立面展开图

萨仅留残迹。

第57龛

位置：窟群南段中层，位于第 58 龛南侧。

时代：隋

形制：平面半圆形，圆拱顶龛。龛高 90、宽 76、深 52 厘米。

造像：龛内雕一佛二菩萨。佛高 84 厘米，菩萨高 64 厘米。佛结跏趺坐，左手握袈裟一角于左膝之上，右手举于胸前。二菩萨侍立于两侧。

题记：正壁佛头部左侧有墨书题记："……七佛祖师"。

保存现状：龛顶残损。龛内造像风化。面部和衣纹模糊。

第58龛

位置：窟群南段中层，位于第 57 龛北侧。

时代：隋代开凿，后代改凿。

形制：平面半圆形，圆拱顶龛。龛高 116、宽 120、深 64 厘米。

造像：龛内雕一佛二菩萨。佛通高 102 厘米，菩萨高 92 厘米。佛坐于方座上，二菩萨头部残存方形宝冠痕迹，侍立于两侧。

保存现状：龛底残损。龛内造像头部均残，留有圆形修补孔。风化严重，南侧菩萨仅留残迹。龛壁有明显点状凿痕。

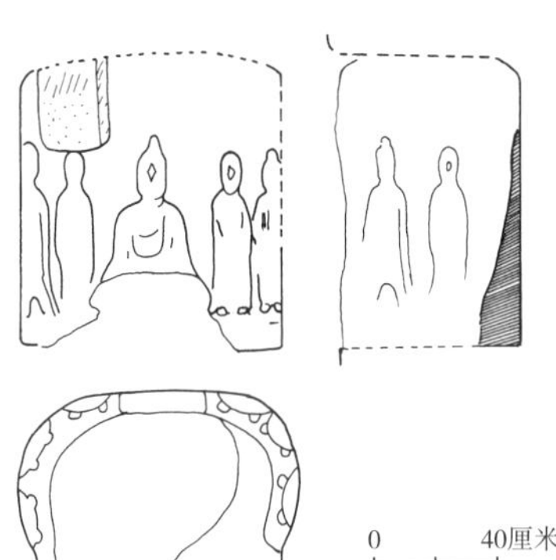

图134 第59龛平、剖、立面图

第59龛

位置：窟群南段中层，位于第 60 龛上方。

时代：唐

形制：平面半圆形，穹隆顶龛，低坛基。龛高 96、宽 104、深 48

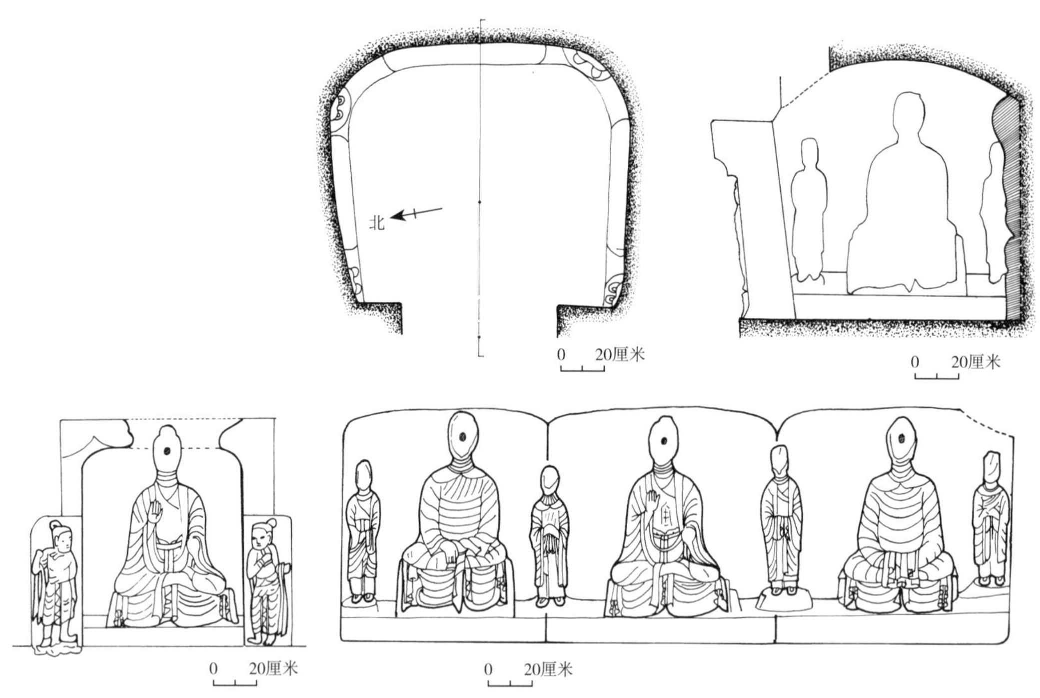

图135 第60窟平、剖、外立面及立面展开图

厘米。坛基高 10、深 5、宽 88 厘米。

造像：龛内雕一佛二弟子二菩萨二力士。佛残高 52 厘米，弟子高 44 厘米，菩萨高 48 厘米，力士高 42 厘米。佛结跏趺坐，二弟子、二菩萨、二力士侍立于两侧。

保存现状：龛顶坍塌，与第 58 龛连通。佛下半身处有人为凿成一 30 厘米方孔。龛底部塌陷，与第 60 窟连通。龛北侧上方凿一长方形桩洞。龛内造像风化严重，头部均有补修打桩的小孔，服饰衣着模糊，仅留痕迹。

第60窟

位置：窟群南段中层，位于第 59 龛下方。窟口北偏西 85 度。

时代：北周～隋代

形制：平面近方形，平顶窟，低坛基。窟高 114、宽 130、深 106 厘米。坛基高 12、深 10、宽 116 厘米。

造像：窟内雕三佛、四弟子。窟门外南北两侧雕二力士，高 56 厘米，头束偏小发髻，上身着窄袖长襦，下着战裙，相向立于山形台上，貌似孩童。

窟内正壁（东壁）佛高 100 厘米，低平肉髻，内着左衽僧祇支，束带下垂，外披双领下垂式袈裟，右手施无畏印，左手置腰际，结跏趺坐于低坛上。南壁佛高 94 厘米，着通肩袈裟，外着云肩，双手置于腹前，结跏趺坐于低坛上。北壁佛高 92 厘米，着通肩袈裟，右手抚膝，掌心向下，左手置于腹际，结跏趺坐于低坛上。弟子高 78 厘米，东南角和西北角弟子内着左衽僧衣，外披袈裟，东北角及西南角弟子着通肩袈裟，外披云肩，四弟子均双手抱于胸前，侍立于圆台上。

题记：窟内正壁墨书："□□读书□用……/……/……/……"；"上□"。

南壁墨书："小人□□骂地□□。"

保存现状：窟顶塌毁，与第59龛相连。窟内造像风化严重，头部均残，有圆形修补孔。

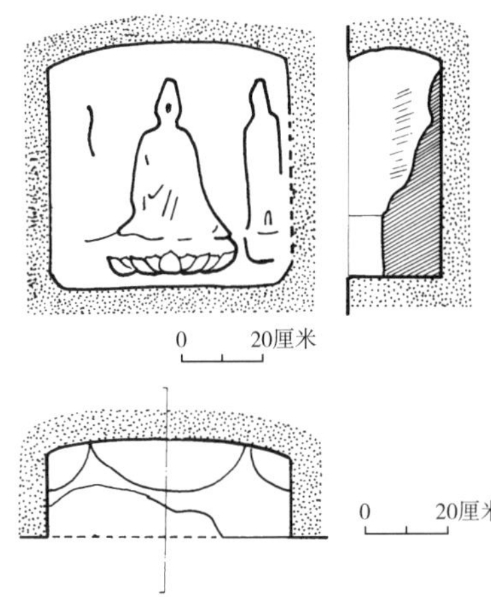

图136　第61龛平、剖面图

第61龛

位置：窟群南段下层，位于第64龛南侧。

时代：不详

形制：平顶，方形，浅龛。龛高60、宽60、深16厘米。

造像：龛内残存一佛二胁侍。佛高48厘米，胁侍残高44厘米。佛结跏趺坐于仰莲座上，二胁侍侍立于两侧莲台上。

保存现状：龛南侧残损。龛内造像风化严重，南、北两侧菩萨仅留残迹。

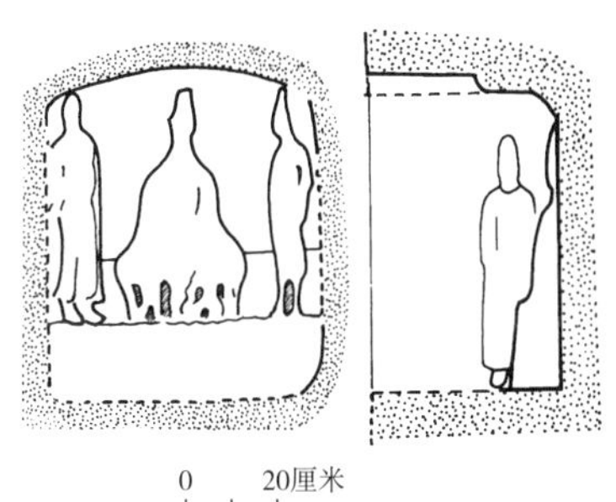

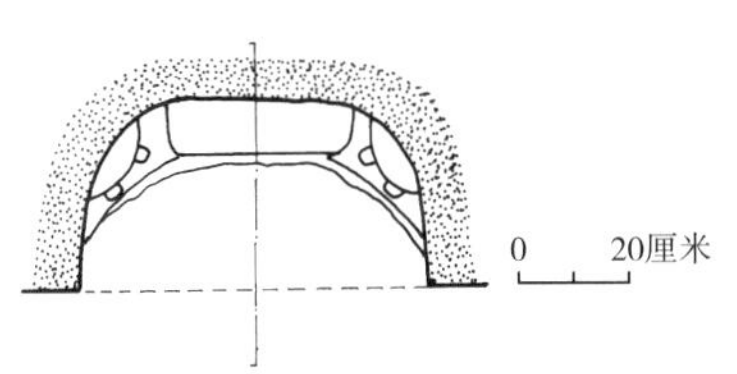

图137　第62龛平、剖面图

第62龛

位置：窟群南段下层，位于第63龛南侧。

时代：唐

形制：平面半圆形，平顶龛。龛高54、宽60、深34厘米。

造像：龛内雕一佛二菩萨。佛通高50厘米，菩萨高46厘米。主尊佛坐像，二菩萨侍立于两侧。

龛外南侧雕一圆拱小龛（62-1号龛），龛内雕一菩萨立像，残高34厘米。

保存现状：龛形残损，底部及北侧风化严重。龛内造像风化严重。南壁残留一方孔，

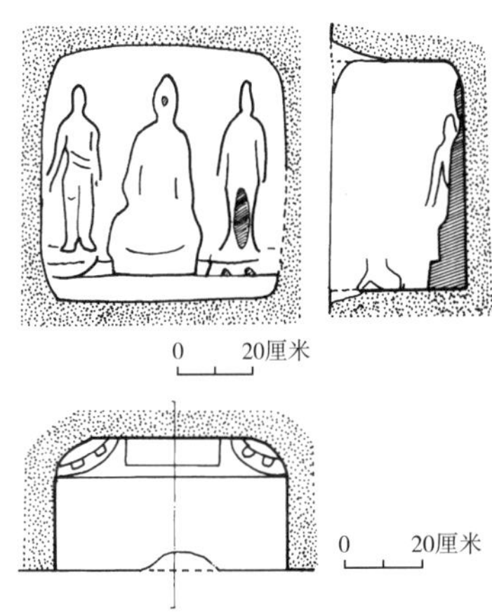

图138　第63龛平、剖面图

第63龛

位置：窟群南段下层，位于第64龛下方。

时代：唐

形制：平面长方形，平顶龛。龛高70、宽62、深32厘米。

造像：龛内雕一佛二菩萨。佛高48厘米，结跏趺坐，二菩萨高42厘米，侍立于两侧圆台上。

保存现状：龛南侧残损，底部风化。龛内造像风化严重，佛头部残存修补孔。

第64龛

位置：窟群南段下层，位于第63龛上方。

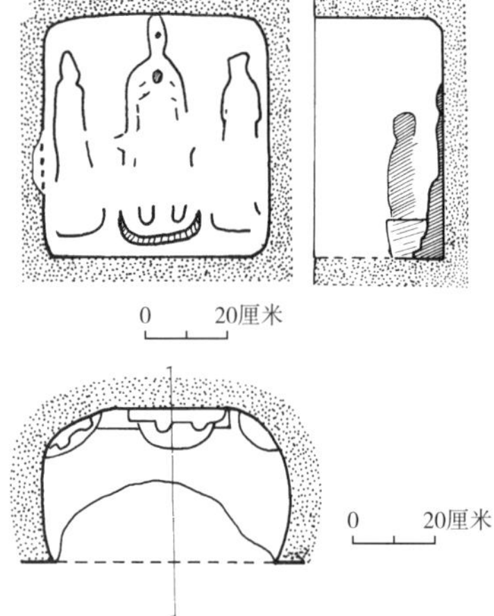

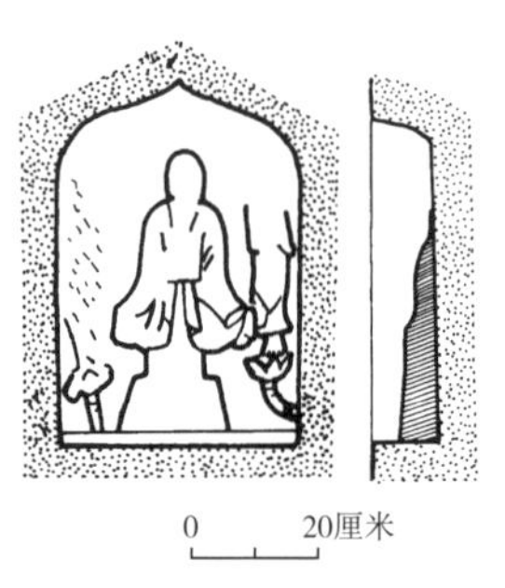

图139 第64龛平、剖面图

时代：隋，后代改刻。

形制：平面半圆形，平顶龛。龛高58、宽54、深38厘米。

造像：龛内原雕三尊像，主尊佛残高50厘米，善跏趺坐于束腰座上。主尊佛身体两侧有较大身形痕迹，应为后代改刻。二胁侍仅存痕迹。

保存现状：龛底略残。龛内造像风化严重。佛身胸部留有修补过的圆形桩孔。

第65龛

位置：窟群南段下层，位于第66龛下方。

时代：隋

形制：平面长方形，平顶，尖楣方形浅龛。龛高50、宽38、深10厘米。

造像：龛内雕一佛二弟子。佛高42厘米，结跏趺坐于束腰座上。弟子侍立于两侧带梗莲台上。

保存现状：龛形基本完整。龛内造像风化严重，二弟子已毁，仅留部分袈裟及双足。龛内正壁有红色彩绘痕迹。

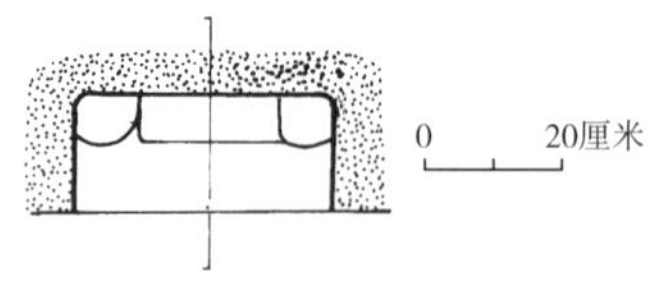

图140 第65龛平、剖面图

第66龛

位置：窟群南段中层，位于第67龛下方。

时代：隋

形制：平面长方形，平顶，浅龛。龛高52、宽39、深14厘米。

造像：龛内雕一主尊二弟子。主尊通高42厘米，弟子高34厘米。主尊头戴宝冠，颈戴桃形项圈，结跏趺坐于方座上，二弟子侍立于两侧圆台上。

保存现状：龛形基本完整。龛内造像风化严重，面部模糊不清。壁面佛身体两侧有轮廓痕迹，衣纹模糊，明显曾被后人改刻过。

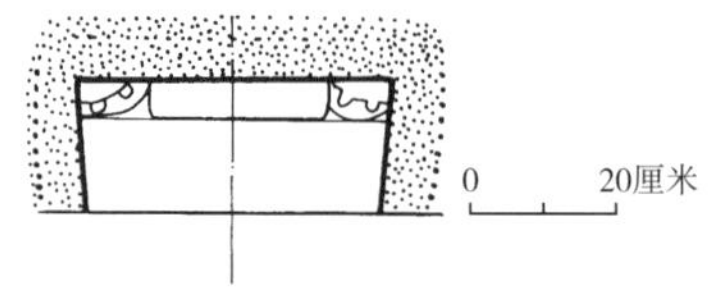

图141 第66龛平、剖面图

第67龛

位置：窟群南段下层，位于第66龛上方。

时代：唐

形制：平面长方形浅龛，高48、宽47、深22厘米。

造像：龛内雕一佛二菩萨。佛通高46厘米，菩萨高38厘米。佛结跏趺坐于方座上，二菩萨侍立于两侧圆台上。

保存现状：龛北上方残损。龛内造像毁损严重，北侧菩萨仅留残迹。

第68龛

位置：窟群南段上层，位于第69龛南侧。

时代：唐

形制：平面半圆形，圆拱顶龛。龛高54、宽48、深20厘米。

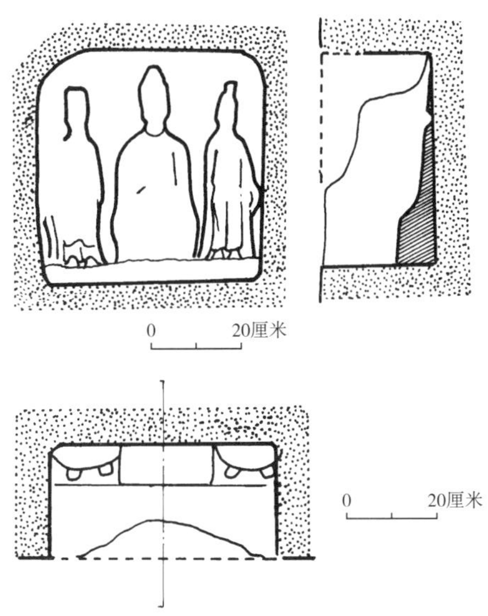

图142　第67龛平、剖面图

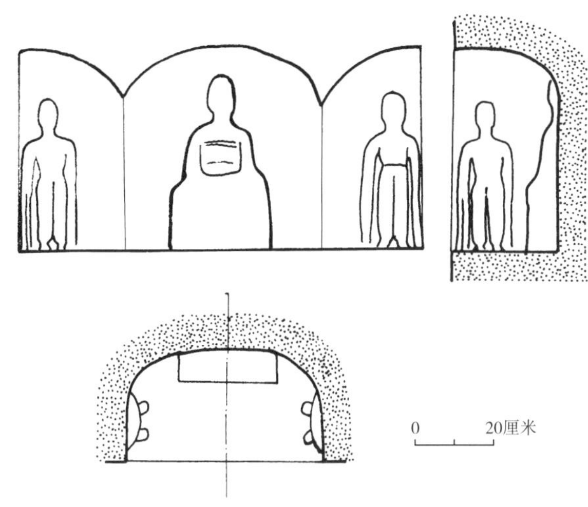

图143　第68龛平、剖面及立面展开图

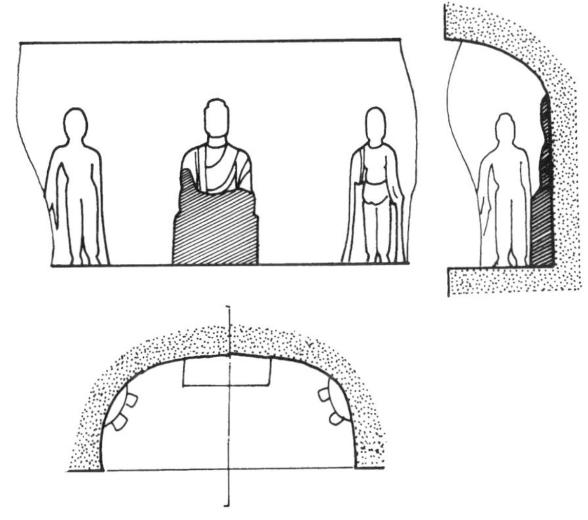

图144　第69龛平、剖面及立面展开图

造像：龛内雕一佛二菩萨。佛通高 44 厘米，菩萨高 40 厘米。佛着双领下垂式袈裟，结跏趺坐于方座上，二菩萨侍立于两侧壁。

保存现状：龛形基本完整。龛内造像风化严重，面部模糊，衣纹不清。

第69龛

位置：窟群南段上层，位于第 68 龛北侧。

时代：唐

形制：平面半圆形，圆拱顶龛。龛高 60、宽 70、深 34 厘米。

造像：龛内雕一佛二菩萨。佛通高 46 厘米，菩萨高 42 厘米。佛着双领下垂式袈裟，结跏趺坐于方座上，二菩萨侍立于两侧。

保存现状：龛形基本完整，龛内造像风化严重，面部及衣纹模糊不清。

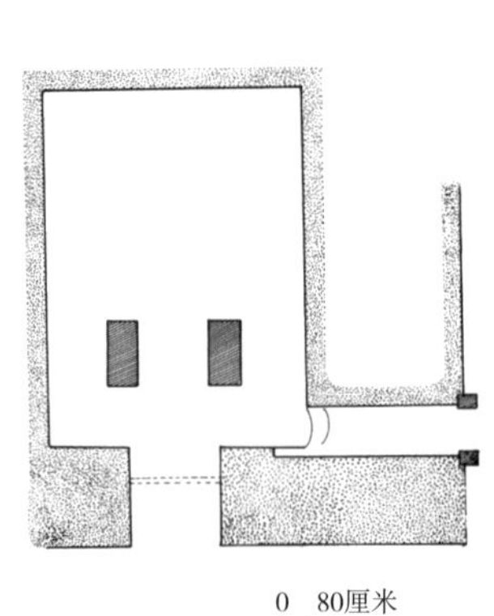

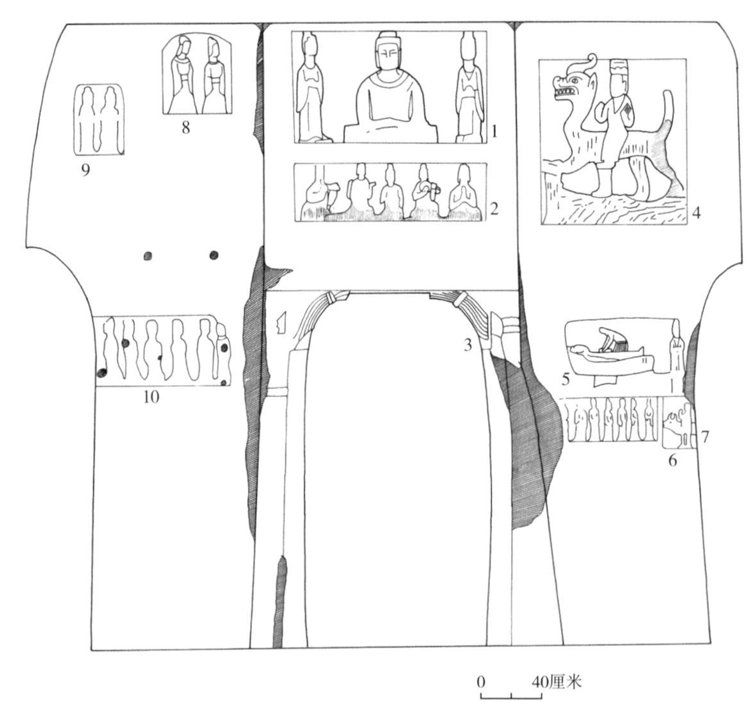

图145 第70窟平面及中心柱立面展开图

第70窟

位置：窟群南段中层，位于第79龛下方。

时代：西魏

形制：平面长方形，平顶，中心柱式大窟。窟高610、宽400、深520厘米。窟内西壁开方形门。门残高175、残宽130、深65厘米。中心柱西面高610厘米，东面高300厘米。

造像：窟内中心柱西面（正面）及南、北两面开龛。

中心柱西面上层开方形浅龛（70–1），龛内雕一佛二菩萨，佛结跏趺坐，二菩萨侍立于两侧。

中层开长方形浅龛（70–2），龛内雕五身伎乐。

下层残存大龛（70–3），盝形垂帐，并雕龛楣及龛门立柱。龛残宽190、高250厘米。

中心柱南面上层开方形浅龛（70–4），龛内雕一人骑怪兽。其龛下又开浅龛（70–5），内浮雕一人，正俯首弯腰抚摸躺在鱼形船上的人；东侧又雕一人站立，双手合掌于胸前，作供养状。

下层开一长方形浅龛（70–6），龛内浮雕六身着宽衣长裙的供养人。其东侧开一小龛（70–7），龛内似一人骑牛，双手合十。

中心柱北面上层开方形浅龛（70–8），龛内雕二佛，着通肩大衣。

其龛左上开方形浅龛（70–9），残存二人物。

下层开长方形浅龛（70–10），龛内浮雕六身供养人。

窟内中心柱上部与东壁相连，中心柱东侧凿较大空间，四壁均无

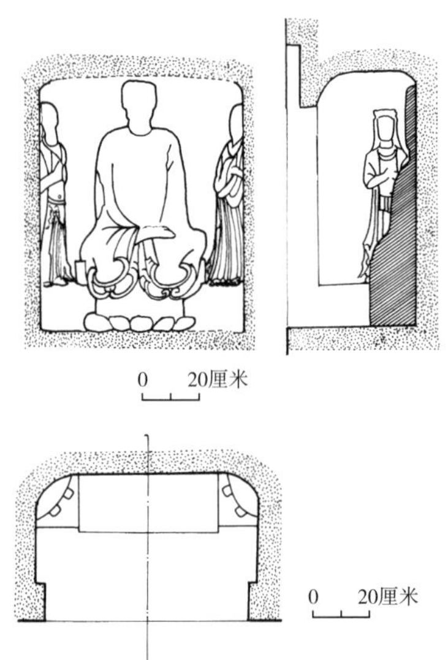

图146 第71龛平、剖面图

造像，当未完工。窟门外两侧雕二力士，高 160 厘米。

保存现状：窟内四壁留有被后人凿过的痕迹。中心柱下部凿一东西向拱形洞。窟南壁西侧凿一拱形通道。西壁及南壁 20 世纪 60 年代用青砖修砌，并安装木门窗。窟内造像风化严重，浮雕模糊不清。

图147　第71龛右侧菩萨

第71龛

位置：在窟群南段下层，位于第 70 窟下方。

时代：北周～隋

形制：平面为长方形，穹隆顶深龛，低坛基。龛高 98、宽 73、深 52 厘米。坛基高 16、深 7、宽 73 厘米。

造像：龛内雕一佛二菩萨。佛通高 90 厘米，内着僧祇支，束带下垂，外披袈裟，结跏趺坐于束腰覆莲座上，右足外露，袈裟下摆呈两瓣垂于座前。右侧菩萨高 65 厘米，宝缯垂肩，长巾垂地，下着裙，裙腰外翻，双手合于胸前，侍立于低坛上。

保存现状：龛顶及底部残损，造像面部风化，佛上身衣纹被凿毁。

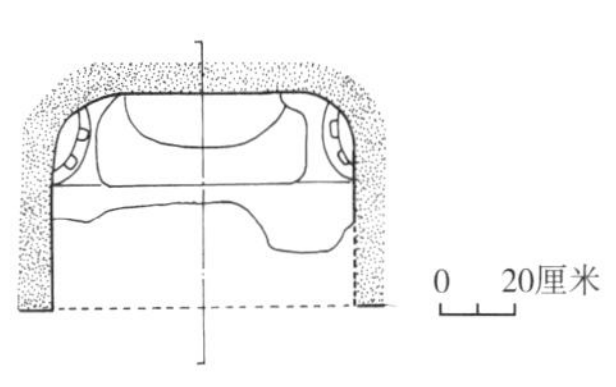

图148　第72龛平、剖面图

第72龛

位置：在窟群南段下层，位于第 71 龛下方。

时代：隋

形制：平面半圆形平顶深龛，高 98、宽 80、深 50 厘米。

造像：龛内雕一佛二菩萨。佛通高 88 厘米，内着僧祇支，外披双领下垂式袈裟，结跏趺坐于低坛上，袈裟下摆垂于台前。菩萨高 66 厘米，宝缯垂肩，长巾垂地，侍立于两侧低坛上。

保存现状：此龛顶部略残，底部坍塌，造像面部风化严重，衣纹较清晰，佛上身衣纹似被后人改刻。

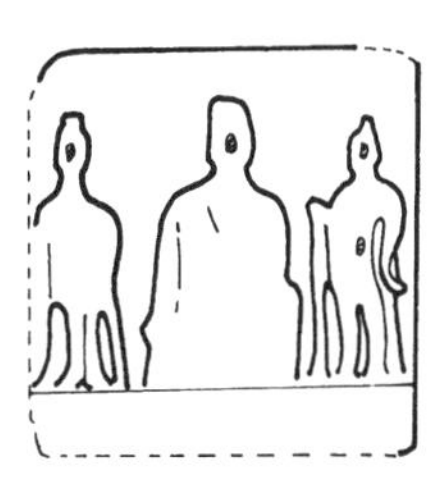

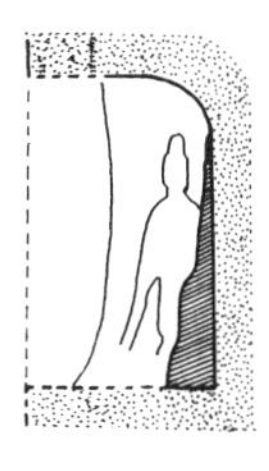

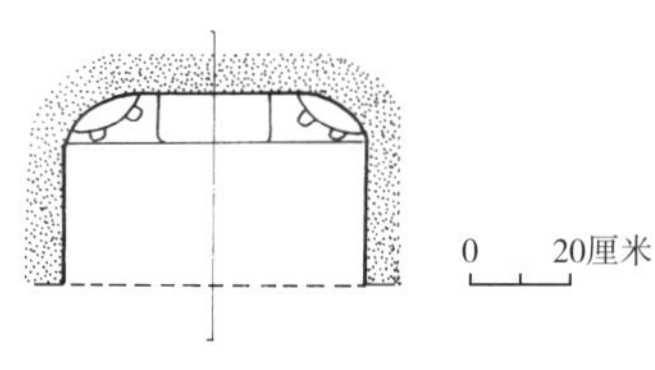

图149　第73龛平、剖、立面图

第73龛

位置：在窟群南段下层，位于第 72 龛下方。

时代：唐

形制：平面半圆形平顶深龛，高 64、宽 52、深 35 厘米。

造像：龛内雕一佛二菩萨。佛通高 48 厘米，坐于方座上。菩萨高 43 厘米，侍立于两侧低坛上。龛壁残留彩绘项光。

保存现状：龛底北侧残损，龛内造像严重风化，头部和左侧菩萨腰部留有修补孔。

第74龛

位置：在窟群的南段下层，位于第 73 龛北侧。

时代：不详

形制：圆拱顶浅龛，高 58、宽 53、深 14 厘米。

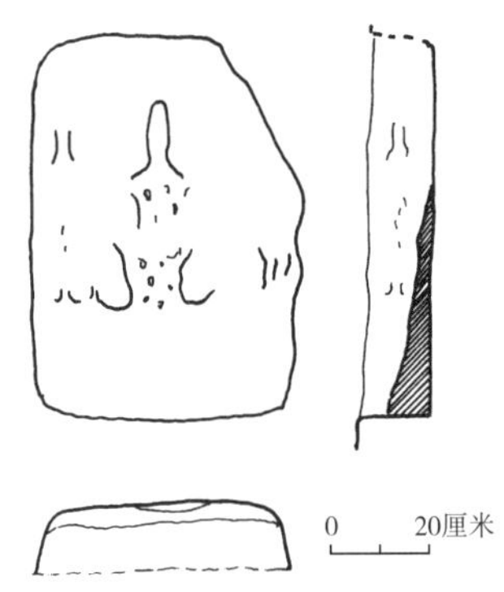

图150 第74龛平、剖、立面图

造像：龛内现仅留三尊像痕迹。

保存现状：龛形风化严重，无法辨认，仅留痕迹。

第75龛

位置：在窟群南段下层，位于第74龛上方。

时代：不详

形制：圆拱顶方形浅龛，高48、宽50、深10厘米。

造像：龛内雕一佛二胁侍，佛通高40厘米，结跏趺坐于方座上。两侧胁侍残留彩绘项光。

保存现状：龛形残毁，造像残损严重，两侧胁侍仅留痕迹。

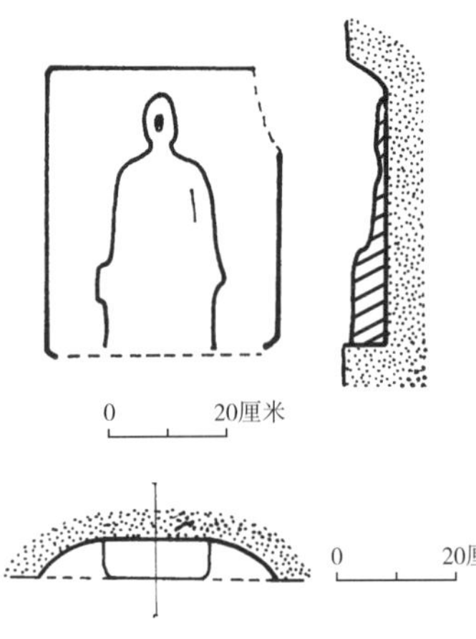

图151 第75龛平、剖、立面图

第76龛

位置：在窟群南段中层，位于第75龛上方。

时代：唐

形制：平面为方形平顶浅龛，低坛基。龛高38、宽38、深16厘米。坛基高3、深5、宽34厘米。

造像：龛内原雕一佛二菩萨。佛通高33厘米，结跏趺坐于束腰方座上，北侧一菩萨侍立，高29厘米。南侧菩萨残失，仅存身形痕迹。

保存现状：龛南北壁残损，龛内造像风化严重。南侧菩萨已毁。龛内正壁有绿色彩绘痕迹。

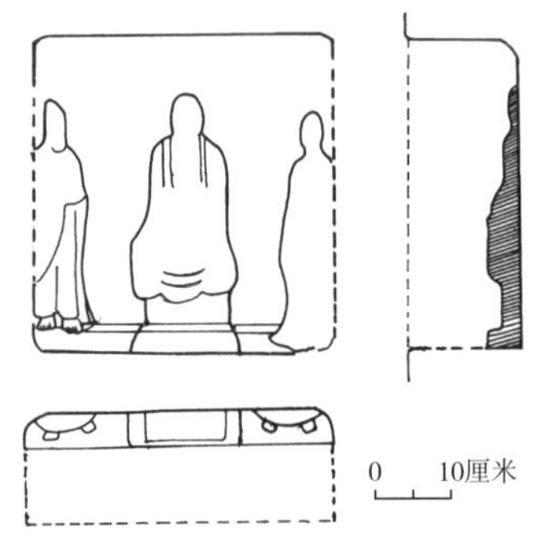

图152 第76龛平、剖、立面图

第77龛

位置：在窟群南段下层，位于第80龛南侧。

时代：不详

形制：方形浅龛，高33、宽26、深5厘米。

造像：龛内风化严重，造像仅留痕迹，形体不辨。

保存现状：龛形损毁，龛内造像风化严重，仅留残迹。

第78龛

位置：在窟群南段中层，位于第79龛南侧。

时代：唐

形制：平面半圆形圆拱顶深龛，高64、宽88、深42厘米。

造像：龛内雕一佛二弟子二菩萨。佛通高55厘米，结跏趺坐。二弟子、二菩萨侍立。弟子高48厘米，菩萨高46厘米。

保存现状：龛顶部残损，龛内造像风化严重，佛、弟子、菩萨面部及衣纹模糊不清。

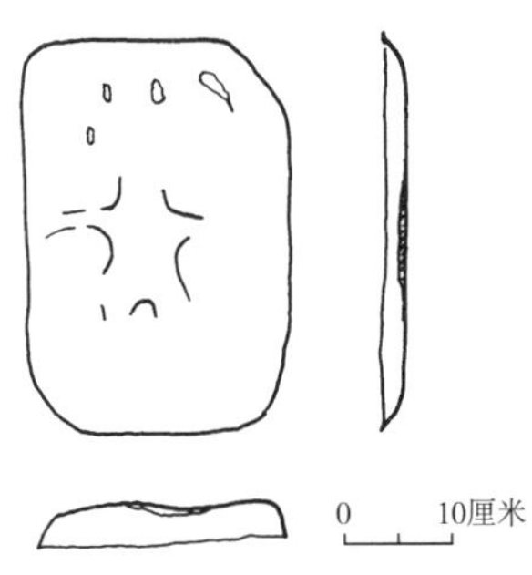

图153 第77龛平、剖、立面图

第79龛

位置：在窟群南段中层，位于第78龛北侧。

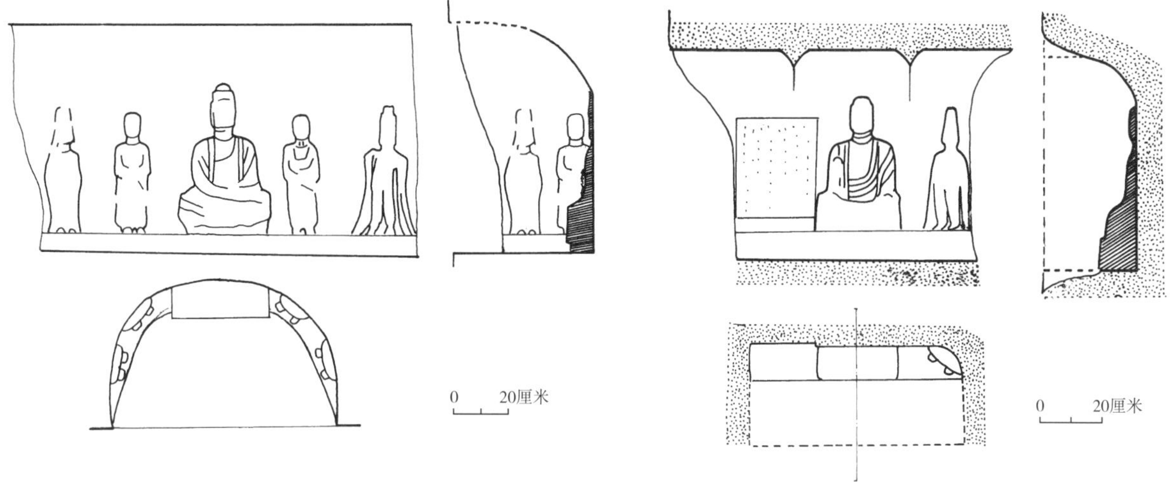

图154 第78龛平、剖面及立面展开图

图155 第79龛平、剖、立面图

时代：唐

形制：圆拱顶方形浅龛，高 60、宽 73、深 16 厘米。

造像：龛内残存一佛一菩萨，佛通高 40 厘米，身着袈裟，结跏趺坐于方座上。南侧菩萨，残高 37 厘米，侍立佛侧。

保存现状：此龛形基本完整，龛顶略残。正壁主尊佛右侧凿有一方槽。龛内造像风化较严重，佛、菩萨面部模糊。北壁残缺，造像不存。

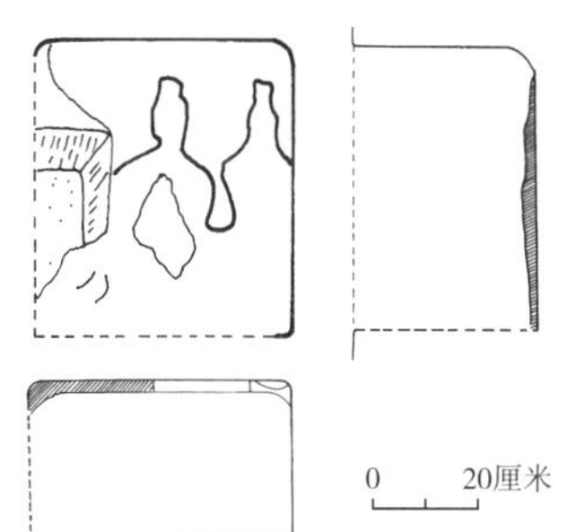

图156 第80龛平、剖、立面图

第80龛

位置：在窟群南段下层，位于第 81 龛上方。

时代：唐

形制：近方形圆拱顶浅龛，高 46、宽 50、深 22 厘米。

造像：龛内残存一佛一菩萨。佛残高 40 厘米，南侧菩萨残高 38 厘米。

保存现状：龛北侧及底部残损，造像风化严重，北侧菩萨被方形洞打破残失。

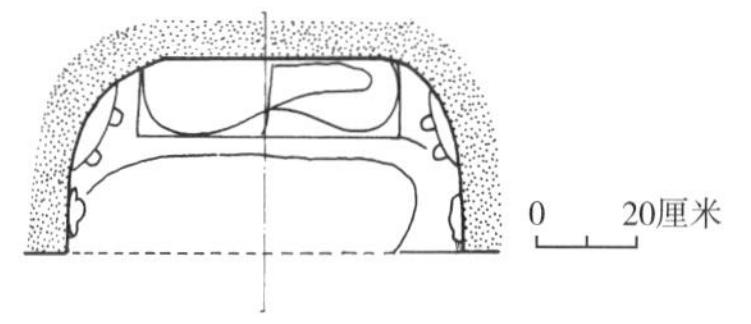

图157 第81龛平、剖、立面图

第81龛

位置：在窟群南段下层，位于第 82 龛上方。

时代：隋

形制：近方形圆拱顶龛，低坛基。龛高 95、宽 78、深 40 厘米。坛基高 23、深 13.5、宽 81 厘米。

造像：龛内原雕一佛二菩萨二蹲狮。佛残高 92 厘米，内着僧祇支，外披双领下垂式袈裟，结跏趺坐于束腰座上，右足外露，袈裟下摆垂于座前。左侧菩萨高 52 厘米，宝缯垂肩，上身袒露，下着裙，帔巾穿肘下垂，右手举于胸前，左手持净瓶，侍立于低坛上。菩萨脚下雕二狮子，高 23 厘米。

保存现状：龛右壁上部被竖长形洞打破，造像风化严重，造像头部均残毁，衣纹较清晰，北侧菩萨仅留下半身痕迹。

第82龛

位置：在窟群南段下层，位于第 83 龛上方。

时代：隋

形制：平面长方形平顶龛，低坛基。龛高 82、宽 66、深 42 厘米。坛基高 15.5、深 14、宽 62.5 厘米。

造像：龛内残存一佛，佛残高 77 厘米，结跏趺坐，内着僧祇支，外披双领下垂式袈裟，袈裟下摆呈两瓣垂于座前。佛胸部及项光彩绘残存。

保存现状：龛北壁及顶部残，佛头部及肩臂残损，佛南侧残存一立像痕迹。

图158　第82龛平、剖、立面图

第83龛

位置：在窟群南段下层，位于第 82 龛下方。

时代：唐

形制：平面长方形圆拱顶方形浅龛。龛高 60、宽 56、深 12 厘米。

造像：龛内残存一佛一胁侍。佛通高 52 厘米，内着袒右式僧祇支，系带打结，外披双领下垂式袈裟，结跏趺坐于方形台座上，南侧胁侍残存身形。佛左臂及左侧项光处，残存彩绘痕迹。

保存现状：龛顶及龛南、北壁略残。龛内造像头部残损，留有圆形补修桩孔，衣纹风化严重。南壁胁侍仅留残迹，北壁胁侍已毁。

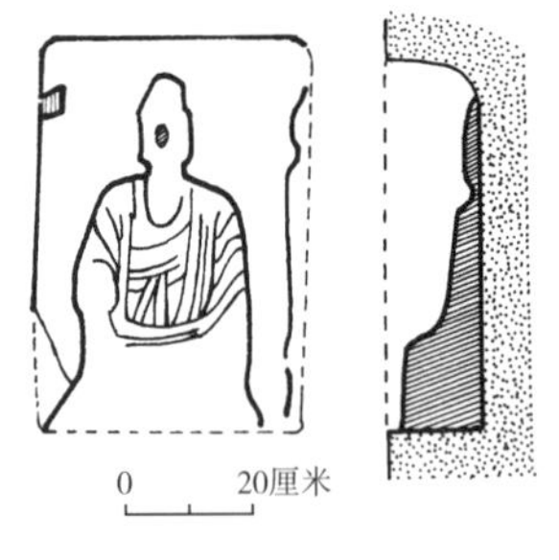

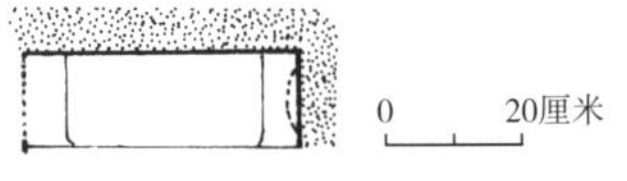

图159　第83龛平、剖、立面图

第84龛

位置：在窟群南段下层，位于第 85 龛下方。

时代：唐

形制：平面马蹄形平顶龛，低坛基。龛高 102、宽 114、深 76 厘米。坛基残高 18、深 15、宽 83 厘米。

造像：龛内雕一佛二弟子二菩萨。佛通高 80 厘米，着双领下垂式袈裟，结跏趺坐于束腰圆座上。弟子通高 66 厘米，菩萨通高 76 厘米，弟子、菩萨侍立于两侧圆台上。

保存现状：龛顶残损，底部风化，龛内造像风化严重，佛头部均残，留有两个圆形补修桩孔，衣纹模糊不清，下半身残损严重。

第85窟

位置：窟群南段下层，位于第 86 龛下方。窟口南偏西 77 度。

时代：隋

形制：平面近方形，穹隆顶，低坛基，方门。窟高 160、宽 150、

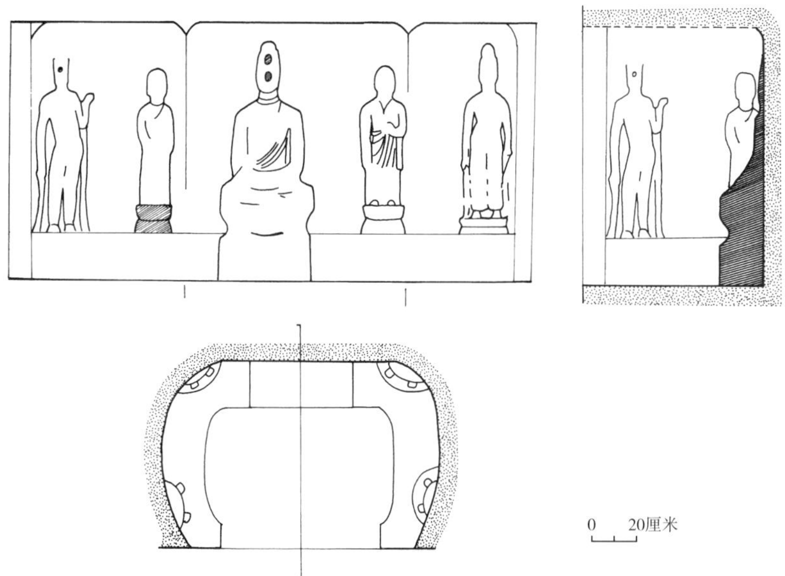

图160 第84龛平、剖面及立面展开图

深130厘米。坛基残高39、深25、宽149厘米。窟门残宽80厘米。

造像：窟内雕一佛二菩萨二弟子二供养人。佛通高150厘米，内着僧祇支，束带垂于胸前，外披双领下垂式袈裟，结跏趺坐于莲座上，衣裾呈四瓣垂于莲座前。菩萨通高106厘米，长辫垂于胸前，上身袒露，下着裙，一股璎珞垂于膝际，另一璎珞交叉于胸前，帔巾穿于肘下，侍立于两侧带梗莲台上。弟子高68厘米，南侧弟子袒右肩，右手持香炉，北侧弟子内着僧祇支，外着通肩袈裟，均侍立于两侧覆莲台上。窟门内两侧各雕一供养人，高59厘米，均有光头。南壁天人身着窄袖长

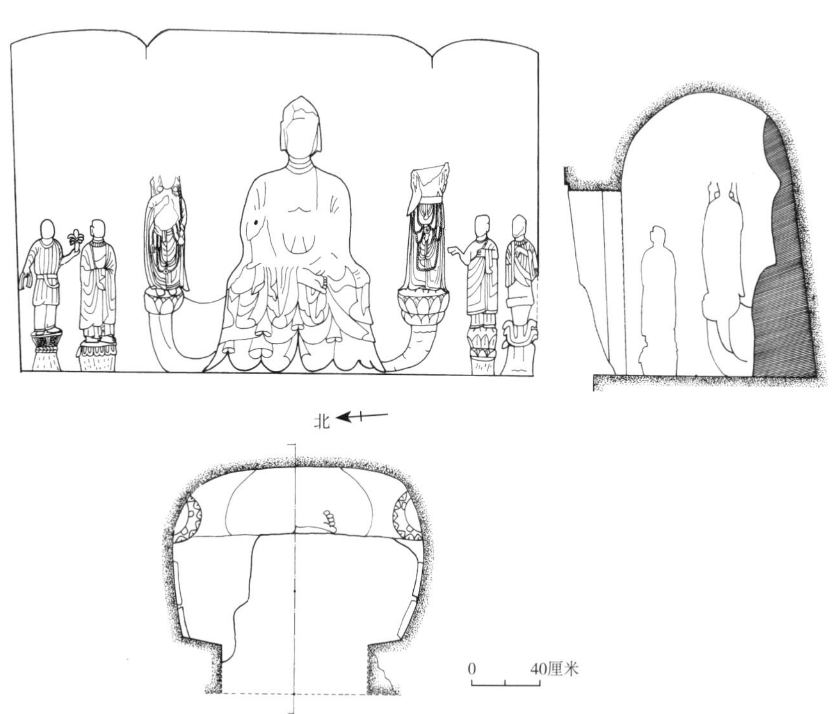

图161 第85窟平、剖面及立面展开图

襦，立于束腰莲台上；北壁供养人，身着圆领窄袖上衣，左手持托举一物，立于长茎莲台上。窟内北壁残留彩绘。

题记：北壁弟子前墨书："开光明□□。"

窟门北侧墨书："壹峰郝唐公来住池／边以大暑中挈家游此／顿觉清爽经夕而返宁□／甲辰季夏二日男兢囿侍行"；"德颢……壬寅……"

窟南壁供养人脚下莲瓣上墨书："丙申四月初八日□□／□□伸同到此寺／院住二宿国□□／石窟……"

保存现状：窟底及窟门损毁。窟内造像面部模糊。

第86龛

位置：窟群南段下层，位于第 87 龛南侧。

时代：不详

形制：圆拱形平顶浅龛，高 40、宽 36、深 14 厘米。

造像：龛内残存一佛二胁侍。佛残高 32 厘米，结跏趺坐于方座上。胁侍残高 26 厘米，仅留痕迹。

保存现状：龛底残损。龛内造像风化严重，胁侍仅留痕迹。

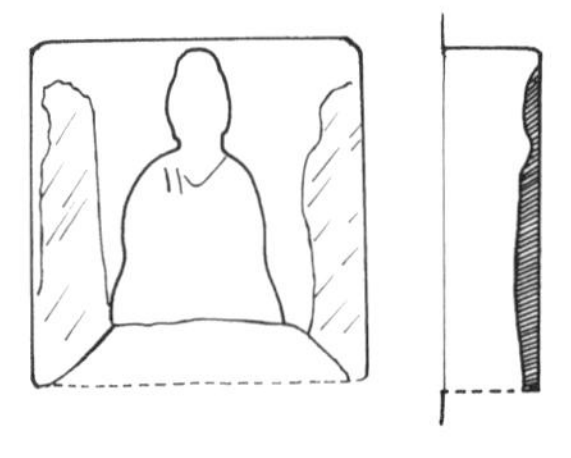

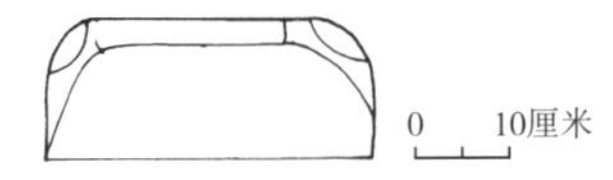

图162 第86龛平、剖、立面图

第87龛

位置：窟群南段下层，位于第 86 龛北侧。

时代：西魏～北周

形制：方形帷幕式浅龛，低坛基。龛高 42、宽 31、深 8 厘米。坛基高 7.5、宽 30、深 2 厘米。

造像：龛内雕一佛二弟子。佛通高 31 厘米，弟子高 14 厘米。佛着通肩袈裟，其下摆垂于座前，双手交于腹前，结跏趺坐，二弟子侍立于低坛上。

保存现状：龛形基本完整。龛内造像风化严重，头部均毁，北侧弟子仅留痕迹。

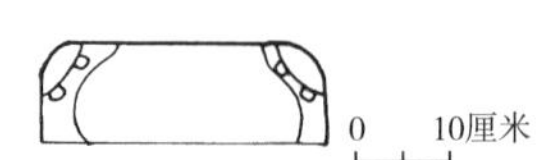

图163 第87龛平、剖、立面图

第88龛

位置：窟群南段下层，位于第 89 龛下方。

时代：不详

形制：平面长方形，圆拱顶龛，低坛基。龛高 96、宽 100、深 40 厘米。坛基高 26、宽 66、深 22 厘米。

造像：龛内雕一佛二菩萨。佛残高 90 厘米，菩萨高 80 厘米。佛头顶似有高肉髻，二菩萨侍立于两侧低坛上。

保存现状：龛顶部北侧残损。龛内造像风化严重，形体模糊。

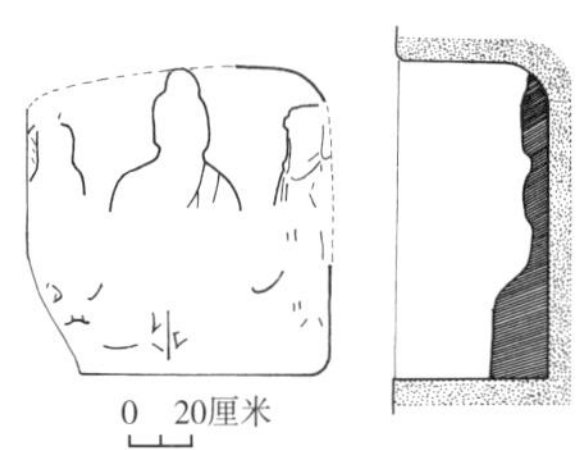

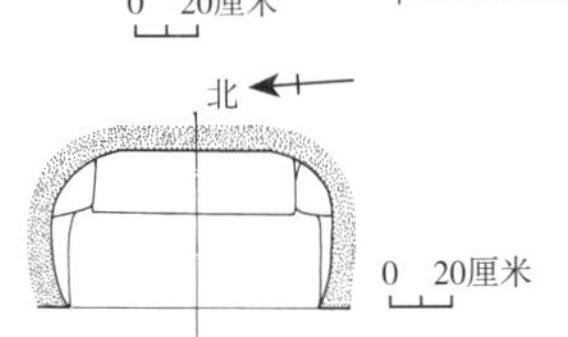

图164 第88龛平、剖、立面图

第89龛

位置：窟群南段中层，位于第 90 龛下方。

时代：唐

形制：平面半圆形，圆拱顶浅龛。龛高50、宽59、深18厘米。

造像：龛内雕一佛二菩萨。佛高46厘米，菩萨高42厘米。佛结跏趺坐于方座上，二菩萨侍立两侧。

保存现状：龛顶塌毁，底部北侧残损。龛内造像风化严重，头部均毁，北侧菩萨仅留痕迹。

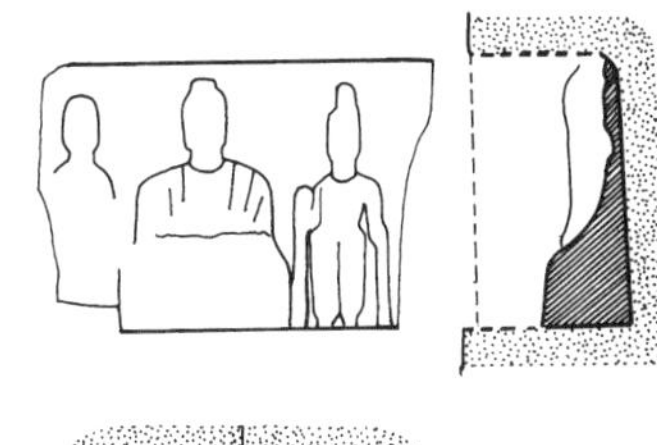

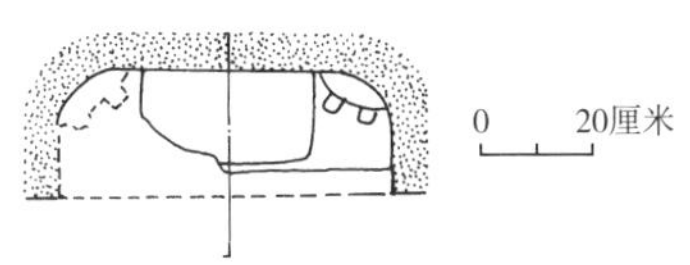

图165 第89龛平、剖、立面图

第90龛

位置：窟群南段中层，位于第93龛南侧。

时代：唐

形制：平面半圆形，圆拱顶龛，低坛基。龛高90、宽70、深38厘米。坛基残高15、深20、宽65厘米。

造像：龛内雕一佛二菩萨。佛通高56厘米，菩萨通高56厘米。佛结跏趺坐于方形座上，二菩萨侍立于两侧低坛上。

保存现状：龛底残损，东壁北侧下部被一烟道打破。龛内造像毁损严重。

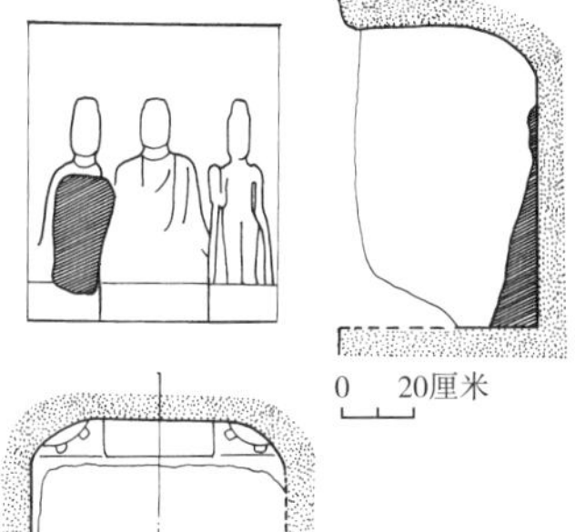

图166 第90龛平、剖、立面图

第91龛

位置：窟群南段上层，位于第92龛南侧。

时代：唐

形制：平面长方形，平顶浅龛。龛高56、宽108、深15厘米。

造像：龛内雕立佛七身。佛高40厘米。

保存现状：龛形残损，南北两壁塌毁。龛内造像风化严重，头部均毁。北侧一佛已毁。

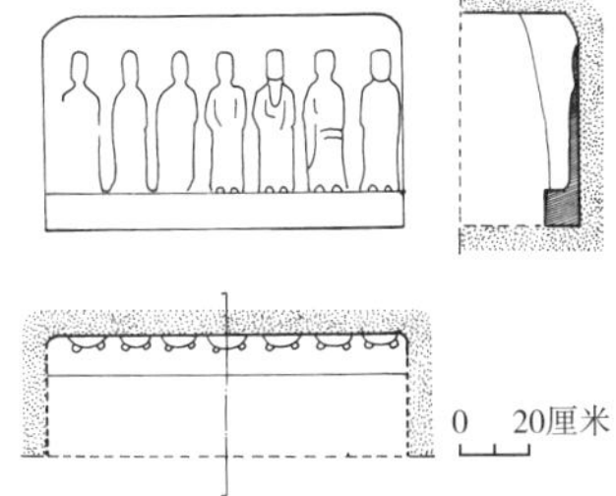

图167 第91龛平、剖、立面图

第92龛

位置：窟群南段中层，位于第110龛南侧。

时代：唐

形制：平面半圆形，圆拱顶龛，低坛基。龛高86、宽84、深30厘米。坛基高15、宽75、深10厘米。

造像：龛内雕一佛二菩萨。佛通高56厘米，菩萨高52厘米。佛着双领下垂式袈裟，结跏趺坐于方座上，二菩萨侍立于两侧低坛上，身姿略扭。

保存现状：龛顶及底部风化。龛南壁残损。龛内造像风化严重。

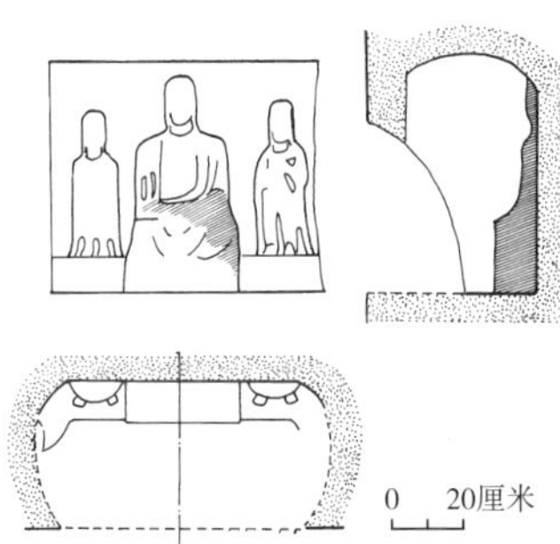

图168 第92龛平、剖、立面图

第93龛

位置：窟群南段中层，位于第94龛上方。

时代：隋

形制：平面半圆形平顶龛，低坛基。龛高104、宽93、深45厘

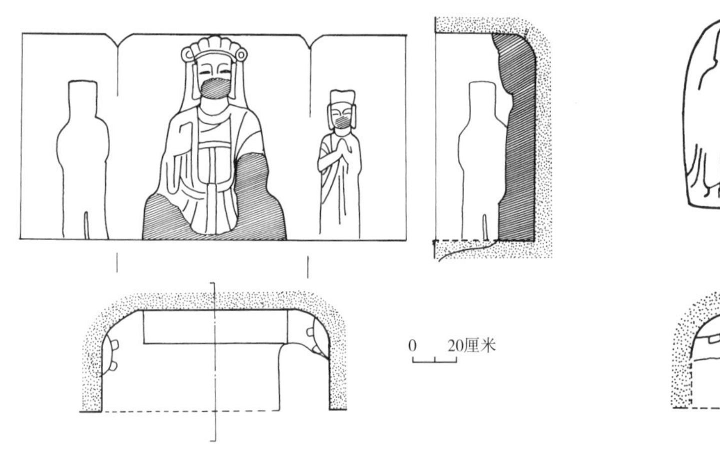

图169 第93龛平、剖面及立面展开图

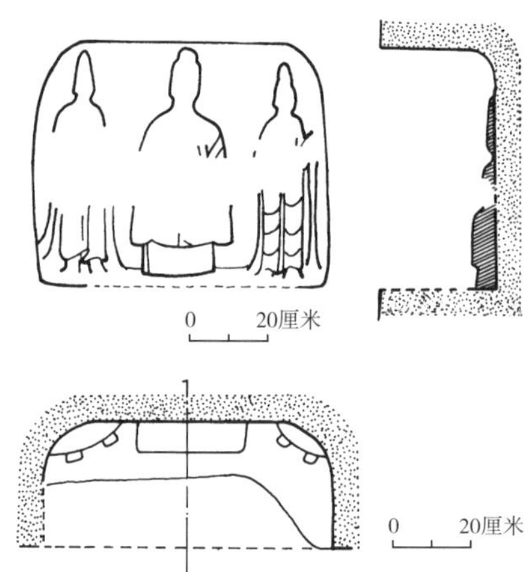

图170 第94龛平、剖、立面图

米。坛基残高 20、深 25、宽 80 厘米。

造像：龛内雕一宝冠佛及二胁侍。正壁宝冠佛高 95 厘米，高髻宝冠，宝缯下垂，内着僧祇支，束带垂于胸前，外着圆领下垂袈裟，结跏趺坐于低坛上，左手似抚左膝，右手上举于胸前。胁侍高 76 厘米，北侧胁侍形体风化模糊，南侧胁侍双手抱于胸前，侍立于南侧低坛上。

保存现状：龛形残损，龛底南侧下方有一桩眼。龛内造像风化严重，北侧胁侍已毁，仅留残迹。

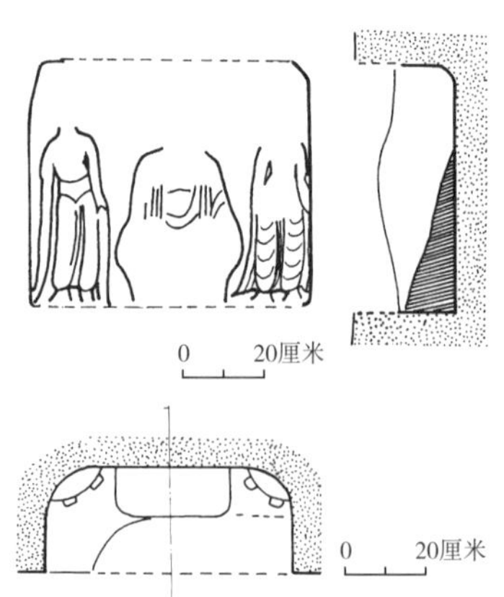

图171 第95龛平、剖、立面图

第94龛

位置：窟群南段下层，位于第 95 龛上方。

时代：唐

形制：平面半圆形，方形平顶浅龛。龛高 93、宽 76、深 22 厘米。

造像：龛内雕一佛二菩萨。佛通高 53 厘米，二菩萨高 53 厘米。佛结跏趺坐于束腰方座上，二菩萨侍立于两侧。

保存现状：龛顶部风化，底部残损。龛内造像风化严重，仅有左侧菩萨腿部长裙保存较为完好。

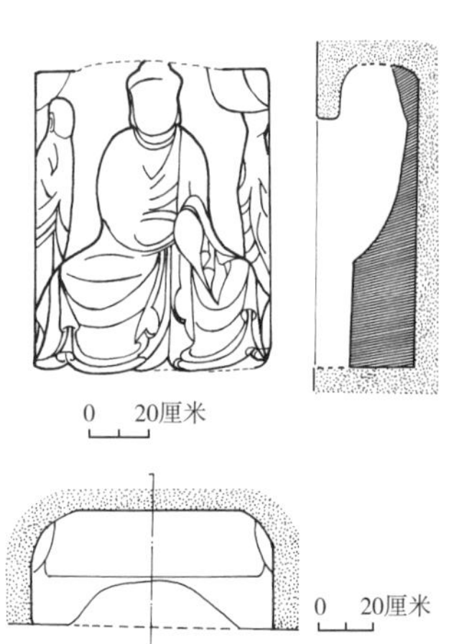

图172 第96龛平、剖、立面图

第95龛

位置：窟群南段下层，位于第 94 龛下方。

时代：唐

形制：平面半圆形浅龛。龛高 57、宽 58、深 20 厘米。

造像：龛内雕一佛二菩萨。佛通高 48 厘米，二菩萨高 44 厘米。佛着双领下垂式袈裟，结跏趺坐，二菩萨侍立于两侧。北侧菩萨长裙上残留彩绘。

保存现状：龛上部风化严重。龛内造像头部残损，衣纹模糊。

第96龛

位置：窟群南段下层，位于第 97 龛上方。

图173 第96龛内佛像（北周）

时代：北周

形制：平面长方形，圆拱顶垂幕式龛。龛高110、宽90、深37厘米。

造像：龛内雕一佛二弟子。佛高105厘米，弟子高67厘米。佛内着僧衣，系带打结，外着双领下垂式袈裟，结跏趺坐，左手握衣襟，右手残，似上举于胸前。二弟子身披袈裟，侍立于两侧。佛袈裟上残存彩绘。

保存现状：龛顶及底部残损。龛内造像风化严重，身体部分残失。

第97龛

位置：窟群南段下层，位于第95龛下方。

时代：隋

形制：平面半圆形，圆拱顶，垂幕式龛。龛高82、宽80、深30厘米。

造像：龛内雕一佛二菩萨二供养菩萨。佛通高74厘米，内着僧祇支，胸前束带打结，外着双领下垂袈裟，结跏趺坐于方座上，袈裟下摆衣裾呈四瓣垂于座前。正壁二菩萨高57厘米，一股璎珞交叉于腹际，另一长璎珞下垂至膝，帔巾穿肘下垂，北侧菩萨右手提净瓶。南北壁二供养菩萨高42厘米。上身袒露，下着裙；均侍立于两侧莲台上。正壁佛及菩萨身后有彩绘项光及云纹。

保存现状：龛形残损。龛内造像头部均残，南壁供养菩萨仅留残迹。主佛两手处有维修过的桩孔。

第98龛

位置：窟群南段下层，位于第99龛南侧。

时代：唐

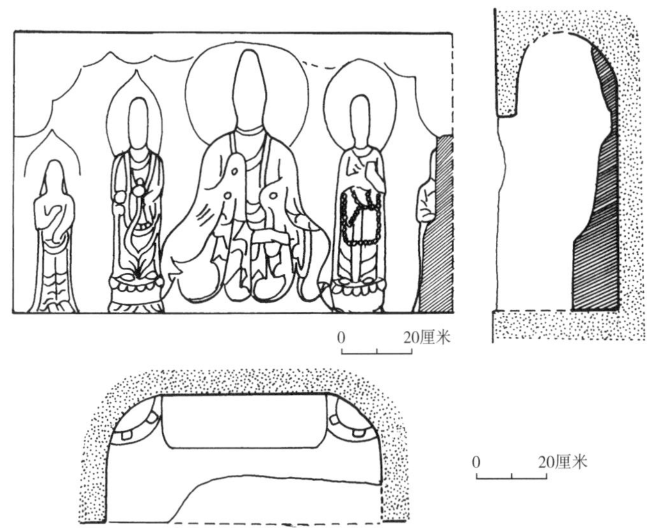

图174 第97龛平、剖面及立面展开图

形制：此龛为方形，圆拱顶浅龛。龛高 49、宽 42、深 10 厘米。

造像：龛内残存一佛一菩萨。佛通高 44 厘米，菩萨高 41 厘米。佛结跏趺坐于束腰方座上。菩萨侍立于北侧。

保存现状：龛形残损，龛内造像残损严重，南壁菩萨已毁。

图175　第97龛右侧菩萨像

第99龛

位置：窟群南段下层，位于第 97 龛下方。

时代：不详

形制：方形浅龛，残高 56、残宽 55、残深 7 厘米。

造像：龛内原雕一佛二胁侍。佛身后浮雕舟形背光。

保存现状：龛形残损。龛内造像风化严重，仅留残迹，并头部有维修过的桩孔。

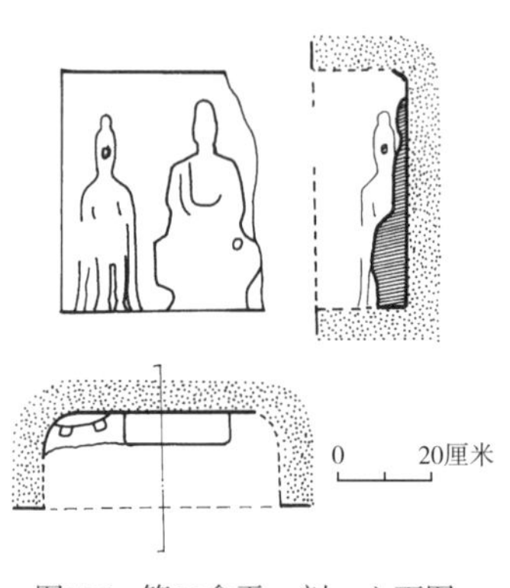

图176　第98龛平、剖、立面图

第100龛

位置：窟群南段下层，位于第 99 龛下方。

时代：唐

形制：长方形浅龛，高 56、宽 23、深 5 厘米。

造像：龛内雕一菩萨，通高 52 厘米，立于圆台上。

保存现状：龛形已残。龛内造像风化严重，仅见轮廓。

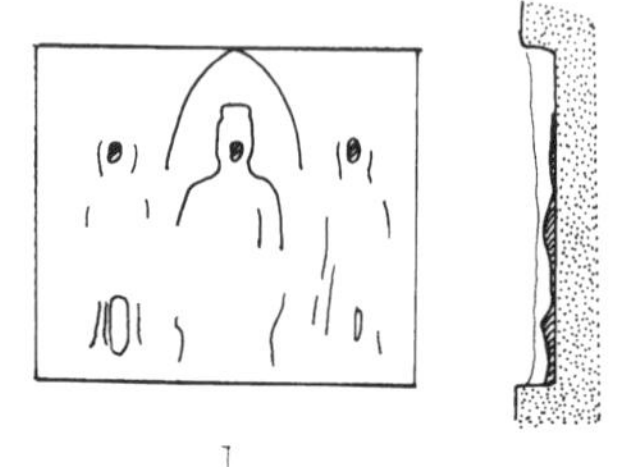

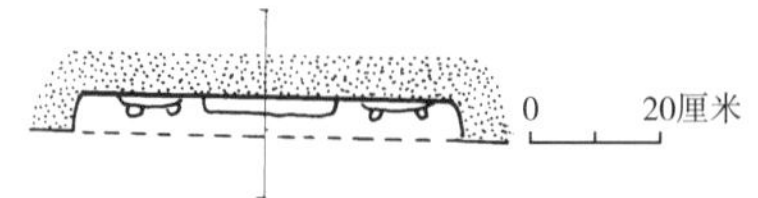

图177　第99龛平、剖、立面图

第101龛

位置：窟群南段下层，位于第 99 龛北侧。

时代：唐

形制：平面长方形，平顶浅龛。龛高 49、宽 35、深 10 厘米。

造像：龛内原雕一佛二菩萨。佛残高 35 厘米，着通肩袈裟，左手抚左膝，右手举于胸前，结跏趺坐于束腰莲座上。菩萨残高 32 厘米，侍立于两侧圆台上。

保存现状：龛南侧边沿损毁。造像风化严重，头部均毁，头部有维修的桩孔。南侧菩萨风化殆尽，佛与北侧菩萨仅留残迹。

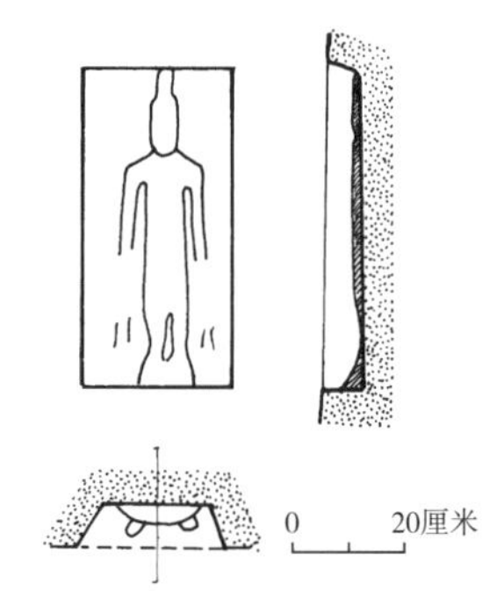

图178　第100龛平、剖、立面图

第102龛

位置：窟群南段下层，位于第 103 龛南侧。

时代：唐

形制：平面长方形，平顶浅龛。龛高 48、宽 30、深 12 厘米。

造像：龛内雕一菩萨，残高 45 厘米，身披长巾立于圆台上，造像身后留有彩绘项光。

题记：南壁墨书："……经题……"

保存现状：龛北壁边沿毁损，与第 103 龛相连。龛内造像毁损严重，仅见其轮廓。

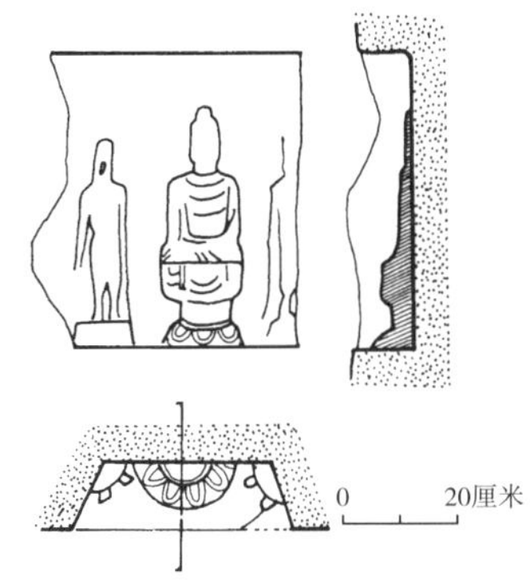

图179 第101龛平、剖面及立面展开图

第103龛

位置：窟群南段下层，位于第105龛下方。

时代：北周～隋代

形制：平面半圆形，穹隆顶，垂幕式龛。龛高78、宽70、深35厘米。

造像：龛内雕一菩萨二弟子。正壁菩萨残高70厘米，弟子高50厘米。菩萨戴方冠，宝缯束发垂肩，立于圆台上。两侧弟子身披袈裟侍立于圆台上，造像身后残存彩绘。

保存现状：龛前边沿已毁。龛内造像毁损严重，形象衣纹残损，仅留残迹。

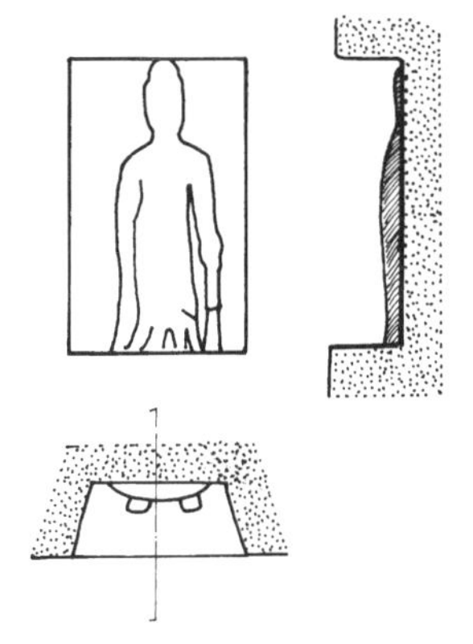

图180 第102龛平、剖、立面图

第104龛

位置：窟群南段下层，位于第105龛南侧。

时代：唐

形制：平面半圆形，立面方形浅龛。龛高51、宽49、深18厘米。

造像：龛内雕一佛二菩萨。佛残高40厘米，菩萨残高40厘米。佛内着僧祇支，外披双领下垂式袈裟，结跏趺坐于方座上。二菩萨上身袒露，下着裙，长巾垂地，侍立于两侧。龛顶及造像身后残留彩绘。

保存现状：龛下前部残损。龛内造像头部残损。

第105龛

位置：窟群南段下层，位于第106龛下方。

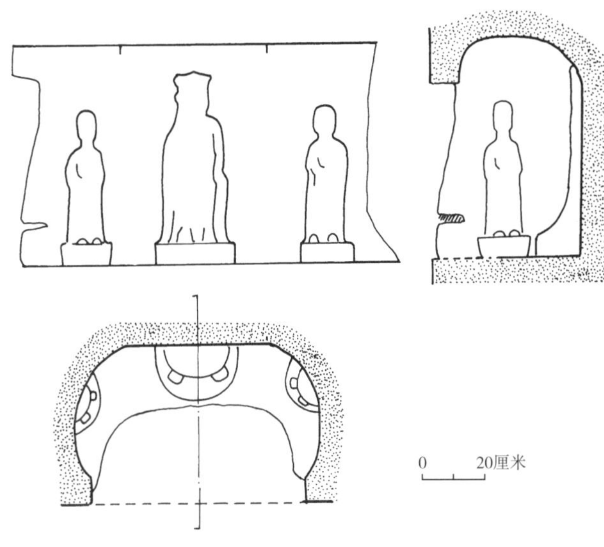

图181 第103龛平、剖面及立面展开图

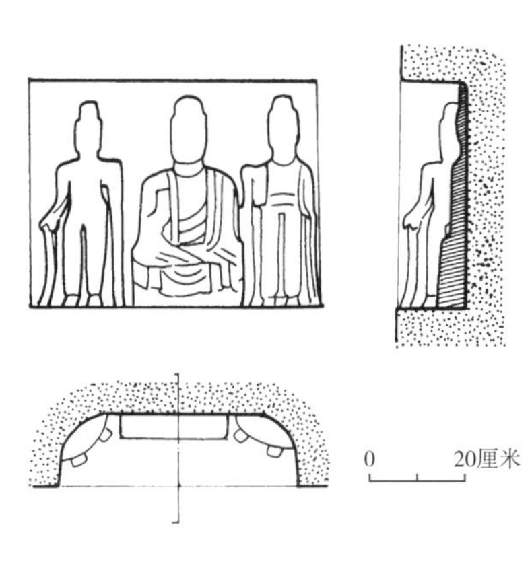

图182 第104龛平、剖、立面图

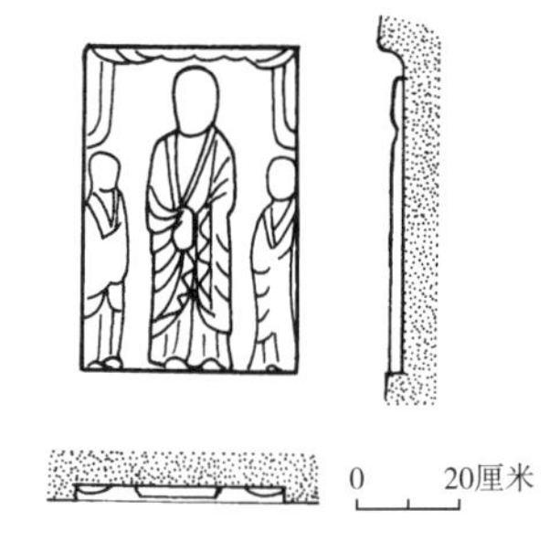

图183 第105龛平、剖、立面图

时代：北周

形制：方形垂幕式浅龛，高60、宽47、深5厘米。

造像：龛内雕一僧二胁侍。僧人高52厘米，胁侍高40厘米。僧着双领下垂式袈裟，右手置于腹前，立于正中。二胁侍身披双领袈裟，侍立于两侧。

保存现状：龛形风化，龛南边残损缺。龛内造像面部风化，模糊不清。

第106龛

位置：窟群南段下层，位于第113龛南侧。

时代：北周

形制：平面半圆形，垂幕式方龛。龛高80、宽64、深24厘米。

造像：龛内雕一佛二弟子。佛残高80厘米，弟子残高60厘米。佛内着僧祇支，外披双领下垂式袈裟，结跏趺坐于方座上，右足外露，袈裟衣裾垂于座前。二弟子身披袈裟，侍立于带梗莲台上。龛外南侧浮雕硬山顶屋形龛，通高45厘米，宽35厘米，屋内浮雕一跪状供养弟子，身高18厘米，双手合十于胸前。

保存现状：龛形较完整。龛内造像风化，面目模糊。龛门外北侧有小竖长方形柱洞。

第107龛

位置：窟群南段下层，位于第106龛上方。

时代：唐

形制：平面长方形龛，高40、宽50、深30厘米。

造像：龛内雕一佛二菩萨。佛残高28厘米，菩萨残高28厘米。佛坐于方座上，菩萨侍立两侧。

保存现状：龛顶毁损，有一方孔打破本龛与第108龛。龛内造像风化严重，仅留下半部残体。

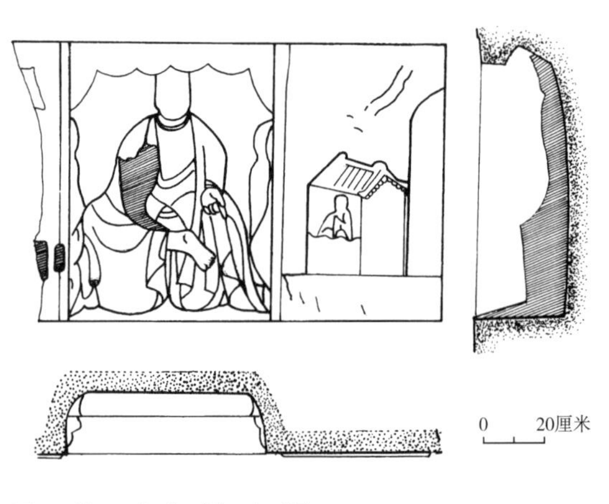

图184 第106龛平、剖、立面图

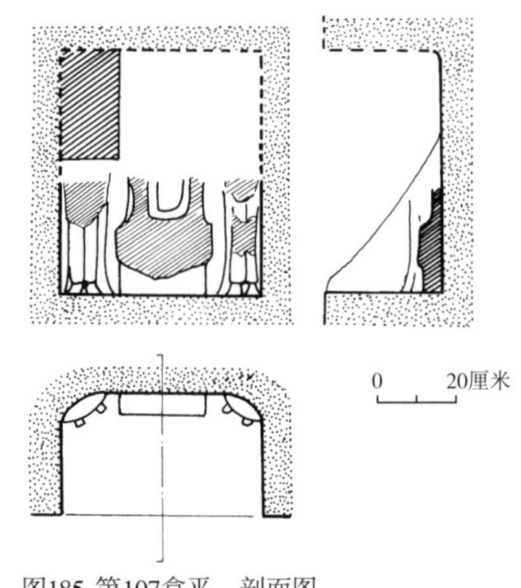

图185 第107龛平、剖面图

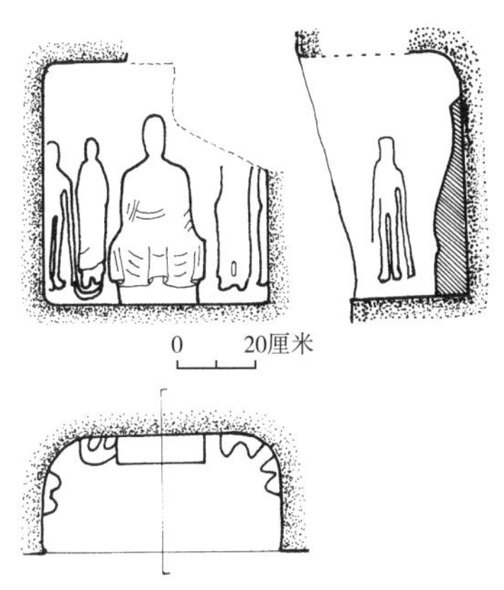

图186 第108龛平、剖面图

第108龛

位置：窟群南段下层，位于第113龛左上方。

时代：唐

形制：平面半圆形，方形平顶浅龛。龛高60、宽66、深23厘米。

造像：龛内原雕一佛二弟子二菩萨。佛残高46厘米，弟子残高38厘米，菩萨残高42厘米。佛着双领下垂式袈裟，结跏趺坐于方座上，袈裟衣裾垂于台前，二弟子二菩萨侍立于两侧。

保存现状：龛南半部已塌毁，南上角凿有一方形梁孔。龛内造像损毁严重，南侧弟子已毁，菩萨仅留残迹。

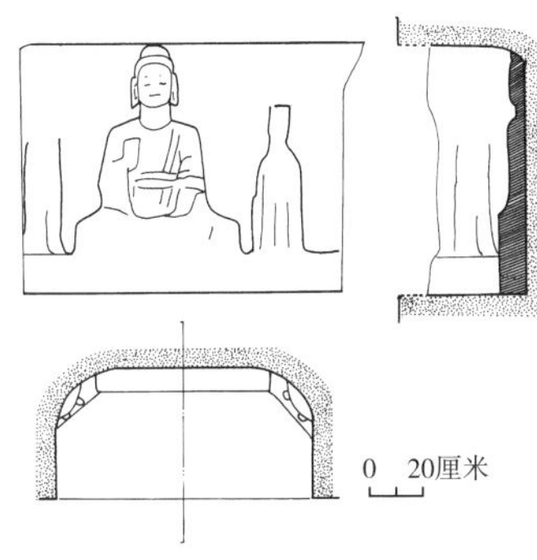

图187 第109龛平、剖面及立面展开图

第109龛

位置：窟群南段中层，位于第93龛北侧。

时代：隋

形制：平面半圆形，圆拱顶龛，低坛基。龛高90、宽98、深45厘米。坛基高18、宽20厘米。

造像：龛内雕一佛二菩萨。佛残高88厘米，菩萨残高44厘米。佛高肉髻，着双领下垂式袈裟，左手抚左膝，右手举于胸前，结跏趺坐。二菩萨侍立于低坛上。

保存现状：龛顶及底部风化残缺。龛内造像风化严重，面部模糊。龛北侧菩萨仅留残迹。

第110龛

位置：窟群南段上层，位于第109龛上方。

时代：唐

形制：平面半圆形，穹隆顶龛。龛残高90、宽110、深70厘米。

造像：龛内原雕一佛二弟子二菩萨二力士。佛残高75厘米，坐于方座上。弟子、菩萨侍立于圆台上，弟子通残高65厘米，南侧菩萨通

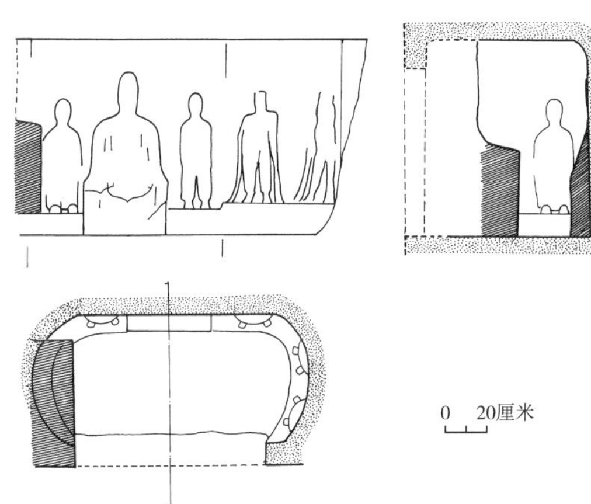

图188 第110龛平、剖面及立面展开图

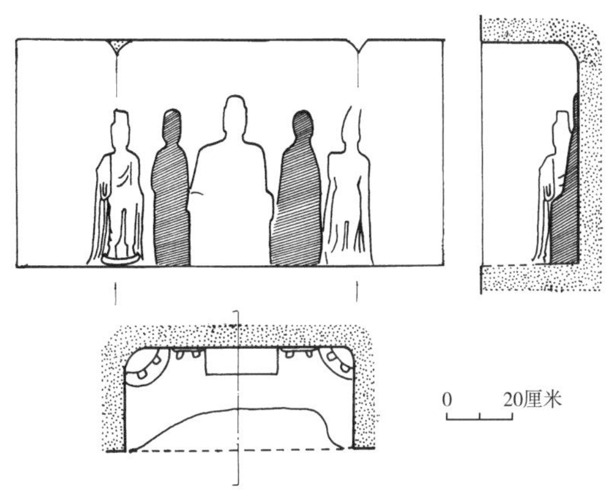

图189 第111龛平、剖面及立面展开图

残高 64 厘米；南侧力士残高 50 厘米，侍立于山形台上。

保存现状：龛北壁残缺，龛顶风化。龛内造像风化严重，北壁菩萨、力士已毁，留有方形桩槽。

第111龛

位置：窟群南段上层，位于第 112 龛上方。

时代：唐

形制：平面半圆形，方形穹隆顶龛。龛高 68、宽 70、深 26 厘米。

造像：龛内原雕一佛二弟子二菩萨。佛残高 46 厘米，结跏趺坐于方座上。菩萨高 44 厘米。佛两侧弟子后代凿毁，仅存身形。二菩萨侍立于两侧圆台上。

保存现状：龛顶及底部略残。龛内造像风化严重，仅留残痕，二弟子已不存。

第112龛

位置：窟群南段下层，位于第 113 窟上方。

时代：唐

形制：平面半圆形，圆拱顶方形浅龛。龛高 78、宽 70、深 22 厘米。

造像：龛内雕一佛二菩萨。佛残高 56 厘米，佛着通肩袈裟，结跏趺坐于方座上，双手残不可认。菩萨残高 52 厘米，侍立于圆台上。

保存现状：龛顶风化。龛内造像风化严重，头部均毁。

第113窟

位置：窟群南段中层，位于第 119 龛南侧。窟口北偏西 77 度。

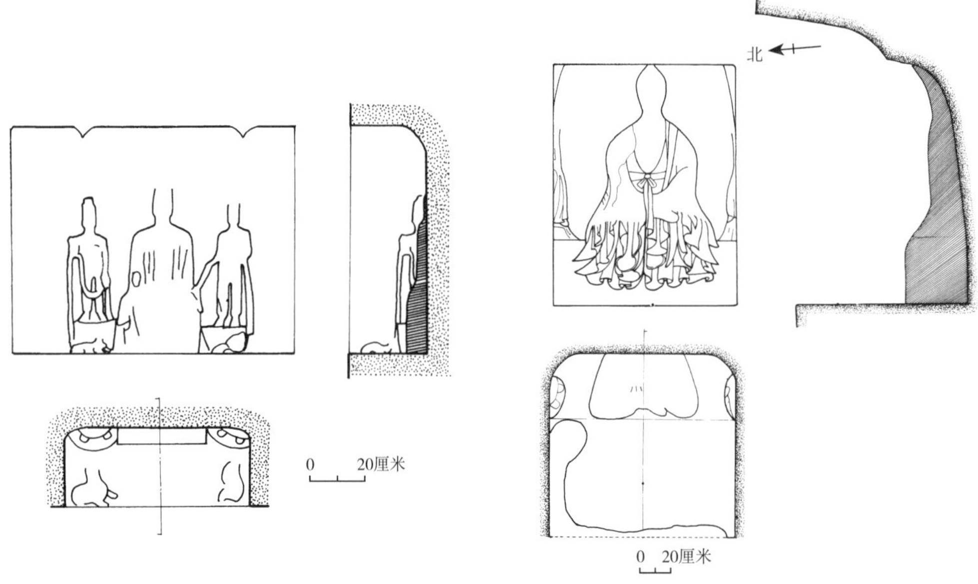

图190 第112龛平、剖面及立面展开图

图191 第113窟平、剖、立面图

图192　第113窟北壁、南壁外侧浮雕

时代：北魏

形制：平面长方形，平顶垂幕式窟，低坛基。窟高 170、宽 120、深 86 厘米。窟内正壁（东壁）开圆拱形龛。龛高 150、宽 120、深 40 厘米。坛基高 52、深 40 厘米。

造像：正壁大龛内雕一佛二菩萨。佛残高 148 厘米，身披双领下垂式袈裟，内着僧祇支，束带垂于胸前，衣裾呈四瓣垂于座前，结跏趺坐；二胁侍菩萨残高 50 厘米，侍立于南北两壁内侧低坛圆形莲台上。南壁外侧雕一界栏，高 28、宽 40 厘米，浮雕二身女供养人，着交领长襦、曳地长裙。北壁外侧雕一界栏，高 38、宽 42 厘米，浮雕三身男供养人，着交领长袍，其中东侧供养人左手持香炉。

题记：南壁供养人内侧墨书："旧日施主二人□"；供养人外侧墨书："……不得……/……到……"；供养人上方墨书："九宫八卦定吉祥 / 九宫八卦□宅舍 / 干二〼辰定吉祥"；"会州青家书 / 会到青家书"；"……/一家……/ 祖父……/ 父……/ 男……/ 兄……/ 土……"

北壁供养人内侧墨书："往日施主三人不知名也"。供养人上方墨书："大明……/ 万历……/ 游到……/ 老……/ 一父……/ 一母……/ 男……/ 一兄……"；"南……"；"……稆……/……五郎……"

保存现状：窟顶风化严重，垂幕缺损；窟底北角坍塌，与第 115 龛相通。窟内造像头部均残，南北两壁菩萨仅留残痕。造像袈裟上有红色彩绘痕迹。

图193 第113窟南壁浮雕男供养人

第114龛

位置：窟群南段下层，位于第 113 窟下方。

时代：隋

形制：平面半圆形，圆拱顶浅龛。龛残高 65、残宽 70、残深 20 厘米。龛外南侧开一小方龛。残高 45、残宽 25、残深 15 厘米。

造像：龛内雕一佛二弟子。佛残高 55 厘米，着双领下垂式袈裟，坐于方座上。北侧弟子残高 45 厘米，侍立于圆台上。龛外南侧小龛

图194　第113窟北壁内侧菩萨像

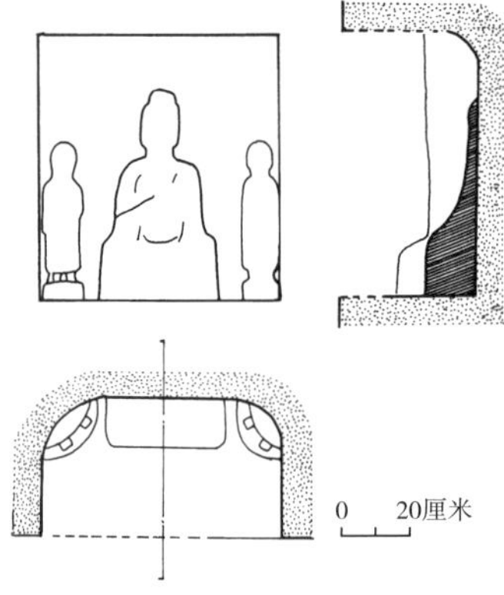

图195 第114龛平、剖、立面图

（114-1），内雕二立菩萨，残高40厘米，为唐代补刻。

保存现状：龛顶及两边已毁；南侧弟子损毁。南侧小龛已残损，龛内造像均残。

第115龛

位置：窟群南段下层，位于第113窟下方。

时代：隋

形制：平面半圆形，穹隆顶龛，垂幔已残。龛高107、宽120、深80厘米。

造像：龛内雕一菩萨二胁侍菩萨二力士。正中菩萨残高95厘米，宝缯束发下垂，佩宽边项圈，坐于束腰方座上；座下壸门内浮雕一狮子，一大象，象背上坐人，形象模糊不清。两侧菩萨通残高88厘米，宝缯束发下垂，佩长璎珞，披长巾垂地，侍立于圆台上。门内两侧雕二力士，残高80厘米，身披长巾，左手叉腰，立于山形台上。

题记：龛楣北侧垂幔上阴刻："□三……/师子言/……/同……/隆因……/……/□识不为……/世历国□此窟/□□□福庆/□三会□□□□"。

保存现状：龛顶坍塌，与第113窟底相通，南壁已毁。龛内造像风化严重。

第116龛

位置：窟群南段下层，位于第117龛下方。

时代：北周

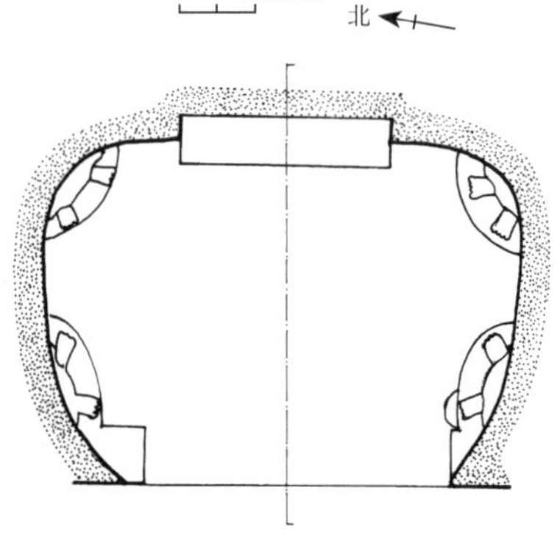

图196 第115龛平、剖面及立面展开图

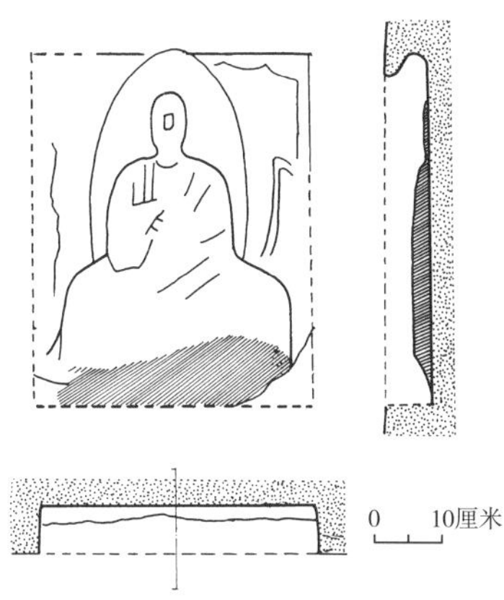

图197 第116龛平、剖、立面图

形制：平面方形，圆拱顶垂幕式浅龛。龛高46、宽44、深5厘米。

造像：龛内原雕一佛二胁侍。佛残高33厘米，坐于方形座上，身后浮雕舟形背光。胁侍侍立于两侧。

保存现状：龛形损毁。龛内造像毁损严重。北壁胁侍已毁，南侧胁侍仅留残迹，佛头部残留修复过的方形桩孔。

第117龛

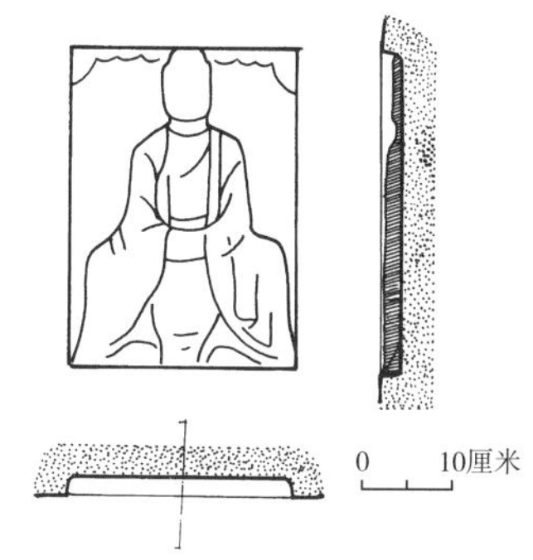

图198 第117龛平、剖、立面图

位置：窟群南段下层，位于第119龛下方。

时代：北周

形制：平面方形，垂幕式浅龛。龛高36、宽24、深4厘米。

造像：龛内原雕一佛二胁侍。佛残高35厘米，身披双领下垂式袈裟，腰束带，双手合于腹际，脚跟相对，善跏趺坐于座上，二胁侍立于两侧龛边。

保存现状：龛上部残损。龛内造像毁损严重，二胁侍已毁，仅留痕迹。

第118龛

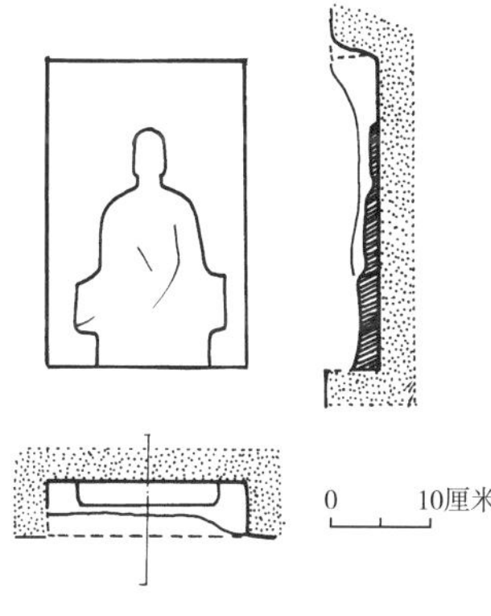

图199 第118龛平、剖、立面图

位置：窟群南段下层，位于第119龛下方。

时代：唐

形制：平面半圆形，方形小浅龛，龛高30、残宽26、残深6厘米。

造像：窟内现存正中坐佛和南侧胁侍残迹。佛结跏趺坐，残高24厘米，胁侍残高20厘米。

保存现状：龛形损毁严重，顶部及北边沿均残。造像仅留二身残迹。

第119龛

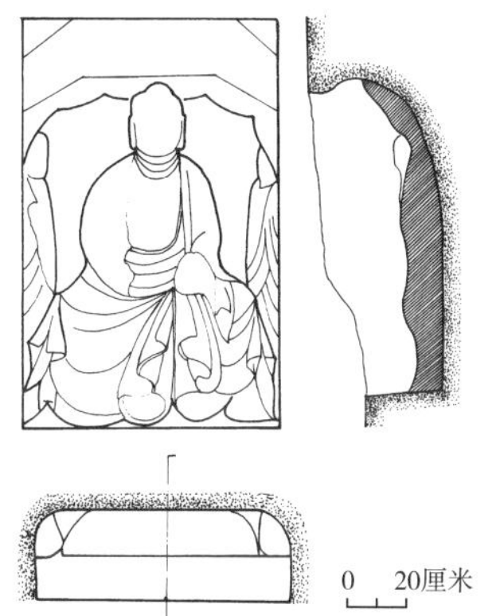

图200 第119龛平、剖、立面图

位置：窟群南段下层，位于第128龛南侧。

时代：北周

形制：平面半圆形，垂幕状，盝形顶龛。龛高130、宽85、深30厘米。

造像：龛内雕一佛二弟子。主尊结跏趺坐，内着交领内衣，束带垂于胸前，外披双领下垂式袈裟，左手握衣襟，残高110厘米。两侧弟子身披袈裟，双手抱于胸前，残高85厘米。造像面部均残，形象较模糊，但衣纹清楚，并残留色彩痕迹。

保存现状：龛下部及南侧边缘损毁。造像面部残损，衣纹清晰。

第120龛

位置：窟群南段下层，位于第122龛下方。

时代：唐

形制：圆拱形小龛，龛高55、宽50、深25厘米。

图201　第119龛正壁龛内佛像

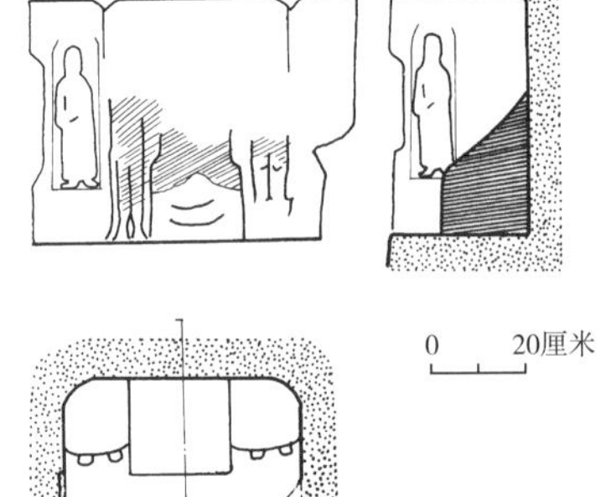

图202　第120龛平、剖面及立面展开图

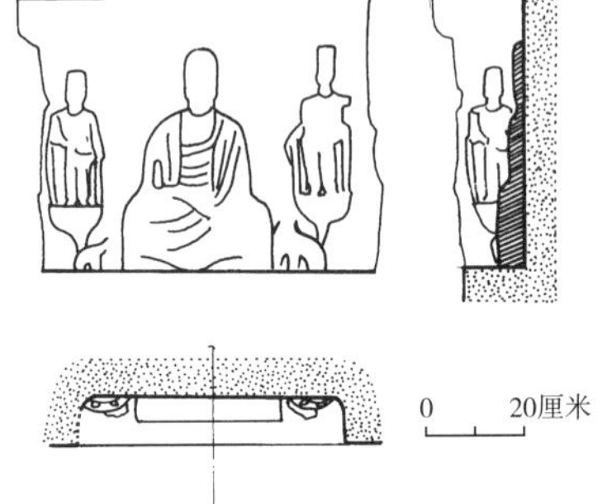

图203　第121龛平、剖面及立面展开图

造像：龛内原雕一佛二菩萨。龛内正中仅留坐佛残迹，残高20厘米。两侧菩萨仅留下部，残高20厘米。

保存现状：龛形残损严重，南侧下角残毁。原造像仅残存下半身。

第121龛

位置：窟群南段下层，位于第122龛下方。

时代：唐

形制：方形圆拱顶小龛，高55、宽55、深10厘米。

造像：龛内雕一佛二菩萨，二卧狮。佛结跏趺坐于方座上，内着僧祇支，外披双领下垂式袈裟，残高45厘米。两侧菩萨侍立于带梗高莲台上，残高45厘米，莲台高15厘米。莲台下雕半蹲狮子。造像面部均已残损。

保存现状：龛形残损，北侧菩萨上身残毁。

第122龛

位置：窟群南段中层。龛口南偏西75度。

时代：北周～隋代

形制：平面长方形大龛，穹隆顶，高坛基。龛高170、宽155、深142厘米。坛基高68、深20厘米。

造像：龛内雕一佛二菩萨。正壁佛结跏趺坐于台座上，佛内着僧祇支，腰束带，外披双领下垂袈裟，残高166厘米，其中台高68厘米。两侧菩萨宝缯束发垂肩，帔巾向两侧下垂，残高100厘米。菩萨头部外侧有二凸出物，细节不详。佛背光内残存彩绘千佛。

保存现状：龛前沿残损，顶部风化。造像严重损毁，手印已模糊无法确定。佛身后有小圆圈及背光残迹。龛南壁外侧上部凿一方孔；北壁

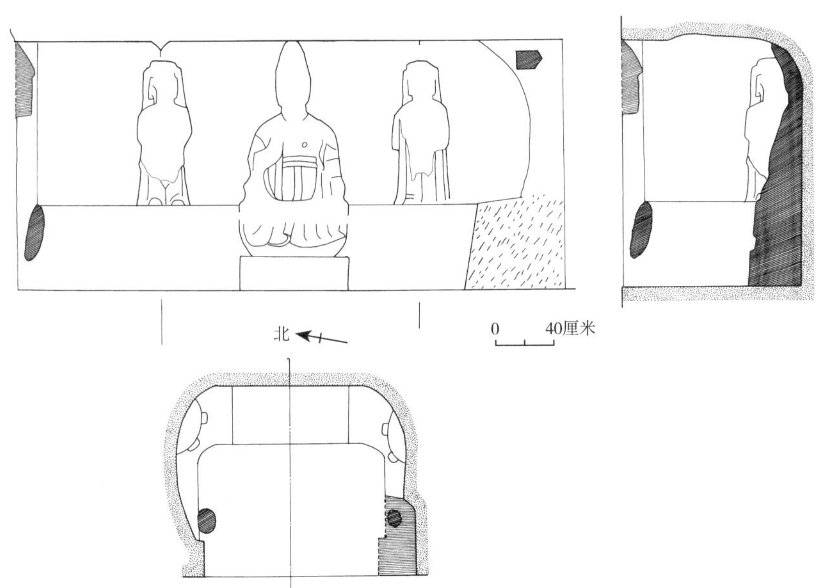

图204　第122龛平、剖面及立面展开图

外侧下部凿一方孔。

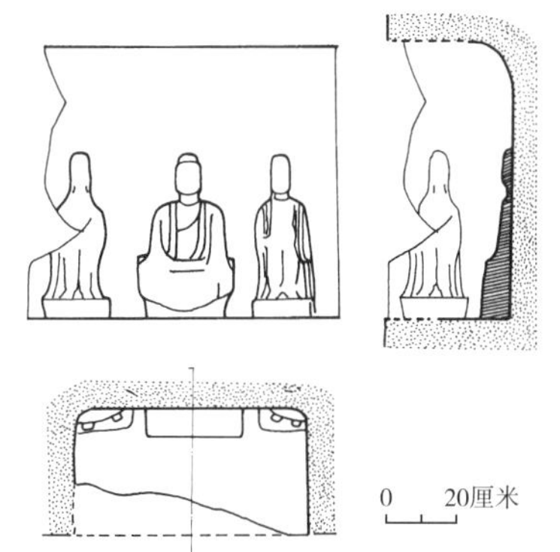

图205　第123龛平、剖面及立面展开图

第123龛

位置：窟群南段上层。

时代：唐

形制：平面长方形小方龛，高70、宽65、深32厘米。

造像：龛内雕一佛二菩萨。佛居中结跏趺坐于方座，身披双领下垂式袈裟，残高45厘米，台高15厘米。两侧菩萨披长巾，下着裙，侍立于方台之上，残高45厘米，台高5厘米。

保存现状：窟顶及北壁残损。北侧菩萨损坏，龛内造像风化严重。

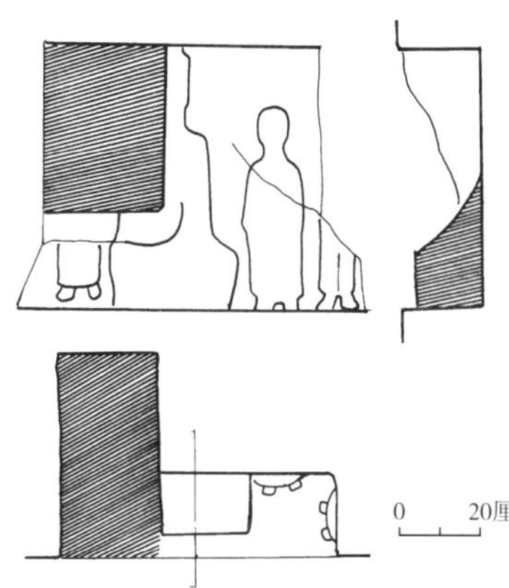

图206　第124龛平、剖面及立面展开图

第124龛

位置：窟群南段上层，位于第123龛北侧。

时代：不详

形制：圆拱形龛，残高68、残宽64、残深25厘米。

造像：龛内原雕一佛二弟子。龛内现仅存南侧弟子一身造像。

保存现状：龛形破坏严重。北侧与第125龛之间后人凿一方形（45×45厘米）桩孔，孔深46厘米。龛内北侧弟子已毁，正中佛仅留台座。

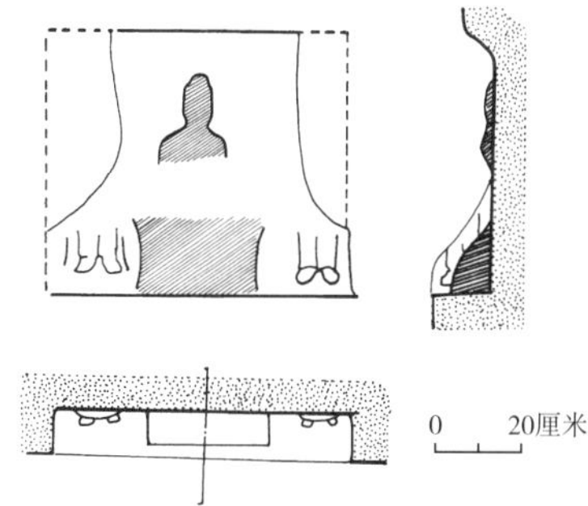

图207　第125龛平、剖、立面图

第125龛

位置：窟群南段上层，位于第137龛南侧。

时代：不详

形制：圆拱形龛，高70、宽65、深20厘米。有低坛基，坛基高20、深10厘米。

造像：龛内原雕一佛二菩萨。

保存现状：龛顶部严重风化，形制破坏。正中方台座及两侧菩萨下部脚及飘带仅留残迹，造像已模糊不清。

第126龛

位置：窟群南段中层，位于第127龛上方。

时代：隋

形制：平面半圆形，圆拱龛。龛高70、宽65、深25厘米。

造像：龛内原雕一佛二胁侍。主尊有圆形高髻，着双领下垂式袈裟，坐于台座上，残高65厘米。两侧胁侍损毁，仅留圆形项光浮雕。

保存现状：龛下半损毁，风化严重。正中佛南侧有后人凿一桩孔。造像面部模糊不清。

第127龛

位置：窟群南段中上层，位于第128龛上方。

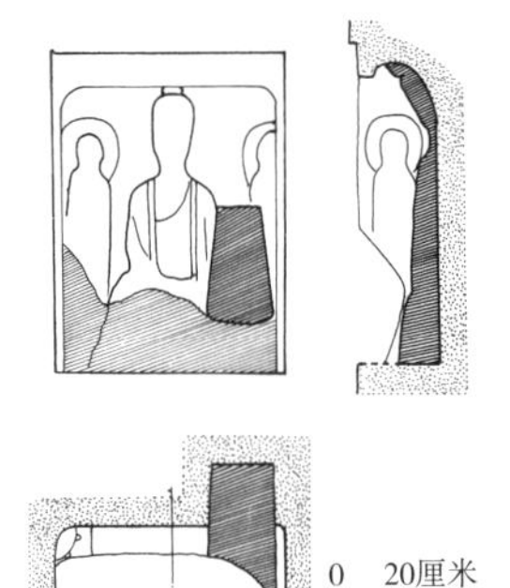

图208 第126龛平、剖、立面图

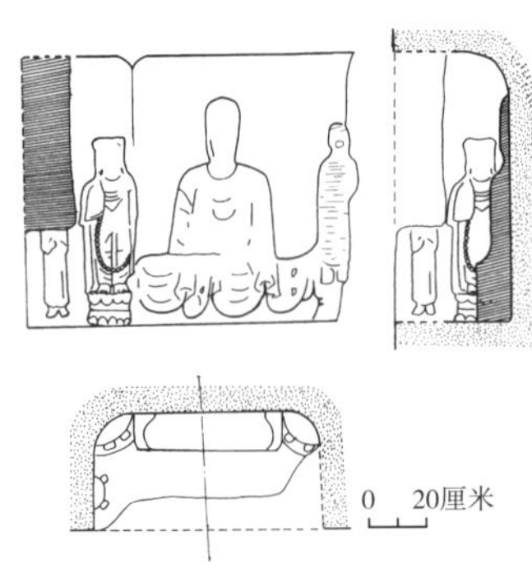

图209 第127龛平、剖面及立面展开图

时代：隋

形制：圆拱形龛，高 90、宽 70、深 40 厘米。有低坛基，坛基高 20、宽 15 厘米。

造像：龛内原雕一佛二菩萨。佛残高 70 厘米，结跏趺坐于低坛上，衣裾垂于坛前。北侧菩萨残高 50 厘米，侍立右壁。

保存现状：龛形残破，损毁严重。南侧菩萨已被损毁，所存造像风化严重，头部及衣纹模糊不清。龛外南侧有上下二桩孔。

第128龛

位置：窟群南段中层，位于第 135 龛南侧。

时代：隋

形制：平面半圆形，圆拱顶龛，低坛基。龛高 100、宽 96、深 45 厘米。坛基高 12、宽 20 厘米。

造像：龛内雕一佛二菩萨。主尊内着僧衹支，束带垂于胸前，外披双领下垂式袈裟，残高 92 厘米，结跏趺坐于低坛上，右足外露，袈裟衣裾呈两瓣垂于座前。两侧菩萨残高 68 厘米，宝缯束发垂肩，佩宽边项圈，上身披长巾，巾穿肘垂两侧，下着裙，南侧菩萨左手提净瓶，北侧菩萨双手合十于胸前。造像面部均残，身上残存彩绘。

保存现状：窟顶风化残损，造像面部均残，形体、服饰线条较清晰，且服饰残留色彩。

第129龛

位置：窟群南段中层，位于第 128 龛下方。

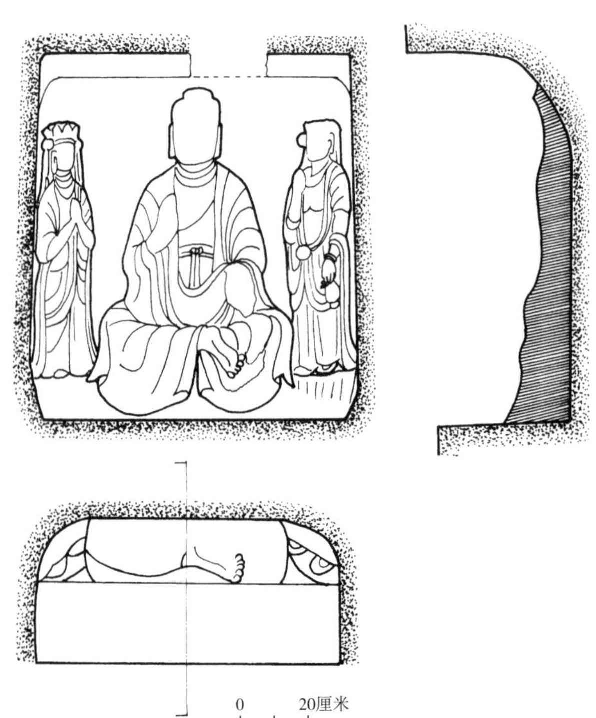

图210 第128龛平、剖面图

图211 第128龛佛像

时代：隋

形制：平面半圆形，平顶方龛。龛高105、宽110、深53厘米。有低坛基，坛基高25、宽20厘米。

造像：龛内雕一佛二菩萨，佛结跏趺坐于低坛上，菩萨侍立于两侧。佛残高98厘米，内着僧祇支，束带垂于胸前，外披双领下垂式袈裟，衣裾垂于座前，双手均残。菩萨残高66厘米，宝缯束发垂肩，项佩宽边项圈，身挂双层长帔巾，下着裙。

壁画：龛顶部残留褚色弟子头像及火焰纹背光。佛、菩萨项光均留有色彩。面积0.5平方米，应为后代重绘。

题记：龛北壁菩萨外侧墨书："义渠野释顽圆元□／到寺因难中礼□／圣像记之悲□"；"无师……"；"……□书……"

北侧菩萨脚下低坛处竖排阴刻三字："加□佛。"

保存现状：龛下部坍塌、残缺。造像头部均残损。

图212 第128龛右侧菩萨像

第130龛

位置：窟群南段下层，位于第129龛下方。

时代：唐

形制：平面半圆形小方龛，高50、宽67、深30厘米。有低坛基，坛基高5、宽7厘米。

造像：龛内雕一佛二菩萨。佛结跏趺坐于束腰座上，残高46厘米。菩萨披长帛，侍立两侧，残高40厘米。

保存现状：龛顶坍塌，与第129龛连通。南壁损毁，风化严重，造像仅留轮廓，形象模糊不清。

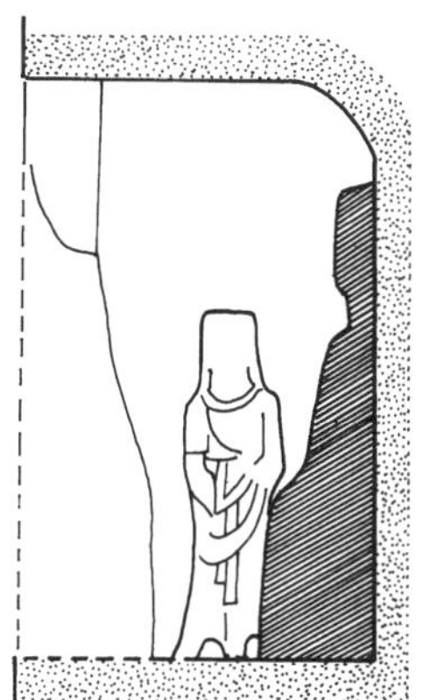

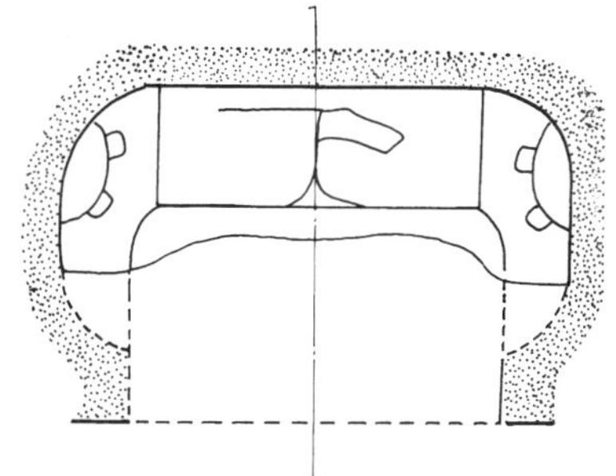

图213 第129龛平、剖面及立面展开图

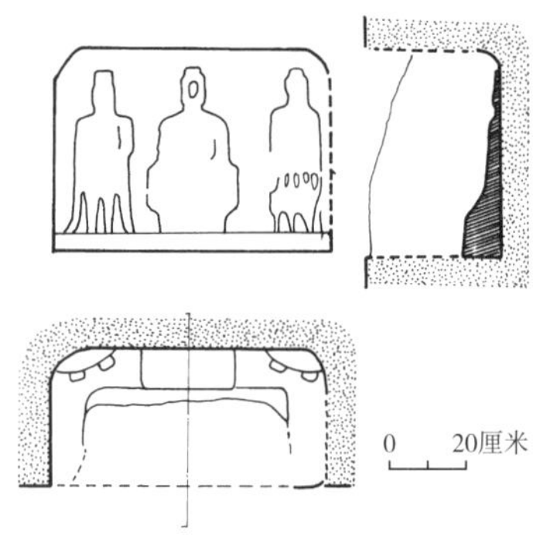

图214 第130龛平、剖、立面图

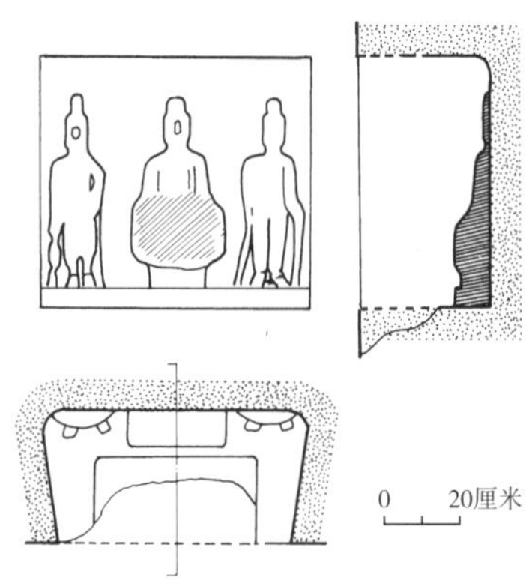

图215 第131龛平、剖、立面图

第131龛

位置：窟群南段下层，位于第132龛下方。

时代：唐

形制：平面长方形小方龛，高60、宽64、深30厘米。

造像：龛内正壁雕一佛二菩萨。主尊通残高55厘米，结跏趺坐于方形束腰座上。二菩萨残高47厘米，高发髻，披长巾，侍立于两侧。

保存现状：窟顶与第132龛连通，底部已风化。造像风化严重，形象模糊不清。头部有孔眼。

第132龛

位置：窟群南段下层，位于第133龛南侧。

时代：隋

形制：平面半圆形，小方龛。龛高47、宽47、深20厘米。

造像：龛内残存一佛二胁侍。主尊残高37厘米，结跏趺坐于方座上。两侧二胁侍残高30厘米，身披袈裟，侍立于圆台上。

保存现状：龛南壁及顶、底均坍塌，底部于第131龛顶相通。龛风化残缺严重，仅见轮廓，造像仅留残迹。

第133龛

位置：窟群南段下层，位于第135龛下方。

时代：隋

形制：平面半圆形，龛外上部雕尖顶圆拱龛楣。龛高70、宽62、深10厘米。龛内正壁又开圆拱形小龛，小龛高60、宽45、深10厘米。

造像：龛正壁小圆拱龛内雕一菩萨坐像，南壁雕一立像。正壁菩萨通残高60厘米，宝缯束发下垂双肩，胸佩宽边项圈，结跏趺坐于方座上。南侧立像残高40厘米，身披袈裟，双手抱胸前侍立。北壁立像无

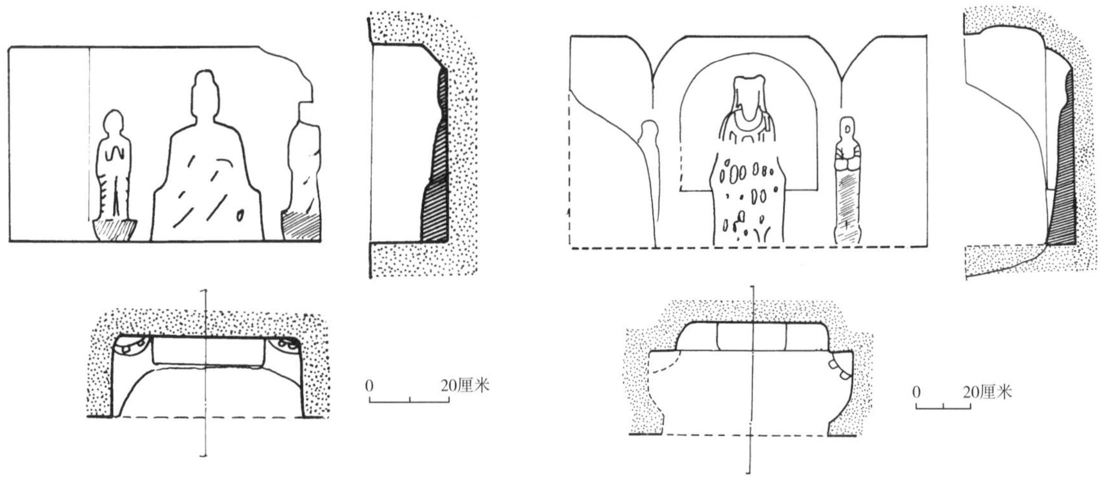

图216 第132龛平、剖面及立面展开图

图217 第133龛平、剖面及立面展开图

存。龛外南北两上侧各开一小龛，北侧龛（133–1），内雕一弟子，现留残迹；南侧龛（133–2），内雕一菩萨，已形象模糊。

保存现状：龛北壁残损，北侧立像损毁。龛内风化严重，造像模糊不清。

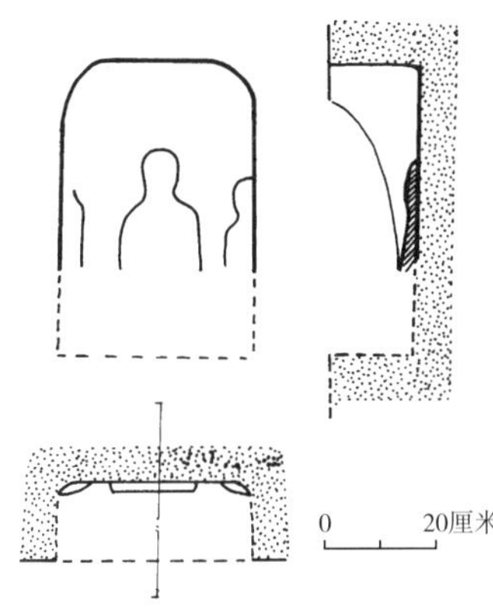

图218　第134龛平、剖、立面图

第134龛

位置：窟群南段下层，位于第135龛下方。

时代：不详

形制：圆拱形小龛。龛残高40、宽35、深10厘米。

造像：龛内残存一佛一胁侍。佛残高22厘米，南壁胁侍残高13厘米，北壁胁侍残损无存。

保存现状：龛底已坍塌，造像风化严重。北壁弟子已损毁，佛及南壁弟子仅留上半身残迹，模糊不清，难以辨清其姿态。

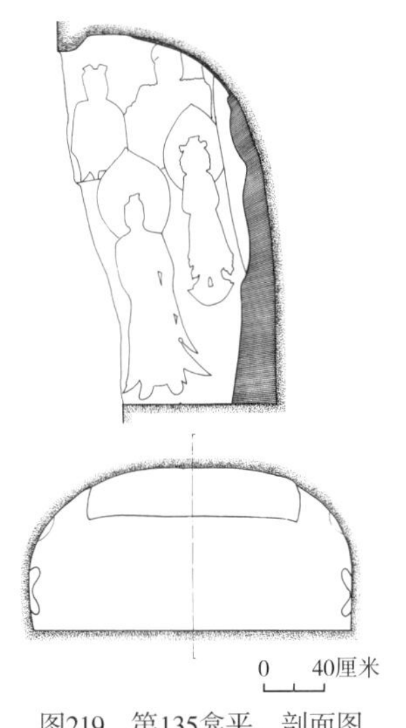

图219　第135龛平、剖面图

第135龛

位置：窟群南段下层，位于第165窟南侧。龛口北偏西85度。

时代：西魏

形制：平面半圆形，龛上沿饰垂幕。龛高230、宽200、深90厘米。

造像：龛内正壁雕一身结跏趺坐佛，浮雕舟形背光，上方两侧浮雕四弟子头、二朵宝相花。南北两壁各雕一身菩萨侍立于莲台上。龛内两侧又雕二身力士，力士上方各浮雕二身伎乐人。菩萨及力士有桃形头光。北侧伎乐人一个吹排箫，一个两手持钹；南侧伎乐人一个吹竖笛，一个敲铃。弟子、伎乐人均着圆领通肩大衣。

正壁佛通残高190厘米，内着束带交领内衣，中着U形领僧衣，束带垂于腹前，外披双领下垂式袈裟，结跏趺坐，露右足，衣裾垂于座前。座高60厘米。两侧菩萨通残高110厘米，宝缯外扬，佩宽边项圈，斜挂络腋，下着裙，侍立于莲台上。外侧力士残高127厘米，佩宽边项圈，帔帛下垂，下着裙。

题记：龛内背光佛头南侧墨书题记："□蔺□题／□因使□义□／大和五年二月十五日／□□高宗／雁门解惟义□贰人／李重建请表"。

其下有后人小字墨书："巧琢巉岩不计年／巍峨……"

靠北处书："□□（成）元年二月□□／长武客王君飒题□"，另有"峻岭……/ 莲……"

保存现状：龛形较完整，正壁浮雕及舟形背光清晰可见。佛及菩萨背光、项光处均有彩绘火焰纹饰及化佛壁画。造像头部均残。二力士后人曾用草泥补修过，今均残缺。

第136龛

位置：窟群南段上层，位于第135龛上方。

图220 第135龛剖面及立面展开图

时代：隋

形制：垂幕状圆拱形龛，高 90、宽 70、深 25 厘米。

造像：龛内原雕一佛二胁侍。主尊仅留头部右侧及右肩部，二胁侍只留残迹。佛残高 50 厘米，胁侍残迹高 30 厘米，有圆形头光。造像风化严重，难以辨别。

保存现状：此龛损毁严重，正壁下部有一桩孔，龛外下侧有一方形柱孔。

第137龛

位置：窟群南段上层，位于第 138 龛上方。

时代：不详

形制：平面半圆形，穹隆顶中型龛。龛高 100、宽 90、深 50 厘米。低坛基，坛基高 15、深 10 厘米。

图221 第135龛佛像、菩萨像及浮雕伎乐人

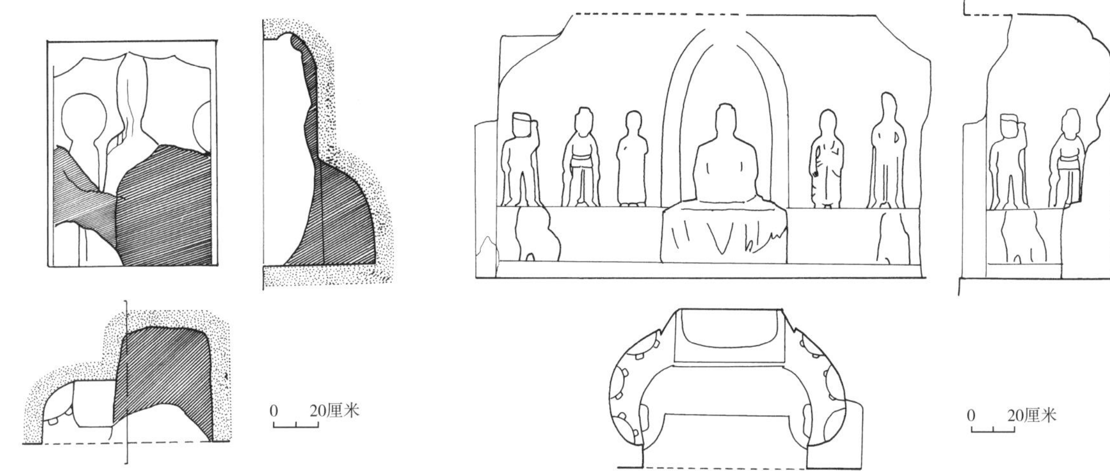

图222 第136龛平、剖、立面图

图223 第137龛平、剖面及立面展开图

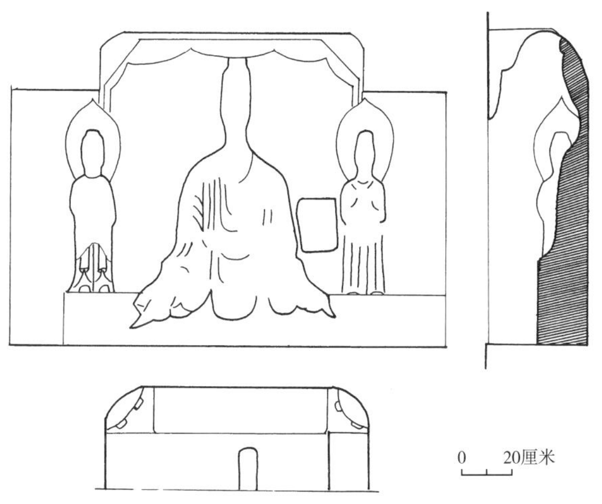

图224 第138龛平、剖面及立面展开图

造像：龛内原雕一佛二弟子二菩萨二力士二狮子。正壁舟形龛内雕一坐佛，残高70厘米。两侧二弟子立于低坛上，残高50厘米。南北两壁菩萨残高60厘米，北壁外侧雕一力士，残高40厘米，下方雕卧狮。南壁力士、狮子均已残失，造像严重损毁，均无头。

保存现状：龛裸露，顶部风化落沙严重。佛头顶有一残洞桩孔，南侧壁面已残损，造像头部均被破坏。

第138龛

位置：窟群南段上层，位于第135窟上方。

时代：隋

形制：平面半圆形，垂幕状圆拱龛，高110、宽107、深40厘米。有低坛基，坛基高15、深10厘米。

造像：龛内雕一佛二弟子。佛披袈裟，结跏趺坐，衣裾垂于座前，残高110厘米。二弟子侍立于两侧低坛，残高60厘米。弟子头后有桃形头光。

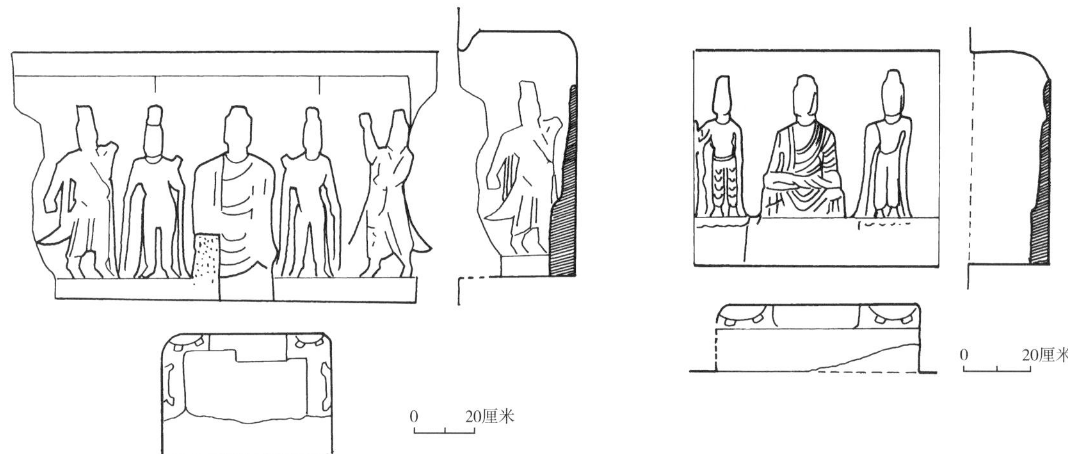

图225　第139龛平、剖面及立面展开图

图226　第140龛平、剖、立面图

保存现状：龛顶及底部风化残损，造像头部均残。佛身左侧有一方形柱孔。龛下南侧有两个大小不同的后代所凿柱洞。

第139龛

位置：窟群南段上层，位于第 138 龛北侧。

时代：唐

形制：平面方形，圆拱顶浅龛，低坛基。龛高 72、宽 70、深 30 厘米。坛基高 10 厘米。

造像：龛内雕一佛二菩萨二力士。佛通高 60 厘米，结跏趺坐于方座上。二菩萨残高 52 厘米，侍立两侧。二力士残高 60 厘米，分别侍立于南、北侧壁山形台上。佛背光残存彩绘。

保存现状：龛形残损，龛内造像风化严重，模糊不清。

第140龛

位置：窟群南段中层，位于第 138 龛北侧。

时代：唐

形制：方形浅龛，低坛基。龛高 65、宽 60、深 10 厘米。坛基高 10、深 5 厘米。

造像：龛内雕一佛二菩萨。佛通高 45 厘米，袈裟自右胁下斜披至左肩，覆右肩，结跏趺坐于方座上。菩萨通高 45 厘米，身体略扭，身披长巾，下着裙，侍立于低坛上。

保存现状：龛北侧凿一方形桩孔，龛内造像面部均毁。

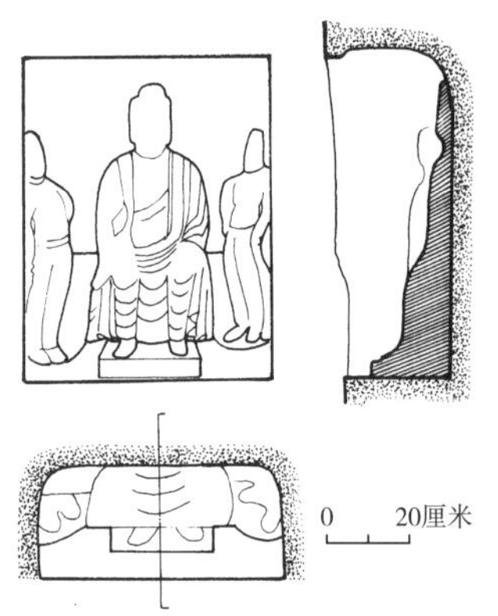

图227　第141龛平、剖、立面图

第141龛

位置：窟群南段中层，位于第 135 龛北侧。

时代：唐

形制：平面长方形，平顶浅龛。龛高 75、宽 68、深 25 厘米。

造像：龛内雕一佛二菩萨。佛残高 65 厘米，内着僧祇支，外着双领下垂式袈裟，左手抚膝，右手施无畏印，善跏趺坐于方座上，足踏平台。菩萨残高 45 厘米，上身袒露，帔巾垂地，下着裙，侍立于两侧圆台上。佛袈裟及背光残存彩绘。

保存现状：龛形较完整，造像面部均残。

第142龛

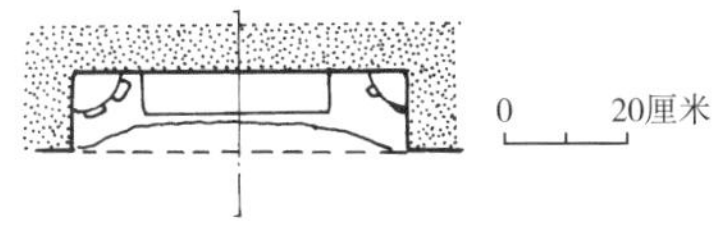

图228　第142龛平、剖、立面图

位置：窟群南段中层，位于第 135 龛北侧下方。

时代：隋

形制：平面长方形，圆拱顶，前檐有垂幕的浅龛。龛高 54、宽 50、深 10 厘米。

造像：龛内原雕一佛二菩萨。佛残高 45 厘米，结跏趺坐于方座上，露右足，身后浮雕舟形身光。菩萨残高 28 厘米，侍立于两侧圆台上。

保存现状：龛两侧已毁损，龛顶部及底部风化严重，造像头部已毁，留有补修的小孔眼，菩萨仅留残痕。

第143龛

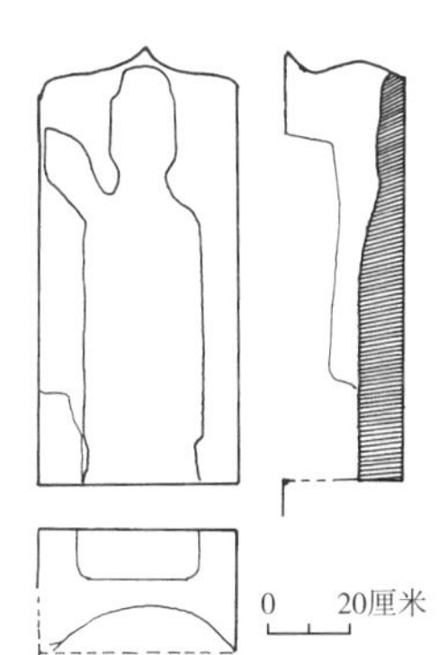

图229　第143龛平、剖、立面图

位置：窟群南段下层，位于第 142 龛北侧。

时代：唐

形制：平面长方形，尖拱顶浅龛。龛高 55、宽 26、深 14 厘米。

造像：龛内雕一菩萨作立状。残高 50 厘米。造像似未完工，形象模糊。

保存现状：龛北侧及底部已残，造像仅留形体轮廓。

第144龛

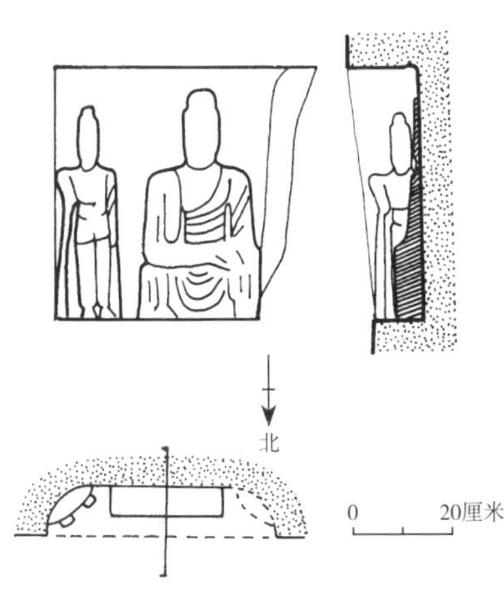

图230　第144龛平、剖面及立面展开图

位置：窟群南段下层，位于第 142 龛下方。

时代：隋

形制：圆拱顶浅龛，高 70、宽 58、深 20 厘米。

造像：龛内原雕一佛二菩萨。佛残高 52 厘米，结跏趺坐于叠涩式束腰座上，露右足，身后浮雕桃形头光。菩萨残高 32 厘米，侍立于两侧。

保存现状：龛形毁损严重，底部残缺，二菩萨仅留痕迹。

第145龛

位置：窟群中段下层，坐南面北，位于第 146 龛下方、第 165 窟南侧狮子头下。

时代：唐

形制：平面半圆形，平顶浅龛。龛高 50、宽 40、深 10 厘米。

造像：龛内现存一佛一菩萨。佛残高 42 厘米，结跏趺坐于方座上。东侧菩萨残高 40 厘米，侍立于右侧。

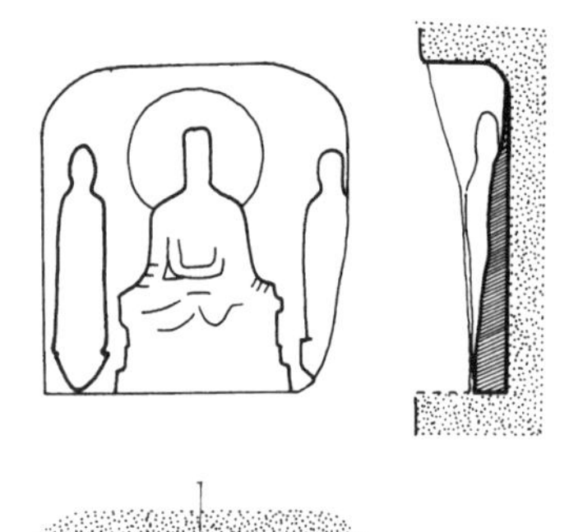

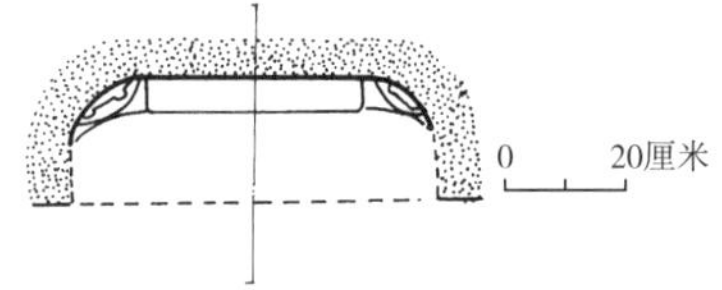

图231 第145龛平、剖、立面图

保存现状：龛西壁损毁，底部残缺，造像风化严重，头部均残，西侧菩萨已毁。

第146龛

位置：窟群中段下层，位于第151窟西侧，坐南面北。

时代：唐

形制：平面长方形，圆拱顶浅龛。龛高67、宽60、深20厘米。龛楣上方有八字形凹槽。

造像：龛内雕一佛二菩萨。佛残高60厘米，结跏趺坐于一带梗的仰莲座上，内着僧祇支，束带垂于胸前，外着双领下垂式袈裟。东侧雕一菩萨，通残高50厘米，侍立于带梗莲台上，西侧雕一供养菩萨，残高40厘米，双手合十，胡跪于带梗莲台上。

保存现状：龛东侧残损，造像头部残损。

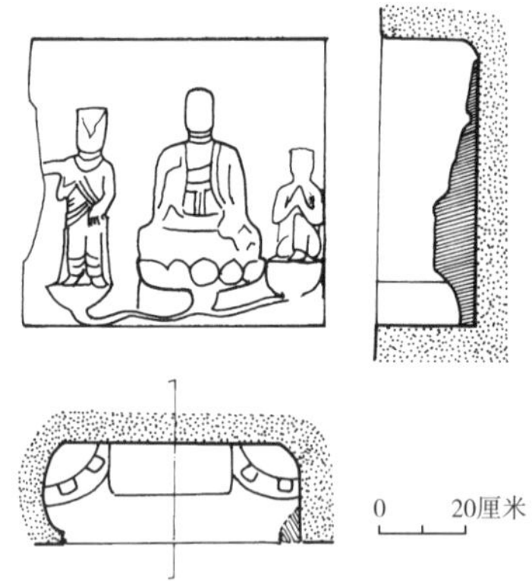

图232 第146龛平、剖面及立面展开图

第147龛

位置：窟群中段下层，位于第146龛上方，坐南面北。

时代：隋

形制：平面半圆形，圆拱顶深龛。龛高146、宽114、深60厘米。

造像：龛内雕一佛二菩萨二力士。佛残高110厘米，内着僧祇支，系带下垂，外披双领下垂式袈裟，结跏趺坐于方座上，衣裾垂于座前，身后浮雕舟形背光。二菩萨残高80厘米，侍立于半圆台上。西壁力士通残高90厘米，立于山形台上。二力士脚下各雕一狮子。

保存现状：龛两侧残损，东侧力士台下有一残孔与第151窟檐相通。龛内造像头部均残。东侧力士及力士脚下的狮子仅留痕迹。

图233 第147龛平、剖面及立面展开图

图234 第148龛平、剖面及立面展开图

第148龛

位置：窟群中段上层，位于第147龛上方，坐南面北。

时代：唐

形制：平面方形，圆拱顶方形龛，低坛基。龛高87、宽80、深40厘米。坛基高16、深7厘米。

造像：龛内雕一佛二弟子二菩萨。佛残高75厘米，身着双领下垂式袈裟，结跏趺坐于方座上。二弟子二菩萨侍立于两侧低坛上，弟子残高47厘米，菩萨残高46厘米。

保存现状：龛东壁上角凿一凹槽。龛内造像风化严重，面部模糊不清。

第149窟

位置：窟群中段上层，位于第150龛上方，坐南面北。

时代：隋

形制：平面半圆形，穹隆顶小窟。窟高110、宽90、深60厘米。方门，高95、残宽70、深10厘米。

造像：窟内雕一佛二菩萨二弟子。佛残高90厘米，结跏趺坐于方座上，袈裟垂于座前。菩萨通残高80厘米，宝缯垂肩，下着裙；弟子通残高80厘米。均侍立于两侧圆台上。

保存现状：窟门西侧残损，造像风化、毁损严重，佛头部残损，菩萨、弟子面部模糊不清。

第150龛

位置：窟群中段中层，位于第151窟上方，坐南面北。

时代：唐

形制：平面半圆形，圆拱顶浅龛。龛高65、宽60、深20厘米。

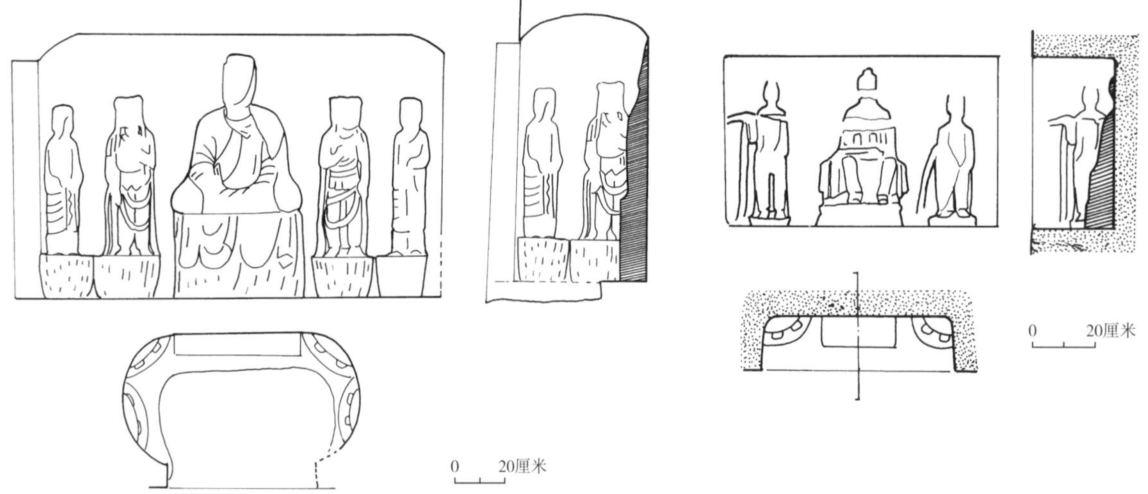

图235　第149龛平、剖面及立面展开图

图236　第150龛平、剖面及立面展开图

造像：龛内雕一佛二菩萨。佛残高 50 厘米，善跏趺坐于方座上。二菩萨残高 40 厘米，侍立于两侧圆台上。

保存现状：龛顶部风化。龛内造像风化严重，头部均残。造像衣纹不自然，似为后人所改造。

第151窟

位置：窟群中段中层，位于第 150 龛下方，坐南面北。窟口北偏西 5 度。

时代：隋

形制：平面近方形，穹隆顶，低坛基，不规则梯形窟门。窟高

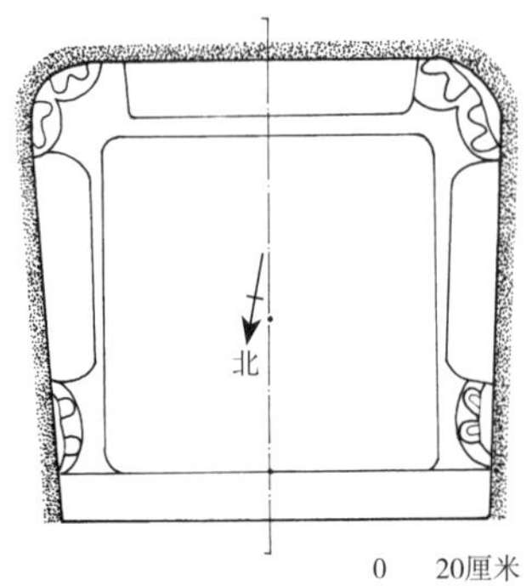

图237　第151窟平、剖面及立面展开图

图238　第151窟右壁佛像

130、宽120、深100厘米。坛基高18、深15厘米。门高105、宽65、深12厘米。

造像：窟内正壁（南壁）雕一佛，佛两侧各雕二菩萨。东、西壁各雕一佛。门内两侧各雕一弟子。造像均雕于低坛上。主尊佛残高96厘米，结跏趺坐于方座上，内着僧祇支，腰束带，外披双领下垂式袈裟，左手置于腰际，右手上举于胸前。两侧双身菩萨残高65厘米，宝缯垂肩，身披璎珞，帔巾下垂，侍立于圆台上。东西两壁佛残高90厘米，身着圆领通肩袈裟，结跏趺坐于方座上。窟门东侧弟子通残高60厘米，身披袈裟侍立于圆台上。

题记：窟西壁佛头内侧墨书："原州崇宁寺僧□□□□"

保存现状：窟门西侧及顶部毁损，窟顶风化严重。造像头部均残，西壁外侧弟子已毁。

第152龛

位置：窟群中段中层，位于第151窟东南侧。坐东面西。

时代：唐

形制：方形浅龛，高42、宽44、深8厘米。

造像：龛内雕一佛二菩萨。佛残高43厘米，身着双领下垂式袈裟，结跏趺坐于方座上，左手抚左膝上，右手抬至胸侧，掌心向前。二菩萨残高43厘米，侍立于两侧，帔帛自肩垂下，一手屈起，一手下垂握巾。

保存现状：龛顶残损，与第153龛相连通，龛内造像头部均残。

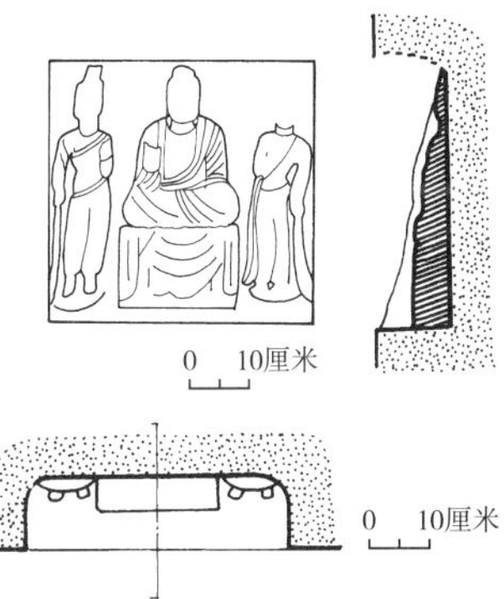

图239　第152龛平、剖、立面图

第153龛

位置：窟群中段中层，位于第151窟东侧。

时代：唐

形制：方形浅龛，高50、宽48、深20厘米。

造像：龛内雕一佛二菩萨。佛残高45厘米，身披双领下垂式袈裟，结跏趺坐于方座上，座下浮雕壶门。二菩萨残高32厘米，侍立于两侧方台上。

龛外南侧阴刻："咸通七年□□十二日岁……"

保存现状：龛顶及底部残损，龛顶北角有一小孔与第159龛相通。龛内造像头部均毁，衣纹不存，似为后代改凿。

图240　第153龛平、剖、立面图

第154龛

位置：窟群中段中层，位于第155龛下方。

时代：唐

形制：圆拱顶浅龛，高50、宽35、深16厘米。

造像：龛内残存一佛一菩萨。佛通高42厘米，着双领下垂式袈裟，坐于方座上。南侧菩萨残高35厘米，侍立佛侧。

保存现状：龛形残损严重，北壁损毁。龛外南壁下方凿一桩眼。龛内造像面部模糊，北侧菩萨已毁。

第155龛

位置：窟群中段上层，位于第149龛北侧。

时代：唐

形制：平顶方形浅龛，高60、宽55、深20厘米。

造像：龛内一佛二菩萨。佛通高52厘米，结跏趺坐于方座上，二菩萨侍立两侧，残高42厘米。

保存现状：龛底及北侧已毁。龛内造像风化严重，头部均残。

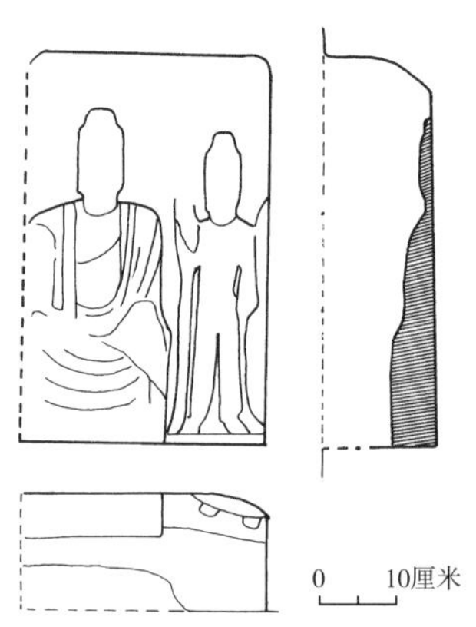

图241 第154龛平、剖、立面图

第156龛

位置：窟群中段上层，位于第158龛上方。

时代：唐

形制：方形浅龛，高40、宽50、深8厘米。

造像：龛内雕一佛二菩萨。佛残高40厘米。南侧菩萨残高40厘米，佛和北侧菩萨下部残。

保存现状：龛底及北下角毁损，造像头部均残。

图242 第155龛平、剖、立面图

第157龛

位置：窟群中段上层，位于第156龛北侧。

时代：唐

形制：方形浅龛，高45、宽50、深10厘米。

造像：龛内雕一佛二菩萨。佛残高40厘米，着双领下垂式袈裟，坐于方座上，二菩萨侍立两侧，北侧菩萨残高35厘米。

保存现状：龛底坍塌残损。南侧菩萨下半部已残损，造像头部均残。

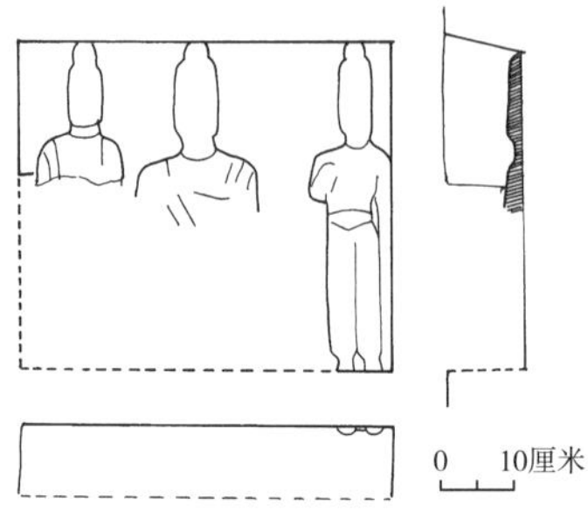

图243 第156龛平、剖、立面图

第158龛

位置：窟群中段中层，位于第159龛上方。

时代：隋

形制：平面半圆形穹隆顶龛，高115、宽120、深80厘米。

造像：龛内雕一佛二菩萨。佛残高110厘米，坐于台座上，袈裟呈四瓣下垂覆于座前。二菩萨残高70厘米，侍立于两侧的覆莲台上，北侧菩萨右手持柳枝。

保存现状：龛顶及龛底坍塌。龛内凿多处桩槽打破龛形及佛像。东壁有一斜向裂隙与第159龛相通。龛内造像毁损严重，头部残损。

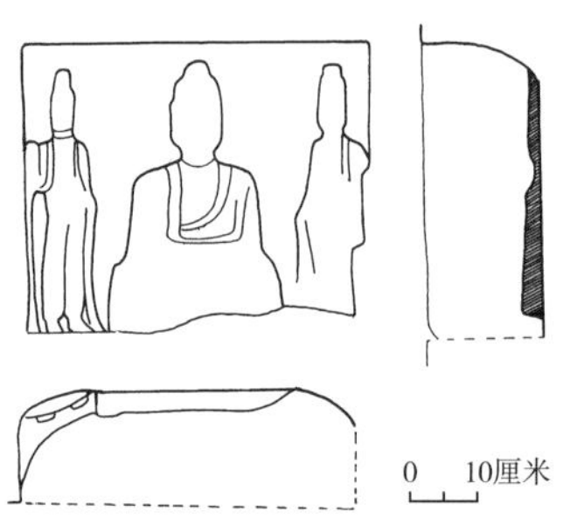

图244 第157龛平、剖、立面图

第159龛

位置：窟群中段中层，位于第162窟上方。

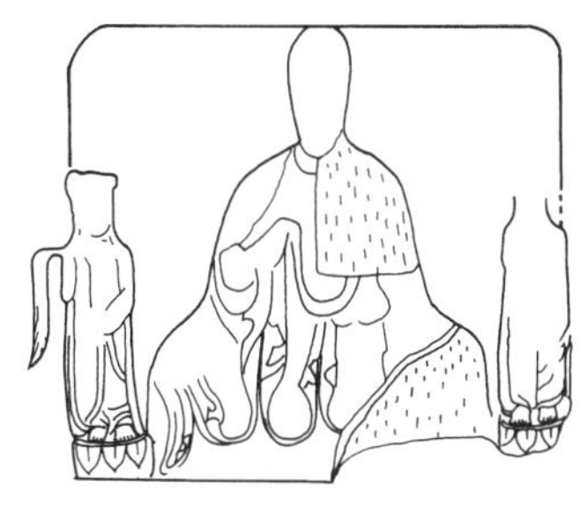

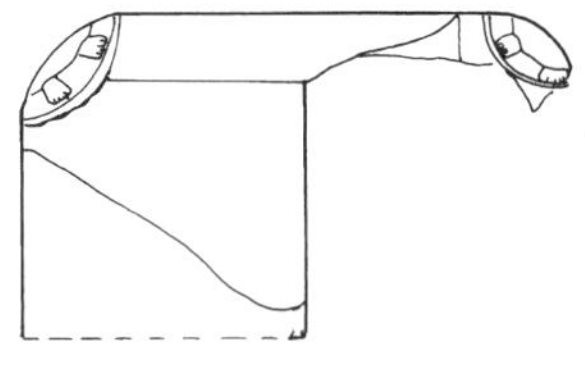

图245　第158龛平面及立面展开图

时代：隋，后代改刻。

形制：半圆形敞口大龛，高206、宽190、深80厘米。龛下浮雕长方形界栏。

造像：龛内雕一佛二弟子二菩萨二力士。佛通高135厘米，内着僧祇支，腰束带，外着双领下垂式袈裟，结跏趺坐于方座上，头部为后代草泥补修。二弟子、二菩萨侍立于两侧的圆台上。弟子残高80厘米，身着袈裟，形体粗壮矮小；北侧弟子右手上贴腹部，左手握衣裾，南侧弟子两手抱胸前，手内捧物。菩萨残高85厘米，南侧菩萨上身袒露，下着裙，戴项圈，璎珞交叉于腹际，穿于圆璧，左手持净瓶。弟子、菩萨均脚穿方头鞋。二力士雕于两侧高台上，南侧力士通残高115厘米，北侧力士通残高100厘米，二力士上身袒，下着裙。足下雕二狮，狮子残高15厘米，北侧狮子头向南而横卧，南侧狮子蹲坐。龛下浮雕供养人16身，腰束带，均着圆领窄袖衫。

题记：供养人旁原有阴刻题铭，现仅可识读的有六条，从南向北第七身“刘长涟”，第八身“检帅□崇”，第九身“校尉刘相寿”，第十身“比丘□□□”，第十四身“周先证……”，第十五身“将仕郎萧太师”。

正壁北侧墨书：“……辛子二日……/巩昌□□仁寿寺……/……县……”

保存现状：龛顶南部毁损，与第158龛相通。南壁上方有一桩眼，东壁有一斜向裂隙。龛内造像，体量均偏小，现存造像身侧有较大身体痕迹及凿纹，应为后代改刻而成。

第160龛

位置：窟群中段中层，位于第162窟南侧。

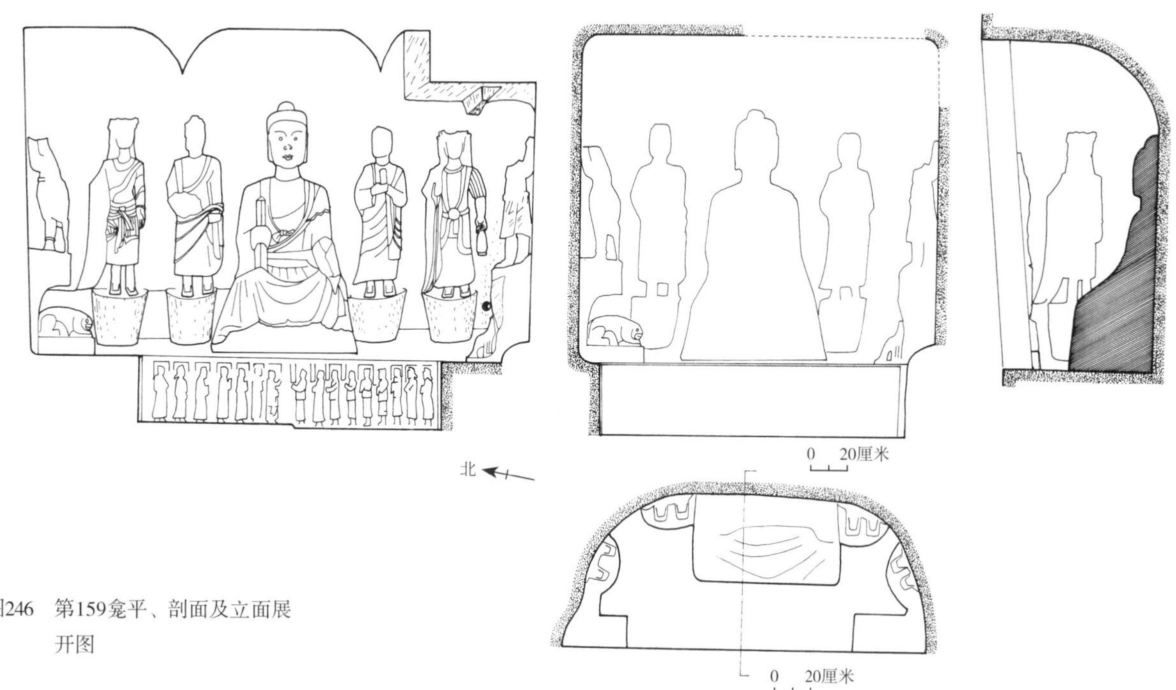

图246　第159龛平、剖面及立面展开图

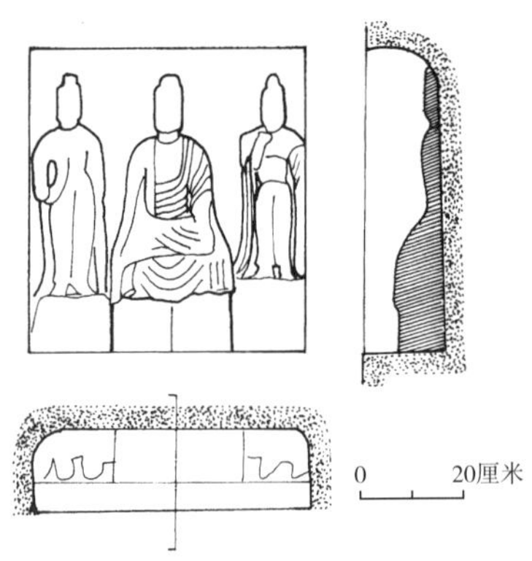

图247 第160龛平、剖、立面图

时代：唐

形制：平面长方形圆拱顶浅龛，低坛基。龛高58、宽55、深16厘米。坛基高15、深7厘米。

造像：龛内雕一佛二菩萨。佛残高45厘米，身披袈裟，结跏趺坐于方座上。二菩萨残高40厘米，侍立于两侧低坛上。

保存现状：龛北壁及下部毁损。龛内造像头部残损，衣纹较清晰。

第161龛

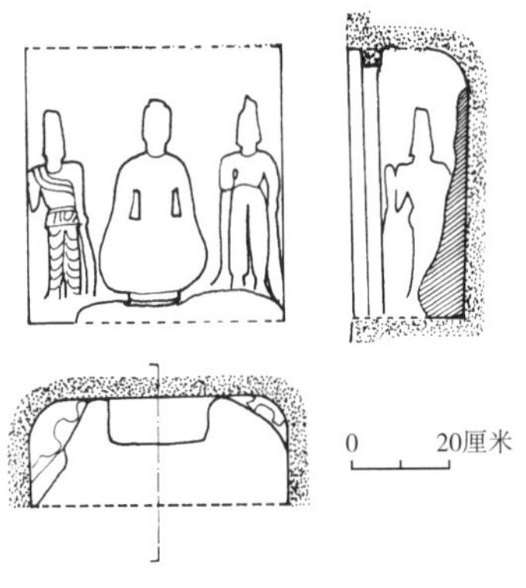

图248 第161龛平、剖、立面图

位置：窟群中段下层，位于第162窟下方。

时代：唐

形制：平面半圆形，方形浅龛。龛高50、宽58、深20厘米。

造像：龛内雕一佛二菩萨。佛残高40厘米，坐于束腰方座上。菩萨残高37厘米。侍立于两侧。

保存现状：龛底坍塌不存。造像风化，衣纹不清，头部均残损。

第162窟

位置：窟群中段中层，位于第165窟南侧。窟口北偏西81度。

时代：唐

形制：平面椭圆形，穹隆顶，低坛基，方形窟门。窟高136、宽165、深85厘米。坛基高16、深15厘米。窟门高90、宽75、深18厘米。

造像：窟内正壁雕一佛二弟子，南壁雕二菩萨侍立，北壁雕一舒相坐菩萨和一侍立菩萨，窟门外南侧浅浮雕一天王。正壁佛残高110厘

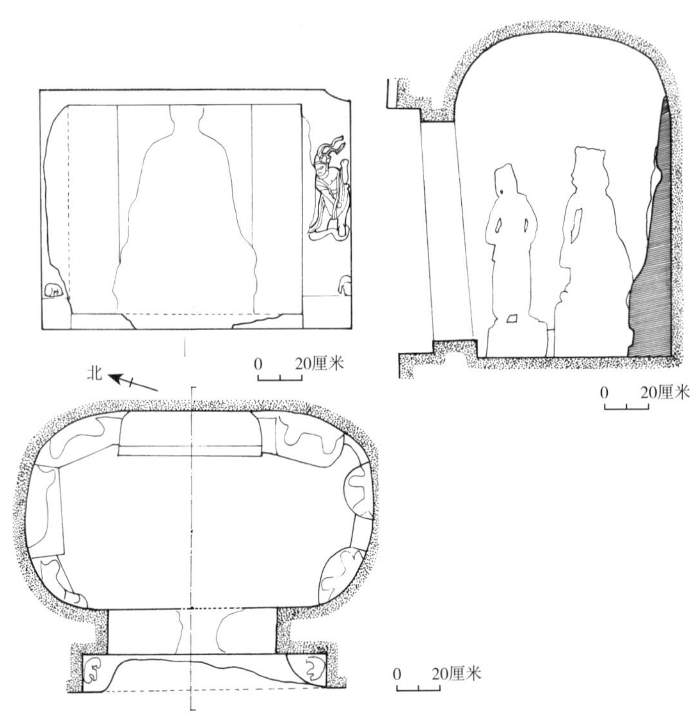

图249 第162窟平、剖面及外立面图

图250　第162窟立面展开图

图251　第162窟南壁菩萨像

图252　第163龛平、剖、立面图

米，内着僧祇支，外披袈裟，结跏趺坐于方座上，身后浮雕舟形背光。二弟子侍立于两侧低坛上，残高87厘米。南壁二菩萨残高84厘米，肩搭长巾，左手持净瓶，侍立圆台上。北壁舒相菩萨残高70厘米，坐于束腰座上；侍立菩萨残高73厘米，着长裙，立于低坛上。窟门外南侧天王残高40厘米，脚下雕一狮子。窟门外北侧下部残存一狮。

壁画：佛与北侧菩萨头部及项光处残存彩绘。

题记：窟内南壁二菩萨上方墨书："寒平□□乾隆十八年正月十四日"；另书"乾隆十一年……"

窟内西壁顶部墨书："崇宁……"

保存现状：窟门内北侧残损。北侧天王已毁。东壁有两道裂隙。窟内造像头部均残。

第163龛

位置：窟群中段中层，位于第165窟南侧。

时代：唐

形制：平面半圆形，方形浅龛。龛高50、宽45、深20厘米。

造像：龛内雕一佛二菩萨。佛残高40厘米，着双领下垂式袈裟，结跏趺坐于方座上。二菩萨残高36厘米，侍立于两侧。

保存现状：造像风化严重，面部模糊不清。

第164龛

位置：窟群中段上层，位于第165窟南侧。

时代：唐

形制：平面半圆形，方形浅龛。龛高45、宽40、深20厘米。

造像：龛内雕一佛二菩萨。佛残高40厘米，着双领下垂式袈裟，坐于方座上。二菩萨残高30厘米，侍立于两侧。

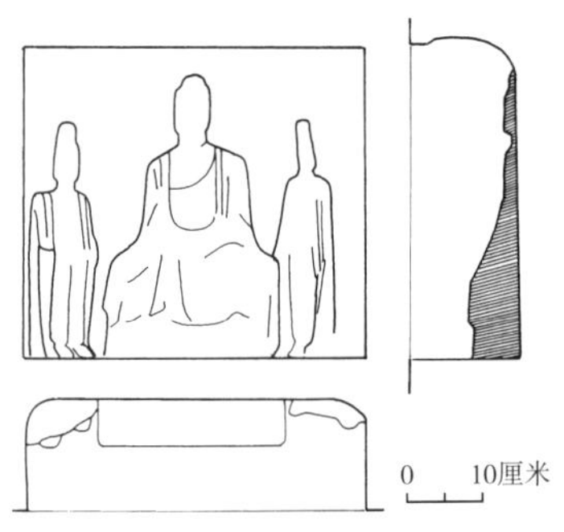

图253 第164龛平、剖、立面图

保存现状：龛形较完整。龛内造像风化严重，头部均毁。

第165窟

位置：位于窟群正中间。窟口南偏西72度。

时代：北魏永平二年（509），宋、元、明、清重修。

形制：平面横长方形，覆斗顶大窟。窟高1400、宽2170、进深1570厘米。窟内四壁凿坛基，坛基高90厘米，东壁（正壁）前坛基深240厘米，南北两壁前坛基深196厘米。宋元时期，用雕砖对坛基外沿进行了砌护，高120厘米。东、南、北三壁有舟形浅龛。窟门内为方形，外饰盝形垂幕（残）。门高455、宽300、深190厘米。窟门顶部有明窗，明窗为盝形顶，高226、宽182、深187厘米。

造像：窟内造像主尊为七佛，胁侍菩萨共十身，前壁南北两侧雕交脚菩萨、善跏趺坐菩萨各一身，前壁门南侧雕骑象菩萨一身，北侧雕阿修罗天一身。分述如下：

东壁（正壁）雕三身立佛（1、2、3号像）和四身胁侍菩萨（8、9、11、12号像），佛高800厘米，菩萨高400厘米。

1号像：佛，居于正中，磨光高肉髻，阴刻白毫，面相方圆，细眉大眼，鼻大唇厚，脖粗肩窄，内着僧祇支，胸部束带于前打结，外着双领下垂式袈裟，右手施无畏印，左手与愿印。腹部高起，昂然挺立，表情沉稳严肃。面部原为贴金，现氧化变黑，双手曾涂泥维修，现部分泥层脱落，露出原来石雕原状。

2号像：正壁北侧佛，与正中佛形体相近，面部涂橙色。

3号像：正壁南侧佛，较正中佛清秀，面形略窄，鼻高口小，作施无畏印和与愿印。

8号像：1号像北侧胁侍菩萨，头戴四方小冠，上饰花鬘，高鼻小

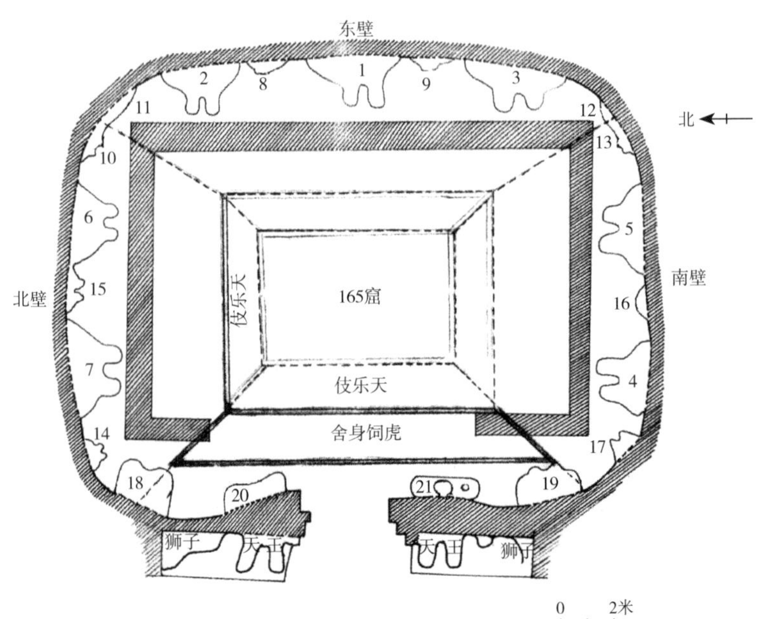

图254 第165窟平面图

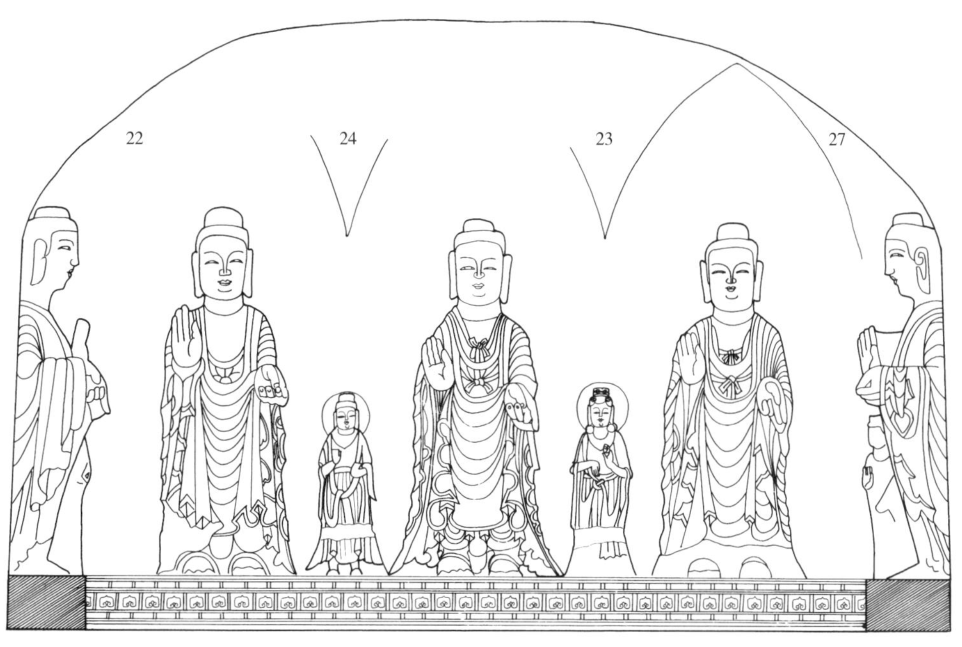

图255　第165窟东壁（正壁）立面图

口，嘴角向上微翘，面带微笑，表情和善。头后浮雕圆形项光，戴宽项圈，上身袒露，下着长裙，帔巾自肩部下垂，于腹际交叉。右手上举，五指并拢，掌心向前，左手持一物。

9 号像:1 号像南侧菩萨，表情基本与北侧菩萨相同，帔巾在腹前穿璧交叉，经手臂向外自然下垂，右手置于胸前，手指向下微屈，左手向上捧一花蕾。

10、11 号像：北壁东端和东壁北端二菩萨，基本形象与中间菩萨相同，头戴方冠，上饰两朵小花鬘。10 号菩萨脑后两侧贴壁雕燕尾形宝缯，帔巾自肩垂下在腹前穿璧交叉，二菩萨面部为土红色，用石绿色涂胡须和眉毛。头后浮雕项光，项光上及壁面有历代留下的彩绘、火焰纹饰，背光边沿有化佛。下颌及下半身风化较为严重。

12、13 号像：东壁南端和南壁东端二菩萨，头上束发，结方髻冠，袒上身，下着裙，帔巾绕身，中穿璧。12 号菩萨左手上举持花蕾，右手置腹际。13 号菩萨圆形髻冠，上饰花钿。左手置腹际，右手举胸前。二菩萨面部均被后代涂白。此二像后代用草泥修复较多，风化较严重。

23、24 号区：东壁上部佛像身光之间的壁面浮雕，即 1 号像、3 号像之间和 1 号像、2 号像之间。前者一长方形龛居中，龛内刻一坐像，上有华盖、人物下有狮头；后者一长方形龛居中，龛内刻一坐像，上有屋顶、二人物和展翅的鸟，下有四人供养。二图组合似为“维摩变”。

27 号区：东壁与南壁相交处，下层凿并排三个尖拱形龛，内雕面西结跏趺坐的三身佛。中层刻相向跪坐二西域式人物，高髻，上衣右

图256 第165窟北壁立面图

袒，下着短裙，各手持矩尺等物，似表现“习工巧明”。上层刻一坐佛及一茎莲花，花上露出三童子头，当为莲花化生。其上浅龛内中间方形界栏（应为题榜，未见字迹）两侧一对猕猴相向蹲坐，手中捧物，应为“猕猴献蜜”故事。

北壁雕二身立佛（6、7号像）、三身胁侍菩萨（10、14、15号像），佛高800厘米，菩萨高400厘米。佛作磨光高肉髻，头大面宽、鼻高唇厚、体态雄健，造型粗犷。菩萨也较为粗壮，中间15号菩萨束发上结髻，圆形髻冠，前饰花钿，裙帔装，右手举于胸前，左手自然下垂，敷有泥质重修层，形象完整。西侧14号菩萨束发上结髻，圆形髻冠，裙帔装，右手胸际握摩尼珠。敷有泥质重修层，虽形象完整，彩画明丽，但对原作改动较大。头后均有圆形浮雕项光。

22号区：北壁与东壁相交处，下层浮雕一束腰方台，台上有火焰，两边雕二人（上部残损），应为佛传故事“降服火龙”。

26号区：北壁二佛（6、7号像）身光之间，浮雕三排人物。上排九人，有弹弦、吹奏的人物。西侧有二人坐姿，一人用刀割自己腿上的肉，另一人手中捧物（鸽），应为“尸毗王割肉贸鸽”本生故事。中排为二结跏趺坐佛，中间雕一飞天。下排浮雕双手合十的二弟子。上排浮雕人物上方又刻有两身凌空飘舞的飞天，手捧花盘，回首相望。

图257　第165窟南壁立面图

25 号区：北壁西端菩萨（14 号像）上方壁面刻数身千佛，其上沿 7 号像身光西沿自下而上浮雕一人跪坐合十、一人似双手举物于头上、一人跏趺坐、一人伏跪叩首于地上，均朝向东，伏跪者之上一人面东而坐，与一立者相对。另于 14 号菩萨左侧彩绘祥云碑榜上方开一圆拱形浅龛，龛内雕一结跏趺坐佛和二弟子。

南壁雕二身立佛(4、5 号像)，三身胁侍菩萨（13、16、17 号像）。佛高 800 厘米，菩萨高 400 厘米。佛作磨光高肉髻，高鼻小口，面相清秀，内着僧祇支，束带于胸前打结，东侧佛（5 号像）束带打结后从衣外下垂。两佛均外披双领下垂式袈裟，作施无畏印和与愿印。体态虽雄健，但较北壁佛俊秀，雕刻刀法细腻。菩萨头戴小方冠，上饰以花鬘，上身袒露，下着长裙，肩披长巾，帔巾于腹际穿璧后下垂。中间 16 号菩萨右手置胸前，掌心向外，左手抬起自然贴胸。小方冠上无花鬘，帔巾于胸前交结下垂。西侧 17 号菩萨头部和下颌风化严重，身着袈裟，双手合十。胁侍菩萨均有浮雕圆形项光。造像下部普遍风化脱落严重。

29 号区：南壁西端，浮雕一凌空向下飘落的裸体飞天。飞天上方开方形浅龛，龛内并排雕二结跏趺坐佛。以上浮雕模糊不清。

西壁（前壁）窟门两侧靠近南、北壁各雕一菩萨像（18、19 号像）；门两侧二像，南侧为骑象菩萨，北侧为阿修罗像（20、21 号像）。

19 号像：位于窟门南侧靠近南壁雕一善跏坐菩萨，高 580 厘米，头戴六棱方冠（冠上原雕饰莲瓣，现残损），面方颈长，嘴角略上翘，脸带微笑。戴宽项圈，圈下挂璎珞珠串等饰品，身披帔巾，下着长裙，帔巾自肩向下于腰部穿璧，至腿部向外搭垂。右手上举，掌心向前（手

图258　第165窟西壁立面图

指残），左手置于左膝盖上，手中握一花蕾，并足分膝而坐。

21号像：位于窟门南侧，雕一骑象菩萨，高305厘米。菩萨舒相坐于象背，雕圆形项光，方形小冠，宽项圈，身披帔帛，下着长裙，帔巾穿肘自然下垂。右手举于胸前，左手抚左膝，右腿下垂，左脚置于右膝上，面带微笑。身后雕一小弟子，半跪于象背，双手捧花蕾，身披袈裟。菩萨前雕一驭象奴，上身袒露，下着莲叶形短裙，双手捧驭象棒，双膝跪于象颈部，怒目锁眉，神色严厉。门南侧（骑象菩萨前）距地面200厘米处有一阴刻彩绘界栏，栏内线刻一尊身着汉装官服的供养人，身高83厘米。似为元代作品。

18号像：位于窟门北侧靠近北壁，雕一交脚菩萨，高580厘米，头戴四方冠，宝缯从头后两侧飘起，面带微笑，颈带宽项圈，上身袒露，下着长裙，帔巾自肩向下于胸前穿璧后自然下垂，右手前举，掌心向前，左手掌心向上置于左膝上。此造像较南侧菩萨（19号像）更为粗壮雄健。

20号像：位于窟门北侧，雕一阿修罗王像，高305厘米。为三头四臂，身躯丰硕强壮，正面头顶部低平（残），额上发际清晰，方形脸，大鼻（残）厚唇，表情和善；两侧头为落发的僧形，怒目锁眉。

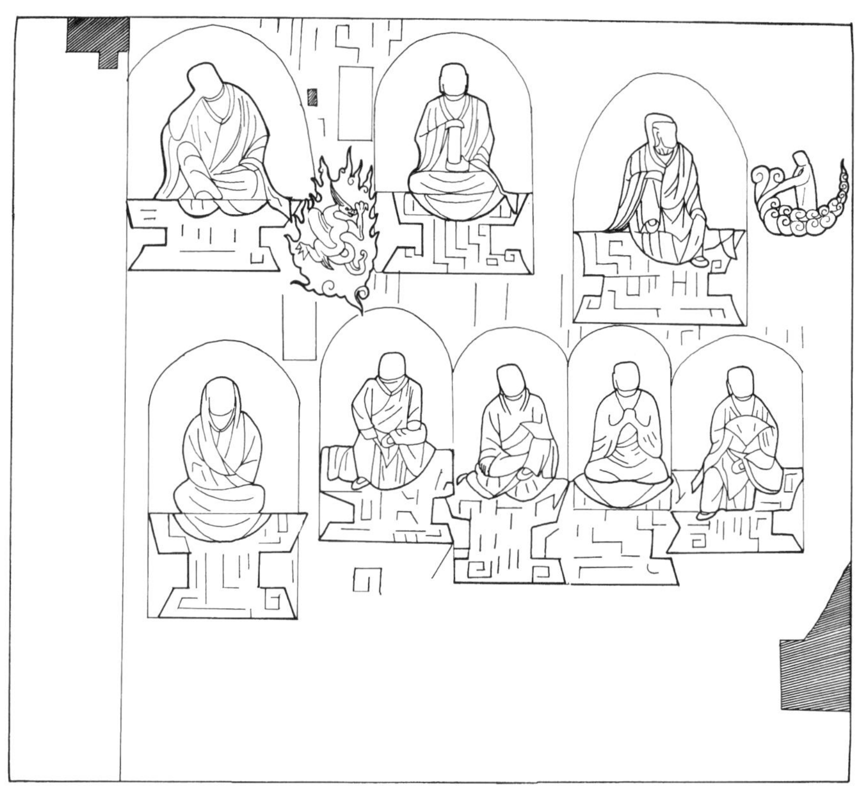

图259　第165窟明窗南壁立面图

上两手持日、月，下两手右握降魔杖，左手持很短的尖形法器。下半身为一方形台座，后人用泥补修成结跏趺坐的腿形。身后浮雕山峦形和祥云。阿修罗像右侧于壁面开一竖长方形浅龛，高35、宽24、深3厘米，内雕一佛二弟子，佛高34厘米，结跏趺坐于方座上，座高10厘米；衣裙垂于台前，弟子高13厘米，侍立于两侧台上，造像面部均残。

30、31号区：窟门内上方明窗南北两侧，浮雕千佛。30号区即明窗南侧，开两排尖拱形小龛，每龛内雕一结跏趺坐佛，一排九身，两排共十八身。31号区即明窗北侧，开一排尖拱形小龛，每龛内雕一结跏趺坐佛，九龛九身。所有千佛造像均半侧，面向南、北壁大佛。

窟顶西披浮雕本生故事画面，自上而下：

35号区：即窟顶部西披，中间雕一博山炉，炉两侧雕二飞天，飞天上下雕圆莲。

34号区：即西披中层，故事因风化，难以辨认，北侧似刻有屋宇、人物。

33、32号区：即西披下层，自北向南浮雕本生故事“舍身饲虎”五组画面。第一组为一座硬山顶的殿堂，堂内一人作半卧状，有二人坐于其身后，堂外山墙下有一仰首站立的马，墙后有一怪兽。相邻的另一座硬山顶殿堂内二人并坐，殿堂外一人拱手而立。第二组雕一贵族衣装的人倒地，身后二侍者劝慰。第三组雕数人并排站立，似在为人送行。

图260 第165窟明窗北壁立面图

第四组雕山林中一人躺于地上，一老虎举步扑去，林中小虎向下张望。第五组雕山林中僧人们修行、跪拜。整个披面边沿浮雕梯形界栏，其上装饰团花忍冬纹等图案。

窟内佛、菩萨像原均有彩绘，佛衣袈裟以铁红为主色，有蓝、紫、白等色衣纹，佛、菩萨面部和手原施肉色，正壁主尊佛面部和手原为贴金。现在佛面部及服饰的色彩为元代彩绘，多已氧化失真。晚清时在菩萨脸上涂以白色。

窟顶明窗南北壁，宋代雕刻有十六罗汉；窗外北侧面西又雕一高一低二身供养弟子。

明窗南壁分为两层。上层为三个圆拱形浅龛，龛高40厘米，每龛内雕一罗汉像，高30厘米，均披袈裟，坐于束腰山岩座上。东侧罗汉盘左腿，右腿屈起，右肘置右膝上，右手支颐，左手置于左腿上，作思惟状。左前方龛外下部浮雕一条盘龙，朝向窟内，云霭火焰围绕，非常生动。此龛内应为“降龙罗汉”。中间罗汉正面，结跏趺坐，两手一上一下捧持一矩形物。东侧罗汉左腿下垂，右腿屈起，右脚踏座上，右手搭在右膝上，左手抚左腿，仰面望向窟内，显现出心旷神怡的样子。在其眼前，雕一较小人物驾一朵祥云，似凌空飘然而来。下层五身罗汉，形体略小于上层，有

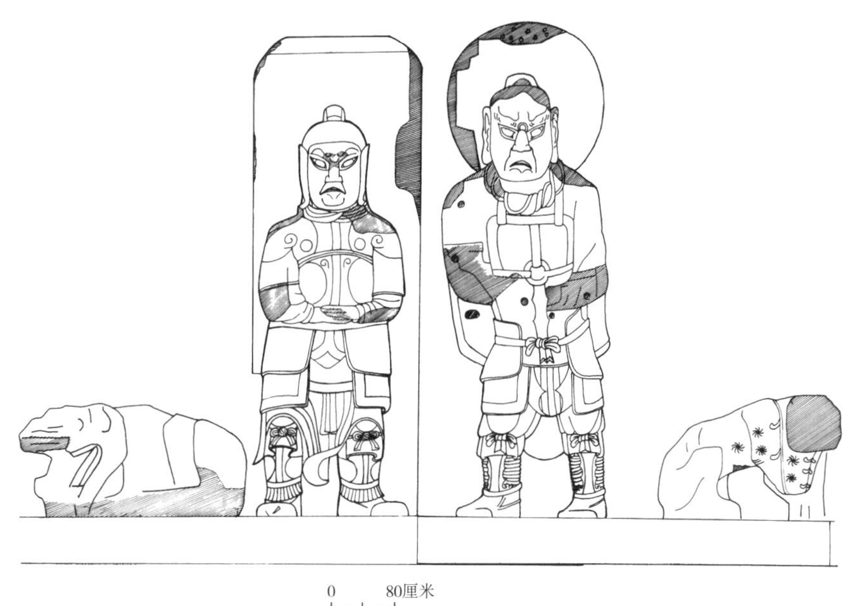

图261　第165窟窟门外天王像、狮子

结跏趺坐作禅修状的，有舒相坐作思惟状的，有双手抱胸前作默念状的，表情各异，栩栩如生。东端一身袈裟覆头。

明窗北壁，亦开八浅龛，分为三层，每龛内雕一罗汉，共雕八身罗汉，形体大小与北壁相同。上层两龛靠近东端，二罗汉稍侧身而坐，面带微笑，似在窃窃私语。中层三龛，西侧罗汉半跏坐，面对身前一蹲虎，左手抬于胸前指虎，右手抚膝，此应为“伏虎罗汉”。中间罗汉拢手于袖中，善跏坐。东侧罗汉拱手合十结跏趺坐，似在习禅。下层三身，西侧二身靠近西端，为不同姿势的游戏坐，其一袖手拱于胸前，另一执一环状法器，表情严肃；东侧一身满面须髯，怒目锁眉，双手捧物于胸前结跏趺坐。

窟门外雕二天王，北侧天王身高 577 厘米，头戴尖顶兜鍪，身穿铠甲，下着战裙，脚蹬毡靴，两手相叠平放于胸前，两眼圆睁，双眉斜立，面容忿怒；南侧天王身高 570 厘米，戴束发冠，身着铠甲，两手残，面容忿怒更甚于北侧，极具震慑力。天王两侧雕二狮。北侧身长 280、高 132 厘米，张开大口，作伏卧状，胸腹触地；南侧身长 228、高 144 厘米，头部残失，躯干胸前阴刻漩涡状狮毛，作蹲立状。

窟内地面正中立一石雕灯台，通高 238 厘米。灯碗呈八角形，油池内圆，高 20 厘米。灯柱八棱形，高 157 厘米。灯座为方形，上呈八角形，高 46 厘米。整体砂岩雕刻而成，为明代正德元年 (1506) 镇原五泉里人安泰冯氏所供养。

壁画：正壁（东壁）中部，残留宋元时期的壁画和彩绘，内容为火焰纹佛背光，背光边沿有彩绘化佛，主尊两侧壁面有两方彩绘的碑形题榜，莲叶碑首，莲花碑座。北壁西端胁侍菩萨左侧有彩绘祥云和莲花座碑形题榜。全窟彩绘约 70 平方米。

题记：窟内外题记较多，现分别抄录如下：

窟内东壁墨书：“惟大明国陕西西安府僧人……／陕西□□指挥将军前……永乐十三年六月初九日……”

窟内东壁主尊左侧一红色方形题榜，其上彩绘莲叶华盖，下绘绿色仰莲座，题榜内墨书：“大元至正元年七月上旬初一日／镇原州石窟寺妆銮七／佛圣像本院僧／住持通辩广德大师□迹／提逢唯际唯果提点唯灌唯俨寺主唯□了悦／监寺唯森唯频副寺唯冋稽□识哲／钱帛义倚义霖苍主唯□唯缘库主了珂识宝／岁主唯□唯□殿主唯深唯润侍者唯海唯德／尊宿义全了祐支客识就圓岁性祥／待诏德悟法显法潭法谥／前住持／宣授妙辩真行大师讲经沙门义融”。

窟内北壁二佛中间墨书“□□至正十一年七月二十五……／……岁次□□□□□大佛三尊……”

“……同乾高□颊事官□时□□四年初七日……”

窟内北壁西侧胁侍菩萨左上墨书金文江诗：

“石佛古迹天生全，青龙抱头白虎眠。

前有浪浪千尺水，后有叠叠万层山。

遥瞻古寺石岩边，其迹历数千万年。

殿阁巍峨当凤岭，院宇辉煌有龙泉。

时逢己巳天旱极，众社焚香祈祷雨。

上天若知诚心意，即降甘霖保民安。

戊辰己巳人不忙，大劫造定莫躲藏。

富家易积金千两，贫者唯余酒一觞。

国乱年荒不必提，人皆每日望云霓。

无端蹂躏谁堪解，逃过此劫有天梯。

石佛古洞几千秋，景物非凡在此留。

鸟舒双翅树间语，鱼现五色水内游。

兵旱劫杀贫富遭，同心向善方可逃。

二年未降甘霖雨，饮有菜羹食无糟。

己巳瓜月望午拜佛心中有感，子清题诗五首”（金文江，字子清，寺沟川人，晚清儒生生员，未做官，久居其家，在寺院洞窟多有题诗，现大多剥蚀漫漶）。

窟内北壁墨书：“至正十一年……”

窟门道北壁上部墨书：“时皇明嘉靖二年岁次□□五月初一日镇原县在城里／部运义官张翰英字世傑／因过石窟拜佛金像书记而去。”

窟门道北壁上部又书：“洪武甲寅春三月初八日／天台石潭王泽州润出□劝农事本因游石窟拜佛金像而去书此以□曾游。”

窟门内北侧上部阴刻：“政和戊戌夏五月甲辰／大帅种公统五路兵出／ 鄜延郡倅钱坚迎谒／境上因率巡检祁谨权／邑淳于铎县尉元沣工／曹范直方同过彭阳石／窟寺回中宋延年继至／相与留连抵暮而归”。

窟门内北侧中部墨书：“万历五年七月十六日肖春赵子适／过此幸

一瞻□□忽雷雨大作乃得五言律／巍峨石山寺奇工信匪人昔年／遥寂怅今日得登临翠柳悬岩／持青峰入户亲兹来胡阳雨大战索手吟。”

上揭下部又墨书“李廷璧同／襄陵王府内使王宗到寺瞻礼佛像□□□古迹。”

窟门内北侧中部阴刻：“蒙勉功王持正周伯容赵蓬／老以阜昌乙卯孟夏初九日／同游萍客宗林刊。”

窟门内北侧中部又阴刻：“绍兴庚申三月末蒙／勉功缘宪檄经此自／解职彭阳道复四／载光阴易得益使／人兴叹因笔以书”。

门外北侧上方阴刻：“宗𠥓图／镇原州武定乡彭阳县东大石窟寺者乃大元之前古圣迹也始于本寺开山住持历代祖师／宗派碑铭并行迷失切见宋朝已来先师起立字号计之十辈迺宗善道普子义了唯识性师／资相度迄至今载近有一辈恐后迷失宗源法属大明院沙门义融纠集本寺僧众及本处应有／各院大小法属等并咸阳县最师埪寿圣寺众法属等仝于延祐六年岁次己未季冬乙丑二／十日投七佛前焚香发愿以般若经重续后嗣十辈乃如应真实德闻悟妙智慧宗般／若者出生诸佛之母为圣凡之所依愿后远近法属仗此般若之因同证无为之果聊以直／言书于门首刊之上石后代相继者矣大元延祐七年岁次庚申仲秋乙酉南吕月圜生初／柒日记／宣授妙辩真行大师讲经律论沙门义融重续／宣授本院尊宿讲经沙门义胜／宣授本院主持讲经沙门义玉／副院镇原州僧副义金／讲经沙门了祐了智了源了才了来□等。”

窟门外北侧门框阴刻：“正德元年正月十五日镇原县五泉里发心重修灯施主安泰同室人冯氏。”

窟门外北侧上方阴刻：“皇统甲子中春社日郑彭寿／携家来游常皋赵正卿预焉／男彦申彦平彦文彦龄甥／邦彦时彦侍海凝海端同至。”

窟门外北侧下方阴刻：“朝散郎通判原州夏大部□郡／历诸镇点季因游石窟礼大像／巡检武翼郎索安尉成忠郎／王舜臣前监酒保义郎李震／同至时建炎三年七月二十有二日／翌日□白箫雨憩此县令郭圀□□□。”

窟门外北侧天王南侧阴刻：“提副高有邻囸囦而去／明昌癸丑七月廿五日／从行人题……”

窟门外北侧天王左腿上阴刻：“靖康元年四月／四日……”

窟门内南侧阴刻：“洪武廿八年八月初十日。”

窟门内南侧上部阴刻：“宣和五年寒食日／彦远德夫冲之上功同至。”

窟门内南侧中部阴刻：“东沂新太主／洙道源重和／二年二月二日／挈家游此男汝／翊汝贤侍行。”

窟门内南侧又阴刻：“□潮过此瞻礼石像一夕／古原州道济之官北豳辛丑六月。”

窟门内南侧下部阴刻：“奇工怪迹孰雕镌闻说神灵／造胜缘高廓一龛开古佛并／包万象见西天僧为早（优）钵岩／前释民是桃源洞里仙何

必 / 空同为隐逸此中真可老参禅 / 空同逸人宋万年自 / 庆阳还泾渭过此偶 / 作时仙尉王良辅里 / 人杨几先曹季霖白 / 泽民王用之赵蓬老 / 安敦仁同游承院室 / 惠师出醪馔至醉言 / 归建炎戊申季秋廿 / 有五日。”

窟门外南侧阴刻:“开封程述几圣浛檄彭 / 阳巡检柏信诚之簿主 / □和育之令蔡安时居 /圀绍圣乙亥仲夏十三 / 日同游观览移时还县。”

窟门外南侧上方阴刻:“……余因□游囙率 / 诸同僚闲游石窟寺作 / 小诗故书以为异日之记 / 水云深处藏何寺石窟泾从几世传 / 我苦劫尘名利役暂游真境欲忘筌 / 绍圣戊寅三月中休日。”

窟门外南侧中部阴刻:“崇宁二年二月念三日清明 / 邑令高道华挈家游此 / 敬礼如来抵暮还邑 / 男寿翁侍行。”

窟门外南侧下部阴刻:“皇统丁卯冬十月三日庞仲由 /靣守义渠过宝岩瞻礼 / 圣像叹灵迹之奇怪命下 / 客崔可宪书记一时诡异之记。”

窟门外南侧天王北侧上部阴刻:“窟宅广深高大凿之者其神欤余 / 尝游回中之龙翔寺与南山之庆寿 / 寺方此其陋矣夫长安何圐德因题 / 石之有窟非一日之功也其工非一人之力也 / 以余今之望昔□相后千百世之人之 / 望余今日也戊寅岁孟秋廿有四日□□。”

窟门外南侧天王北侧下方阴刻:“二月晦日邑令东都高道 / 华居实以都巡通许介天 / 祐吉老招游此时群山铺 / 翠万花争红幽禽发声 / 清泉泻韵山间佳趣斯尽 / 之矣……”

窟内西壁乘象菩萨上方墨书:“平凉府镇原县在城里中街居住信士段贤睿为 / 悟(巫)赖打死人命含冤□ / 乙丑年七月十四日早到虔心奉 / 礼祈诰万岁佛我万万 / 佛吾是戊子年壬戌月己卯日 / 庚午时维有孛星打绞可 / 出外之保佑吉祥 / 如意。”

窟内西壁南侧乘象菩萨头前墨书:“大明国陕西等处庆阳府安化县董志里人氏在於镇原县双屯里石窟寺住持僧人曹祖宽师兄曹圣祖师弟曹祖海、保延室人袁氏长男曹道科曹官保曹□元。”

“隆庆四年重修石窟寺保祐一家大小人口平安孳畜兴旺乙□二六时中吉祥如意”。

窟内西壁供养人面前墨书:“大清乾隆六十年岁次乙卯三月十七日……”

窟内西壁阿修罗像右手法器上端墨书:“嘉靖二十三年洮州左所千户□(侯)侍之 / 金人孙威到此观景□□□”、“嘉靖三十八年孙威又到”、“嘉靖三八……”

窟内西壁乘象奴头前墨书:“正德十年三月初十拙造。”

窟门内南侧上方墨书:“大明正德拾伍年七月廿九　镇原县逸人张伯祐祐之同男张璲张光至此瞻礼如来抵暮仆李有等侍众张□□世鸣述……”

窟门内南侧又书:“大明正德……仲春三月十五日在城里部运□□宋器到此同彭阳……”

窟门内南侧又书:“大明弘治二年乙酉秋七月……如来抵暮……”

窟门内南侧墨书:“御笔题诗不敢留小僧惊见鬼神愁常将法水频频洗上有龙光射斗牛。”

窟内西壁南侧大象头前墨书:“光绪戊申夏至/后三日/镇原县令/宋运贡游此”、“立定脚根/扫除心地/宋牧九又题。”

洞窟明窗两壁十六罗汉龛沿均有阴刻榜题，现可识读的有北壁中层自西而东三方:“施主安平刊/罗汉一尊记”、“施主安顺刊/罗汉一尊记”、“施主安固/罗汉一尊。”

明窗北壁上层东侧第一龛里壁墨书:“宁州□□王川儿到此”。两龛之间龛内墨书“陕西西路转运副使任侗驰驿自庆阳回乃来游礼石窟寺宝巘时正隆庚辰十月五日题此以志其岁月耳。”

明窗北壁上层西侧龛西墨书:“□路金正堂催三问□□□□五年五月二十三日□□镇□监□二郎君三□□游此偶题……”，“大定五年五月二十三日。”

明窗北壁中层罗汉左侧墨书“宁州县刘迪到此经过　迪念。”

保存现状:此窟是北石窟寺的重点特级洞窟，艺术造型很有特色，在全国石窟艺术中占有一定的位置，现存造像比较完整。20世纪70年代在窟外上部建造了雨棚和栈道。80年代初,加固了窟门和明窗，用水泥预制块铺整了地面。1993年安装了铁栅栏防盗门。2002年进行过抢险支顶。2005年进行了窟顶加固，在窟门外浇筑了两根方形砼立柱，支顶上部横梁和窟顶外山体二纵梁，连接窟内顶部钢架吊顶，防止了窟顶坍塌冒顶的险情病害。2006年，给窟内安装了监控报警设备。目前，窟顶及四壁下部仍有风化落沙现象。2012年5月，用青灰方砖更换铺整了窟内地面，维修了坛基，更换安装了防护栏。

第166龛

位置:窟群中段上层，位于第167龛上方。

时代:隋

形制:平面半圆形，穹隆顶方形龛，龛高120、宽106、深60厘米。

造像:龛内雕一佛二胁侍。佛残高87厘米，内着僧祇支，外着双领下垂式袈裟，束带，坐于方座上，身后浮雕舟形背光。佛座南侧雕一半蹲状狮子，南侧胁侍残高74厘米，北侧胁侍残留上半身形。

题记:正壁佛南侧墨书:“三水县人□和廿四人/岳山京□泾河/崇宁四年四月”。

保存现状:龛北侧下部残缺。龛内造像严重风化，龛北侧壁及底部被后代所凿大坑槽打破，槽内有两圆形桩洞。

第167龛

位置:窟群中段中层，位于第166龛下方。

图262 第166龛平、剖面及立面展开图

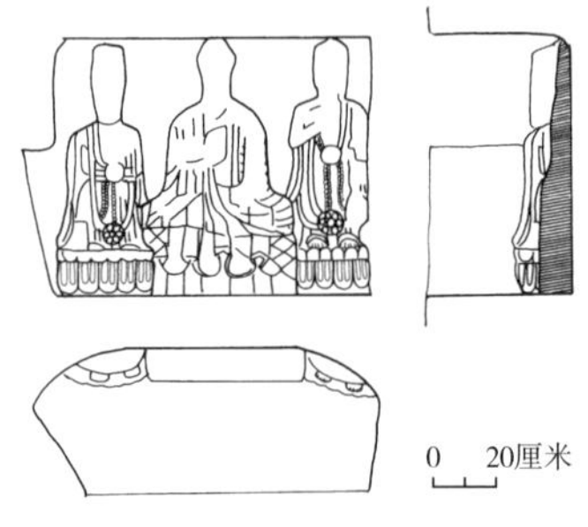

图263 第167龛平、剖、立面图

时代：隋

形制：平面半圆形方龛，高 80、宽 90、深 35 厘米。

造像：龛内雕一佛二菩萨。佛残高 80 厘米，内着僧祇支，外披袈裟，结跏趺坐于方座上，左手隐于袈裟内，右手举于胸前。二菩萨残高 77 厘米，上身袒露，下着裙，长璎珞穿璧交叉于腹际，侍立于复瓣覆莲台上。

保存现状：龛顶及北侧上部残损。造像严重风化，头部被后代凿毁，龛外南侧有一竖长方形柱洞。

第168龛

位置：窟群中段中层，位于第 167 龛下方。

时代：唐

形制：平面半圆形，穹隆顶，方形龛。龛高 77、宽 65、深 42 厘米。

造像：龛内雕一佛二菩萨。佛残高 60 厘米，着双领下垂式袈裟，结跏趺坐于方形座上。菩萨高 52 厘米，侍立于两侧。

保存现状：龛形基本完整。龛内造像风化严重，头部及上身被后代凿毁，主尊佛腿部衣纹似后代改刻。

第169龛

位置：窟群中段中层，位于第 168 龛下方。

时代：唐

形制：平面半圆形，平顶方龛，尖拱形龛楣。龛高 78、宽 72、深 44 厘米。龛内又凿圆拱形浅龛。

造像：龛内原雕一佛二弟子二菩萨二力士。佛高 58 厘米，弟子高

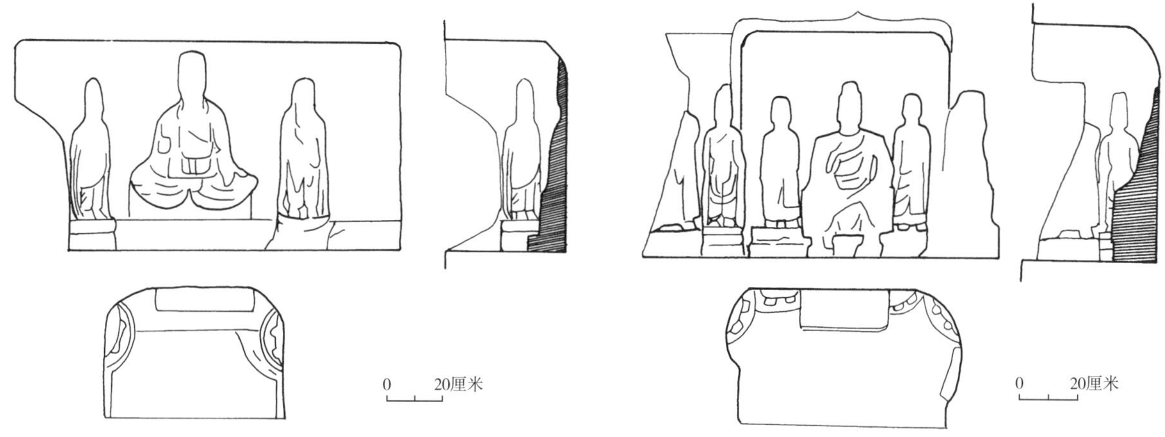

图264 第168龛平、剖面及立面展开图

图265 第169龛平、剖面及立面展开图

42厘米，菩萨高48厘米，力士高44厘米。佛着双领下垂式袈裟，善跏趺坐于浅龛内方座上，弟子侍立两侧。浅龛外两侧雕二侍立菩萨。大龛两侧壁雕二力士，侍立于两壁。龛外上部雕尖拱形龛楣。

保存现状：龛形基本完整，北侧龛壁残失。龛内造像风化严重，二力士仅留残迹，头、身均为后代人为凿毁。

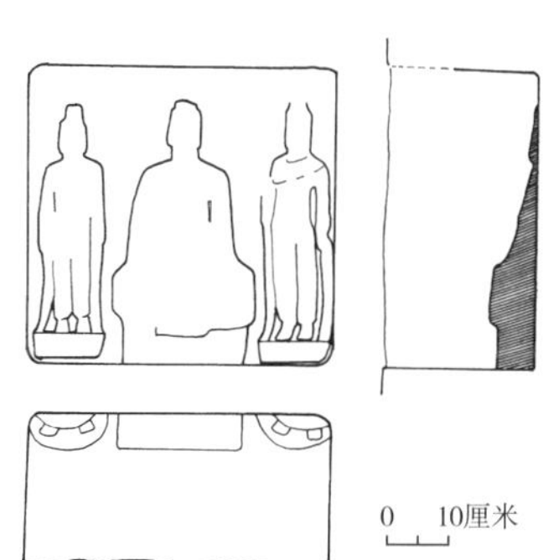

图266 第170龛平、剖、立面图

第170龛

位置：窟群中段中层，位于第169龛北侧。

时代：唐

形制：平面方形浅龛，高50、宽48、深28厘米。

造像：龛内雕一佛二菩萨。佛高42厘米，结跏趺坐于方座上。菩萨高38厘米，侍立于两侧圆台上。

保存现状：龛楣及南侧壁残损。龛内造像风化严重，头、身表面后代凿毁。

第171龛

位置：窟群中段中层，位于第172龛下方。

时代：唐

形制：平面长方形，圆拱顶龛，低坛基。龛高77、宽76、深40厘米。坛基高15、深18、宽72厘米。

造像：龛内原雕一佛二弟子二菩萨二力士。佛高50厘米，弟子高44厘米，菩萨高48厘米。佛内着僧祇支，束带于胸前打结，外着双领下垂式袈裟，结跏趺坐于方座上，双手作禅定印，佛座下雕二卧狮。二弟子着袈裟。二菩萨上身披帛，下着裙，帔巾搭于胸腹之际。二弟子二菩萨侍立于两侧。

题记：龛外下方阴刻方形界格，格内阴刻题记：“显庆元年岁/次六

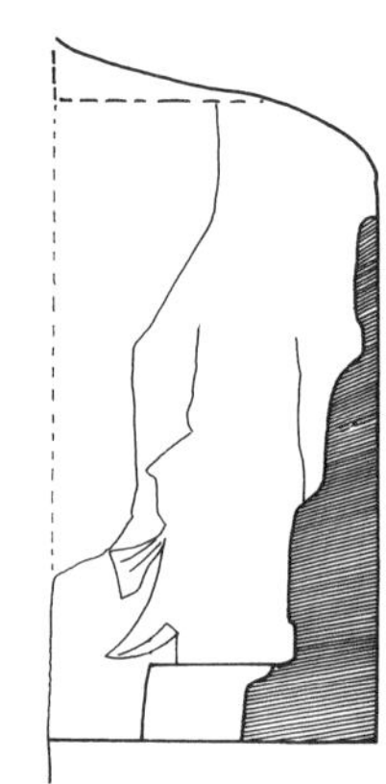
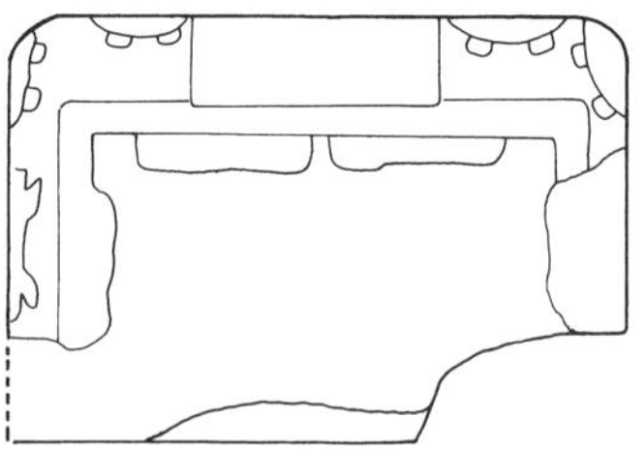

图267 第171龛平、剖面及立面展开图

月甲午/田九日壬子本/□□崇义□故/□□洛□□府/□□造像一龛/□□托生西方/□□皇帝□叹/□□四海□兴。”

保存现状：龛顶及底部略残，南壁中部残失，龛外北侧有一后代凿坑，龛内造像头部风化，衣纹清晰。二力士均已残损，仅留痕迹。

第172龛

位置：窟群中段中层，位于第 171 龛上方。

时代：唐

形制：立面梯形，圆拱顶小龛。龛高 32、宽 23、深 10 厘米。

造像：龛内雕一佛，高 20 厘米，结跏趺坐于方座上。

保存现状：龛形基本完整。龛内造像残损严重，衣纹模糊。其北侧有一凿坑，似未开凿完成之龛形。

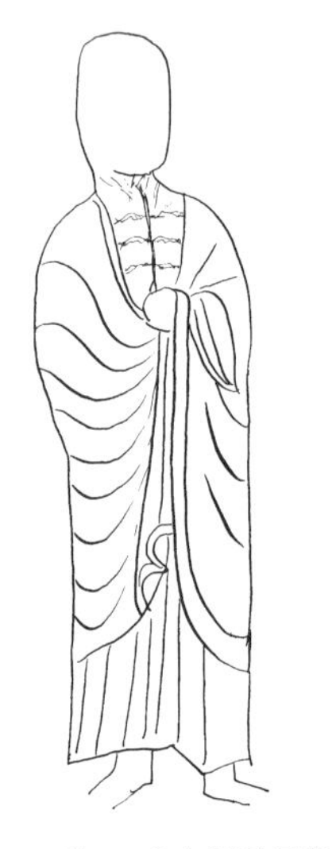

图268 第171龛左侧弟子像

第173龛

位置：窟群中段中层，位于第 174 龛南侧。

时代：唐

形制：圆拱顶浅龛，高 30、宽 21、深 8 厘米。

造像：龛内雕一佛，残高 23 厘米，结跏趺坐。

保存现状：龛北壁残损。龛内造像头部已毁。

第174龛

位置：窟群中段中层，位于第 175 龛下方。

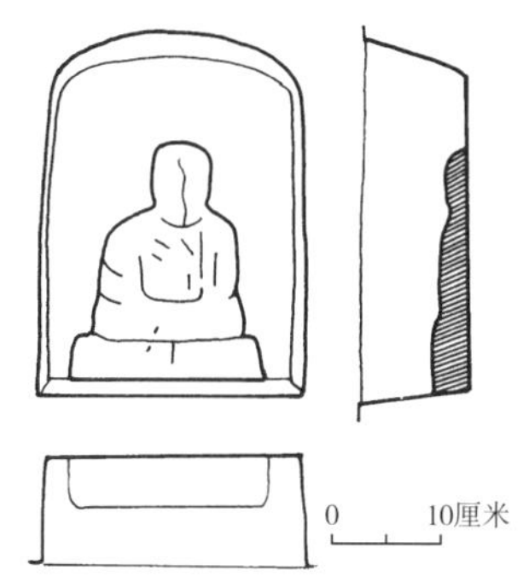

图269 第172龛平、剖面图

图270 第173龛平、剖、立面图

时代：唐

形制：方形浅龛。龛高 62、宽 60、深 20 厘米。

造像：龛内雕一佛二弟子二菩萨。佛通高 54 厘米，菩萨通高 50 厘米，弟子高 30 厘米。佛左手抚膝，右手上举，结跏趺坐于束腰方座上；二弟子侍立于两侧；二菩萨侍立于仰莲台上。

保存现状：龛形基本完整，龛北侧略残。龛内造像头部凿毁，主尊佛衣纹呆板、粗糙，似后代改刻。

第175龛

位置：窟群中段中层，位于第 174 龛上方。

时代：唐

形制：平面半圆形，圆拱顶龛。龛高 55、宽 60、深 30 厘米。

造像：龛内雕一佛二菩萨。佛通高 46 厘米，菩萨通高 42 厘米。佛内着僧祇支，外着双领下垂式袈裟，结跏趺坐于方座上。二菩萨侍立于两侧，身体略扭。

保存现状：龛顶、底部及南侧损毁。龛内造像风化严重。

第176龛

位置：窟群中段上层，位于第 178 龛上方，坐北面南。

时代：唐

形制：平面长方形，平顶龛。龛高 90、宽 80、深 65 厘米。

造像：龛内雕一佛二胁侍。佛通高 83 厘米，胁侍高 53 厘米。佛结跏趺坐于束腰方座上，二胁侍侍立于两侧方台上。

保存现状：龛形基本完整。龛内造像风化严重，胁侍身体细窄，似

图271 第174龛平、剖面及立面展开图

为后代改刻。

图272　第174龛佛像

第177龛

位置：窟群中段中层，位于第178龛东侧上方，坐北面南。

时代：唐

形制：方形浅龛，高40、宽40、深14厘米。

造像：龛内雕一佛二菩萨。佛通高38厘米，菩萨通高35厘米。佛内着僧祇支，外着双领下垂式袈裟，结跏趺坐于束腰方座上，二菩萨侍立于两侧，身体略扭。龛底正中雕一物，风化严重，不可辨识。

保存现状：龛形基本完整。龛内造像头部风化，面部模糊。

第178窟

位置：窟群中段中层，位于第179龛上方。坐北面南，窟口南偏西5度。

时代：隋

形制：平面近似马蹄形，穹隆顶尖楣窟，窟楣有垂幔、流苏装饰，窟门两边雕立柱。窟高120、宽106、深105厘米。

造像：窟内雕一佛二弟子二菩萨。佛通高70厘米，弟子高64厘米，菩萨高66厘米。佛内着僧祇支，外着双领下垂式袈裟，结跏趺坐。菩萨上身披帛，下着裙，两道帔巾横于腹膝之间，肩挂长璎珞垂至膝际，侍立于两侧覆莲台上。弟子着袈裟，侍立于两侧覆莲台上，双足跟相对。二弟子外侧各雕一蹲狮。

题记：窟内南壁门上墨书："大清乾隆六十年二月……/位到上中下/才分天地人/五行生父子/八卦定君臣/当为夫子之言也/十二年二月/自之小囮□之大也/坐人之道也/小人之也一之也王之……君臣也人之也大人也/……也人之也夫□之也/大人也□之也其之也"；"棋月□秋佳

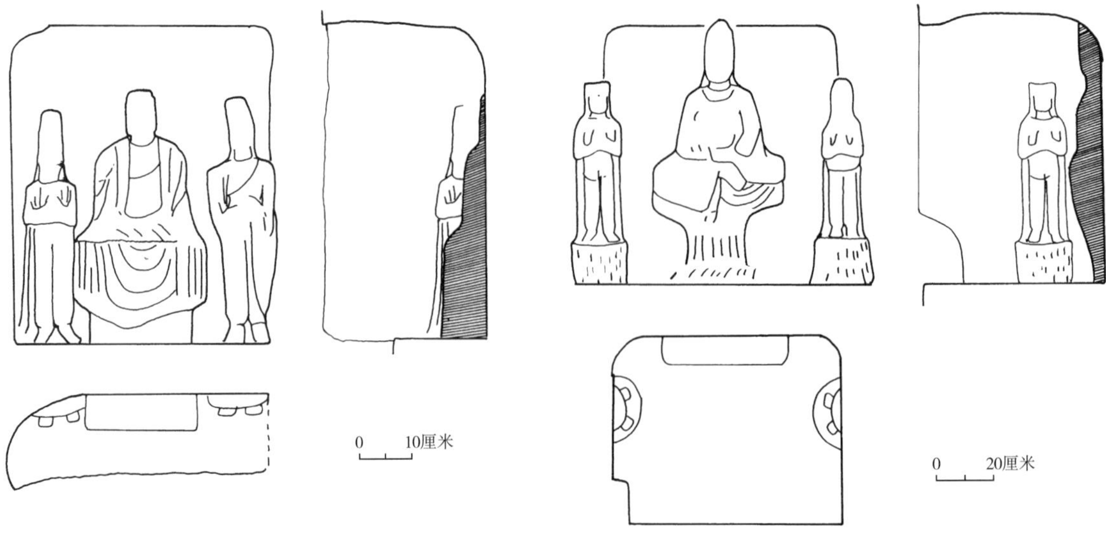

图273　第175龛平、剖、立面图

图274　第176龛平、剖面及立面展开图

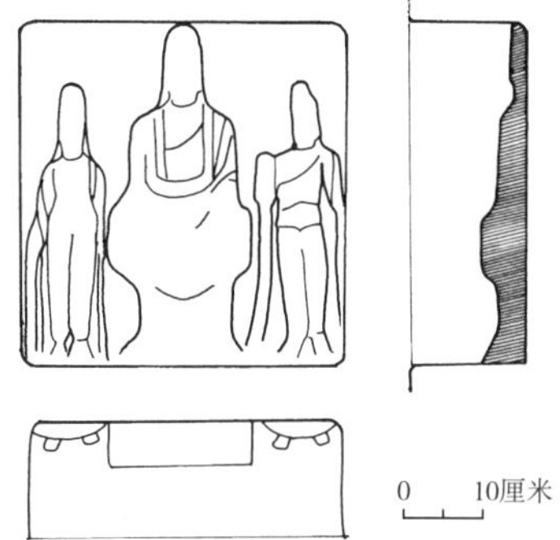

图275 第177龛平、剖、立面图

图276 第178龛平、剖面及立面展开图

景明下来奇念古来 /……完不闻钟鼓使身方见心 / □□移小道十 囘/……古□中常相用□□时寻到桃花翠 /……先人下相……”

保存现状：窟形基本完整。窟内造像头部风化。窟门顶、底各有三个对应方孔，窟楣东侧被第 177 龛打破。

第179龛

位置：窟群中段中层，位于第 178 龛下方，坐北面南。

时代：唐

形制：长方形浅龛，高 48、宽 34、深 14 厘米。窟正壁凿低坛基，高 6.5、宽 34、深 6.1 厘米。

造像：龛内雕一佛二弟子。佛通高 38 厘米，弟子通高 29 厘米。佛结跏趺坐，着双领下垂式袈裟，双手施禅定印。二弟子侍立于两侧圆形台基上。

保存现状：龛形基本完整。龛内造像风化较严重，面部模糊。

第180龛

位置：窟群中段中层，位于第 181 龛下方，坐北面南。

时代：隋

形制：长方形浅龛，高 52、宽 35、深 14 厘米。

造像：龛内现存一佛。佛通高 44 厘米，结跏趺坐于方座上，袈裟悬垂于座前。佛右侧龛壁残存一方形台座及像身痕迹。

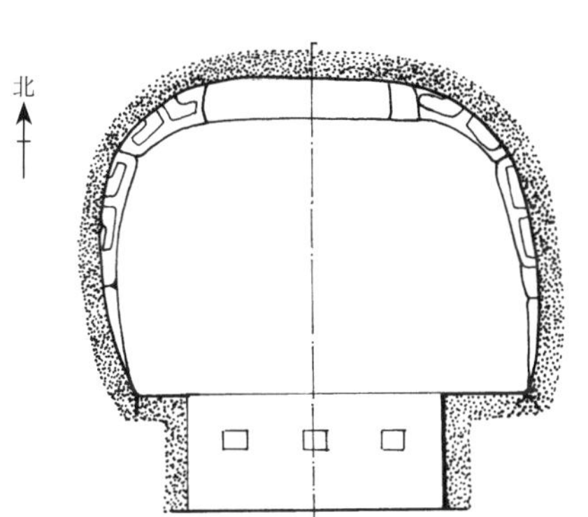

图277　第179龛平、剖、立面图

保存现状：龛顶及外沿已残。龛内造像上半身风化严重，有后人凿毁的痕迹，形象模糊不清。

第181龛

位置：窟群中段中层，位于第182龛下方，坐北面南。

时代：隋

形制：长方形浅龛，高43、宽33、深18厘米。垂帐龛楣被第182龛打破，龛口外浮雕门柱和龛檐流苏。

造像：龛内雕一佛。佛通高41厘米，结跏趺坐于方形台座上。

保存现状：龛底略残。龛内造像风化严重，面部及衣纹模糊不清。

图278　第180龛平、剖、立面图

第182龛

位置：窟群中段中层，位于第181龛上方，坐北面南。

时代：唐

形制：方形浅龛，高50、宽52、深17厘米。

造像：龛内雕一佛二菩萨。佛通高45厘米，菩萨通高42厘米。佛内着僧祇支，外着双领下垂式袈裟，结跏趺坐于方座上，二菩萨侍立于两侧，身体略扭。

保存现状：龛顶残缺，龛西侧略残。龛内造像风化严重，头部凿毁。

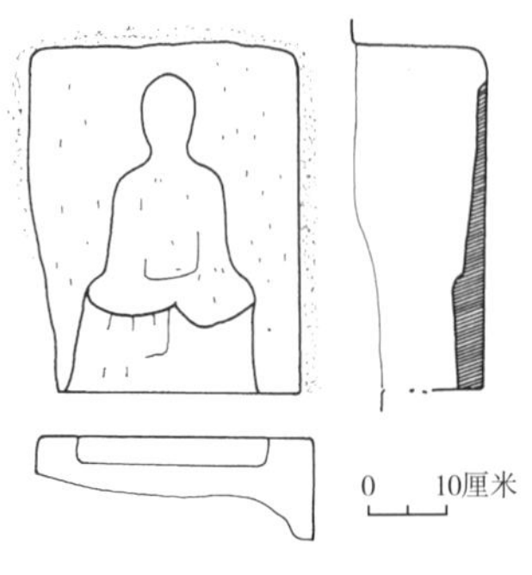

图279　第181龛平、剖、立面图

第183龛

位置：窟群中段上层，位于第182龛上方，坐北面南。

时代：唐

形制：方形浅龛，高50、宽50、深15厘米。

造像：龛内雕一佛二菩萨。佛高48厘米，菩萨通高45厘米。佛结跏趺坐于方座上，左手握衣襟，抚于左膝上，右手似举于胸前。二菩萨侍立于两侧，身体略扭。

保存现状：龛底及东侧龛楣缺残。龛内造像风化严重，头部凿毁。

第184龛

位置：窟群北段上层，位于第185龛上方。

时代：北周

形制：平面长方形，圆拱顶龛。龛高137、宽90、深40厘米。

造像：龛内雕一佛二弟子。佛通高110厘米，结跏趺坐于方座上，面部向下俯视。弟子通高55厘米，侍立于两侧台座上。

保存现状：龛上部残缺，龛底被后代凿坑打破。龛内造像风化严重，面部模糊，二弟子仅留残迹。

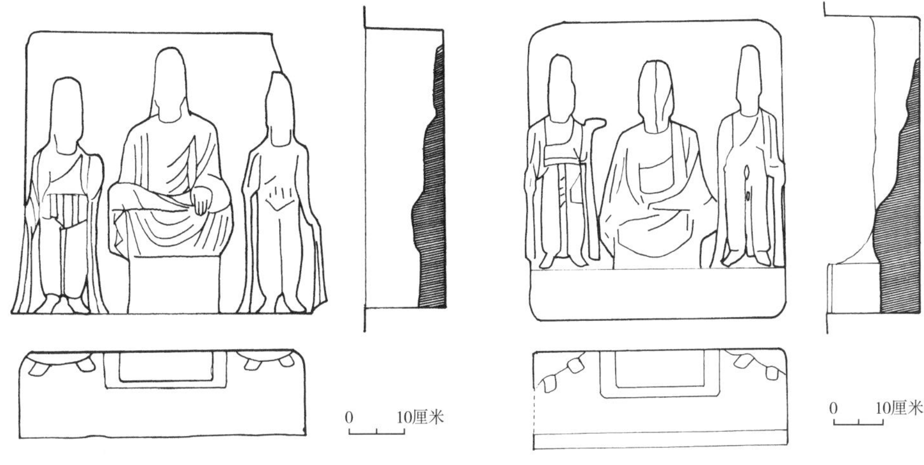

图280 第182龛平、剖面及立面展开图

图281 第183龛平、剖、立面图

第185龛

位置：窟群北段中层，位于第184龛下方。

时代：唐

形制：方形龛，高60、宽65、深35厘米。

造像：龛内雕一佛二菩萨。佛通高52厘米，内着僧祇支，外着双领下垂式袈裟，结跏趺坐于方座上。菩萨通高50厘米，二菩萨侍立于两侧，身体略扭。

保存现状：龛顶已残。龛内造像风化严重，头部凿毁。

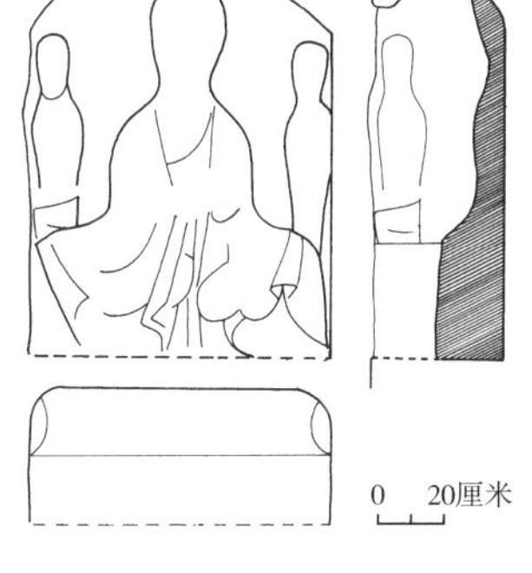

图282 第184龛平、剖、立面图

第186龛

位置：窟群北段中层，位于第187龛上方。

时代：唐

形制：平面长方形，圆拱顶方龛。龛高60、宽50、深20厘米。

造像：龛内现存一佛一菩萨。佛通高48厘米，内着僧祇支，外着双领下垂式袈裟，结跏趺坐于方座上。菩萨通高35厘米，侍立于北侧。

保存现状：龛顶部坍塌，南壁损毁。龛内造像风化严重，佛、菩萨

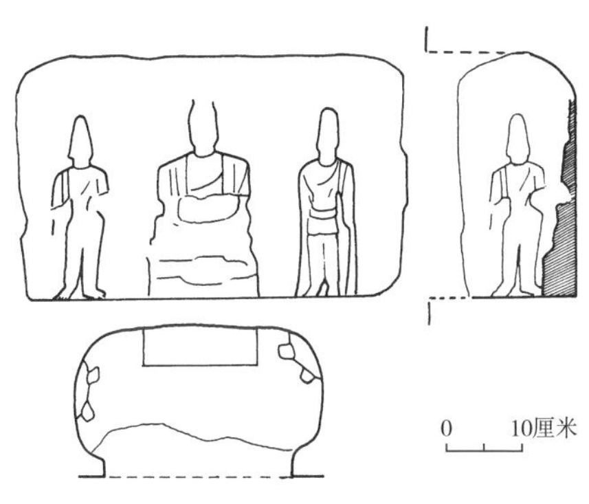

图283 第185龛平、剖面及立面展开图

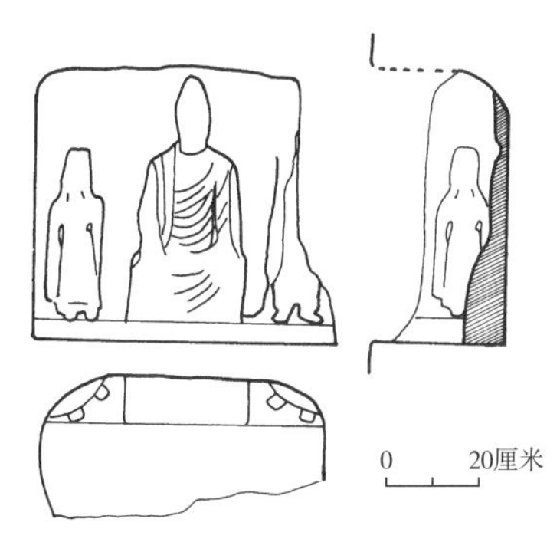

图284 第186龛平、剖面及立面展开图

头部凿毁。南壁菩萨仅留足部残迹。

图285 第187龛平、剖、立面图

第187龛

位置：窟群北段中层，位于第 188 龛上方。

时代：隋

形制：竖长方形浅龛，高 74、宽 46、深 12 厘米。

造像：圆拱形浅龛内雕一菩萨，通高 70 厘米，左腿下伸，右腿盘起，舒相坐于束腰圆座上。

保存现状：龛顶及两侧已残。龛内造像头身毁损，风化严重。

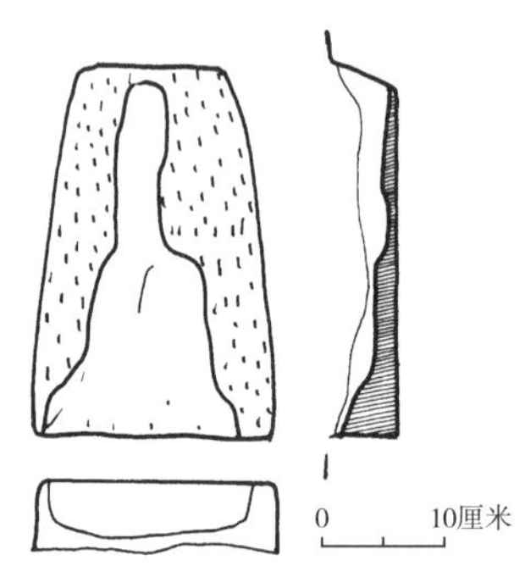

图286 第188龛平、剖、立面图

第188龛

位置：窟群北段中层，位于第 187 龛下方。

时代：不详

形制：长方形浅龛，高 30、宽 20、深 5 厘米。

造像：龛内雕一尊造像。似未雕成，无法辨识。

保存现状：造像已毁，仅留残迹，龛内凿痕明显。

第189龛

位置：窟群北段下层，位于第 190 龛下方。

时代：不详

形制：平面马蹄形，穹隆顶深龛。龛高 115、宽 105、深 100 厘米。

造像：龛内造像已毁，无法辨认。

保存现状：龛顶坍塌，龛底残损。龛内造像均毁。

第190龛

位置：窟群北段中层，位于第 189 龛上方。

时代：隋

形制：平面长方形平顶龛，高 90、宽 85、深 45 厘米。

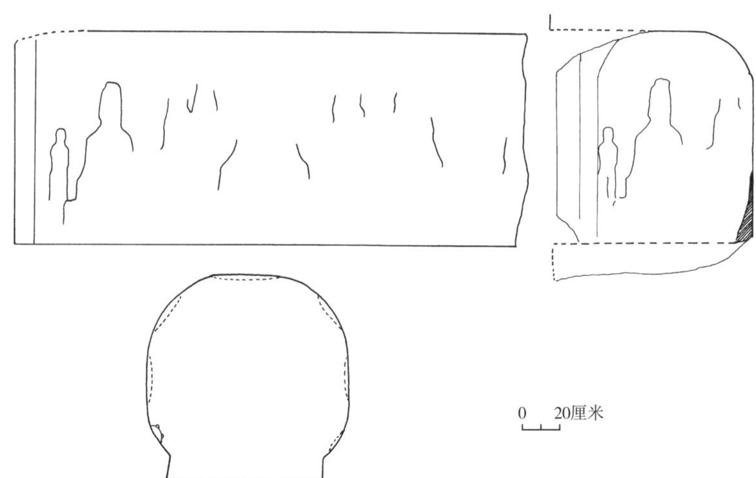

图287 第189龛平、剖面及立面展开图

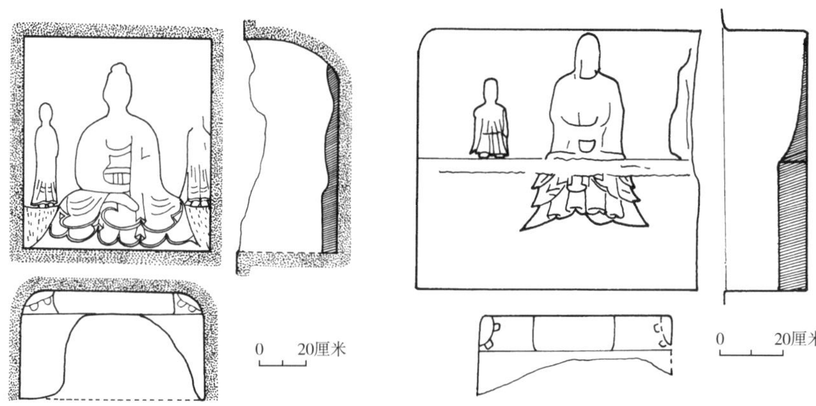

图288 第190龛平、剖面图

图289 第191龛平、剖面及立面展开图

造像：龛内雕一佛二菩萨。佛通残高80厘米，内着僧袛支，腰束带，外着双领下垂式袈裟，结跏趺坐于方座上，右足外露，衣裾下垂于座前。菩萨通残高46厘米，侍立两侧圆台上。

保存现状：龛形残损，龛顶坍塌，龛内造像风化严重，主尊衣纹不自然，似后代改刻。

第191龛

位置：窟群北段中层，位于第190龛上方。

时代：西魏

形制：平面长方形平顶龛，低坛基。龛高86、宽52、深30厘米。坛基高36、深10厘米。

造像：龛内雕一佛二菩萨。佛残高45厘米，双手施禅定印，结跏趺坐于低坛上，袈裟下摆垂于座前。菩萨高28厘米，侍立于两侧低坛上，南侧菩萨残损严重。

保存现状：龛形残损。造像风化严重，南侧龛楣、龛壁残失。

第192龛

位置：窟群北段中层，位于第200龛南侧上方。

时代：唐

形制：圆拱顶浅龛，高33、宽15、深3厘米。

造像：龛内雕一立式菩萨，残高30厘米，左手垂于体侧，右手屈肘侧举。

保存现状：龛形损毁，龛内造像风化严重，模糊不清。

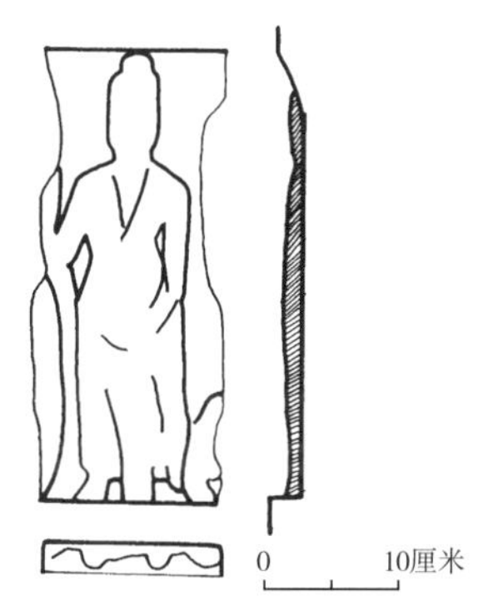

图290 第192龛平、剖、立面图

第193龛

位置：窟群北段中层，位于第194龛下方。

时代：唐

形制：平面半圆形，尖拱顶竖长方形浅龛。龛高40、宽20、深7

图291　第193龛平、剖、立面图

厘米。

造像：龛内雕一菩萨，残高 32 厘米，左手下垂，右手侧举于体侧，立于圆台上。

保存现状：龛内造像风化残损较严重，形象模糊不清。

第194龛

位置：窟群北段中层，位于第 195 龛下方。

时代：北周

形制：平面长方形，内龛尖拱形龛楣，外龛方形龛楣，低坛基。龛高 40、宽 30、深 9 厘米。坛基高 13、深 6 厘米。

造像：龛内雕一佛，通高 38 厘米，内着僧祇支，外披双领下垂式袈裟，坐于方座上，衣裾垂于座前，面部向下俯视。

保存现状：造像风化严重，面部模糊不清，龛外上方有竖长方形题记一则，文字漫漶不清。

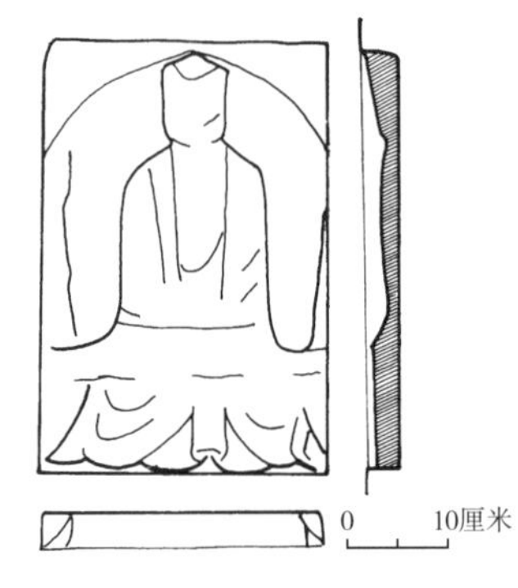

图292　第194龛平、剖、立面图

第195龛

位置：窟群北段中层，位于第 196 龛下方。

时代：唐

形制：平面马蹄形，圆拱顶方形龛，低坛基。龛高 80、宽 80、深 40 厘米。坛基高 15、深 10 厘米。

造像：龛内原雕一佛二弟子二菩萨二力士。佛残高 50 厘米，坐于方座上。弟子高 44 厘米，菩萨高 48 厘米，力士高 44 厘米。弟子、菩萨、力士侍立两侧低坛上，佛座下雕二卧狮。

题记：龛外下部有七行竖书阴刻题记，第三行为“……岁次庚申二月……”

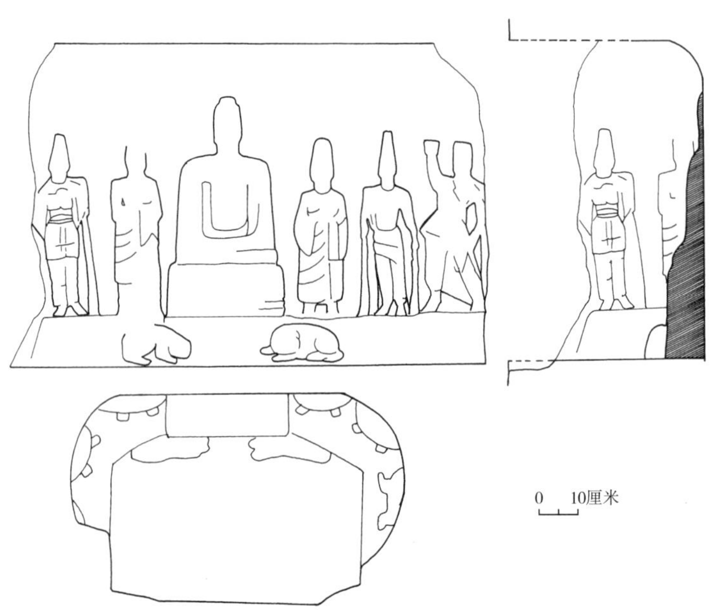

图293　第195龛平、剖面及立面展开图

保存现状：龛形损毁，顶部塌落，龛内造像风化严重，北壁力士已毁，题记字迹多漫漶。

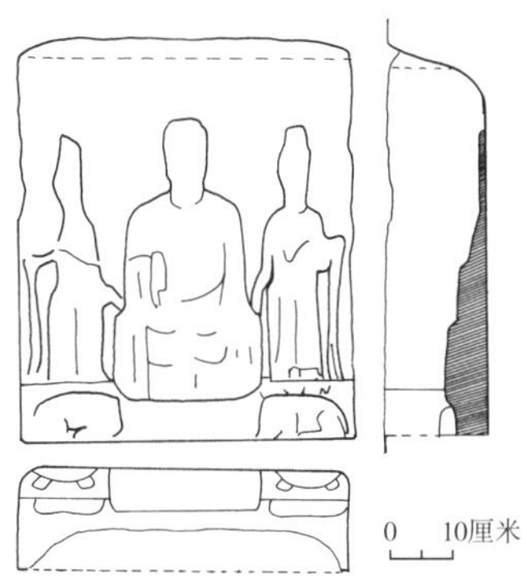

图294 第196龛平、剖、立面图

第196龛

位置：窟群北段上层，位于第195龛上方。

时代：唐

形制：平面长方形，平顶方形龛。龛高60、宽52、深20厘米。

造像：龛内雕一佛二菩萨。佛残高50厘米，结跏趺坐于方形束腰座上。二菩萨残高50厘米，侍立于两侧圆台上。

保存现状：龛顶及龛底已毁损，南壁有一小孔与第184龛相通。造像风化严重，龛外上部有一竖长方形凿孔，似原建龛檐架木梁桩孔。

第197龛

位置：窟群北段上层，位于第198龛上方。

时代：北周

形制：平面长方形，圆拱顶龛。龛高160、宽143、深75厘米。

造像：龛内原雕一佛二胁侍。佛高157厘米，头顶有扁圆肉髻，颈长，结跏趺坐于方形座上，露右足，袈裟垂于座前，两侧胁侍后代凿毁，仅存痕迹。

保存现状：龛内佛南侧下部有一桩眼，东壁有一拱形裂隙。造像风化严重。

第198龛

位置：窟群北段中层，位于第199龛上方。

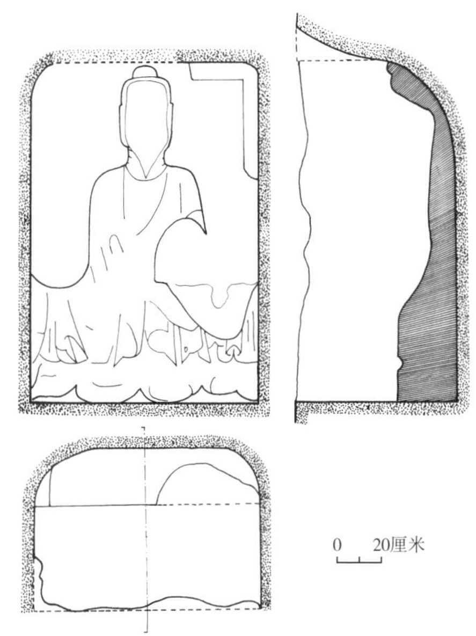

图295 第197龛平、剖面图

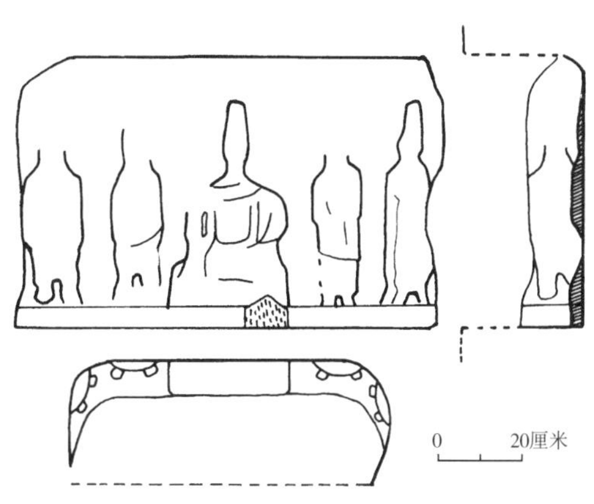

图296 第198龛平、剖面及立面展开图

图297 第199龛剖面及立面图

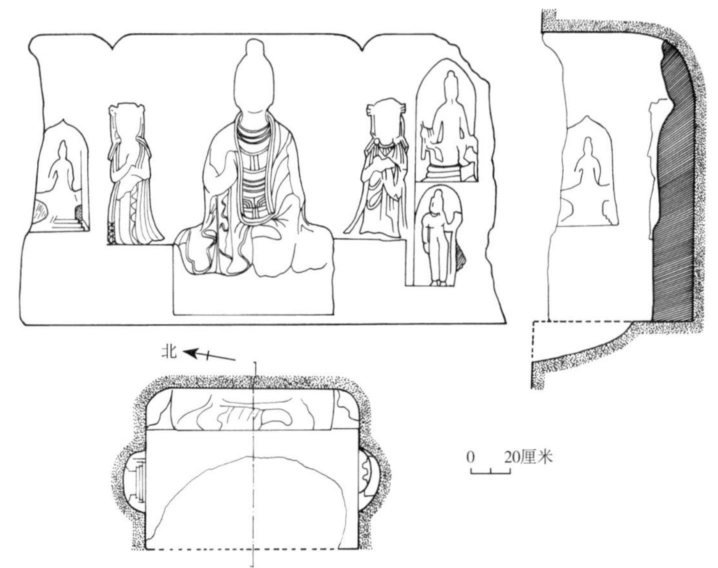

图298 第200龛平、剖面及立面展开图

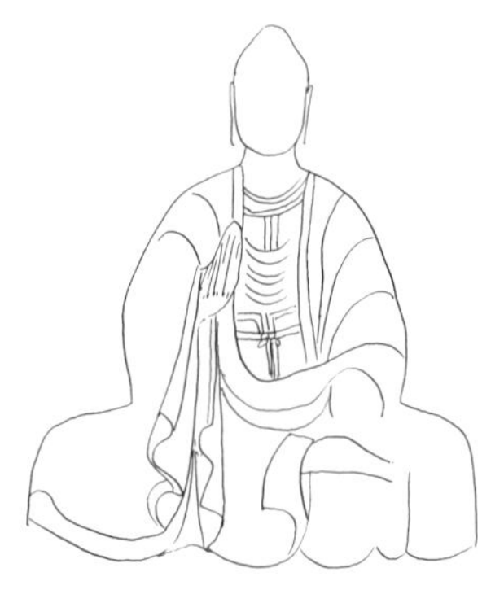
图299 第200龛正壁佛像

时代：唐

形制：平面半圆形，圆拱顶浅龛。龛残高65、宽70、深24厘米。

造像：龛内原雕一佛二弟子二菩萨，佛残高55厘米，结跏趺坐于台座上。弟子残高45厘米，菩萨残高48厘米，均侍立两侧。

保存现状：龛形残损严重，顶部坍塌，底部北侧有一桩眼。龛内造像风化严重，仅留残迹。

第199龛

位置：窟群北段中层，位于第200龛上方。

时代：西魏

形制：圆拱顶竖长方形浅龛，龛沿雕圆拱形龛楣，两端反翘鸟形首。龛高80、宽70、深10厘米。

造像：龛内雕一佛二菩萨。佛通高65厘米，胸前束带，外着双领下垂式袈裟，结跏趺坐于束腰座上，露右足。悬裳垂于座上。二菩萨通高44厘米，侍立于两侧台上。龛下部北侧浅浮雕一供养人，下着长裙，外披交领广袖衣，腰束带。

保存现状：龛顶残损，正壁佛头处凿一方形桩眼。造像严重风化，头部凿毁。

第200龛

位置：窟群北段下层，位于第203龛南侧。

时代：隋，唐代增修。

形制：平面长方形，圆拱顶大龛。龛高140、宽100、深60厘米。坛基高36、深20厘米。

造像：正壁龛内雕一佛二菩萨。佛通高 130 厘米，内着僧祇支，腰束带，外披双领下垂式袈裟，结跏趺坐于方座上，左手抚膝，右手举于胸前。二菩萨通高 106 厘米，宝缯束发垂肩，南侧菩萨左手提净瓶，北侧菩萨身披长巾，下着裙，双手捧物于胸前，均侍立于低坛上。

龛内北壁唐代雕一圆拱形小龛（200–1）。龛高 50、残宽 25、深 10 厘米，龛内雕一佛，通高 42 厘米，坐于叠涩式方座上。

南壁上下唐代雕二圆拱形小龛，上龛（200–2）高 60、宽 35、深 10 厘米，龛内雕一舒相菩萨，高 55 厘米，坐于圆形束腰座上；下龛高 52、宽 24、深 6 厘米，龛内雕一菩萨，高 45 厘米。

题记：南壁上龛内阴刻：“亭川國子仪留匠□。”龛内正壁南侧墨书：“平凉徐客□ / 至元七年十二月十。”北侧墨书：“奉道□□影高游此。”佛背光残存彩绘。

保存现状：龛形残损，龛底凹陷残损。龛内造像风化较严重，佛身衣纹复杂呆板，菩萨身形窄小，身侧有较大轮廓，似为后代改刻状。

第201龛

位置：窟群北段中层，位于第 202 龛下方。

时代：唐

形制：平面半圆形，圆拱顶龛，低坛基。龛高 52、宽 40、深 30 厘米。坛基高 5、深 15 厘米。

造像：龛内雕一佛二菩萨。佛残高 45 厘米，内着僧祇支，外披双领下垂式袈裟，左手似抚膝，右手残，结跏趺坐于方座上。二菩萨残高 35 厘米，半裸上身，帔巾下垂两侧，下着裙，侍立于坛基上。

保存现状：南侧龛楣及龛壁被后代桩洞打破。龛内造像风化，头部

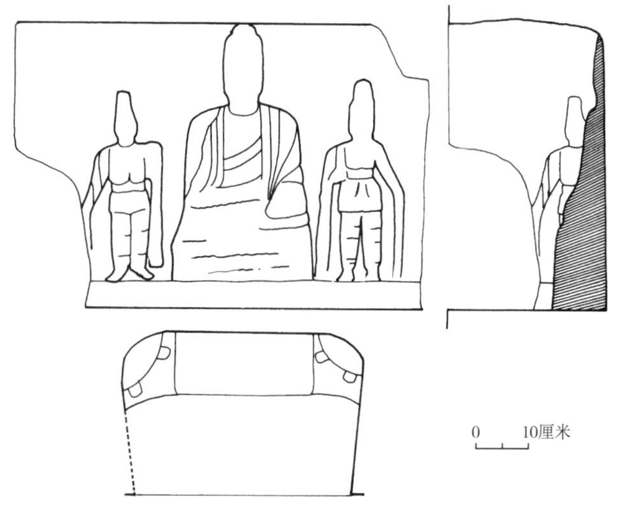

图300 第201龛平、剖面及立面展开图

图301 第202龛平、剖面及立面展开图

被凿毁。

图302　第202龛佛像

第202龛

位置：窟群北段中层，位于第206龛南侧。

时代：西魏

形制：长方形浅龛，有坛基。龛高58、宽40、深15厘米。坛基高12厘米。龛内正壁佛像身后开舟形小龛，龛高40、宽24、深4厘米。

造像：正壁舟形小龛内雕一佛，通高56厘米，坐于台座上，袈裟衣裾下垂于座前，衣纹清晰流畅，左手捉衣襟，右手似举于胸前。小龛外两侧雕二弟子，残高32厘米，身披袈裟，身形瘦长，侍立于坛基上。

保存现状：龛顶部及底部均毁损，造像头部均残。

图303　第202龛右侧弟子像

第203龛

位置：窟群北段下层，位于第204龛下方。

时代：唐

形制：平面半圆形龛，残高100、宽100、深50厘米。

造像：龛内原作一佛二弟子二菩萨二力士。佛残高80厘米，内着僧祇支，外着双领下垂式袈裟，坐于束腰座上。身后浮雕舟形身光及圆形头光。弟子、菩萨残高74厘米，均侍立于带梗莲台上。力士残高72厘米，立于山形台上。

保存现状：龛顶部残失，与第204龛相通。底部风化残缺。造像风

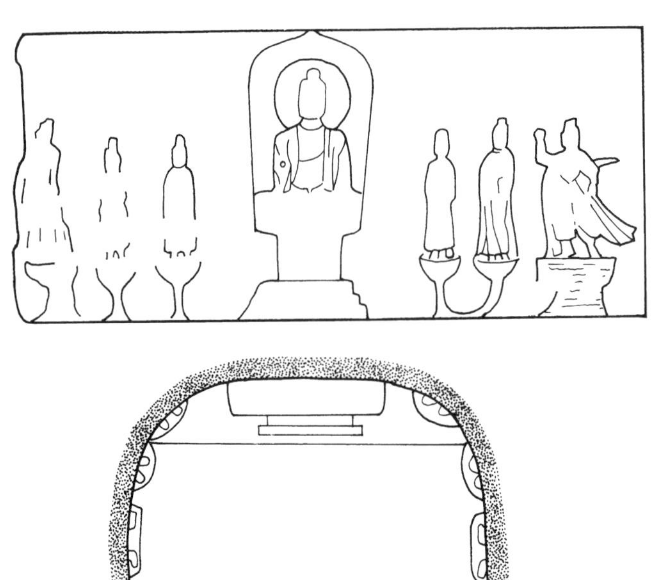
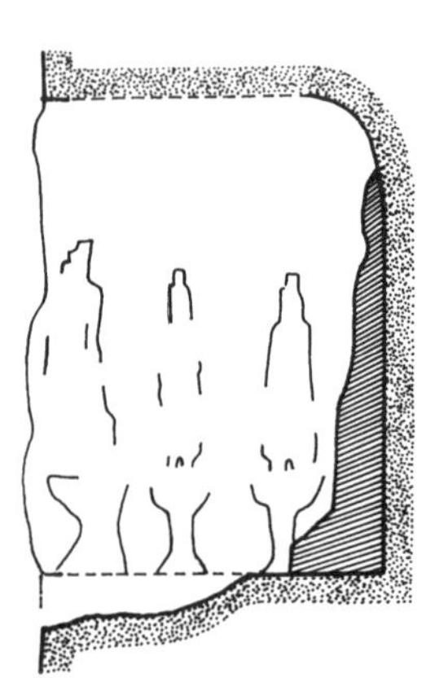

图304　第203龛平、剖面及立面展开图

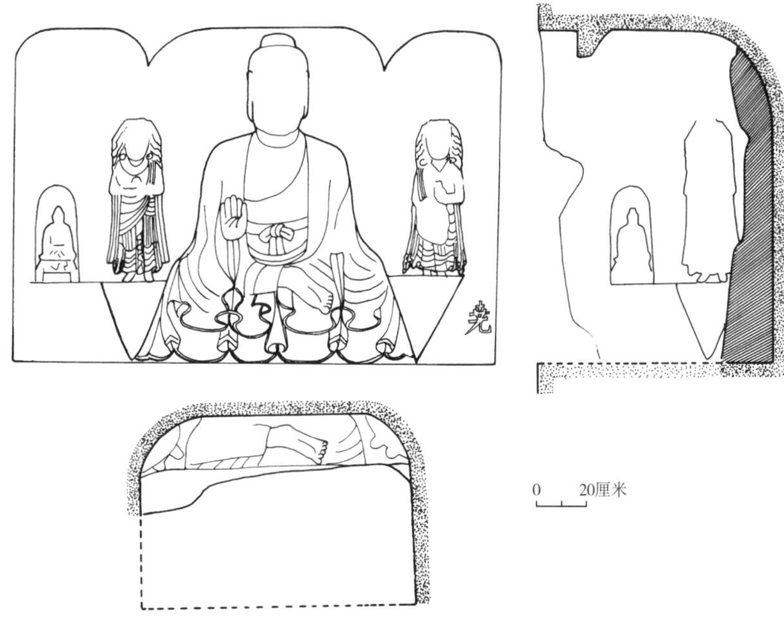

图305　第204龛平、剖面及立面展开图

化毁损严重。

第204龛

位置：窟群北段中层，位于第 203 龛上方。

时代：北周

形制：平面半圆形，穹隆顶方形龛，垂帐式龛楣。龛高 130、宽 110、深 100 厘米。

造像：龛内雕一佛二菩萨。佛结跏趺坐于低坛上，残高 130 厘米，内着僧祇支，腰束带，外着通肩双领下垂式袈裟，结跏趺坐，露右足，袈裟呈四瓣垂于座前。二菩萨残高 60 厘米，侍立于低坛上。北壁开圆拱形小龛（204–1），龛高 37、宽 20 厘米，龛内雕一坐佛，残高 30 厘米。

题记：龛下方竖书阴刻三字："甲申年"。龛内南壁下部阴刻一字："尧"。

保存现状：龛底毁塌与第 203 龛相通，风化严重，菩萨头部残失。

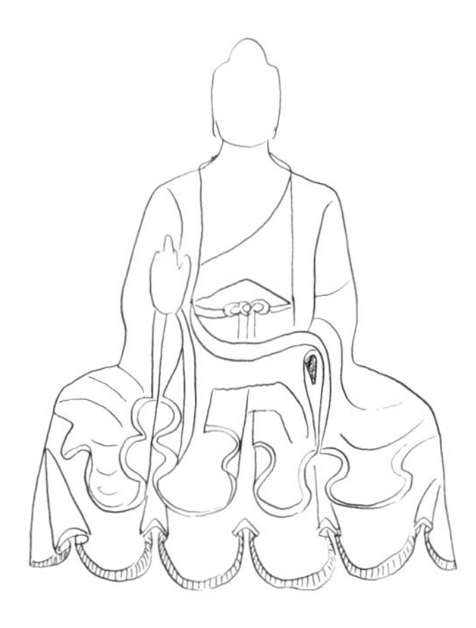

图306　第204龛佛像

第205龛

位置：窟群北段中层，位于第 204 龛上方。

时代：唐

形制：尖拱形小龛，高 26、宽 13、深 2.5 厘米。

造像：龛内雕一像。通高 32 厘米，结跏趺坐于方形束腰座上，

保存现状：龛形两边已毁，风化严重，造像模糊不清。

第206龛

位置：窟群北段中层，位于第202龛北侧。

时代：西魏

形制：方形浅龛，盝形垂幕式龛楣，高坛基。龛高32、宽34、深3厘米。坛基高10厘米。

造像：龛内雕一佛二弟子。佛高26厘米，作禅定印，结跏趺坐于低坛上，袈裟垂于座前。二弟子残高12厘米，侍立于坛上。

保存现状：造像风化，面部不清。

图307　第205龛平、剖、立面图

第207龛

位置：窟群北段中层，位于第208龛下方。

时代：唐

形制：方形龛，残高65、宽44、深33厘米。

造像：龛内残见一佛一菩萨。佛残高51厘米，内着僧祇支，外着双领下垂式袈裟，结跏趺坐于方座上。菩萨残高41厘米，侍立北侧。

保存现状：龛顶及南侧壁不存，正壁后代凿有两处长方形桩眼。造像残损严重，南侧菩萨不存。

图308　第206龛平、剖、立面图

第208龛

位置：窟群北段上层，位于第209龛南侧。

时代：北周

形制：竖长方形龛，外龛楣方形，内龛楣圆拱形。有坛基。龛高113、宽68、深21厘米。坛基高30、深10厘米。

造像：龛内雕一佛二弟子。佛残高99厘米，磨光高圆肉髻，结跏趺坐于坛基上，袈裟垂于座前，左手捉衣襟。弟子残高53厘米，侍立于坛上。

图309　第207龛平、剖面及立面展开图

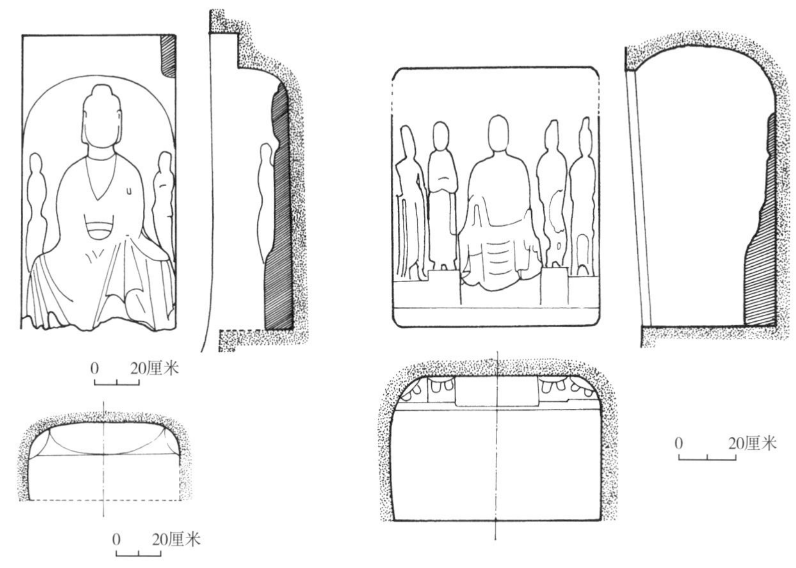

图310　第208龛平、剖、立面图　　　　图311　第209龛平、剖、立面图

保存现状：龛底残失，与第207龛相通。右外龛楣被竖长柱洞打破。佛面部残损，弟子风化严重。

第209龛

位置：窟群北段上层，位于第210龛上方。

时代：唐

形制：平面长方形，方形龛，有坛基。龛高95、宽74、深36厘米。坛基高16、深6厘米。

造像：龛内雕一佛二弟子二菩萨。佛残高60厘米，结跏趺坐于方座上。弟子残高47厘米，菩萨残高52厘米，均侍立于两侧低坛上。

保存现状：龛顶部风化严重，造像模糊不清。

第210窟

位置：窟群北段中层，位于第240窟南侧。

时代：唐

形制：平面马蹄形，穹隆顶方形窟，有坛基。窟高75、宽84、深55厘米。坛基高15、深10厘米。窟门高70、宽60厘米。

造像：窟内雕一佛二弟子二菩萨二力士。佛残高65厘米，结跏趺坐于方座上。弟子高52厘米，菩萨高58厘米，力士高55厘米，侍立于两侧。

题记：窟外下方有阴刻题记："显庆四年九月廿五 / 日清信女杨大娘为 / 亡夫敬造阿弥陀像 / 一龛愿亡者托生西方 / 俱登正觉 / 清信女屈大圝□□□ / 一心供养"。共七行，阴刻竖线为界。

保存现状：龛内造像风化严重，面部模糊。

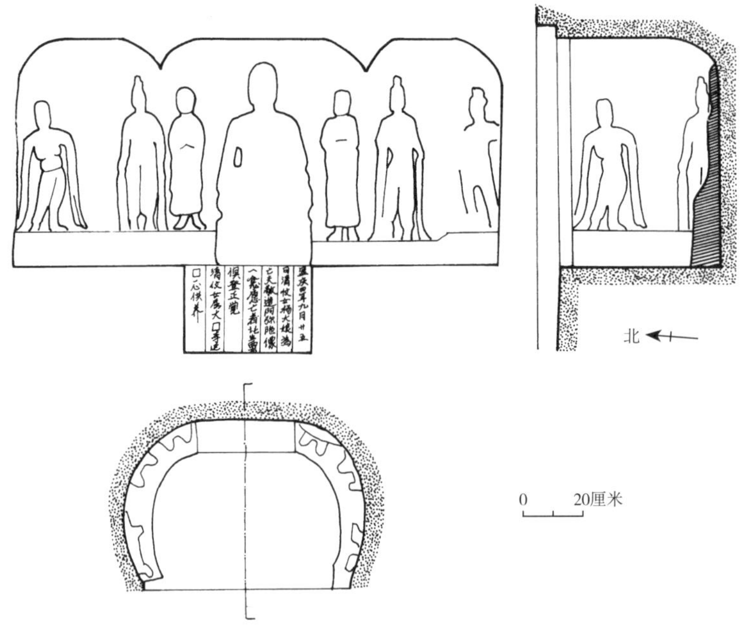

图312　第210龛平、剖面及立面展开图

第211龛

位置：窟群北段中层，位于第 213 龛左上方。

时代：西魏

形制：长方形浅龛，外龛楣方形，内龛楣垂帐式，有坛基。龛高 70、宽 50、深 25 厘米。坛基高 18、深 7 厘米。

造像：龛内雕一佛二弟子。佛高 42 厘米，结跏趺坐于坛上，右足外露，袈裟垂于座前。二弟子高 30 厘米，侍立于两侧低坛上。

保存现状：龛顶风化，造像风化严重，头部均残。

第212龛

位置：窟群北段中层，位于第 240 窟南侧。

时代：唐

形制：半圆形平顶浅龛，低坛基。龛高 56、宽 60、深 20 厘米。坛

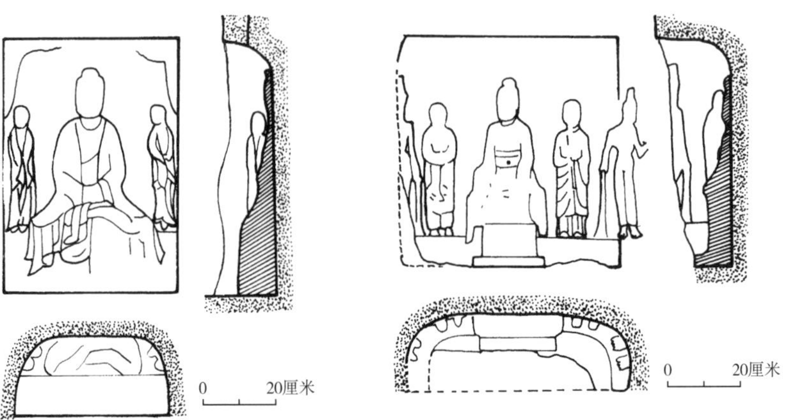

图313　第211龛平、剖、立面图

图314　第212龛平、剖面及立面展开图

基高 6、深 5 厘米。

造像：龛内雕一佛二弟子二菩萨。佛残高 50 厘米，结跏趺坐于束腰方座上。弟子高 37 厘米，菩萨高 40 厘米，均侍立于两侧低坛上。

保存现状：龛内南北两壁及底座均残损，造像风化严重，面部均残，北壁菩萨腿部塌毁。

第213龛

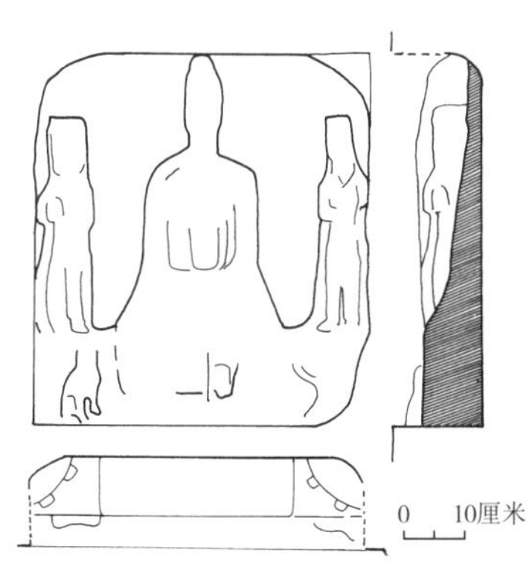

图315 第213龛平、剖、立面图

位置：窟群北段中层，位于第 214 龛上方。

时代：隋

形制：长方形圆拱顶浅龛，低坛基。龛高 65、残宽 53、残深 10 厘米。坛基高 20、深 5 厘米。

造像：龛内雕一佛二菩萨。佛残高 58 厘米，结跏趺坐于方座上，双手似结禅定印。二菩萨残高 35 厘米，侍立于两侧低坛上。北壁菩萨脚下雕一卧狮。

保存现状：龛形毁损严重，造像后代凿毁。

第214龛

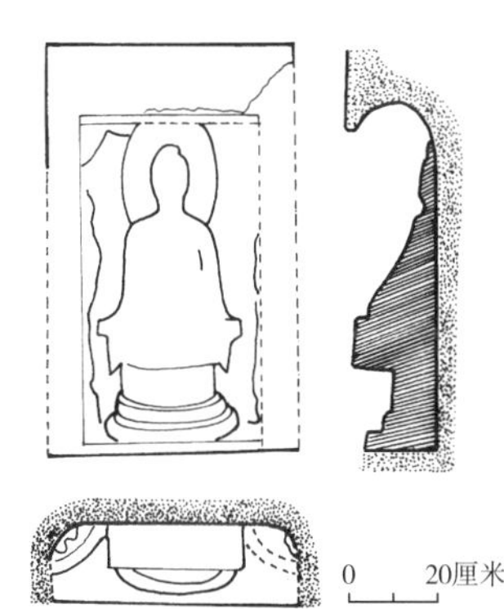

图316 第214龛平、剖、立面图

位置：窟群北段下层，位于第 222 窟南侧。

时代：唐

形制：立面长方形，圆拱顶浅龛，低坛基。龛高 82、宽 80、深 20 厘米。坛基高 10、深 16 厘米。

造像：龛内雕一佛二菩萨。佛残高 68 厘米，结跏趺坐于叠涩式束腰圆座上，身后阴线刻舟形背光。菩萨高 50 厘米，侍立于两侧坛基上。

保存现状：南北壁不存，南侧龛楣残失。风化严重，菩萨仅留残迹。

第215龛

位置：窟群北段下层，位于第 222 窟南侧。

时代：唐

形制：立面长方形，平顶方形龛，有坛基。龛高 68、宽 70、深 30 厘米。坛基高 15、深 4 厘米。

造像：龛内雕一佛二弟子二菩萨。佛通高 45 厘米，内着僧祇支，外着双领下垂式袈裟，双手均残，结跏趺坐于方座上。弟子高 30 厘米，菩萨高 40 厘米，侍立于两侧低坛上。佛项光残存彩绘。

保存现状：龛顶残损，北壁上部被后代打破。造像下部风化严重，面部残损，衣纹较清晰。

第216龛

位置：窟群北段下层，位于第 222 窟南侧。

时代：不详

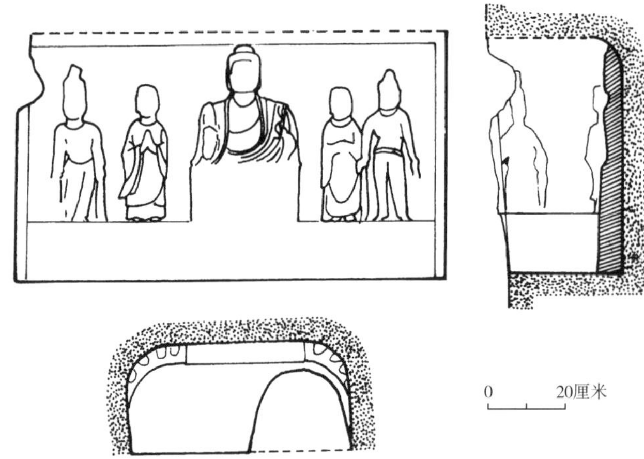

图317 第215龛平、剖面及立面展开图

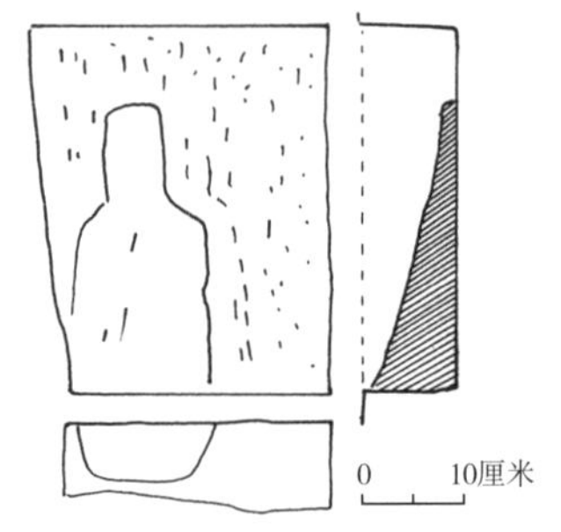

图318 第216龛平、剖、立面图

形制：长方形平顶浅龛。龛高40、宽35、深10厘米。

造像：龛内雕一像，残高30厘米。

保存现状：龛形毁损严重，北壁残缺。造像后代凿毁，现仅留残迹。

第217龛

位置：窟群北段中层，位于第219龛下方。

时代：唐

形制：方形圆拱顶龛，低坛基。龛高76、宽67、深30厘米。坛基高7、深10厘米。

造像：龛内雕一佛二弟子二菩萨。佛残高56厘米，内着僧祇支，束带打结，外着双领下垂式袈裟；左手抚左膝，右手上举于胸前，结跏趺坐于方座上。弟子残高40厘米，菩萨残高45厘米，均侍立于两侧低坛上。菩萨外侧坛下两壁各雕一狮子，残高14厘米。

保存现状：龛北壁被第218龛打破，龛底中部坍塌。造像头部残损，但衣纹清晰，身体及龛正壁上部有残存的彩绘痕迹。

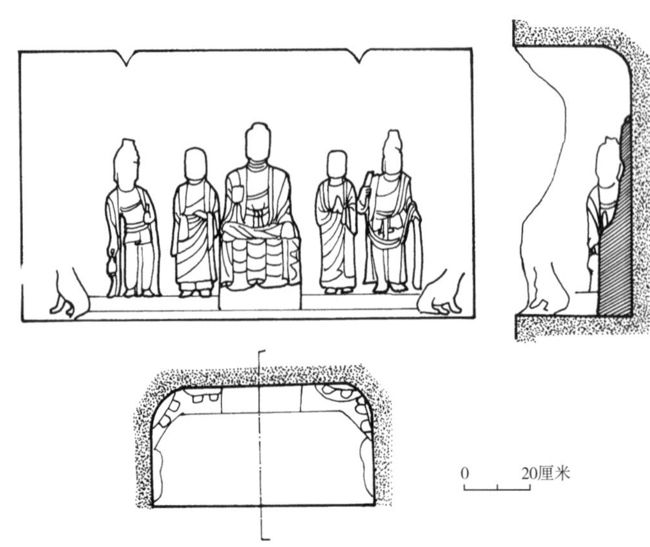

图319 第217龛平、剖面及立面展开图

第218龛

位置：窟群北段中层，位于第222窟南侧。

时代：唐

形制：半圆形竖长方形浅龛，高55、宽35、深10厘米。

造像：龛内雕二身立菩萨，残高45厘米。

保存现状：龛两侧残损，风化严重，造像头部均残损，菩萨衣饰和龛壁上部有残存的彩绘图案。龛北侧菩萨造像被第222窟门外加固的立柱遮挡。

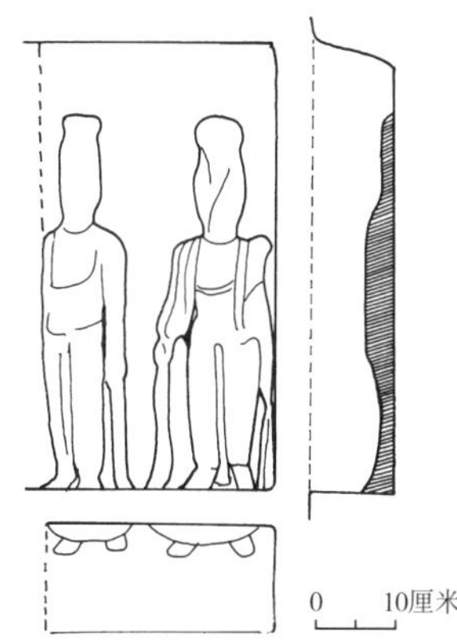

图320 第218龛平、剖、立面图

第219窟

位置：窟群北段中层，位于第217龛上方。

时代：初唐

形制：平面长方形穹隆顶窟，高136、宽155、深80厘米。窟门为盝形顶，敞口门。

造像：窟内雕一佛二弟子二菩萨一力士一立像。佛残高120厘米，内着僧祇支，束带打结，外着双领下垂式袈裟，双手均残，结跏趺坐于束腰叠涩座上。弟子、菩萨残高80厘米，侍立于悬空贴壁雕凿的圆形莲台上。南壁力士残高75厘米，北壁立像身份不明，分别侍立于窟门内两侧的悬空贴壁山形台上。佛座两侧雕二狮，残高28厘米。

保存现状：窟前顶部风化残损，窟内南北两壁残存后人凿留的长方形残洞，造像风化严重，胁侍衣纹呆板不自然，似后代改刻。

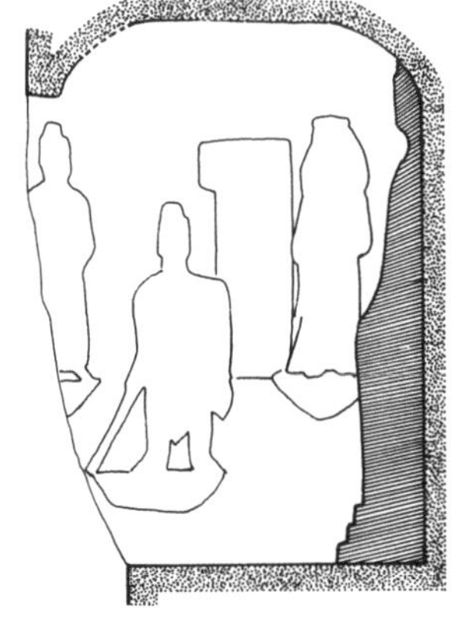

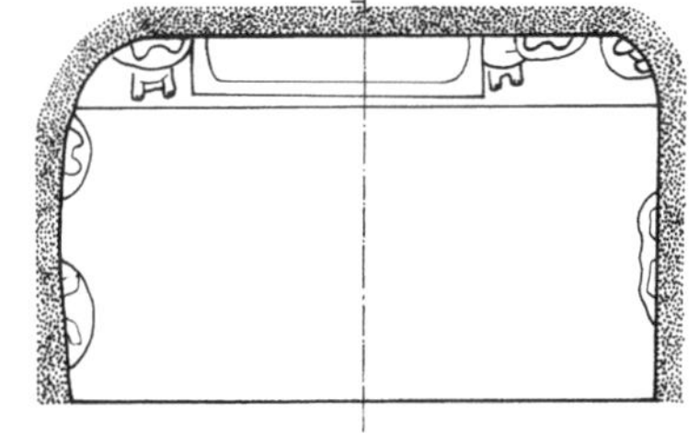

图321 第219龛平、剖面及立面展开图

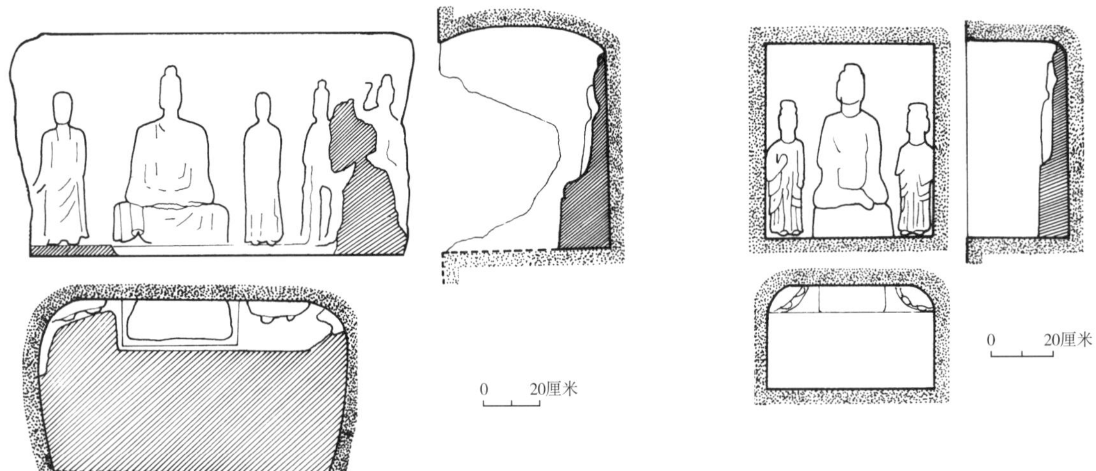

图322 第220龛平、剖面及立面展开图

图323 第221龛平、剖面及立面图

第220龛

位置：窟群北段上层，位于第219窟上方。

时代：唐

形制；平面半圆形，穹隆顶方形龛，有坛基。龛高90、宽110、深60厘米。坛基高17厘米。

造像：龛残存一佛二弟子一菩萨一力士。佛残高65厘米，南侧弟子、菩萨、力士侍立，弟子残高50厘米，菩萨残高58厘米，力士残高40厘米。北侧仅存一弟子立像。

保存现状：北壁及窟底部坍塌、毁损严重。造像风化严重，北边龛底有后人凿留的方形架孔。

第221龛

位置：窟群北段上层，位于第222窟明窗下方。

时代：隋

形制：平面为半圆形，圆拱顶小龛。龛高60、宽52、深22厘米。

造像：龛内雕一佛二菩萨，佛残高55厘米，结跏趺坐于方座上，露右足。菩萨残高40厘米，侍立于佛两侧。左侧菩萨左手持净瓶。

保存现状：龛毁损，南侧龛楣被打破。造像面部均残损，衣纹模糊不清。

第222窟

位置：窟群北段下层，位于第165窟北侧。窟口南偏西72度39分。

时代：唐代开凿，宋代增修。

形制：平面长方形，覆斗顶窟。窟高596、宽630、深530厘米。

窟内正壁（东壁）凿低坛基，坛基高49、深68厘米。方形门，门高220、宽130、深178厘米。门内有甬道。窟门上方凿明窗，高155、宽110、深290厘米。

造像：窟内正壁雕一佛二弟子二菩萨。佛通高435厘米，磨光高肉髻，面相方圆，细眉大眼，肩宽腰圆，着双领下垂式袈裟，左手抚膝，右手上举于胸前，作施无畏印，善跏趺坐，双足踏莲台，衣裾自然下垂。二弟子一老一少，侍立两侧，内着僧衹支，外披通肩袈裟，南侧弟子高285厘米，双手捧钵于胸前；北侧弟子高275厘米，左手置于腹际。二菩萨面相丰圆，高髻，身短，南侧菩萨高304厘米，帔巾自双肩搭下穿肘后下垂，北侧菩萨高303厘米，右臂屈肘上举，分别侍立两侧。

窟内四壁及甬道两侧均开龛，共计六十四个，分述如下：

222-1号龛：位于东壁上层南侧。唐代。长方形双重龛，外龛高98、宽81、深18厘米。中央尖拱形小龛内雕一佛，龛外立二菩萨。佛通高58厘米，外披双领下垂式袈裟，结跏趺坐于方座上，双手作禅定印。菩萨侍立于两侧，高髻，面部丰圆，身披长巾。北侧菩萨高49厘米，右手上握飘带，上身袒露。南侧菩萨高51厘米，上身袒露，左手上握飘带，下着裙。

222-2号龛：位于东壁与南壁交界处上层。唐代。外龛高98、宽20、深12厘米。中央尖拱形龛，龛内雕一佛二菩萨。佛通高67厘米，

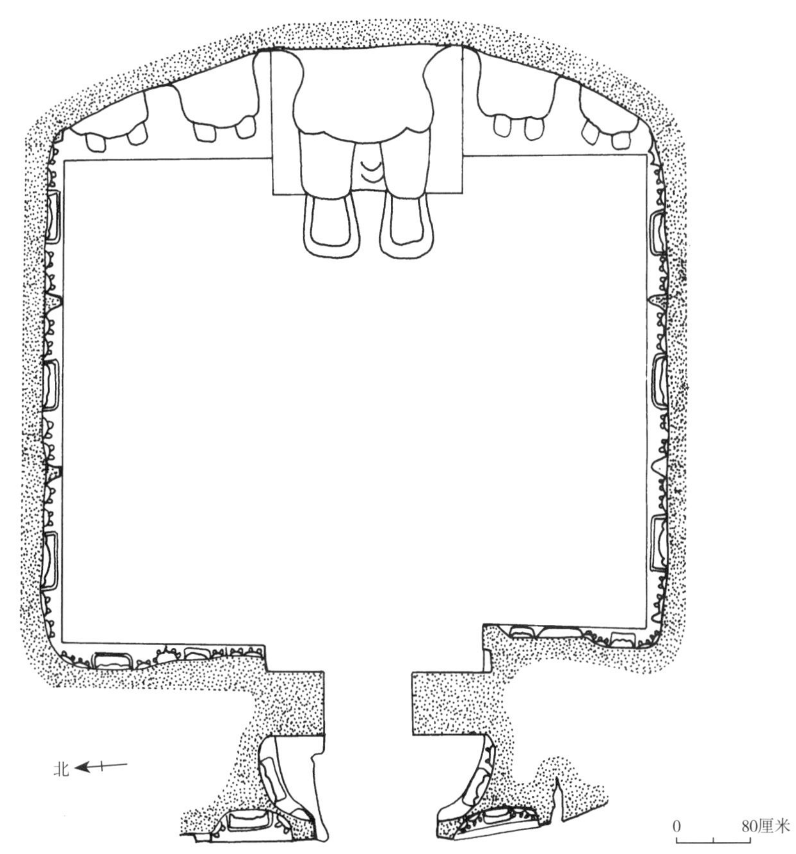

图324　第222窟平面图

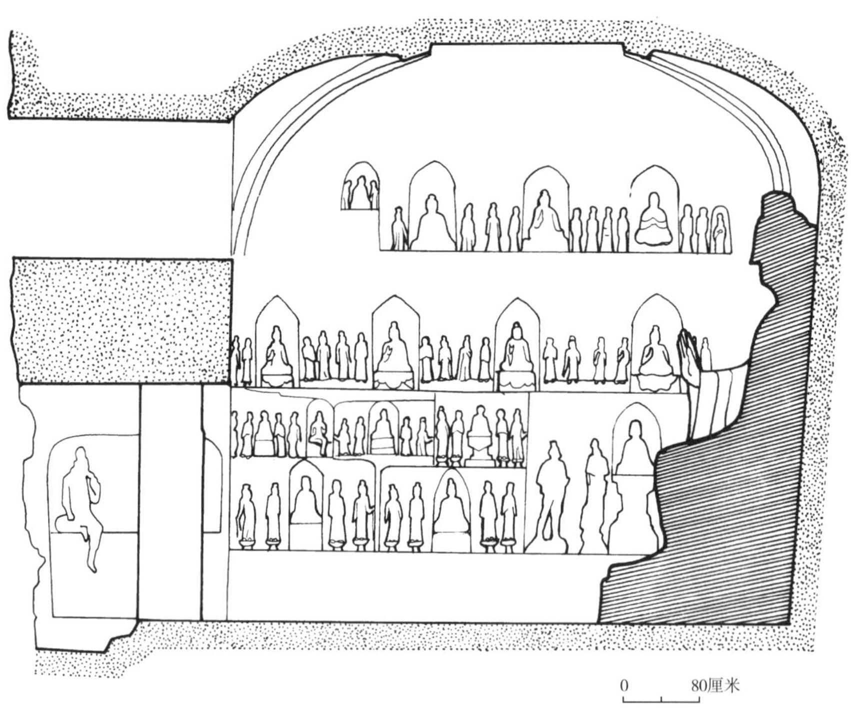

图325　第222窟剖面图

外披双领下垂式袈裟，结跏趺坐于方座上，左手抚膝，右手举于胸前。菩萨通高 63 厘米，侍立于两侧，高髻，面相丰圆，着帔帛，东侧菩萨右手上握飘带，西侧菩萨左手上握飘带。龛内有一裂隙。造像完整。

222-3 号龛：位于南壁第一层东侧。唐代。龛高 99、宽 91、深 11 厘米。尖拱形龛，龛内雕一佛，龛外立二菩萨。佛通高 68 厘米，内着僧祇支，外披双领下垂式袈裟，结跏趺坐于方座上，左手抚膝，右手举于胸前。二菩萨高 63 厘米，侍立于佛两侧，高髻，面相丰圆，斜披络腋，肩披长巾，东侧菩萨右手上握飘带，西侧菩萨左手上握飘带。龛形及造像基本完整。

222-4 号龛：位于南壁第一层，3 号龛西侧。唐代。方形外龛，龛高 98、宽 58、深 11 厘米。中央尖拱形浅龛，龛内雕一佛，龛外立二弟子二菩萨。佛通高 63 厘米，内着僧祇支，外披双领下垂式袈裟，结跏趺坐于方座上。弟子通高 54 厘米，身着袈裟，菩萨通高 56 厘米，西侧菩萨，着帔帛，左手上握飘带，东侧菩萨右手上握飘带，身披长巾。弟子、菩萨侍立佛两侧。龛形完整，佛右手残缺。

222-5 号龛：位于南壁第一层，4 号龛西侧。唐代。方形外龛，外龛高 103、宽 54、深 7 厘米。中央尖拱形浅龛，内龛内雕一佛，外立二弟子二菩萨。佛高 68 厘米，内着僧祇支，外披双领下垂式袈裟，结跏趺坐于方座上。弟子高 54 厘米，内着僧祇支，身披袈裟，菩萨高 56 厘米，高髻，左手上握飘带，下着翻腰式短裙。二弟子、二菩萨均侍立于佛两侧。龛形完整，佛右手残缺。

222-6 号龛：位于南壁第一层，5 号龛西侧。唐代。外龛高 105、

图326 第222窟正壁立面图

宽 85、深 65 厘米。中央开尖拱形浅龛，龛内雕一佛，外立二菩萨。佛高 69 厘米，内着僧祇支，外披圆领通肩袈裟。菩萨高 60 厘米，侍立于佛两侧，高髻，面形丰圆，帔巾自双肩搭下穿肘后下垂。龛形完整，佛右手残缺，东侧菩萨身有裂隙，面部模糊不清。

222–7 号龛：位于南壁第一层，6 号龛西侧。唐代。外龛高 76、宽 35、深 7 厘米。中央开尖拱形浅龛，龛内雕一佛，外立二菩萨。佛高 55 厘米，内着僧祇支，外披袈裟，结跏趺坐于方座上，双手作禅定印。菩萨高 48 厘米，侍立于佛两侧，高髻，面形丰圆，帔巾自双肩搭下穿肘后下垂。龛形完整，佛和东侧菩萨面部风化。

222–8 号龛：位于南壁自上而下第二层东侧。唐代。方形外龛高 105、宽 133、深 14 厘米。龛内有低坛基，坛基高 10、深 10 厘米。中央开尖拱形龛，龛内雕一佛，外立二弟子二菩萨。佛通高 70 厘米，内着僧祇支，外披双领下垂式袈裟，左手抚膝，右手举于胸前，结跏趺坐于方座上。弟子高 50 厘米，内着僧祇支，外披袈裟，双手拱于胸前；菩萨高 55 厘米，高发髻，半露胸肌，帔巾自然垂于两侧。二弟子、二菩萨均侍立于佛两侧。龛形及造像完整。

222-9 号龛：位于南壁第二层，8 号龛西侧。唐代。方形外龛高 100、宽 70、深 15 厘米。龛内有低坛基，坛基高 10、深 10 厘米。中央开圆拱顶浅龛，龛内雕一佛，外立二菩萨。佛通高 70 厘米，内着僧祇支，外披双领下垂式袈裟，左手抚膝，右手举于胸前，结跏趺坐于方座上。菩萨高 55 厘米，束高发髻，下着翻腰式短裙，帔巾垂地，侍立于佛两侧。龛形及造像完整。

222-10 号龛：位于南壁第二层，9 号龛西侧。唐代。方形外龛高 110、宽 85、深 15 厘米。龛内有低坛基，坛基高 10、深 12 厘米。中央开尖拱形浅龛，龛内雕一佛，外立二菩萨。佛通高 95 厘米，外披圆领通肩袈裟，左手抚膝，右手举于胸前，结跏趺坐于方座上。二菩萨侍立于佛两侧，袒上身，帔巾下垂，下着翻腰短裙。西侧菩萨高 52 厘米，右手上握飘带，东侧菩萨高 55 厘米，左手上握飘带。龛形完整，西侧菩萨头部残缺。

222-11 号龛：位于南壁第二层，10 号龛西侧。唐代。外龛高 100、宽 145、深 20 厘米。龛内有低坛基，坛基高 10、深 10 厘米。中央开尖拱形浅龛，龛内雕一佛，外雕二弟子二菩萨。佛通高 65 厘米，外着圆领通肩袈裟，结跏趺坐于方座上，左手抚膝，右手上举于胸前。弟子、菩萨均侍立于佛两侧，二弟子高 50 厘米，身着袈裟，东侧弟子双手合掌于胸前，西侧弟子双手捧一矩形物。二菩萨高 50 厘米，披帔帛，下着翻腰短裙，东侧菩萨裸露上身，西侧菩萨着帔帛。龛形及造像完整。

222-12 号龛：位于南壁第二层西侧。唐代。外龛高 110、宽 90、深 18 厘米。龛内有低坛基，高 10、深 10 厘米。中央开尖拱顶浅龛，龛内雕一佛，龛外雕二菩萨。佛通高 70 厘米，身着双领下垂式袈裟，左手抚膝，右手上举于胸前，结跏趺坐于方座上。菩萨高 55 厘米，高发髻，半露上身，肩搭帔巾，东侧菩萨右手上握飘带，西侧菩萨左手上握飘带，二菩萨侍立于两则。龛形及造像完整。

222-13、14 号龛：位于南壁自上而下第三层东侧。唐代。横长方形浅龛，龛高 62、宽 120、深 10 厘米。龛内雕二佛三菩萨。

东侧佛残高 50 厘米，身着双领下垂式袈裟，右手抚膝，左手掌心向上置于腹前，结跏趺坐于方形束腰座上。东侧菩萨通残高 49 厘米，袒露上身，帔帛垂地，侍立于圆台上。龛形完整，造像头部均残。

西侧佛残高 52 厘米，身披双领下垂式袈裟，右手前举，左手置于腹前左腿上，结跏趺坐于束腰方座上。中间及西侧二菩萨通残高 50 厘米，袒上身，下着翻腰短裙，披长帛，侍立于佛两侧圆台上。龛形基本完整，造像头部已毁。

222-15 号龛：位于南壁第三层，14 号龛西侧。唐代。竖长方形浅龛，龛高 60、宽 43、深 7 厘米。龛内雕一舒相菩萨。菩萨通高 55 厘米，高发髻，上身着交领衣，下着裙，右手置于右膝上，左手斜举，左腿盘起，右腿下垂，坐于圆形束腰莲座上。龛形及造像完整。

222–16 号龛：位于南壁第三层，15 号龛西侧。唐代。方形浅龛，龛高 60、宽 42、深 14 厘米。龛内雕一佛。佛残高 49 厘米，结跏趺坐于方形束腰座上，身披双领下垂式袈裟，左手抚踝，右手掌心向上置于腿上。佛头部毁损。

222–17 号龛：位于南壁第三层，16 号龛西侧。唐代。方形小龛，龛高 60、宽 57、深 10 厘米。龛内雕一佛二弟子二菩萨。佛通高 45 厘米，结跏趺坐于方形束腰座上，披双领下垂式袈裟，右手抚膝，左手掌心向上置于腹前腿上。弟子、菩萨均侍立于佛两侧圆台上。二弟子通高 37 厘米，身披袈裟，东侧弟子双手抱于腹前，西侧弟子双手捧圆形物于胸前。二菩萨通高 40 厘米，高发髻，披长帛，裸露上身。东侧弟子和西侧菩萨头部微残。

222–18 号龛：位于南壁第三层，17 号龛西侧。唐代。横长方形浅龛，龛高 60、宽 95、深 7 厘米。龛内雕一佛二弟子二菩萨。佛残高 50 厘米，结跏趺坐于方形束腰座上，披双领下垂式袈裟，右手抚膝，左手置于腹前。弟子、菩萨均侍立于两侧圆台上，二弟子通残高 45 厘米，身披袈裟，双手抱于胸前，二菩萨通高 48 厘米，裸露上身，帔帛下垂，下着裙。佛头及东侧弟子头部残损。

222–19 号龛：位于南壁第三层西侧。唐代。长方形浅龛，龛高 60、宽 113、深 10 厘米。龛内雕一佛二弟子二菩萨。佛通高 50 厘米，结跏趺坐于方座上，披双领下垂式袈裟，右手抚膝，左手置于腹际腿上。弟子、菩萨均侍立于佛两侧圆台上，二弟子通高 46 厘米，身着袈裟，双手抱于胸前，二菩萨通高 50 厘米，菩萨裸露上身，下着裙，帔帛下垂，东侧菩萨右手、西侧菩萨左手持香炉。佛面部微残，东侧弟子面部轻微风化。

222–20 号龛：位于西壁与南壁交界处上层。唐代。方形浅龛，龛高 50、宽 58、深 5 厘米。龛内雕一佛二弟子。佛通高 42 厘米，结跏趺坐于束腰方座上，着双领下垂式袈裟，右手抚膝，左手置于腹前。二弟子残高 39 厘米，身披袈裟，双手抱于腹前，侍立于两侧。龛形完整，造像面部微残。

222–21 号龛：位于西壁南侧上层。唐代。平面半圆形小龛，龛高 56、宽 50、深 6 厘米。龛内雕一佛二菩萨。佛通高 52 厘米，结跏趺坐于叠涩束腰座上，双手施禅定印。二菩萨高 47 厘米，高发髻，裸露上身，肩披长帛自然下垂，下着裙，侍立于佛两侧。龛形及造像完整，主佛衣纹模糊。

222–22 号龛：位于西壁南侧上层，21 号龛北侧。唐代。平面半圆形浅龛，龛高 60、宽 20、深 5 厘米。龛内雕一菩萨。菩萨通高 56 厘米，束高发髻，上身裸露，手握长巾，下着翻腰裙。龛形完整，造像面部风化，并有烟垢。

2
3
4
5
8
9
10
11
13
14
15
16
17
18
23
24
25
26

图327　第222窟南壁、西壁南侧及窟门甬道南壁立面展开图

222-23 号龛：位于南壁自上而下第四层东侧。唐代。尖拱形小龛。龛高 55、宽 22、深 5 厘米。龛内雕一菩萨。菩萨高 45 厘米，裸露上身，左手持净瓶，右手执帔巾上举，肩披长巾站立于平台上。龛形完整，造像头部残损。

222-24 号龛：位于南壁第四层，23 号龛西侧。唐代。竖长方形龛，龛高 63、宽 44、深 6 厘米。龛内雕二身菩萨，高 53 厘米，裸露上身，肩搭帔巾于手腕上，并立龛底。龛形完整，龛内东侧菩萨头部残损。

222-25 号龛：位于南壁第四层，24 号龛西侧。唐代。横长方形龛，龛高 95、宽 133、深 11 厘米。龛内雕一佛二弟子二菩萨。中央尖拱形浅龛内佛通高 80 厘米，外着双领下垂式袈裟，结跏趺坐于叠涩式束腰方座上，右手抚膝，左手置于腹际。二弟子通高 77 厘米，双手抱于腹前，内着交领内衣，外披袈裟。二菩萨通高 84 厘米，束高发髻，裸露上身，下着翻腰短裙，帔巾自然下垂。弟子、菩萨均侍立于两侧莲台上。龛形完整，龛内除东侧菩萨完整之外，其他四尊造像头部均残损。

222-26 号龛：位于南壁第四层，25 号龛西侧。唐代。平面长方形龛，龛高 92、宽 125、深 12 厘米。龛内雕一佛二弟子二菩萨。佛通高 81 厘米，外着双领下垂式袈裟，结跏趺坐于叠涩式束腰方座上，右手抚膝，左手置于腹际腿上。二弟子通高 81 厘米，内着交领内衣，外披袈裟，东侧弟子双手抱于腹部，西侧弟子双手上下分开放于腹部。二菩萨通高 86 厘米，束高髻，裸露上身，肩搭帔巾，自然下垂。弟子、菩萨均侍立于佛两侧半圆形莲台上。龛形基本完整，造像头部均残。

222-27 号龛：位于南壁第四层西侧。唐代。平面长方形龛，龛高 102、宽 173、深 17 厘米。龛内雕一佛二弟子二菩萨。佛通高 90 厘米，外着双领下垂式袈裟，结跏趺坐于束腰圆座上，右手抚膝，左手置于腹际腿上。弟子通高 83 厘米，内着交领内衣，外穿袈裟，东侧弟子双手残，西侧弟子双手抱于胸前。菩萨通高 88 厘米，着帔帛，肩搭帔巾自然下垂，弟子、菩萨均侍立于两侧半圆形莲台上。龛内造像头部均残。

222-28 号龛：位于南壁与西壁交界处中层。唐代。方形浅龛，龛高 58、宽 45、深 10 厘米。龛内雕二立菩萨，通高 45 厘米，袒露上身，肩披长帛飘带于手腕上自然下垂，立于龛底。龛形完整，造像面部稍微风化，烟熏程度较重。

222-29 号龛：位于西壁南侧中层。唐代。方形浅龛，龛高 50、宽 50、深 7 厘米。龛内雕二身菩萨，高 50 厘米，高发髻，裸露上身，肩披长帛，飘带于手腕上自然下垂，立于龛底。龛内及造像烟熏严重，菩萨面部较模糊。

222-30 号龛：位于西壁南侧中层，29 号龛北侧。唐代。方形浅龛，龛高 50、宽 40、深 9 厘米。龛内雕二身菩萨，残高 46 厘米，束高发髻，裸露上身，肩搭帔巾，飘带绕手腕自然下垂于两侧，立于龛底。龛形完整，造像头部残损。

222-31 号龛：位于甬道南壁东侧。唐代。方形浅龛，龛高 58、宽 54、深 12 厘米。龛内雕一佛二弟子。佛通高 45 厘米，结跏趺坐于束腰方座上，内着僧祇支，外披双领下垂式袈裟。二弟子通高 34 厘米，身披袈裟，双手抱于胸前，侍立于两侧圆台上。龛顶残损，造像烟熏严重。

222-32 号龛：位于西壁南侧下层，28、29 号龛南侧下方。唐代。横长方形浅龛，龛高 80、宽 100、深 8 厘米。龛内雕一佛二弟子二菩萨。佛通高 65 厘米，结跏趺坐于束腰方座上。弟子通高 62 厘米，菩萨通高 70 厘米，均侍立于两侧圆台上。龛内烟熏、风化严重，头部均残。

222-33 号龛：位于西壁南侧下层，30 号龛下方。唐代。圆拱形小浅龛，龛高 55、宽 30、深 5 厘米。龛内雕一坐佛，佛通高 47 厘米，内着僧祇支，身披双领下垂式袈裟，结跏趺坐于束腰莲座上。座下部浅浮雕，造像略风化。

222-34 号龛：位于内层甬道南壁下层，31 号龛下方。唐代。尖拱形浅龛，龛高 57、宽 27、深 6 厘米。龛内雕一佛。佛残高 47 厘米，内着僧祇支，外披双领下垂式袈裟，结跏趺坐于方形束腰座上。造像头部残损。

222-35 号龛：位于内层甬道南壁下层，31 号龛下方。唐代。圆拱形小浅龛，龛高 52、宽 37、深 7 厘米。龛内雕一佛一弟子。佛残高 40 厘米，结跏趺坐于束腰座上。弟子残高 40 厘米，身披袈裟侍立于圆台上。龛顶部微残，造像头部风化残缺。

222-36 号龛：位于东壁北侧上层。唐代。平面横长方形，外龛形制不明，内龛为尖拱浅龛，龛高 94、宽 130、深 15 厘米。龛内雕一佛二弟子二菩萨。佛通高 54 厘米，内着僧祇支，外披双领下垂式袈裟，结跏趺坐于方座上，左手抚膝，右手上举于胸前。弟子高 57 厘米，身披袈裟，左臂屈置胸前，右手下垂。菩萨高 60 厘米，束高发髻，斜披络腋，下着裙，肩搭长巾自然垂地，一手上举，一手下握长巾。弟子、菩萨均侍立于佛两侧。龛形较完整，造像面部已风化。

222-37 号龛：位于北壁自上而下第一层东侧。唐代。圆拱形小龛，龛高 58、宽 30、深 5 厘米。龛内雕一立菩萨。菩萨高 46 厘米，高发髻，袒上身，下着裙，肩披长巾，左手下握巾带，右手举于胸前。龛形完整，造像较完整。

222-38、39 号龛：位于北壁第一层，37 号龛西侧。唐代。横长方形龛，龛高 97、宽 264、深 16 厘米。龛内雕两组一佛二弟子二菩萨。

东侧佛残高 61 厘米，位于尖拱形小龛内，结跏趺坐于方座上，外着通肩袈裟，双手抱于胸前。二弟子残高 56 厘米，身披袈裟，双手合十于胸前。二菩萨残高 62 厘米，上斜披络腋，下着裙。弟子、菩萨均立于圆台上，侍立于佛两侧。龛形较完整，造像面部严重风化。

西侧佛通高 56 厘米，位于尖拱形小龛内，内着僧祇支，外披双领下垂式袈裟，结跏趺坐于方座上，左手扶膝，右手上举于胸前，作施无畏印。弟子通高 51 厘米，身披袈裟，左手抱于胸前，右手下垂。菩萨残高 54 厘米，下着大裙，肩搭长巾。弟子、菩萨均侍立于佛两侧。龛形较完整，造像面部风化。

222-40 号龛：位于北壁第一层，39 号龛西侧。唐代。外龛方形，龛高 92、宽 94、深 10 厘米。中央尖拱形小龛内雕一佛，龛外立二菩萨。佛通高 54 厘米，结跏趺坐于方座上，着通肩袈裟，左手扶膝，右手上举于胸前，作施无畏印。菩萨残高 56 厘米，肩搭长巾，下着裙，侍立于两侧。龛形较完整，造像风化严重，面部均已残损。

222-41 号龛：位于北壁第一层西侧。唐代。外龛方形，龛高 53、宽 55、深 7 厘米。中央凿尖拱形小龛，龛内雕一佛，龛外雕二菩萨。佛残高 39 厘米，身披袈裟，结跏趺坐于方座上。二菩萨侍立两侧，残高 38 厘米。造像严重风化，面部均毁。

222-42、43 号龛：位于北壁自上而下第二层东侧。唐代。横长方形龛，龛高 110、宽 265、深 20 厘米。低坛基，坛基高 12、深 12 厘米。龛内雕两组一佛二弟子二菩萨。

东侧佛通高 73 厘米，位于尖拱形小龛内，结跏趺坐于方座上，内着僧祇支，外披双领下垂式袈裟，左手扶膝，右手上举于胸前，作施无畏印。弟子高 58 厘米，身着袈裟，西侧弟子双手捧矩形物于胸前，东侧弟子双手抱于胸前。菩萨高 63 厘米，袒上身，下着裙，肩披长巾，一手上举巾带，一手下垂握长巾。弟子、菩萨均侍立于佛两侧。龛形及造像较完整。

西侧佛通高 73 厘米，低平肉髻，内着僧祇支，外披双领下垂式袈裟，结跏趺坐于方座上，左手扶膝，右手上举于胸前，作施无畏印。弟子高 57 厘米，身穿袈裟，西侧弟子左手抱于胸前，右手放于腹际，东侧弟子双手合十于胸前。菩萨高 58 厘米，束高发髻，袒上身，肩搭长巾，一手上举巾带，一手下垂握长巾。弟子、菩萨均侍立于佛两侧。龛形及造像较完整。

222-44、45 号龛：位于北壁第二层，43 号龛西侧。唐代。外龛横长方形，龛高 105、宽 227、深 19 厘米。低坛基，坛基高 10、深 11 厘米。龛内雕两组一佛二弟子二菩萨。

东侧佛通高 72 厘米，雕于尖拱形小龛内，高肉髻，内着僧祇支，外披双领下垂式袈裟，左手扶膝，右手上举于胸前，作施无畏印，结跏趺坐于方座上，其中方座高 27 厘米，座前雕二狮，一蹲一卧，狮高 14 厘米。弟子高 50 厘米，身着袈裟，东侧弟子双手捧钵，西侧弟子左手置胸前，右手提袈裟。菩萨高 54 厘米，袒露上身，肩搭长巾，下着裙，一手上举，一手下垂，均握巾带。二弟子、二菩萨立于低台上，侍立于佛两侧。

西侧佛通高 58 厘米，雕于尖拱形小龛内，高肉髻，身着通肩袈裟，结跏趺坐于方座上，左手扶膝，右手上举于胸前，作施无畏印。弟子高 50 厘米，身披袈裟，双手合掌。菩萨高 53 厘米，束高发髻，袒上身，下着裙，一手上举，一手下垂，均握巾带。二弟子、二菩萨均侍立于佛两侧。龛形及造像较完整。

222-46 号龛：位于北壁第三层东侧。唐代。横长方形大浅龛，龛高 145、宽 220、深 20 厘米，正中开尖拱形小龛，高 75、宽 60 厘米。龛内雕一佛，龛外立二弟子二菩萨。佛残高 114 厘米，结跏趺坐于方形束腰座上。弟子残高 100 厘米，菩萨残高 110 厘米，均侍立于佛两侧。龛形下部已风化，造像残损严重，西侧弟子头部有修补留下小桩孔和草泥残迹，东侧弟子、菩萨均毁损，仅留残迹。

222-47 号龛：位于北壁第三层，46 号龛西侧。唐代。外龛横长方形，龛高 70、宽 106、深 13 厘米。龛内雕一佛二弟子二菩萨。佛通残高 50 厘米，身着双领下垂式袈裟，结跏趺坐于叠涩式束腰方座上，左手置于腹际，右手置于胸前。弟子残高 56 厘米，身披袈裟，东侧弟子双手抱于胸前。菩萨残高 58 厘米，袒上身，肩披长巾，下着裙，手握巾带。二弟子、二菩萨侍立于佛两侧带梗莲台上。龛形较完整，造像头部均残损。

222-48 号龛：位于北壁第三层，47 号龛西侧。唐代。外龛横长方形，龛高 60、宽 98、深 12 厘米。中央小尖拱形龛内雕一佛，龛外立二弟子二菩萨。佛残高 50 厘米，内着僧祇支，外披双领下垂式袈裟，结跏趺坐于束腰座上。弟子高 40 厘米，身披袈裟，双手抱于胸前。菩萨高 43 厘米，束高发髻，袒上身，肩披长巾，下着裙，一手上举，一手下垂，均握巾带。弟子、菩萨均侍立于两侧。龛形较完整，除佛头已残损外，其余造像较完整。

222-49 号龛：位于北壁第三层，48 号龛西侧。唐代。尖拱形小龛，西壁被 50 号龛打破，龛高 60、宽 32、深 8 厘米。龛内雕一舒相坐菩萨。菩萨通高 46 厘米，袒露上身，肩搭帔巾，下着裙，坐于基坛上，脚踏带梗莲花，左手上举帔巾飘带。造像较完好。

222-50 号龛：位于北壁第三层西侧。唐代。横长方形浅龛，龛高 58、宽 69、深 8 厘米。龛内雕一佛二弟子二菩萨。佛残高 43 厘米，内着僧祇支，外披双领下垂式袈裟，结跏趺坐于束腰座上，手作禅定印。弟子残高 40 厘米，身披袈裟，双手抱于胸前。菩萨高 40 厘米，束高发髻，袒上身，肩搭长巾，下着裙，一手上举，一手下垂握飘带。弟子、菩萨均侍立于佛两侧。龛形较完整，佛及东侧弟子头顶微残，其余造像较完好。

222-51 号龛：位于西壁北侧第一层。唐代。方形外龛，龛高 84、宽 100、深 8 厘米，正中开尖拱形小龛，高 52、宽 37 厘米，小龛内雕一佛，龛外立二弟子二菩萨。佛通高 60 厘米，内着僧祇支，外披双领下垂式袈裟，结跏趺坐于叠涩式束腰方座上，左手置于腹前腿上，右手抚膝。弟子高 50 厘米，身披袈裟，南侧弟子双手抱于胸前，北侧弟子双手合十。菩萨高 52 厘米，裸露上身，肩搭长巾，下着裙，一手上举，一手下垂握飘带。二弟子、二菩萨均侍立于佛两侧。龛形完整，造

图328　第222窟北壁立面图

像较完好。

222-52 号龛：位于西壁北侧第一层，51 号龛南侧。唐代。长方形外龛，龛高 88、宽 102、深 10 厘米，正中开尖拱形小龛，高 55、宽 43 厘米。龛内雕一佛，龛外立二弟子二菩萨。佛通高 64 厘米，内着僧祇支，外披双领下垂式袈裟，结跏趺坐于方形束腰座上。弟子残高 56 厘米，身披袈裟，南侧弟子双手抱于胸前，北侧弟子一手抚胸，一手下垂。菩萨高 62 厘米，裸露上身，肩搭长巾，下着裙。二弟子、二菩萨均侍立于佛两侧。龛形完整，龛内留有烟熏痕迹，南侧弟子头已毁，其余造像较完好。

222-53 号龛：位于北壁第四层东侧。唐代。横长方形外龛，龛高 87、宽 158、深 15 厘米。正中开尖拱形小龛内雕一佛，龛外立二弟子二菩萨。佛残高 72 厘米，身着袈裟，结跏趺坐于方形束腰座上，弟子通残高 68 厘米，身穿袈裟，西侧弟子双手置于胸前。菩萨通高 72 厘米，肩搭长巾，一手上举，一手下垂握飘带。二弟子、二菩萨均侍立于两侧。龛形较完整，造像风化、残损严重。

222-54 号龛：位于北壁第四层西侧。唐代。横长方形外龛，龛高 100、宽 150、深 19 厘米。中央凿尖拱形小龛，内雕一佛，龛外雕二弟子二菩萨。佛残高 86 厘米，内着僧祇支，外披双领下垂式袈裟，左手置于腹前，右手抚右膝，结跏趺坐于叠涩式束腰圆座上，座两侧雕二卧狮，头残。二弟子残高 80 厘米，身披袈裟，双手捧物于胸前。二菩萨残高 83 厘米，半裸上身，斜披络腋，肩搭长巾，下着翻腰长裙，一手上举，一手下垂握巾带。弟子、菩萨均立于带梗莲台上，侍立于佛两侧。龛形较完整，造像头部均已残损。

222-55 号龛：位于西壁北侧第二层，51 号龛下方。唐代。横长方形外龛，龛高 86、宽 108、深 12 厘米，正中开尖拱形小龛，小龛高 53、宽 34 厘米，小龛内雕一佛，龛外立二弟子二菩萨。佛残高 67 厘米，内着僧祇支，外披双领下垂式袈裟，结跏趺坐于圆形叠涩束腰座上，左手置腹前，右手置胸前。二弟子残高 60 厘米，身披袈裟，双手捧物抱于胸前。二菩萨残高 65 厘米，肩搭长巾，下着长裙，一手上举，一手下垂握巾带。弟子、菩萨均侍立于佛两侧。龛形完整，造像头部均已残损。

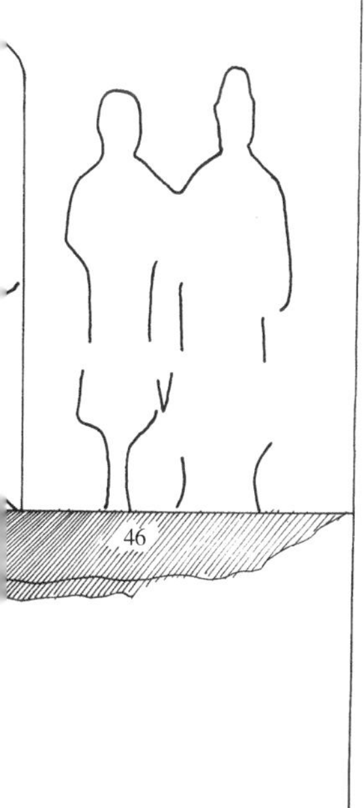

222-56 号龛：位于西壁北侧第二层，57 号龛南侧。唐代。方形外龛，龛高 69、宽 65、深 10 厘米，龛正中凿尖拱形小龛，龛内雕一佛，龛外立二菩萨。佛残高 57 厘米，内着僧祇支，外披双领下垂式袈裟，结跏趺坐于方形叠涩束腰座上，右手置胸前，左手置腹前。二菩萨残高 56 厘米，裸露上身，肩搭长巾，下着裙，均侍立于佛两侧。龛形完整，造像头部均残损。

222-57 号龛：位于西壁北侧第二层，56 号龛南侧。唐代。长方形小浅龛，龛高 46、宽 20、深 6 厘米。龛内雕一立佛。佛通高 44 厘米，高肉髻，内着僧祇支，外披双领下垂式袈裟，双手捧物于胸前，立于仰覆莲台上。龛形完整，造像较完整。

222-58 号龛：位于西壁北侧第二层，57 号龛南侧。唐代。长方形小浅龛，龛高 50、宽 20、深 7 厘米。龛内雕一立姿菩萨。菩萨残高 45 厘米，束高发髻，着内衣，肩搭长巾，手握巾带，下着裙。龛形较完整，造像头部已残损。

222-59 号龛：位于内甬道北壁上层，62 号龛上方。唐代。尖拱顶龛，龛高 97、宽 53、深 17 厘米。龛内雕一舒相坐菩萨。菩萨残高 84 厘米，坐于圆形叠涩束腰座上。右手上举，左手抚膝。龛左下角残，造像头部已毁，身躯留有泥层。

222-60 号龛：位于西壁北侧第三层南侧，58 号龛和 57 号龛下方。唐代。方形浅龛，龛高 45、宽 43、深 7 厘米。龛内雕一佛二弟子。佛残高 37 厘米，身披双领下垂式袈裟，结跏趺坐于方形束腰座上。二弟子残高 34 厘米，身披袈裟，侍立于佛两侧圆台上。龛南壁残，造像头部残。

222-61 号龛：位于西壁北侧第三层北侧，52 号龛下方。唐代。方形浅龛，龛高 53、宽 59、深 7 厘米。龛内雕一佛二菩萨。佛残高 48 厘米，内着僧祇支，外披袈裟，结跏趺坐于方形束腰座上。二菩萨残高 48 厘米，裸露上身，肩搭长巾，手握巾带，下着裙，侍立于佛两侧。龛形较完整，造像头部留有草泥补修痕迹。

222-62 号龛：位于内甬道北壁下层，59 号龛下方。唐代。方形浅龛，龛高 47、宽 50、深 6 厘米。龛内雕一佛二菩萨。佛残高 40 厘米，身着袈裟，结跏趺坐于方形束腰座上。二菩萨残高 40 厘米，立于低台上，侍立于佛两侧。龛东西两壁残损，造像头部已残损，留有泥层。

222- 甬 1 号龛：位于外甬道南壁。宋代改凿。圆拱形龛，龛高 160、宽 90、深 40 厘米。龛内有高坛基，残高 50、宽 60、深 20 厘米。龛内雕一舒相坐菩萨。菩萨残高 140 厘米，坐于高座上，胸前佩挂长璎珞，右肘下雕一小蹲狮。龛东侧已残损，造像头部留有后人用草泥补修的痕迹。

222- 甬 2 号龛：位于外甬道北壁。宋代改凿。圆拱形龛，龛高 190、宽 115、深 35 厘米。龛内有坛基，坛基高 63、宽 90、深 18 厘米。龛内雕一舒相坐菩萨，二弟子侍立两侧。菩萨残高 130 厘米，左手持花蕾，右手抚右腿，足下踏一俯首象。弟子身披袈裟，侍立于圆台上，一大一小，左侧弟子残高 99 厘米，右侧弟子残高 58 厘米。龛顶部残损，造像头部留有后代用草泥修补的痕迹。

保存现状：窟内造像较为完整，下层小龛造像头多残损，北壁下层潮湿风化严重。窟顶部及南北两侧有八道大小裂缝，其中东西有 20 厘米宽的纵向裂缝贯通，窟顶有塌落风化残痕。民国年间下层造像多数头部遭到人为破坏。窟内的颜色为明清时期当地信士重新彩绘。清

图329 第222窟西壁北侧及窟门甬道北壁立面展开图

末民初，窟内住过人，留有生火炊烟痕迹。20世纪70年代用水泥砖块对窟门进行了加固支撑。1982年用水泥预制块铺设窟内地面。1984年安装木构纱门窗。1993年安装铁制栅栏防盗门。2005年实施岩体加固工程时，对该窟的裂隙进行过填充。2006年安装了摄像头等监控报警设备。2012年5月用青陶方砖更换地面水泥预制块，并进行了重修铺整。

第223龛

位置：窟群北段下层，位于第224龛南侧。

时代：唐

形制：龛形不明，残高40、宽20、深5厘米。

造像：龛内雕一身立菩萨像，通高40厘米，头部较长。

保存现状：龛壁残损。造像风化严重。

图330 第223龛平、剖、立面图

第224龛

位置：窟群北段下层，位于第222窟北侧。龛口北偏西80度。

时代：隋

形制：圆拱形平顶龛，高105、宽80、深25厘米。

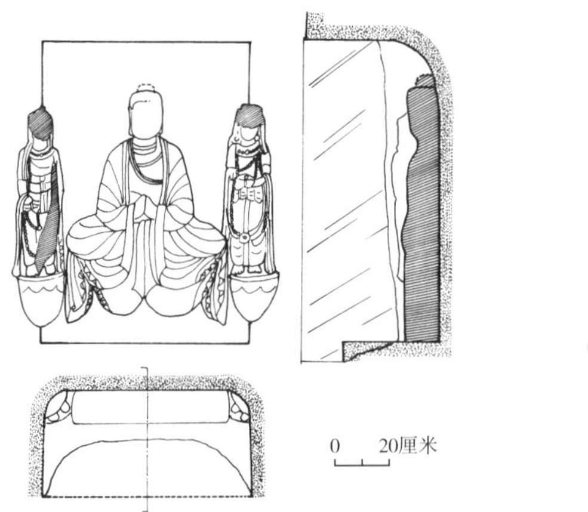

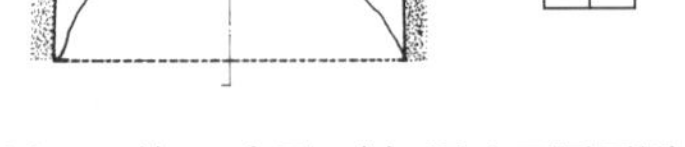

图331 第224龛平、剖面及立面展开图

图332 第224龛佛像

造像：龛内雕一佛二菩萨。佛通高95厘米，内着交领内衣，外披双领下垂式袈裟，双手交于腹前，结跏趺坐于方座上。菩萨残高82厘米，宝缯束发，佩宽边项圈，璎珞垂于膝，侍立于两侧圆台上。造像及其背光残存彩绘。

保存现状：龛底前部残损，佛面部风化严重，二菩萨头部残失，有后代修补孔。20世纪70年代在龛外加固方形水泥门框。

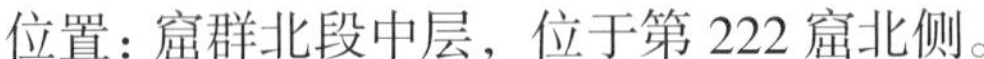

第225龛

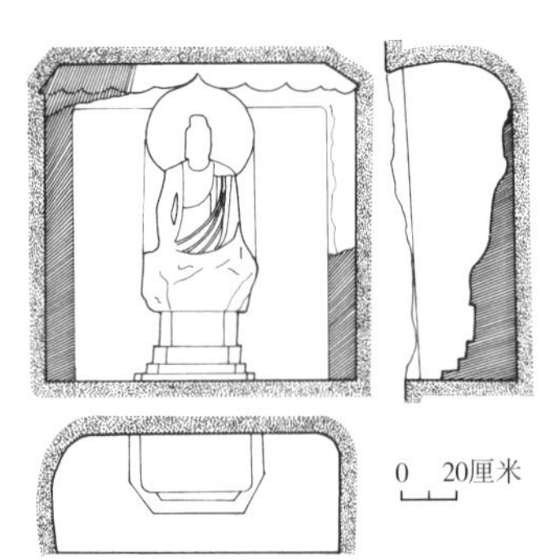

图333 第225龛平、剖面图

位置：窟群北段中层，位于第222窟北侧。

时代：西魏至隋代开凿，唐代改凿。

形制：平面半圆形方形龛，龛楣雕盝形垂幕状。龛高95、宽100、深40厘米。

造像：龛内雕一佛。佛通残高85厘米，结跏趺坐于束腰叠涩多棱座上，背后浮雕舟形身光，造像面部残损。

壁画：龛内有元明时期的彩绘、壁画痕迹，面积约50平方厘米。佛两侧有线描僧人头像。

保存现状：龛南北壁下部已毁，垂幕状北角残，形制不完整。佛像头、腿部残损。

第226龛

位置：在窟群北段中层，位于第229龛南侧。

时代：唐

形制：平面长方形平顶方形龛，高60、宽70、深26厘米。

造像：龛内正壁雕并立二菩萨，残高45厘米，立于圆形莲台上。

保存现状：龛形基本完整。龛内造像风化严重，面部凿毁。

第227龛

位置：在窟群北段中层，位于第228龛下方。

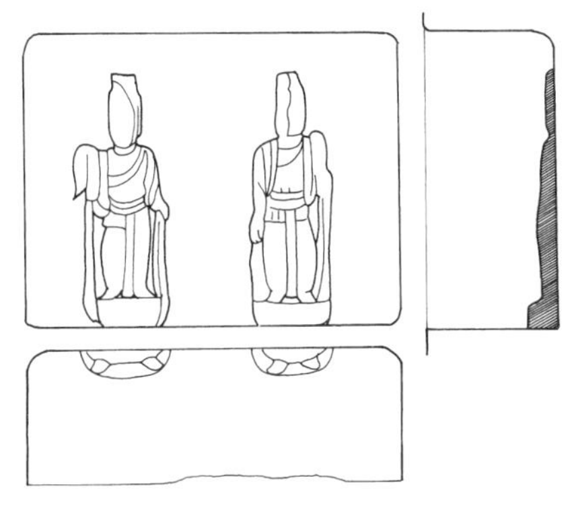

图334　第226龛平、剖、立面图

图335　第227龛平、剖、立面图

时代：西魏

形制：平面长方形浅龛，盝形顶，龛顶雕饰垂幕状。龛高 60、宽 40、深 10 厘米。

造像：龛内雕一佛二弟子。佛坐高 55 厘米，外披双领下垂式袈裟，双手交于腹前，结跏趺坐于台座上，袈裟衣裾垂于座前。弟子残高 30 厘米，侍立于两侧低坛上。

保存现状：龛顶残损。龛内造像上部风化严重，模糊不清，下部衣纹可辨识。

第228龛

位置：在窟群北段上层，位于第 229 龛上方。

时代：唐

形制：平面半圆形，圆拱顶龛。龛高 80、宽 126、深 30 厘米。

造像：龛内雕一舒相坐像，二菩萨，二力士。主尊通残高 58 厘米，舒相坐于方座上，有舟形身光。菩萨残高 50 厘米，力士高 54 厘米，均侍立于两侧，菩萨有桃形头光。

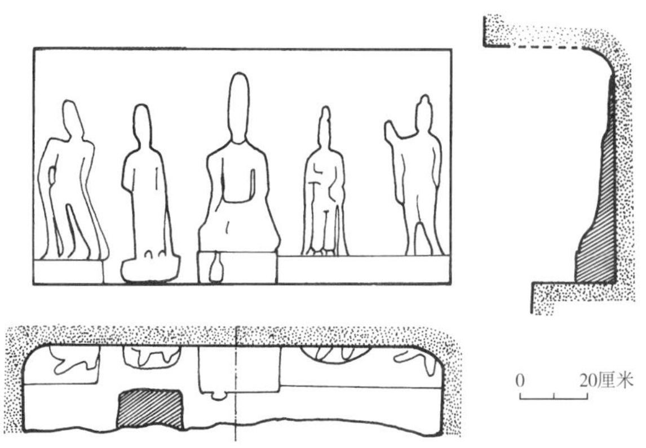

图336　第228龛平、剖、立面图

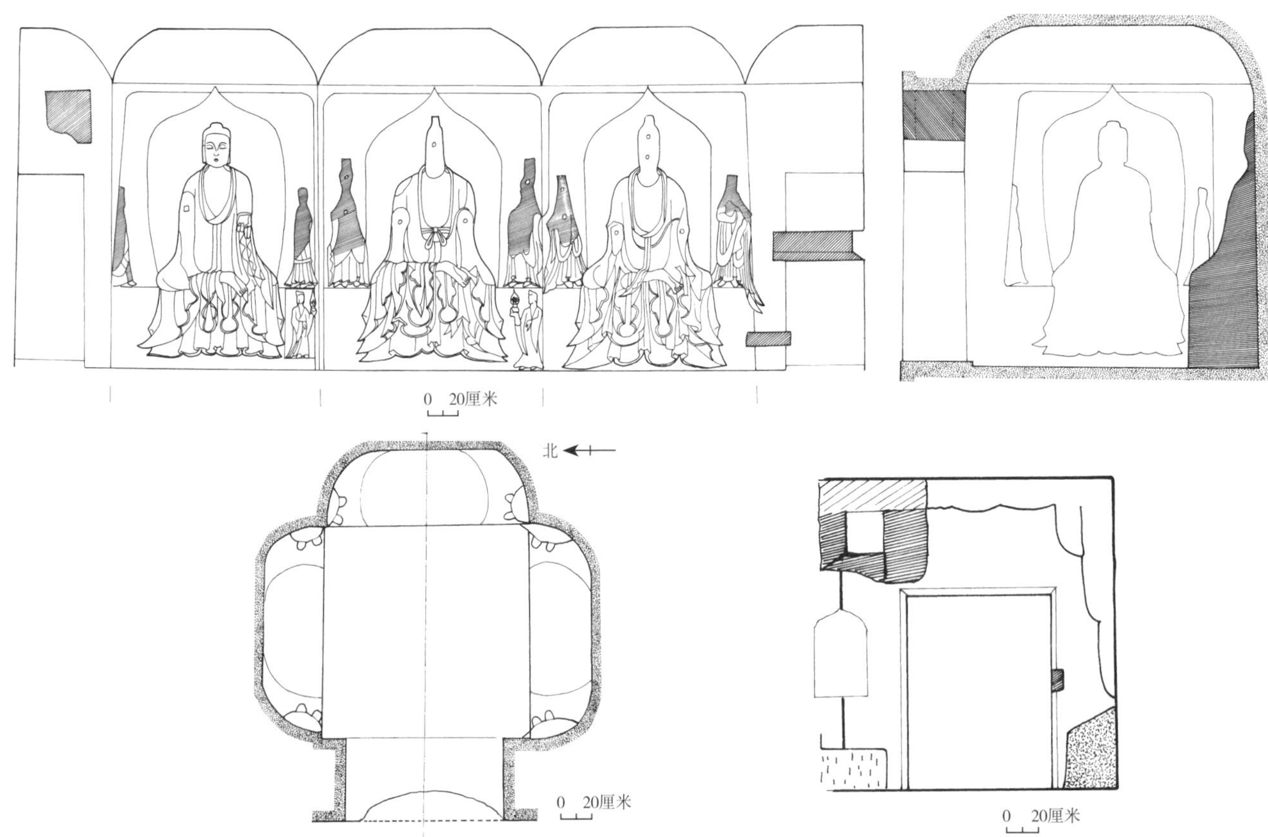

图337 第229龛平、剖面及立面展开图、外立面图

保存现状：龛顶部及底部均风化、坍塌、残损。龛内造像风化严重。

第229窟

位置：在窟群北段中层，位于第222窟北侧。窟口南偏西72度35分。

时代：北魏

形制：平面近方形，覆斗顶，方形门，窟门外有垂幔。窟高210、宽150、深130厘米。窟内东、南、北三面开圆拱形尖顶龛。内凿低坛基，坛基高50厘米。东壁（正壁）龛高110、宽120厘米。北壁龛高120、宽120厘米。南壁龛高120、宽120厘米。窟门高125、宽95、进深45厘米。

造像：东壁（正壁）龛内雕一佛二胁侍菩萨。佛残高105厘米，内着僧祇支，系带，外着双领下垂式袈裟，结跏趺坐于低坛上，袈裟衣裾呈四瓣垂于座前。二菩萨残高75厘米，侍立于坛上。

南壁龛内雕一坐佛二胁侍菩萨。佛残高105厘米。二菩萨残高75厘米，侍立于两侧。

北壁龛内雕一坐佛二胁侍菩萨。佛残高105厘米。二菩萨残高75厘米，侍立于两侧。

正壁坛下南侧浮雕一供养人，右手持香炉，残高48厘米。北壁坛下东侧浮雕一供养人，残高45厘米，左手持香炉。

保存现状：造像衣饰有后代彩绘。正壁佛背光色彩明显。裙裾右侧座台边彩绘二身供养弟子。北壁佛头为后代补修。西壁顶部有一道较大裂隙，窟内造像头部均损毁，后人曾用草泥进行过维修。菩萨像残损严重。龛内佛身光内残存彩绘。近年渗水严重。

第230龛

位置：在窟群北段中层，位于第229窟下方。

时代：北周

形制：平面半圆形，顶部圆券形方龛。龛高105、宽95、深20厘米。

造像：龛内雕一佛二菩萨。佛残高92厘米，内着僧祇支，胸前束带，外披双领下垂式袈裟，双手作禅定印，结跏趺坐于方座上。菩萨残高83厘米，颈佩宽边项圈，上身披巾，下着长裙，侍立于两侧圆台上。龛内造像背光及项光残存彩绘。

保存现状：龛顶部、底部及北壁残损。龛内造像风化严重，头、臂有重修痕迹。

第231龛

位置：在窟群北段下层，位于第240窟北侧。

时代：唐

形制：平面半圆形，圆拱顶立面方形双重龛。外龛高95、宽80、深43厘米。

造像：内龛内雕一佛二弟子二菩萨。佛残高65厘米，弟子残高66厘米，菩萨通残高60厘米。佛内着僧祇支，外着双领下垂式袈裟，结跏趺坐于莲座上，身后雕一舟形背光。二弟子二菩萨侍立于带梗莲台上。外龛南、北两侧各雕一力士，残高52厘米。

保存现状：龛底部已残，顶部风化严重。龛内造像风化严重，面目

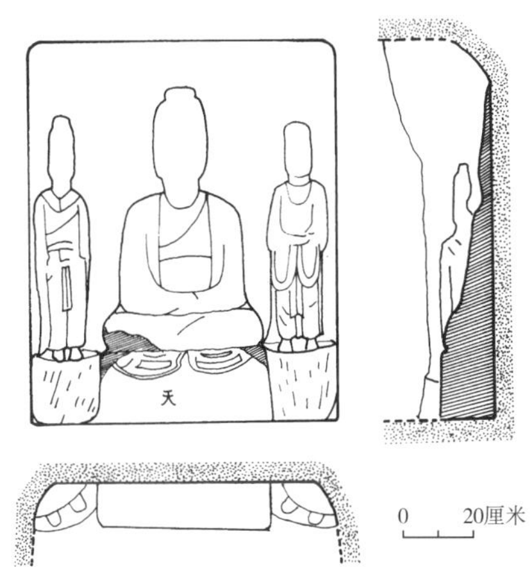

图338 第230龛平、剖、立面图

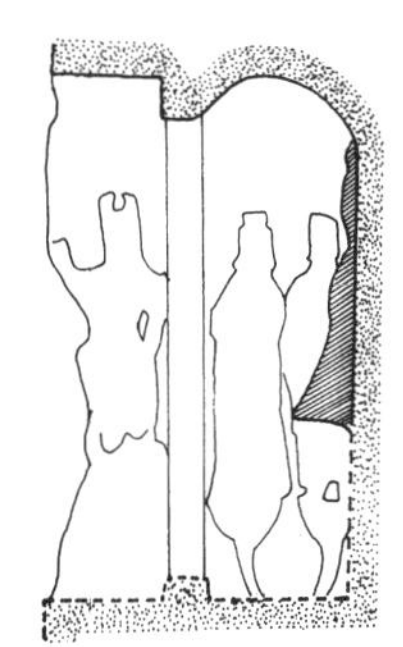
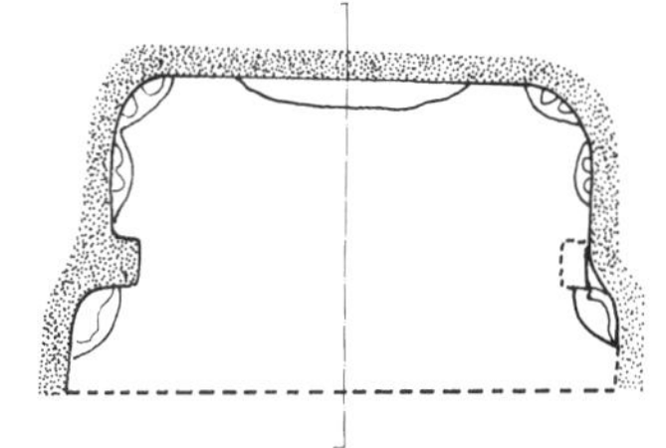
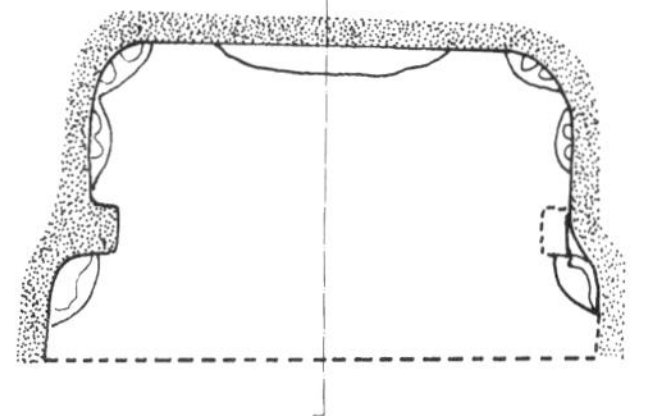

图339 第231龛平、剖面及立面展开图

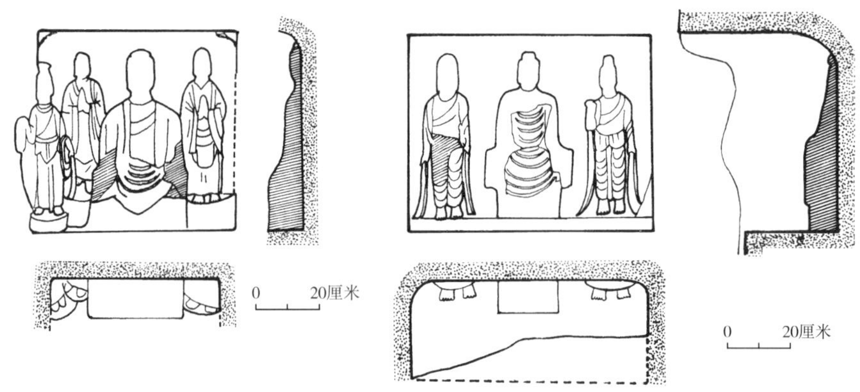

图340　第232龛平、剖面及立面展开图　　图341　第233龛平、剖、立面图

模糊。龛外力士仅留残迹。

第232龛

位置：在窟群北段中层，位于第240窟南侧。

时代：唐

形制：平面呈方形龛，残高60、宽60、残深10厘米。

造像：龛内残存一佛二弟子一菩萨。佛通高55厘米，弟子高46厘米，菩萨高47厘米。佛内着僧衹支，外着双领下垂式袈裟，结跏趺坐于方座上。二弟子双手合十，侍立于圆台上。北侧残存一菩萨，立于圆台上。

保存现状：龛顶塌毁，南北壁损毁。龛内造像风化严重，面部凿毁。

第233龛

位置：在窟群北段中层，位于第232龛上方。

时代：唐

形制：平面长方形，平顶浅龛。龛高60、残宽85、残深20厘米。

造像：龛内雕一佛二菩萨。佛高55厘米，菩萨高50厘米。佛着通肩袈裟，双手残，结跏趺坐于方座上，二菩萨侍立于两侧。佛彩绘头光，保存较好。

保存现状：龛底及南北壁毁损。龛内造像头部凿毁，主尊头部后代泥补。龛内壁面残存后世彩绘痕迹。

第234龛

位置：在窟群北段中层，位于第237龛南侧。

时代：唐

形制：尖拱顶方形龛，高57、宽50、深5厘米。

造像：龛内雕并立二身菩萨，残高48厘米。

保存现状：龛外侧壁上有明显凿痕。龛内造像头部被凿毁。

第235龛

位置：在窟群北段上层，位于第229窟右上方。

时代：唐

形制：平面半圆形方龛，高90、宽60、深60厘米。

造像：龛内残存一佛二弟子一菩萨。佛残高75厘米，弟子残高60厘米，菩萨残高70厘米。佛内着僧祇支，外着双领下垂式袈裟，结跏趺坐于束腰座上，弟子、菩萨侍立于两侧。南壁菩萨外侧下方残存一卧狮。

保存现状：龛北侧塌毁，顶部风化。龛内造像风化严重。北壁菩萨不存。

图342 第234龛平、剖、立面图

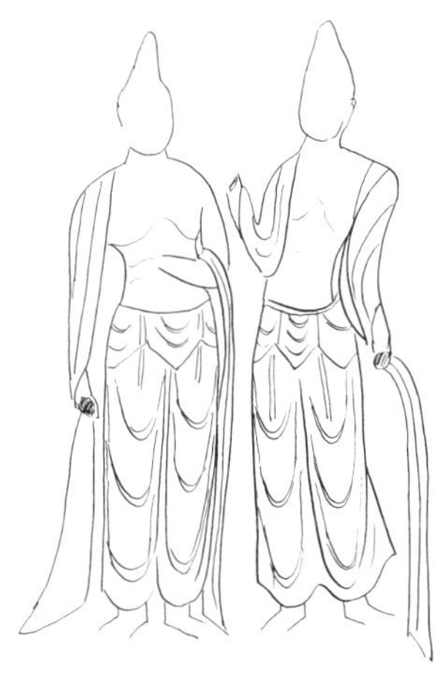
图343 第234龛菩萨像

第236龛

位置：在窟群北段上层，位于第237龛上方。

时代：唐

形制：龛平面原为半圆形，现前沿坍塌风化，主尊悬空，龛形呈摩崖龛。龛高110、宽120、深20厘米。

造像：龛内残存一佛二弟子。佛残高85厘米，弟子高60厘米。佛结跏趺坐于方座上，二弟子侍立于低坛上。

保存现状：龛顶及前沿已塌毁。造像风化严重，面部均残，北侧弟子衣纹模糊，主尊及南侧弟子能看清衣纹，现龛被后期加固的方形立柱遮挡。

第237龛

位置：在窟群北段中层，位于第229窟北侧。

时代：北魏

形制：平面长方形，平顶方形大龛。龛高165、宽180、深100厘

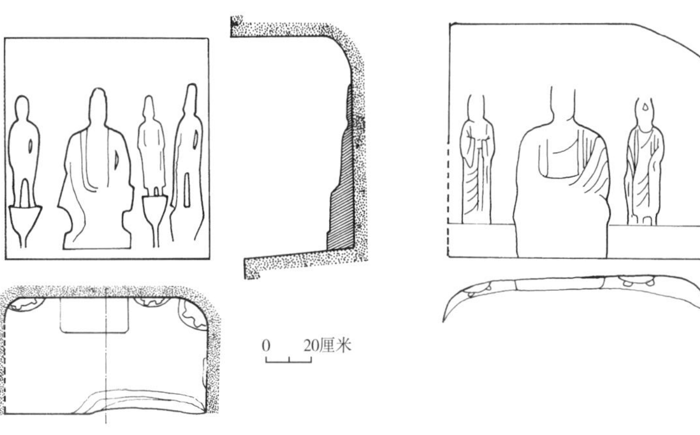

图344 第235龛平、剖、立面图

图345 第236龛平、剖、立面图

图346 第237龛平、剖面及立面展开图

米。正壁（东壁）开圆拱形佛龛，高155、宽100、深30厘米。

造像：正壁圆拱形龛内雕一佛二菩萨。佛通高150厘米，内着僧祇支，腰束带，外披双领下垂式袈裟，结跏趺坐于方座上，露右足，衣裾垂于座前，左手食指与中指指地，右手上举于胸前。菩萨高80厘米，披巾绕臂后下垂，侍立于两侧低坛上。龛外上部两侧浮雕莲花化生童子四个，下部两侧浮雕二供养人。北壁上部浮雕一飞天，下部雕二供养弟子。南壁上部浮雕一飞天，下部浮雕一力士。

题记：北壁内供养弟子头顶阴刻："比丘僧□ / 供养佛□。"

保存现状：龛顶及龛底前半部塌毁。北壁外部残缺。龛内造像头部残损，衣纹清晰。龛正中被后期加固的立柱所遮挡。

第238龛

位置：在窟群北段中层，位于第237龛下方。

时代：唐

形制：平面长方形，平顶浅龛。龛高45、宽70、深20厘米。

造像：龛内雕一佛四菩萨，其中南壁外侧菩萨舒相坐。佛残高45厘米，结跏趺坐于方座上。菩萨立像高30厘米，侍立于两侧。南壁舒相菩萨高35厘米。

保存现状：龛形风化严重，龛顶及龛底前半部分坍塌，南北壁残

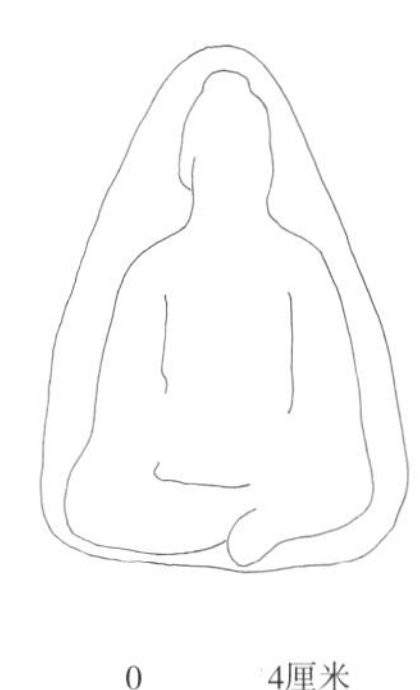

图347　第238龛平、剖面及立面展开图

图348　第239龛立面图

损。龛内造像风化严重，头部已残，仅留残体。龛北部被加固的立柱所遮挡。

第239龛

位置：在窟群北段中层，位于第229窟上部。

时代：唐

形制：三角形小龛，高14、宽10、深2厘米。

造像：龛内雕一佛，通高12厘米，结跏趺坐于龛底。

保存现状：龛形较完整。龛内造像风化严重，形象模糊。

第240窟

位置：窟群北段下层，位于第222号窟北侧。窟口南偏西54度33分。

时代：北周开窟，唐代增凿四龛，清代修缮。

形制：平面长方形，覆斗顶，顶部有浮雕藻井。窟高430、宽520、深530厘米。三面壁下有坛基，坛基高60、宽55厘米。西壁开方形门，门外上部饰盝形帷幕，门高230、宽150、深100厘米。正壁佛前，清代维修时用青砖砌筑一方台，高80、宽190、深190厘米。

造像：窟内正壁（东壁）雕一佛二菩萨，佛通高250厘米，身后雕舟形背光，内着僧祇支，外着双领下垂式袈裟，胸前束带。双手置于腿上，施禅定印，结跏趺坐于莲座上。菩萨高230厘米，侍立两侧。佛下半身及二菩萨为清代补修。

南壁雕一佛二菩萨。佛通高250厘米，内着僧祇支，腰束带，外披双颈下垂式袈裟，左手握一物，右手上举于胸前，结跏趺坐于方座上，衣裾垂于台前。菩萨高220厘米，侍立于两侧；西侧菩萨头戴宝冠，宝缯垂肩，颈佩宽项圈，右手置于胸前，左臂微屈，手提桃形物，下着裙；东侧菩萨头戴宝冠，宝缯垂肩，颈佩宽项圈，璎珞垂膝，右手

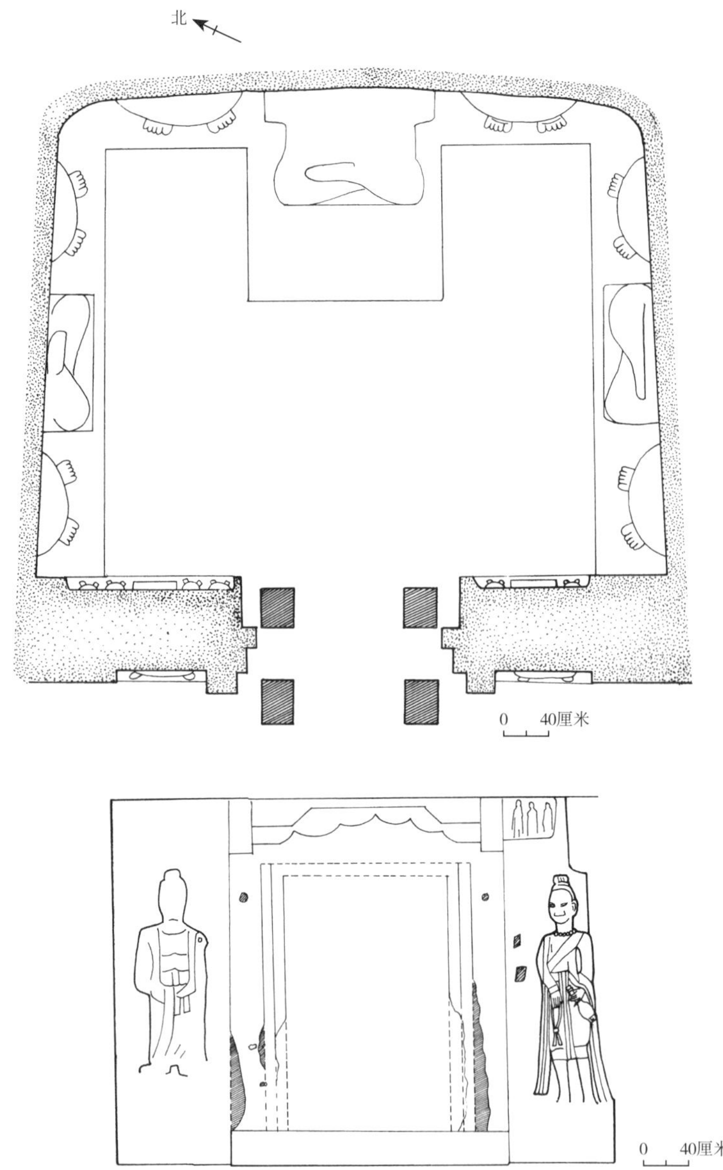

图349 第240窟平面及外立面图

持净瓶，下着裙。

北壁雕一佛二菩萨。佛通高 260 厘米，内着僧衹支，腰束带，外披双颈下垂式袈裟，下半身为清代泥补重修，现为结跏趺坐于方座上，衣裾亦为清代改造后的形象。菩萨高 230 厘米，侍立于两侧；东侧菩萨头戴宝冠，宝缯垂肩，颈部以下为清代重修；西侧菩萨头戴宝冠，宝缯垂肩，颈佩宽项圈，右手持物上扬。

西壁，即门内两侧，唐代开四龛，分述如下：

240-1 号龛：位于西壁南侧上层，平面长方形尖拱龛，高 90、宽 110、深 10 厘米。内雕一舒相坐菩萨，通高 72 厘米；北侧雕一弟子一菩萨，弟子高 55 厘米，菩萨高 60 厘米，左手持净瓶；南侧雕一弟子二菩萨，高度与北侧相近；弟子和菩萨均侍立于莲台上，龛下两侧雕二卧狮，高 10 厘米。

图350　第240窟东壁立面图

图351　第240窟北壁立面图

图352　第240窟南壁立面图

240-2 号龛：位于西壁南侧下层，平面长方形龛，高 90、宽 80 厘米。内雕一佛二菩萨。佛通高 75 厘米，结跏趺坐于叠涩式束腰座上。菩萨通高 62 厘米，侍立于两侧束腰莲台上。龛内造像均为清代补修后的形象。

240-3 号龛：位于西壁北侧上层，平面长方形龛，高 90、宽 110 厘米。内雕一佛二弟子二菩萨。佛通高 78 厘米，结跏趺坐于叠涩式束腰方座上。弟子通高 64 厘米，双手抱于胸前。菩萨通高 72 厘米，南侧菩萨右手侧举捧一物。弟子、菩萨均侍立于两侧束腰莲台上。此龛保存完整。

240-4 号龛：位于西壁北侧下层，平面长方形龛，高 90、宽 120 厘米。内雕一佛二弟子二菩萨。佛结跏趺坐于叠涩式束腰座上，通高 75 厘米。弟子菩萨侍立两侧，弟子通高 60 厘米，菩萨通高 66 厘米，为清代补修的形象。

门外两侧各雕一力士，北侧力士残高 173 厘米，颈佩宽项圈，帔巾于腹前交叉下垂，面部残损，腰部以下残；南侧力士残高 198 厘米，颈佩连珠项圈，左手持一瓶形法器，右手持圈形带状物，足部残。

壁画：窟内南壁佛背光西侧和北壁佛背光西侧残存彩绘听法弟子，但烟熏过甚，仅留轮廓。

窟顶西披残存彩绘，烟熏过甚，画面模糊，根据轮廓可识，壁画

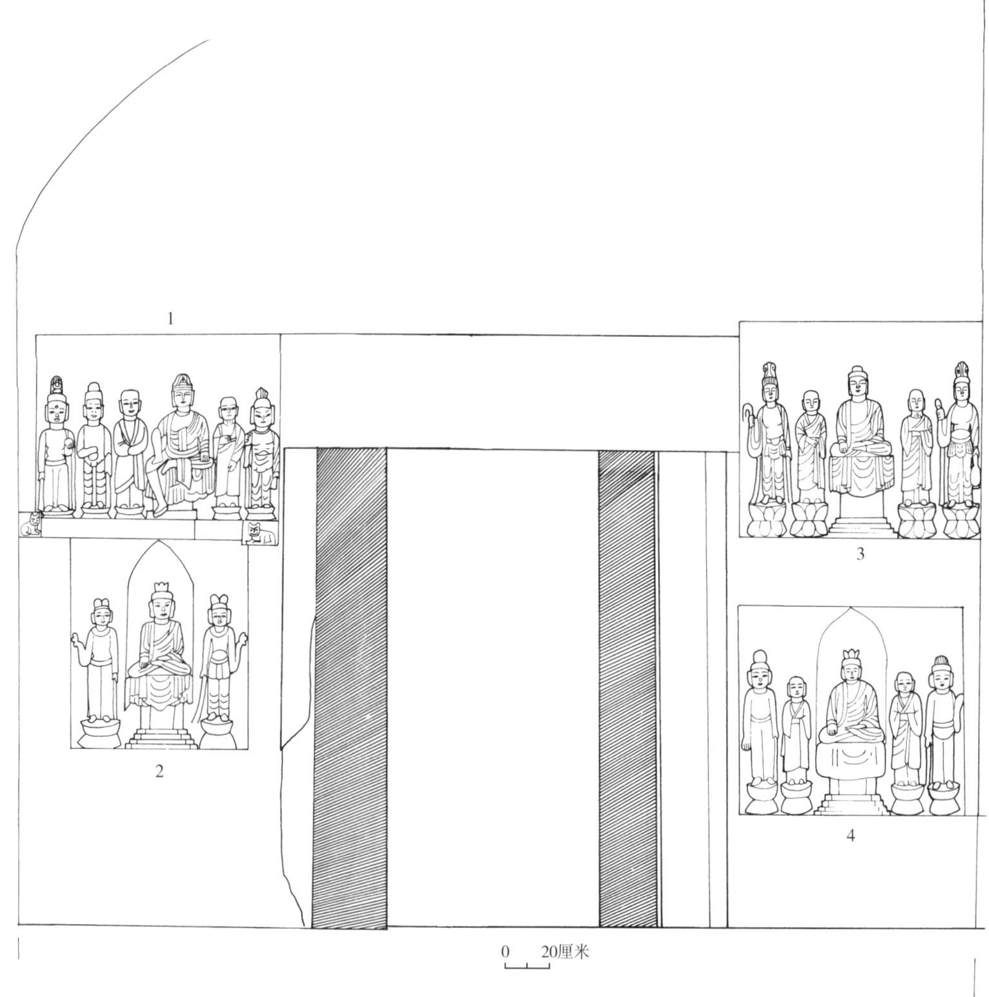

图353 第240窟西壁立面图

上层为《维摩诘经·问疾品》，下层为说法图，两侧绘供养人。

保存现状：此窟形制比较完整。唐代在窟内西壁增开了四个小龛并造像，晚清时期进行过全面补修彩绘，正壁佛前用青砖砌筑方形坛。1981～1983年对清代泥层进行了清理，恢复了原来的窟形和部分造像原作，也保留了一些清代维修的造像。1993年安装了防盗门。2006年，安装了监控报警设备和卷闸门。

第241龛

图354 第241龛平、剖、立面图

位置：窟群北段中层，位于第240窟顶部。

时代：唐

形制：龛形残毁不明，残高60、宽50厘米。

造像：龛内残存一佛二菩萨，佛结跏趺坐于细束腰座上，残高45厘米。北侧菩萨残高40厘米，南侧菩萨左半部及头部塌毁，仅留右半部。

保存现状：此龛顶、底及两侧壁残失，仅留正壁。造像头部及上半身残损，风化严重。

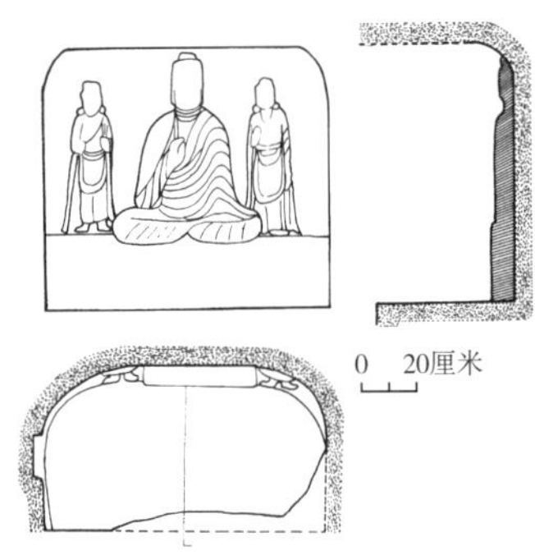

图355 第242龛平、剖、立面图

第242龛

位置：窟群北段中层，位于第237龛顶部。

时代：隋

形制：平面马蹄形圆拱顶龛，有坛基。龛高90、宽107、深40厘米。坛基高17、深10厘米。

造像：龛内残存一佛二菩萨，佛着袒右肩袈裟，结跏趺坐于台座上，左手抚左膝，右手举于胸前，残座高80厘米，二菩萨侍立于两侧，通残高65厘米。

保存现状：龛顶部及南北二壁塌毁，佛及左侧菩萨较完整，右侧菩萨上部岩石断裂。

第243窟

位置：窟群北段上层，位于第244窟上部。窟口北偏西80度。

时代：唐

形制：平面横长方形，圆拱顶敞口窟，有坛基。窟残深120厘米。坛基高20、深30厘米。正壁开龛，龛高150、宽220、深65厘米。造像：窟内雕一佛二弟子二菩萨，佛内着僧祇支，外着双领下垂式袈裟，左手抚膝，右手举于胸前，结跏趺坐于方形束腰座上，头部和手为后代修补，通高120厘米。二弟子双手抱于腹前，侍立于圆形莲台上，残高110厘米。二菩萨侍立于南北两侧，残高118厘米。

保存现状：窟前半部坍塌，正壁大龛较完整。窟前有一南北向卸荷裂隙，割断前半壁，形成危岩，20世纪70年代进行过支顶，2004年岩

图356 第243窟平、剖面及立面展开图

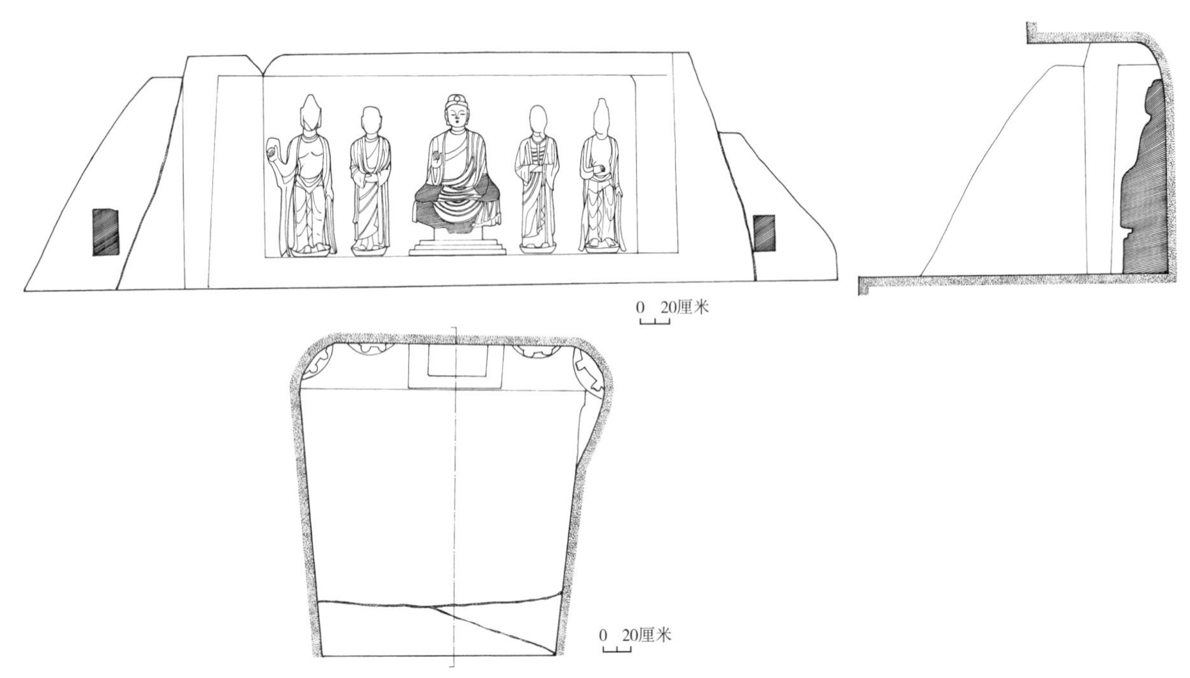

图357　第244窟平、剖面及立面展开图

图358　第244窟正壁龛顶右侧飞天

图359　第244窟正壁龛顶左侧飞天

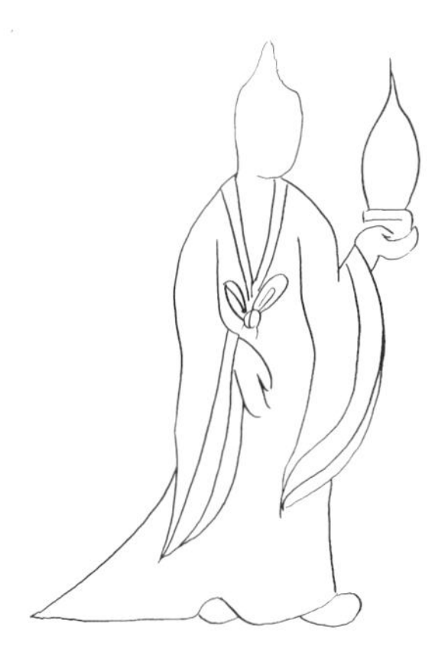

图360　第244窟右壁供养人

体加固工程时进行过补修。造像头部和手均残损，元代和明代进行过修补和彩绘。造像衣纹清晰可辨，弟子袈裟上留有彩绘。窟顶及壁面风化落沙严重。

第244窟

位置：窟群北段中层，位于第240窟上方。窟口北偏西80度。

时代：北魏，唐代增刻。

形制：平面长方形敞口方形窟，正壁开圆拱形大龛，有坛基。窟残高155、宽116、深75厘米，大龛高145、宽110、深37厘米。坛基高47、深37厘米。唐代在南壁上下开两个方形浅龛并造像。

造像：窟内正壁大龛内雕一坐佛，身后雕桃形背光，背光上部两侧浮雕二身飞天，身长30厘米。佛残高137厘米，内着僧祇支，外披双领下垂式袈裟，结跏趺坐于坛基上，右足外露，袈裟衣裾垂于座前，两手残失。菩萨残高60厘米，侍立于坛基上。

北壁下部内侧雕一力士，残高54厘米，力士上方开方形小龛，内雕一供养弟子，残高29厘米，持香炉供养。靠外浮雕五身供养人，高44厘米，其中最东侧一身持香炉供养。

南壁下部内侧雕一力士。南壁唐代所开两方形龛内，上层龛（244–1）雕三身立佛，残高37厘米；下层龛（244–2）内雕四身立佛，残高43厘米。

壁画：正壁佛背光处有火焰纹彩绘，约16平方厘米。

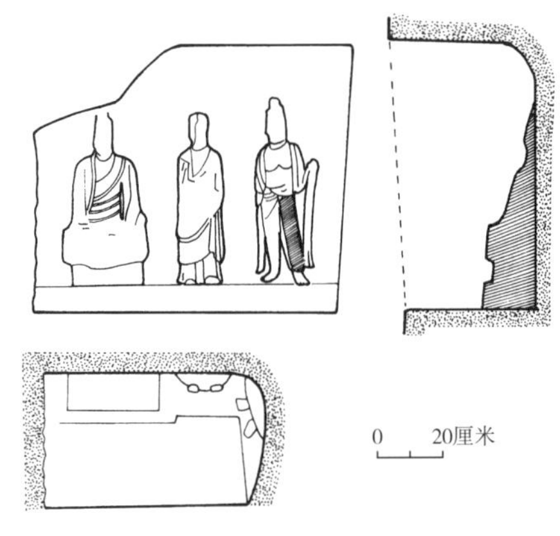

图361 第245龛平、剖面及立面展开图

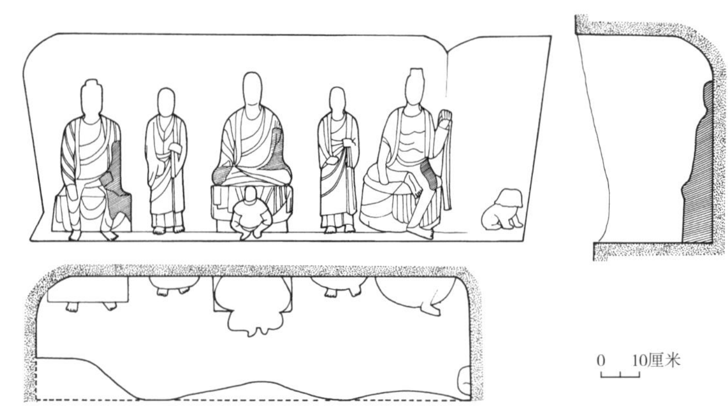

图362 第246龛平、剖面及立面展开图

保存现状：此窟当为北魏晚期开凿，造像细腻，后世人为破坏较重，造像头部均残损。窟顶及前半部已坍塌，形成一敞口大窟。正壁大龛较完整。

第245龛

位置：窟群北段中层，位于第244窟北侧。

时代：唐

形制：平面半圆形，方形龛楣。残高70、残宽80、深35厘米。有坛基，坛基高8、深12厘米，

造像：龛内残存一佛一弟子一菩萨。佛残高60厘米，居中坐于束腰方座上。弟子、菩萨残高均为56厘米，侍立于南侧。

保存现状：龛北侧壁坍塌，坐佛和南侧弟子、菩萨，头部均人为凿毁。

第246龛

位置：窟群北段中层，位于第240窟北侧上方。

时代：唐

形制：平面半圆形，横长方形敞口小龛。龛高55、宽100、深30厘米。

造像：龛内雕二佛一菩萨坐像，二弟子立像。正中雕一结跏趺坐佛，内着僧祇支，外着双领下垂式袈裟，残高40厘米，两侧侍立二弟子，残高40厘米，南侧雕一舒相菩萨，北侧雕一善跏趺坐佛，均高40厘米。正中佛座下雕一面向前席地而坐的儿童模样的人像，龛南北两侧壁各雕一卧狮。

保存现状：龛顶及右侧壁残，龛内造像头部均不存，风化较为严重。

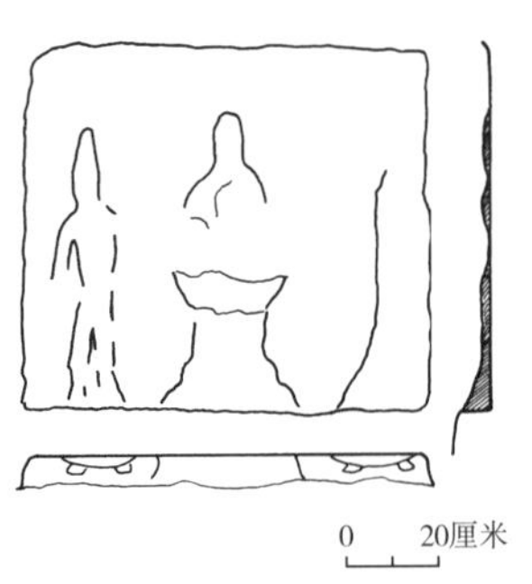

图363 第247龛平、剖、立面图

第247龛

位置：窟群北段下层，位于第253窟南侧。

时代：唐

形制：摩崖小龛，残高 70、残宽 90 厘米。

造像：龛内残存三尊像痕迹。主尊似佛，坐于束腰座上，胁侍立于两侧。

保存现状：龛形残毁，造像严重风化，仅留残迹。

第248龛

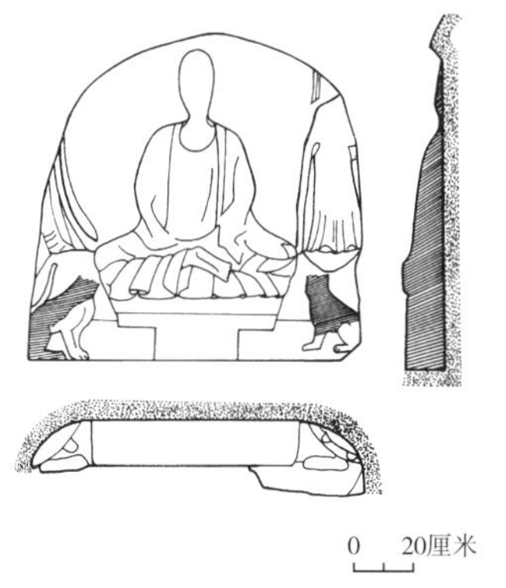

图364 第248龛平、剖、立面图

位置：窟群北段中层，位于第 253 窟南侧。

时代：隋代开凿，唐代进行过改刻。

形制：外龛壁整体脱落，残存拱形浅内龛。龛高 105、残宽 93、深 12 厘米。

造像：龛正壁原雕一佛二菩萨，佛跏趺坐于束腰方座上，露右足，双手均残，残高 90 厘米，菩萨残高 26 厘米。佛座两侧，菩萨脚下雕半卧二狮，并以一爪抚主尊台座，高 29、长 29 厘米。

保存现状：外龛壁残缺，龛内仅留正中坐佛与南侧菩萨，北侧菩萨已损毁，卧狮及造像风化严重。

第249龛

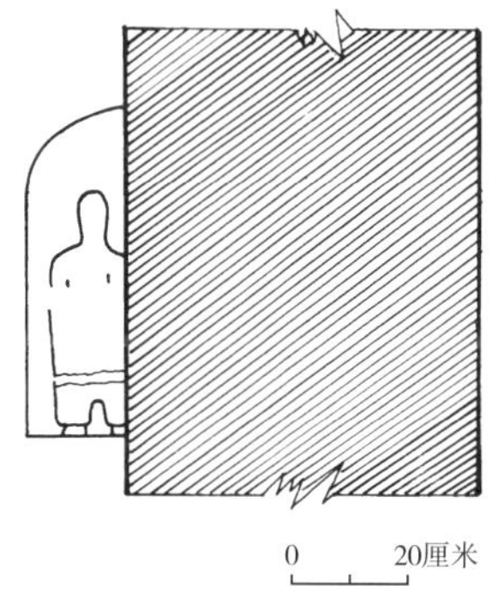

图365 第249龛立面图

位置：窟群北段下层，位于第 253 窟门南侧。

时代：不详

形制：形制为摩崖浅龛，残高 60 厘米。

造像：龛内仅残留一立像，残高 42 厘米。

保存现状：因加固支撑，水泥方柱覆盖龛壁，仅留一立像，风化严重，形象较模糊。

第250龛

位置：窟群北段中层，位于第 253 窟左上方。

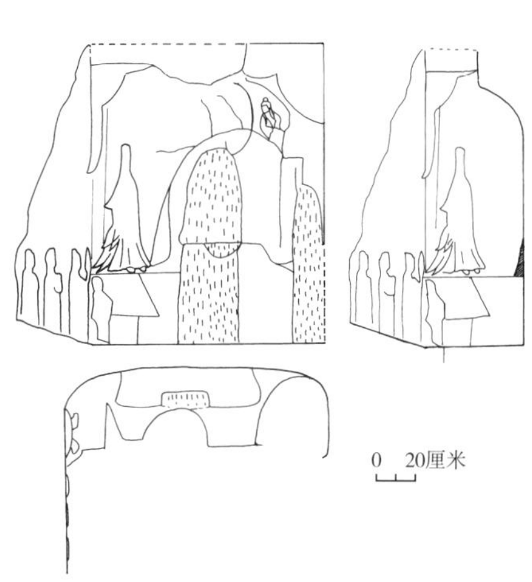

图366 第250龛平、剖面及立面展开图

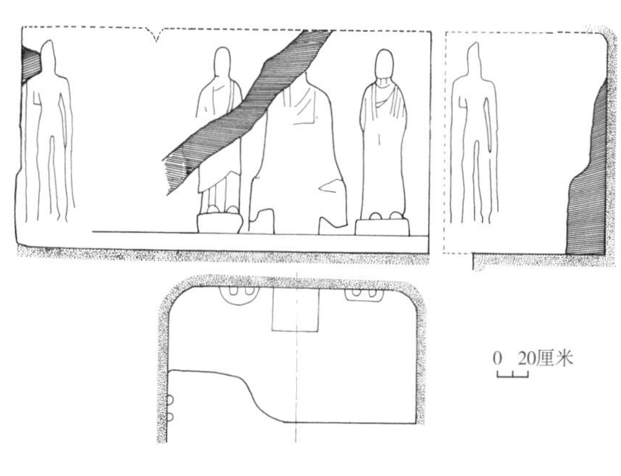

图367 第251龛平、剖面及立面展开图

时代：北魏

形制：龛门及两侧壁塌毁，残高135、残宽125、残深70厘米。

造像：现残留龛顶左上角一身飞天浮雕，北壁残留一身菩萨痕迹。

保存现状：龛内中部及南侧造像后代凿毁，现存竖槽，正壁南侧上部有方形柱洞。

第251龛

位置：窟群北段上层，位于第253龛上部。

时代：唐

形制：形制不明，有坛基。残高130、宽170、深65厘米。坛基高15、深38厘米。

造像：龛内残存一佛二弟子一菩萨，正壁佛坐于方形束腰座上，佛残高105厘米，二弟子侍立两侧，残高105厘米。北壁残存一身菩萨，残高128厘米。

题记：龛内正壁佛右侧横列墨书七字："人国儿男小回中。"

保存现状：龛顶已坍塌，形制已残，正壁从上到下有斜向裂隙，宽5厘米。造像风化、残损严重。

第252龛

位置：窟群北段253窟上部。

时代：唐

形制：平面马蹄形大，高125、宽170、深150厘米。

造像：龛内原雕一佛二弟子二菩萨二力士。龛内有低坛基，坛基高12、深52厘米。佛内着僧祇支，外着双领下垂式袈裟，坐于方形束腰座上，弟子菩萨侍立两侧。佛残高105厘米，弟子残高92厘米，菩萨残高94厘米，侍立于两侧。力士残高70厘米，侍立于两侧山形台上。北壁力士脚旁有一半卧狮，狮上部凿一方孔，与第225龛相通。

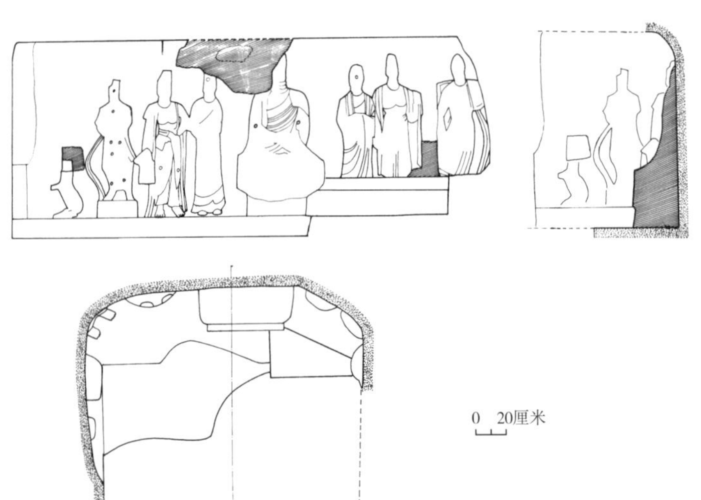

图368 第252龛平、剖面及立面展开图

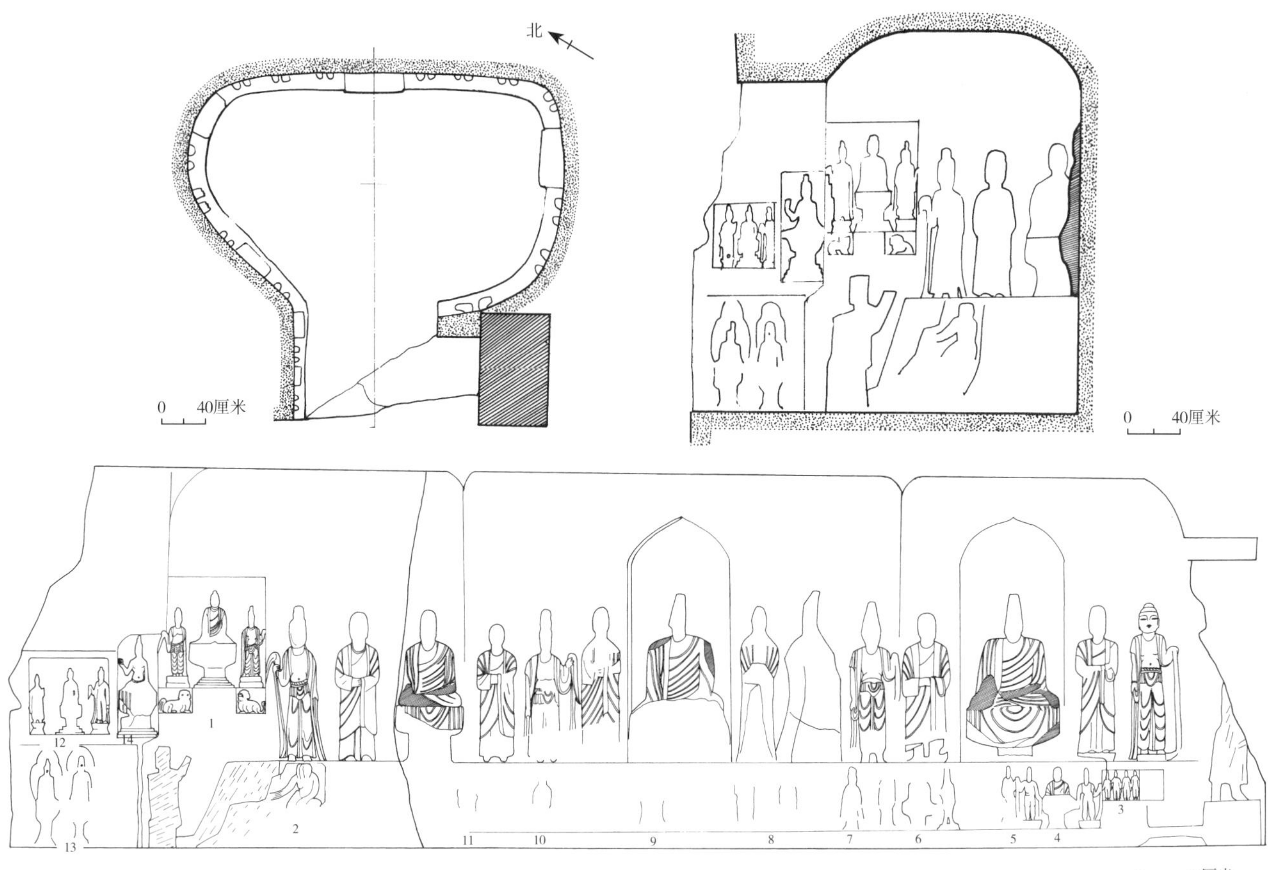

图369 第253窟平、剖面及立面展开图

保存现状：龛顶部坍塌，底部及龛南侧严重损毁。龛顶东北角有裂隙。龛内像体现存圆形补修孔，头部均已损毁。北侧力士仅存身形痕迹，身体左下部被一竖长孔打破。

第253窟

位置：窟群北段下层，位于第254窟南侧。窟口北偏西85度。

时代：唐

形制：平面马蹄形，穹隆顶窟，高坛基。窟高273、宽315、深316厘米。坛基高80、深20厘米。敞口门。窟内四壁及甬道均开龛。

造像：窟内正壁雕一佛二弟子二菩萨，佛通高130厘米，内着僧祇支，外披双领下垂式袈裟，坐于方座上；弟子残高120厘米，北侧弟子内着僧祇支，外披双领下垂式袈裟，南侧弟子外披通肩袈裟；北侧菩萨残高120厘米，上身袒露，下着裙，帔巾垂地，南侧菩萨已残毁。弟子、菩萨均侍立于两侧高坛上。

南壁雕一佛二弟子二菩萨，佛残高120厘米，内着僧祇支，外披双领下垂式袈裟，结跏趺坐于方座上；弟子残高110厘米，内着僧祇支，外披双领下垂式袈裟；菩萨残高115厘米，上身袒露，下着裙，帔巾垂地。弟子、菩萨均侍立于两侧高坛上，右侧菩萨位于正壁南端。

北壁雕一佛二弟子一菩萨，佛残高116厘米，内着僧祇支，外披双领下垂式袈裟，结跏趺坐于方座上；弟子残高 116 厘米，内着僧祇支，外披双领下垂式袈裟；菩萨残高 116 厘米，位于右侧，上身袒露，右手持拂尘，帔巾垂地，下着裙。弟子、菩萨均侍立于高坛上，左侧弟子位于正壁北端。

门内两侧（即西壁）原雕二力士，现仅残留南侧一身的下肢及山形台，残高 78 厘米。

窟内四壁及甬道均开龛，共计 14 个，分述如下：

253–1 号龛：位于西壁北侧上层，立面长方形，龛高 106、宽 73、深 21 厘米。龛内雕一佛二菩萨。佛残高 70 厘米，内着僧祇支，外披袈裟，结跏趺坐于叠涩式束腰方座上。二菩萨残高 61 厘米，上身袒露，下着裙，帔巾垂地，侍立于两侧仰覆莲圆台上。二菩萨台下凿方形小龛，内雕二卧狮，高 17、长 21 厘米。

253–2 号龛：位于西壁北侧下层坛基，立面长方形，圆拱顶龛，龛高 60、宽 35、深 9 厘米。龛内雕一像，上身赤裸，右臂向右伸出，右斜坐于台座上。似未完成一身伎乐。

253–3 号龛：位于南壁下层西侧坛基，立面长方形浅龛，龛高 23、宽 38、深 2 厘米。龛内雕四身菩萨，残高 20 厘米，并排立于圆台上。龛内四身菩萨西侧有竖长方形浅空龛。

253–4 号龛：位于南壁下层 3 号龛东侧，立面长方形浅龛，龛高 51、宽 56、深 7 厘米。龛内雕一佛二菩萨，佛残高 43 厘米，内着僧祇支，外披袈裟，坐于束腰座上。二菩萨残高 45 厘米，侍立于两侧圆台上。

253–5 号龛：位于南壁下层 4 号龛东侧，立面长方形圆拱顶浅龛，龛高 48、宽 63、深 8 厘米。龛内雕一佛二菩萨，佛残高 48 厘米，坐于束腰座上。二菩萨残高 45 厘米，侍立于两侧。风化严重，仅存身形。

253–6 号龛：位于南壁与东壁交界处，龛形残毁。龛内原雕三身造像，似一佛二胁侍，左尊残高 43 厘米，风化严重，已不可识。

253–7 号龛：位于东壁下层南侧，方形圆拱顶浅龛，龛残高 63、宽 76、深 6 厘米。龛内原雕一佛二胁侍，佛残高 54 厘米，胁侍残高 52 厘米，龛内造像风化严重，仅留痕迹。

253–8 号龛：位于东壁下层 7 号龛北侧，龛形残毁。龛内原雕一佛二胁侍，佛残高 46 厘米，胁侍残高 40 厘米，造像风化严重，仅留痕迹。

253–9 号龛：位于东壁下层 8 号龛北侧，龛形残毁。龛内原雕五尊像，造像风化严重，仅留痕迹。

253–10 号龛：位于东壁下层 9 号龛北侧，龛形残毁。龛内原雕一坐佛，残高 50 厘米，风化严重，仅留痕迹。

253–11 号龛：位于东壁与北壁交界处下层，龛形残毁。龛内原雕三身造像，风化、残损严重，已不可识。

253-12 号龛：位于甬道北壁上层，立面长方形浅龛，龛残高 54、宽 60、深 8 厘米。龛内雕一佛二菩萨，佛残高 47 厘米，坐于叠涩式束腰方形座上；菩萨残高 40 厘米，侍立于两侧圆台上。

253-13 号龛：位于甬道北壁下层，立面方形浅龛，龛残高 82、宽 88、深 12 厘米。龛内现存三身坐佛，西侧一身残高 66 厘米，背后有桃形背光；中央一身残高 60 厘米，背后有葫芦形背光；东侧一尊残损严重，仅见半身轮廓。

253-14 号龛：位于甬道北壁上层，立面半圆形圆拱顶浅龛，龛残高 70、宽 40、深 13 厘米。龛内雕一菩萨，残高 64 厘米，肩披帔巾，上身裸露，右手向外侧举起，左手抚膝，舒相坐于叠涩式束腰方座上。

保存现状：窟门坍塌，窟顶中部南北走向有一道裂缝。龛内造像下部风化严重，所有造像均遭烟熏，头部均残。正壁中间三身造像下半身残缺，下层风化脱落严重。

第254窟

位置：窟群北段下层，位于第 253 窟北侧。窟口北偏西 85 度。

时代：唐

形制：平面马蹄形，穹隆顶，高坛基。窟高 217、宽 153、深 140 厘米。开方形门，门高 169、宽 100、深 17 厘米。坛基高 60、深 22 厘米。

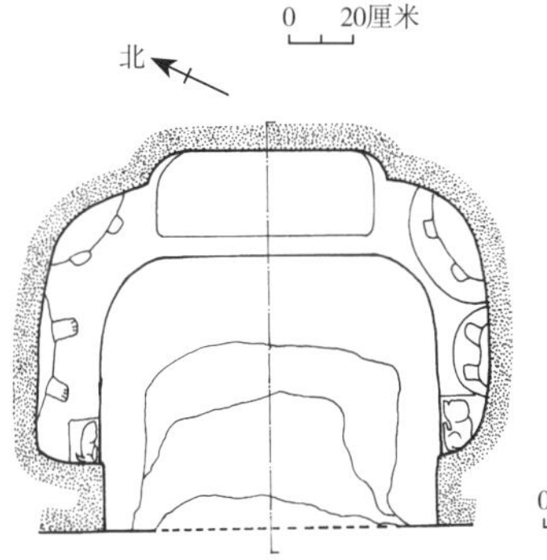

图370 第254窟平、剖面及立面展开图

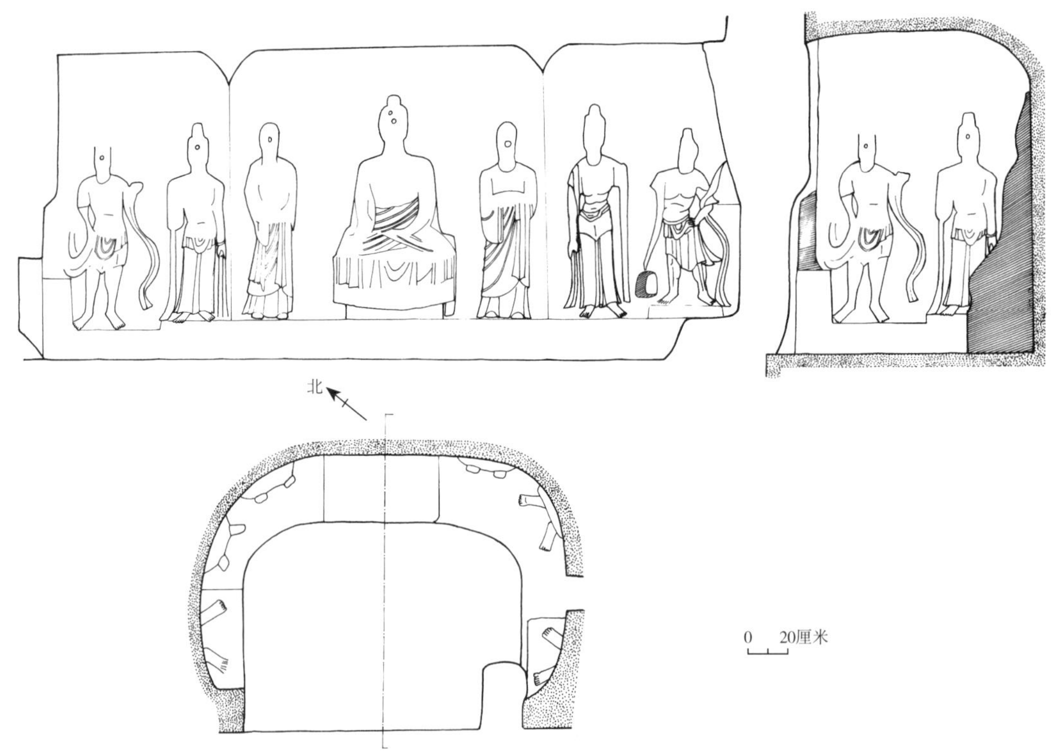

图371　第255窟平、剖面及立面展开图

造像：窟内正壁高坛上开一圆拱浅龛，龛高 90、宽 67 厘米。龛内雕一结跏趺坐佛。佛通残高 110 厘米，坐于束腰方座上。南北壁侍立二弟子二菩萨，弟子残高 105 厘米，菩萨残高 110 厘米，均侍立坛上，南侧菩萨脚下雕一卧狮。坛基上部并列浮雕 17 身供养人，供养人残高 25 厘米。

题记：窟门南壁阴刻竖书文字三行："柳昌…… / 沙门德贞李 / 圣源沙门□（德）"。窟正壁佛像南侧墨书："千古万年地……" 窟南壁弟子和菩萨中间墨书："大清乾隆五十四年岁次己酉四月初六日午时……"

保存现状：窟门左上部已塌损，窟顶风化，窟底平面凹凸不平，门北侧上方凿 20 厘米见方的一方形桩孔。造像头部均残损，留有后人修复过的桩孔，身上衣纹清晰，并有残留的彩绘痕迹。供养人风化严重，仅见身体轮廓。

第255窟

位置：窟群北段中层，位于第 254 窟上方。

时代：唐

形制：平面呈半圆形，穹隆顶方形窟。窟高 153、宽 183、深 120 厘米。低坛基，坛基高 21、深 38 厘米。

造像：窟内雕一佛二弟子二菩萨二力士。佛残高 107 厘米，弟子残高 95 厘米，菩萨残高 102 厘米，力士残高 91 厘米。佛坐于方座上，弟子、菩萨侍立两侧，二力士分别立于门内南北两侧山形低台上。

保存现状：窟檐上部风化坍塌，底部两侧残存窟门壁沿。窟顶及坛基风化落沙严重，表层脱落。造像头部均残，头部有修复孔，肩部岩石起甲。南侧力士胸部以下衣纹清晰，北侧力士表面风化严重。

第256窟

位置：窟群北段下层，位于第257窟南侧。窟口北偏西54度。

时代：唐

形制：平面马蹄形，穹隆顶窟。窟高255、宽288、深224厘米。窟内开两层小龛。敞口方顶窟门，门高220、宽156厘米。

造像：窟内主尊已残损不可识，现存壁面龛像分述如下：

256-1号龛：位于南壁上层西侧，立面长方形浅龛，龛高54、宽106、深8厘米，龛内雕三身坐佛，残高50厘米，均结跏趺坐于方座上，作接引印。

256-2号龛：位于南壁与东壁交界处上层，平面ㄱ形龛，龛高70、宽187、深20厘米。龛内雕二佛一菩萨坐像、二胁侍菩萨立像。

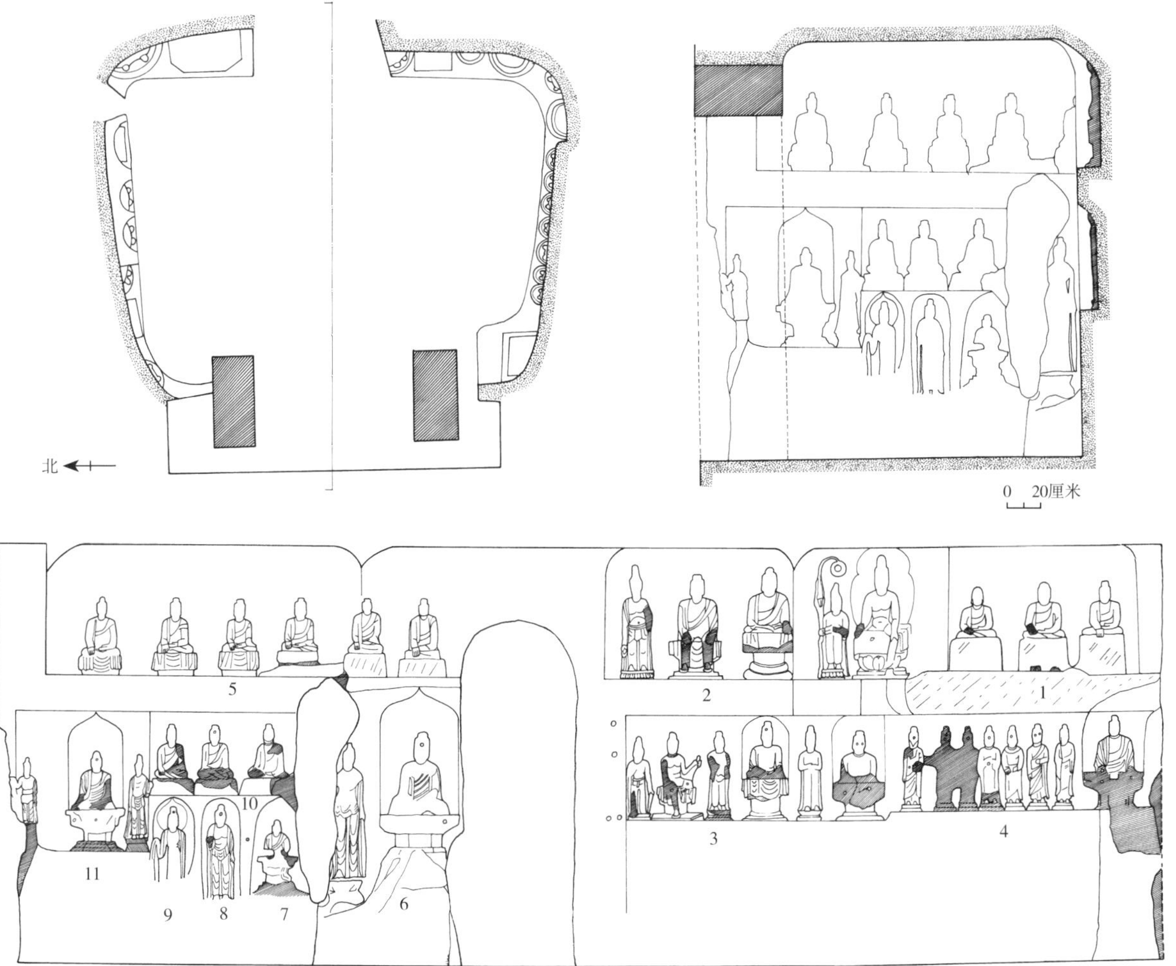

图372 第256窟平、剖面及立面展开图

主尊坐佛与右侧善跏坐佛及一胁侍菩萨雕于东壁，舒相菩萨及一胁侍菩萨雕于南壁。主尊残高 65 厘米，结跏趺坐于束腰圆座上，其右侧善跏趺坐佛，残高 60 厘米，左侧为手持带长梗莲花的立姿胁侍菩萨。胁侍菩萨左侧为舒相坐菩萨，残高 68 厘米，身后雕葫芦形身光。善跏佛右侧为右胁侍菩萨，侍立于覆莲台上。

256–3 号龛：位于南壁与东壁交界处下层，平面 ┑ 形龛，龛高 62、宽 142、深 18 厘米。龛内雕二佛一舒相菩萨三胁侍菩萨，其中主尊与其右侧立胁侍、舒相坐、立胁侍四身像雕于东壁，善跏坐佛与其右侧立菩萨雕于南壁。主尊坐佛残高 59 厘米，结跏趺坐于束腰圆座上，其右侧雕一胁侍，残高 55 厘米，侍立于圆台上；再右侧雕一舒相菩萨，残高 52 厘米，左手持花蕾；其右又雕一侍立菩萨，残高 50 厘米。主尊左侧雕一侍立菩萨，残高 55 厘米，其左为一善跏趺坐佛，残高 56 厘米，腿部已残。

256–4 号龛：位于南壁下层西侧，立面长方形浅龛，龛高 63、宽 150、深 11 厘米。龛内东侧并排雕七身立佛，残高 45 厘米，并立于圆台上；西侧又开一浅龛，内雕一身善跏趺坐佛，残高 59 厘米。此龛当为七佛一弥勒的题材。

256–5 号龛：位于北壁与东壁交界处，平面 ┖ 形龛，龛高 50、宽 233、深 10 厘米。龛内雕六身佛，残高 45 厘米，均结跏趺坐于方座上。

256–6 号龛：位于东壁北侧，立面长方形浅龛，龛残高 125、宽 74、深 20 厘米，龛内残存一佛一菩萨。正壁开一舟形浅龛，龛内雕一佛，残高 95 厘米，结跏趺坐于叠涩束腰八棱形座上；菩萨残高 76 厘米，侍立于右侧，龛两侧壁残失。

256–7 号龛：位于北壁下层东侧，平面半圆形圆拱顶龛，龛高 46、宽 33、深 8 厘米。龛内雕一佛坐像，残高 37 厘米，身着袈裟，坐于束腰方座上。

256–8 号龛：位于北壁下层，7 号龛西侧，立面半圆形圆拱顶龛，龛高 58、宽 24、深 6 厘米。龛内雕一立菩萨，残高 52 厘米，上身裸露，下着裙，头部及足部残损。

256–9 号龛：位于北壁下层，8 号龛西侧，立面半圆形圆拱顶龛，龛高 50、宽 24、深 6 厘米。龛内雕一立姿菩萨。

256–10 号龛：位于北壁中层东侧，立面长方形浅龛，龛高 48、宽 86、深 15 厘米。龛内雕三身佛，残高 41 厘米，均结跏趺坐于方座上。

256–11 号龛：位于北壁下层西侧，立面长方形浅龛，龛残高 85、宽 75、深 15 厘米。龛内雕一佛二菩萨。佛残高 58 厘米，身后开舟形浅龛，结跏趺坐于束腰八棱形座上；二菩萨残高 52 厘米，侍立于两侧。

题记:4 号龛下有墨书题记:“……/……/ 佛因……/……/……”；“□西陲□题润□ /六月□寅十日李……”

保存现状：此窟损毁严重，烟垢很厚。造像头部均残，下部风化严

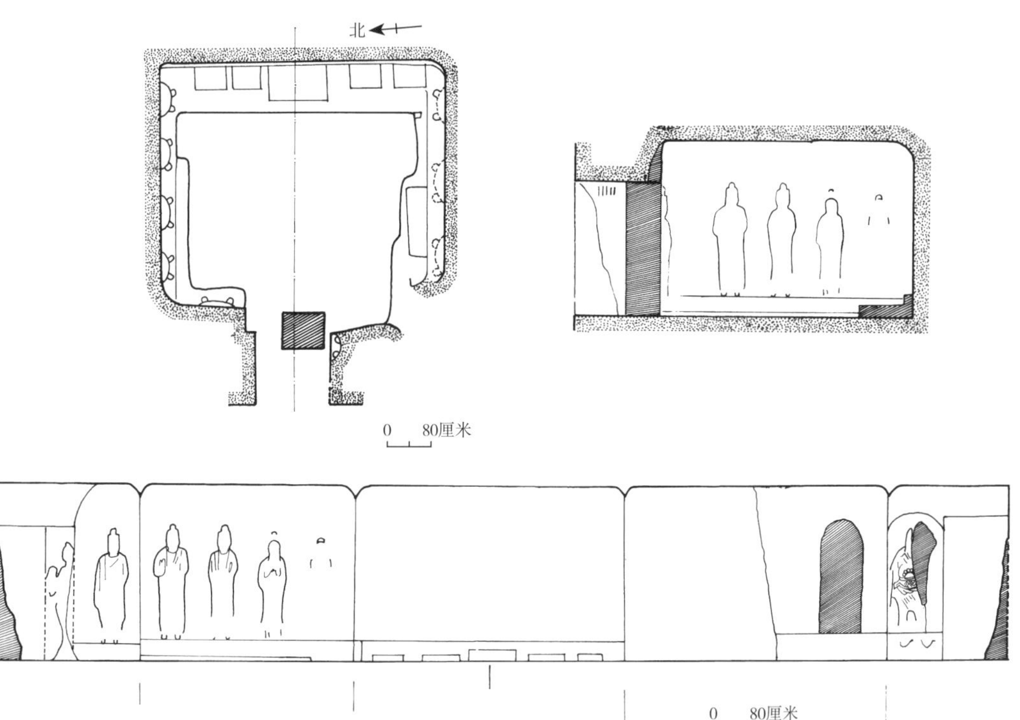

图373 第257窟平、剖面及立面展开图

重。正壁凿一高200、宽74厘米的长方形门洞通第257窟，凿去了正壁上部一佛和下龛一菩萨。北壁角有一高140、宽40厘米的菱形洞通第257窟。20世纪70年代加固了窟门。

第257窟

位置：窟群北段下层，位于第256窟北侧。窟口北偏西83度。

时代：唐证圣元年（695）

形制：平面呈长方形，平顶方门大窟。窟高310、宽478、深410厘米。门高235、宽163、深152厘米。

造像：窟内正壁原雕一佛二弟子二菩萨，但均已毁。北壁残留石雕立像三身，西侧二尊，佛残高230厘米。西壁北侧雕一立像，残高190厘米。南壁残存两身立像痕迹。甬道南壁内侧残存一力士，残高180厘米。

题记：窟门甬道北壁上方阴刻造窟题记一方，从里向外，竖书十二行："惟大周证圣元年岁□／乙未六月己酉廿五日／□□□□县朝散大夫行／宁州丰义县令安守筠／为世代父母见存眷属及／囼界苍生于宁州北石／窟寺造窟一所一佛二菩／□迦叶舍利弗七世／□□□□□讫以此功／德舍除八难□□安生／亡□□解脱永世有□／□咸登正觉"；墨书："□□太原江都从／者廿余人前／□□□□故□戏／石窟万佛圣像异日／□□观之时囨次戊午孟／夏五日谨记……"

窟内南壁墨书："晋宁路沁州在成／天宁寺僧海荣今来游□／平凉府有十方施主普请／□做龙华囩会因出来／化缘礼拜□□喜／□石窟寺小□囲坐禅／至正九年九月初九日。"

门内南侧墨书："……县……"；"……一十八日……"；"……乙

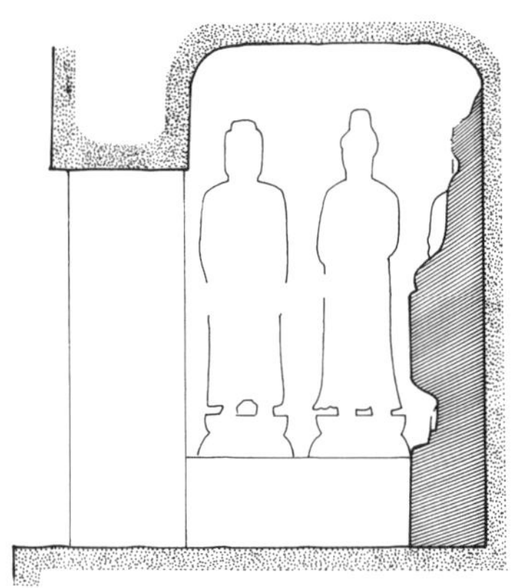

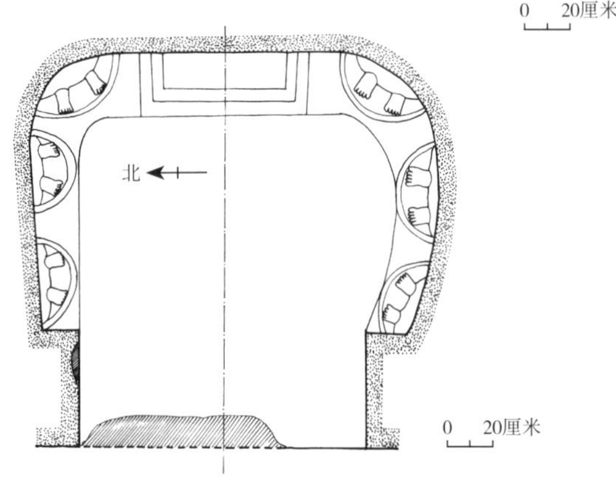

图374 第258窟平、剖面及立面展开图

西……"；"……省……"

甬道南壁墨书："古□陡残愁僧人／豪民分施利愁□／□土留诗赠珍言□／□圜大难灭佛首……""；"□观景物□／□□□惹闲愁"；"□原州□罢归田孔目／庚午岁孟夏月十七／回"；"㬎定四年四月十五日记"。

保存现状：此窟为唐代一大形洞窟，原作以七佛为主，造像众多，但人为破坏和自然风化严重，现仅留北壁和西壁五身造像。窟门北壁题记为考证北石窟寺原名提供了依据。窟顶部有一南北向卸荷裂隙。窟内潮湿，风化落沙严重。2004 年加固工程时，在窟门道中间砌一方形立柱，支顶上部裂隙。

第258窟

位置：窟群北段中层，位于第 257 窟上方。窟口北偏西 87 度。

时代：唐

形制：平面半圆形，穹隆顶方形小窟。窟高 175、宽 170、深 130 厘米。低坛基，坛高 28、深 22 厘米。门高 124、宽 127 厘米。

造像：窟内雕一佛二弟子二菩萨，佛残高 123 厘米，结跏趺坐于束腰座上，左手置于腹前，右手抚膝；弟子残高 106 厘米，菩萨通残高 110 厘米，侍立于两侧束腰圆台上。窟门内南北两侧各雕一立佛，佛残高 117 厘米。甬道南北两壁下部，各雕一狮半卧于方台上，北侧狮子仅留痕迹。

保存现状：造像头部均酥碱风化，仅留形体轮廓。洞窟风化落沙严重。

第259龛

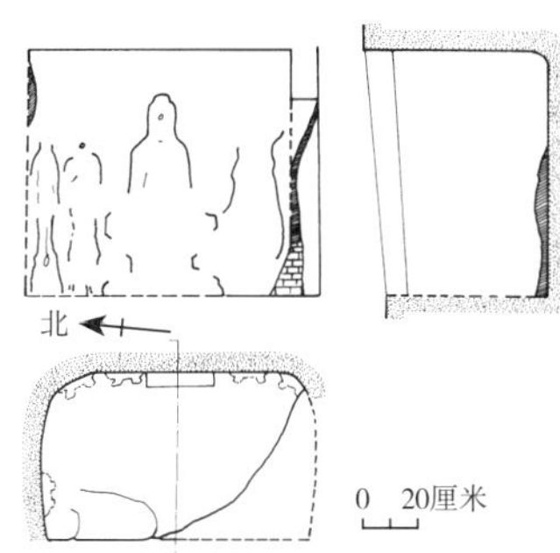

图375 第259龛平、剖、立面图

位置：窟群北段下层，位于第257窟北侧。

时代：不详

形制：平面半圆形，平顶圆拱龛。龛高100、宽95、深45厘米。

造像：龛内残存五尊像痕迹。

保存现状：龛南壁已坍塌，龛内造像风化、损毁严重。

第260龛

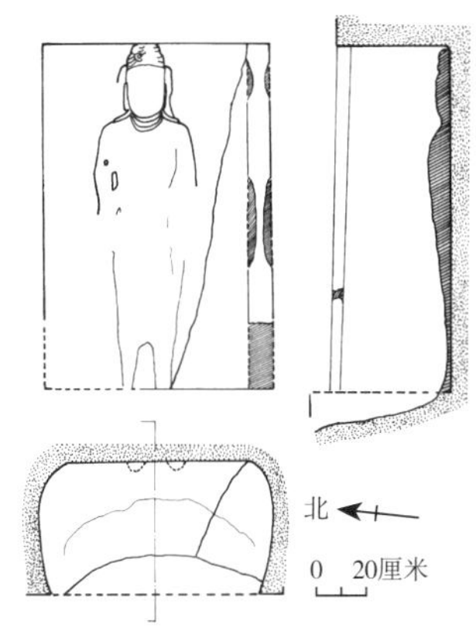

图376 第260龛平、剖、立面图

位置：主窟群北段下层，位于第261号龛南侧。

时代：唐

形制：平面半圆形，长方形龛。龛高165、宽85、深36厘米。

造像：龛内正壁雕一身立像，残高150厘米。

保存现状：此龛风化严重，立像胸部以下风化严重，仅留痕迹。

第261龛

位置：窟群北段下层，位于第262窟南侧。

时代：唐

形制：平面半圆形，方形平顶龛，低坛基。龛高133、宽170、深70厘米。

造像：正壁残留一佛二弟子二菩萨身形痕迹，后代凿毁。现存二侧壁四身造像：南壁残存一佛一菩萨；北壁残存一佛一弟子。佛内着僧祇支，外着双领下垂式袈裟，结跏趺坐，弟子、菩萨侍立。

保存现状：龛下部风化严重，造像头部均残，南壁造像风化严重，

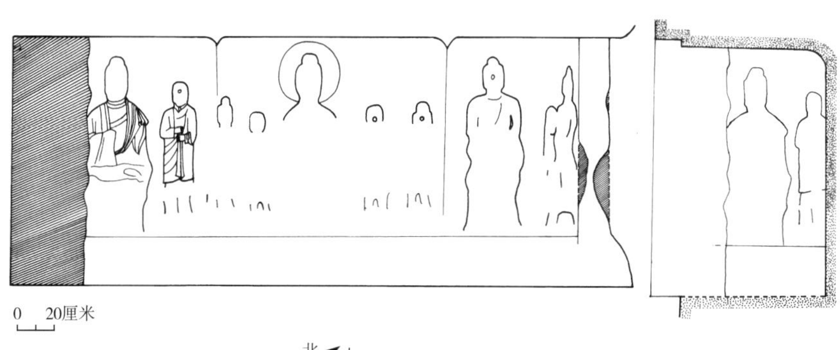

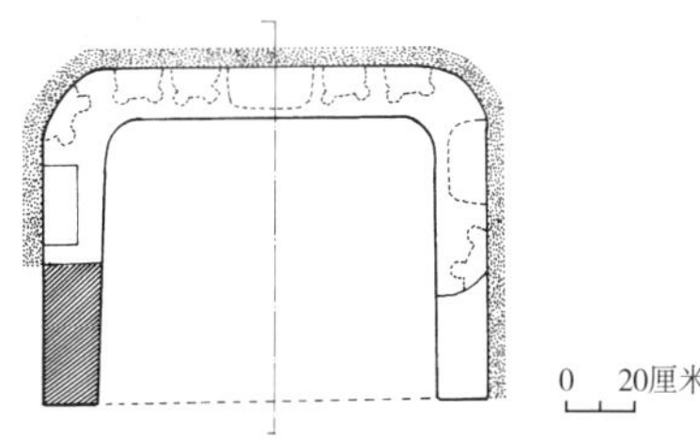

图377 第261龛平、剖面及立面展开图

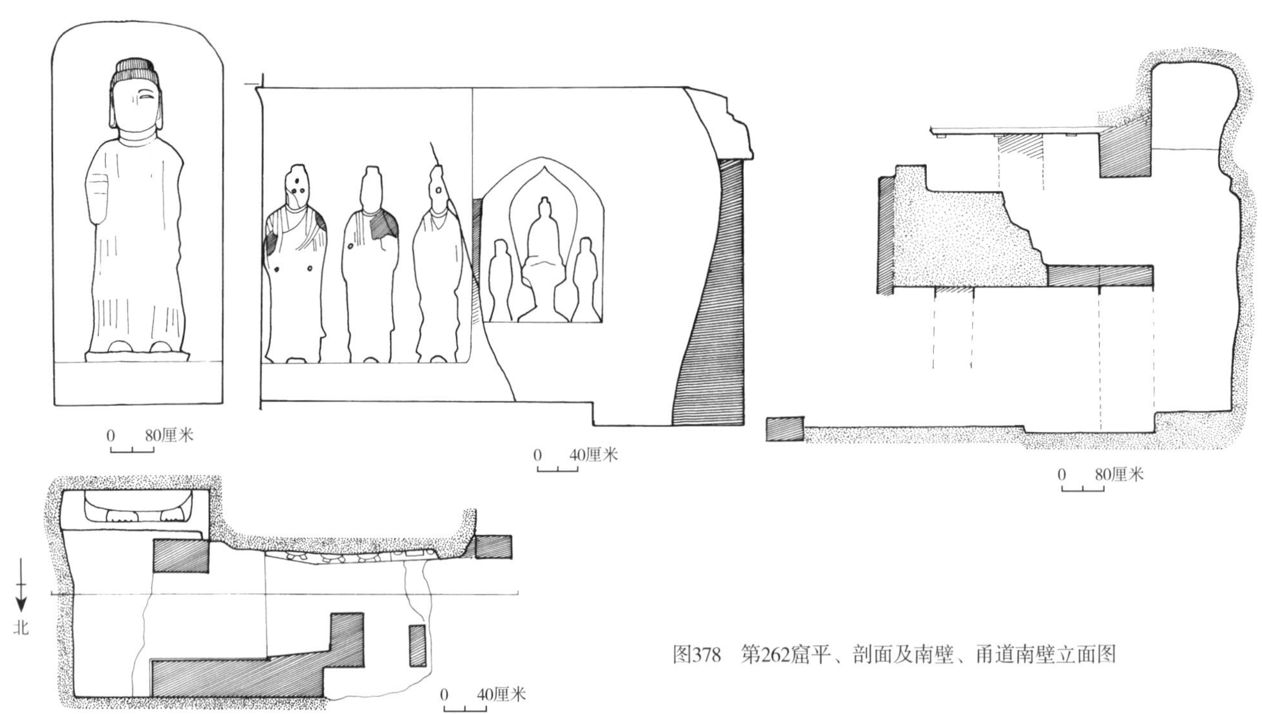

图378　第262窟平、剖面及南壁、甬道南壁立面图

仅留残迹。

第262窟

位置：窟群北段下层，位于第263窟下方。窟口北偏西51度。

时代：唐

形制：平面呈T形。窟高630、宽380、深818厘米。方形窟门，门高235厘米，窟门甬道深571厘米，甬道宽180厘米。

造像：窟内最里处南壁，雕一大立佛，高560厘米。

东壁，凿两方形小龛，北侧龛高67、宽63、深7厘米，南侧龛高63、宽65、深16厘米，龛内均无造像。

甬道南壁：东侧凿一浅龛，内雕3身立像，残高185厘米；西侧开一圆拱形龛，高140、宽120、深16厘米，龛内雕一坐佛二胁侍，佛有桃形背光，通残高120厘米；胁侍已风化损毁，仅留残迹。

甬道北壁残损，现代用块石进行了加固。

题记：甬道南壁有阴刻题记，从里向外为："僧师廖昙□□ / 王同游壬申□ / 九前五日因□书"。窟内南壁墨书："……/ 舍阎施主善……/ 隆庆六年四月……"；"平凉古……/ 庆……/……能……/……三……/……/ 心上……"

甬道上方墨书题记："……六年八月……/……记□……"；"庆阳□□ / 侍亲抵此□礼 / 圣像时□和庚子 / 首坚三日书"；"宁路□州……/ 至正十年二月……"

保存现状：此窟为不规则的大型残窟，坍塌损毁严重，窟西壁及甬

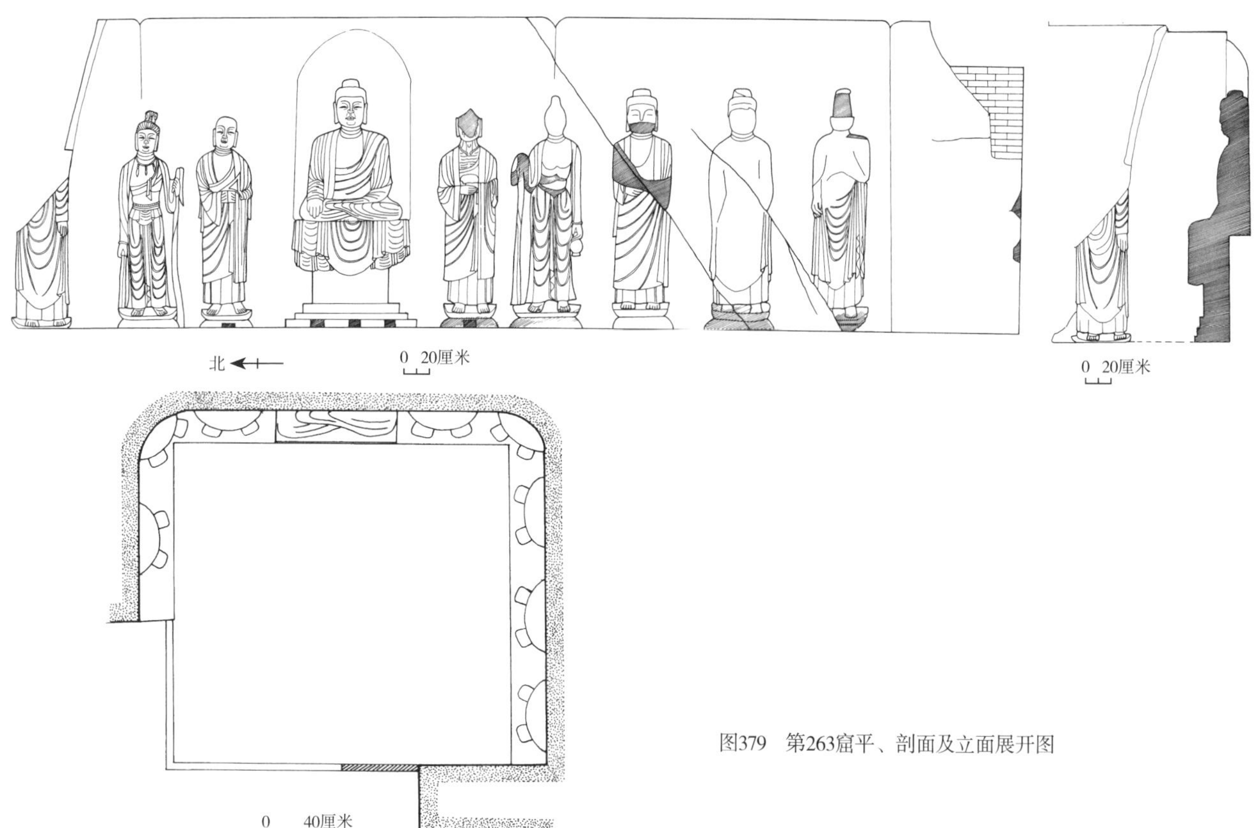

图379 第263窟平、剖面及立面展开图

道北壁及南壁上部进行过块石砌护加固。东壁和北壁无造像，甬道南壁残留五身造像，头部均毁，风化严重。窟内南壁大佛风化严重，面部和衣纹均模糊不清。窟上部北壁，残存一深洞，高650、宽382、深800厘米。

第263窟

位置：窟群北段中层，位于第262窟顶部。窟口北偏西40度。

时代：唐

形制：平面长方形平顶窟。高236、宽340、深294厘米。门道深54厘米。窟北壁及窟顶前部已坍塌，窟门已毁。现仅保存正壁（东壁）、南壁造像及门南侧壁面。南壁造像风化严重。

造像：窟内正壁雕一佛二弟子二菩萨。佛通高180厘米，结跏趺坐于叠涩式束腰方座上，身后座上有舟形浅龛。佛座下部有三个并排方形柱洞。佛南侧弟子残高170厘米，菩萨残高176厘米；北侧弟子高160厘米，菩萨高178厘米，均侍立于束腰圆形莲台上。佛面相圆润，身着袈裟，右手抚膝，左手置腹前，掌心向上。南侧弟子身披袈裟，双手捧物，头顶残损。北侧弟子年少，身披袈裟，双手抱于腹前。南侧菩萨上身裸露，下着裙，披帔帛，左手提净瓶，右手执巾带。北侧菩萨高发

图380　第264龛平、剖、立面图

髻，斜披络腋，戴项圈，披帔帛，左手持物，右手下垂执巾带，下身着翻腰长裙。窟南壁雕三身立佛，上部风化严重。窟北壁已塌毁，仅留东侧一立佛腿部残迹。

壁画：正壁佛座下有唐代彩绘二力士，长56、高24厘米。正壁佛背光处有后代彩绘及化佛，宽约133、高232厘米。

保存现状：此窟正壁的佛和北侧的弟子、菩萨，体态优美而完整。南壁造像风化严重，窟顶有一道卸荷裂隙，前檐坍塌。20世纪70年代

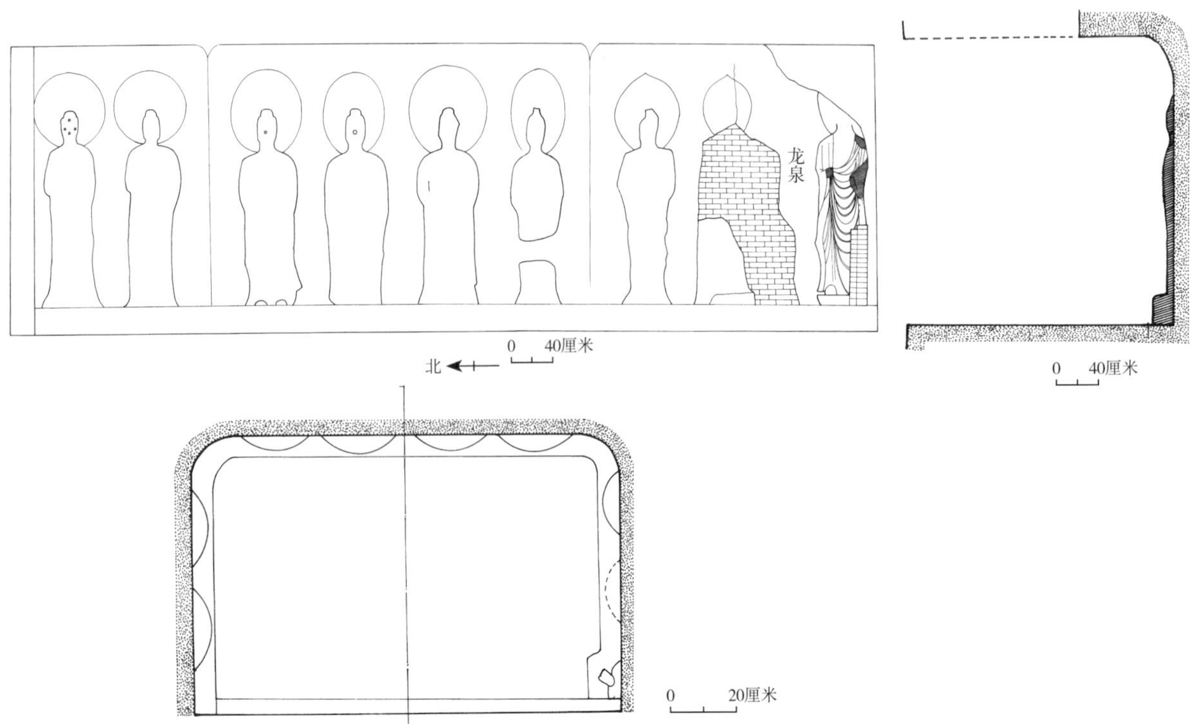

图381　第265窟平、剖面及立面展开图

进行了抢险支顶并修造了窟檐。1993年安装了钢筋防盗门。1984年曾在窟内进行过PS-C药剂喷涂防风化试验。1998～2005年对窟檐雨棚进行了两次翻修加固。2006年安装了防盗卷闸门，并安装了安全监控报警设备。

第264龛

位置：窟群北段下层，位于第265窟南侧。

时代：唐

形制：龛顶、南北壁均残失，仅存正壁（东壁）。残高300、宽305、深50厘米。有坛基，高44、深50厘米。

造像：龛内正壁现存五身造像，一佛二弟子二菩萨，佛通高192厘米，内着僧祇支，外着袈裟，左手似抚膝，右手已不存，结跏趺坐于叠涩式束腰方座上。弟子通高160厘米，菩萨通残高175厘米，分别侍立于两侧圆莲台上。低坛下雕六身立像。

题记：南侧菩萨头部上方阴刻："□此辛□/圆善女□/曲水□□/……"

保存现状：龛顶及两侧壁均残损，正壁五身造像头部损毁，有修补孔，风化严重。

第265窟

位置：窟群北段下层，位于第264窟的北侧。窟口北偏西78度。

时代：唐

形制：平面马蹄形，平顶大窟。窟高230、宽415、残深340厘米，敞口。窟前半部已坍塌，窟底内侧挖成水池，并有桩眼三孔。水池深185、宽370、长180厘米。

造像：窟内现存八身造像：正壁雕四身立像。南壁残留二身立像，另有中间一尊仅见足及足下圆台和上部头光。北壁残存二身立佛。另有一身立菩萨（此菩萨即第266龛）。佛均高180厘米，有桃形项光。造像风化严重，形象模糊不清，不易辨认。

题记：窟正壁上方阴刻："……林文挚/……刘席发/……修此泉/……四年十月。"南壁上方阴刻"龙泉"二字。

保存现状：此窟严重坍塌风化，造像面貌服饰难以辨认。窟底有一泉水，原上铺木板遮盖，现已拆除。窟顶部盖板为后来用水泥所建。

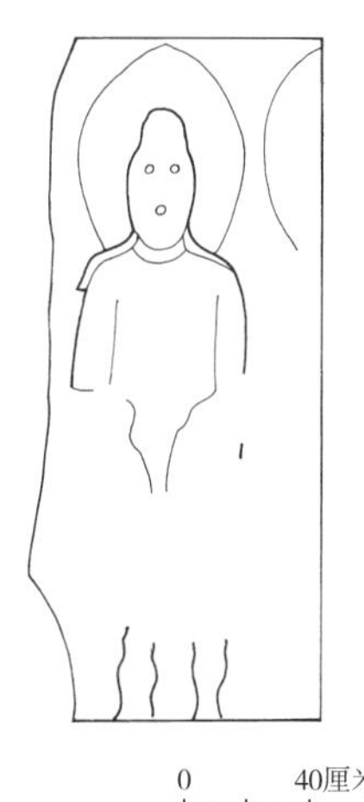

图382　第266龛立面图

第266龛

位置：窟群北段下层，位于第265窟北壁。

时代：唐

形制：摩崖大龛，龛高230、宽90厘米。

造像：崖壁仅留一身高200厘米的立菩萨残迹，有项光，头部残，下半身风化严重，腰部以下已不存。

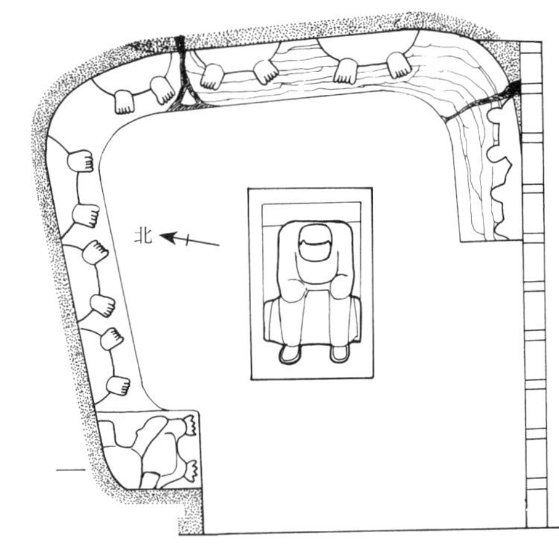

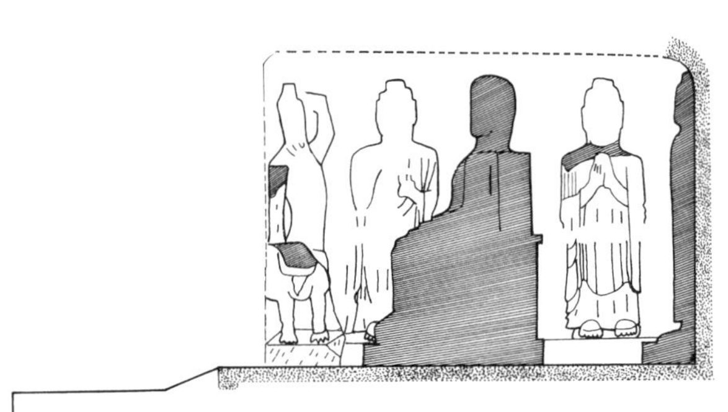

图383 第267窟（及第268、269龛）平、剖面及立面展开图

保存现状：据现状看，此菩萨像应为第265窟北壁的一部分，20世纪60年代按一个独立龛编号。

第267窟

位置：窟群南段下层，位于第1窟南侧。窟口南偏西40度。

时代：唐

形制：平面方形大窟，残高390、宽400、深400厘米。四周有低坛基，坛基高18、宽46厘米。窟正中圆雕一倚坐佛像，座基宽125、深190厘米。

造像：窟内现有造像九身，正壁（东壁）雕三身立佛，高245厘米；南壁塌毁，仅存东侧立像下半身；北壁雕二立佛一立菩萨；西壁北侧雕一力士，力士身下雕一卧狮。佛高245厘米，菩萨和力士高210厘米，菩萨左手持净瓶。窟正中圆雕一倚坐佛，通高274厘米，头部为1963年于此窟前淤泥中清理出土。

保存现状：窟顶早年坍塌。正壁和北壁上部留有数孔桩眼。南壁大部分损毁，东侧残存半身造像。窟门已毁。20世纪70年代修建了雨棚，窟前安装了保护栏杆。1998年和2010年对窟前雨棚进行过两次翻修。

第268龛

位置：窟群南段下层，位于第267窟外北侧。

时代：唐

形制：圆拱顶长方形浅龛，高62、宽84、深5厘米。

造像：龛内雕一佛二弟子二菩萨，佛高55厘米，结跏趺坐于束腰座上。弟子高47厘米，菩萨高50厘米，侍立于两侧。

保存现状：此龛左下部残缺，龛下有一长方形框栏，无文字。造像风化严重，仅见轮廓。

第269龛

位置：窟群南段下层，位于第267窟外北侧。

时代：唐

形制：圆拱顶浅龛，高70、宽35、深10厘米。

造像：龛内雕一身立菩萨，残高60厘米，立于莲台上，左手下垂，右臂屈肘侧举持物。

保存现状：此龛顶部已残缺，造像全身风化严重，龛外右侧下有上下二小圆孔。

第270龛

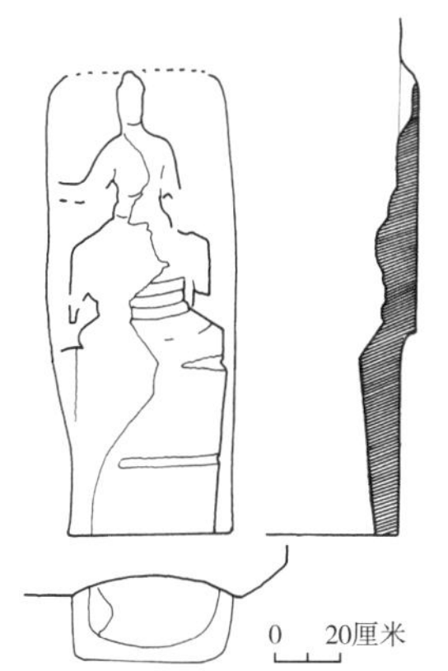

图384 第270龛平、剖、立面图

位置：窟群南段下层，位于第2窟北侧。

时代：唐

形制：龛形不明，残高140、宽53、深8厘米。

造像：龛内雕一菩萨，残高80厘米，舒相坐。

保存现状：此龛风化严重，像体仅留残迹。

第271龛

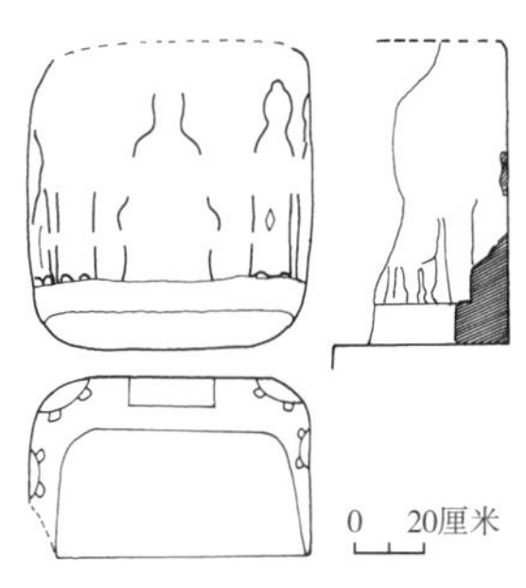

图385 第271龛平、剖、立面图

位置：窟群南段下层，位于第3窟南侧。

时代：唐

形制：平面半圆形方形龛，有坛基。残高100、宽90、深55厘米。坛基高10、深14厘米。

造像：龛内原雕一佛二弟子二菩萨，主尊佛残高55厘米，坐于方座上；弟子残高51厘米，侍立两侧；菩萨高52厘米，侍立于南北两壁。

保存现状：龛顶部坍塌，造像风化严重，仅留残迹。

第272龛

位置：窟群南段下层，位于第271龛右上方。

时代：不详

形制：平面半圆形浅龛，低坛基。残高110、深35、宽75厘米。坛基高13、深15厘米。

造像：龛内残存四尊像痕迹，主尊似坐佛像。

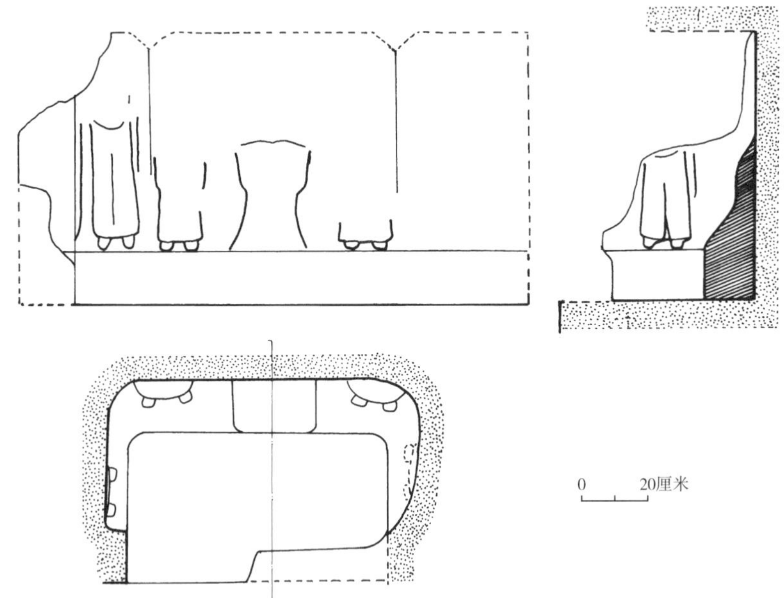

图386　第272龛平、剖面及立面展开图

保存现状：此龛顶部和南侧已坍塌，形制损坏严重，其上似有一龛，已与下龛连通，造像风化严重。

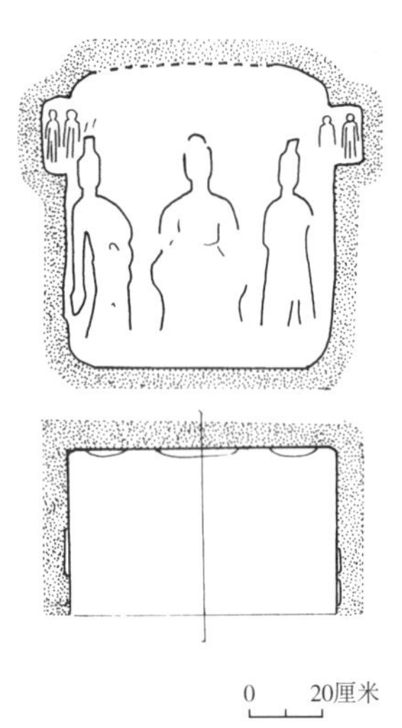

图387　第273龛平、剖面图

第273龛

位置：窟群南段下层，位于第3窟北侧。

时代：唐

形制：平面长方形平顶方形龛，高70、宽75、深42厘米。

造像：龛内雕一佛二菩萨，坐佛通高55厘米；菩萨高55厘米，侍立两侧。

保存现状：龛顶略残，造像风化严重，龛正壁上有明显点状凿痕。

第274龛

位置：窟群南段下层，位于第9窟南侧。

时代：唐

形制：圆拱形浅龛，高65、宽30、深7厘米。

造像：龛内雕一身舒相坐菩萨，坐于束腰座上，右手屈肘上举，左腿下垂。造像通高42厘米。

保存现状：龛形微残，整体风化严重。

图388　第274龛平、剖、立面图

第275龛

位置：窟群南段下层，位于第9窟南侧。

时代：不详

形制：龛形不明，高50、宽18、深6厘米。

造像：龛内残存一身立像痕迹，残高43厘米。

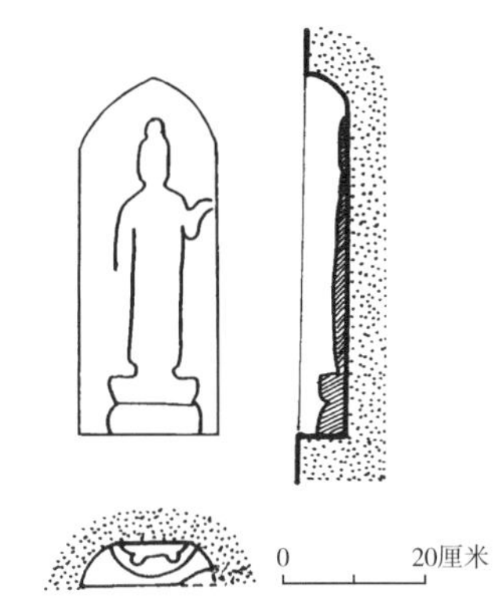

图389　第275龛平、剖、立面图

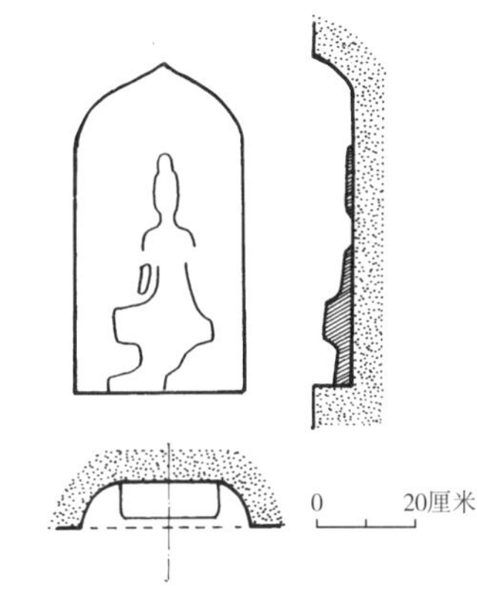

图390　第276龛平、剖、立面图

保存现状：此龛造像严重风化，难以辨认。

第276龛

位置：窟群南段下层，位于第9窟北侧上部。

时代：不详

形制：圆拱形浅龛，残高60、宽30、深9厘米。

造像：龛内残存一尊像痕迹，坐于束腰座上，残高42厘米。

保存现状：龛顶、底部残损，龛内造像风化严重，仅留残迹。

第277龛

位置：窟群南段下层，位于第14龛上方。

时代：唐

形制：平面方形，穹隆顶，低坛基。龛高120、宽125、深100厘米。

造像：龛内残存四身造像痕迹，正壁雕一佛二胁侍，北壁残留一菩萨，其余造像已不存。

保存现状：龛南侧坍塌，龛壁及造像全部风化严重，仅留残迹。

第278龛

位置：窟群南段下层，位于第22窟南侧。

时代：唐

形制：平面马蹄形，平顶浅龛。龛高70、宽76、深20厘米。

造像：龛内残存一佛二胁侍痕迹。主尊似一善跏趺坐佛，残高50厘米；胁侍残高46厘米，侍立于佛两侧。

保存现状：龛形风化损坏严重，仅留残迹。

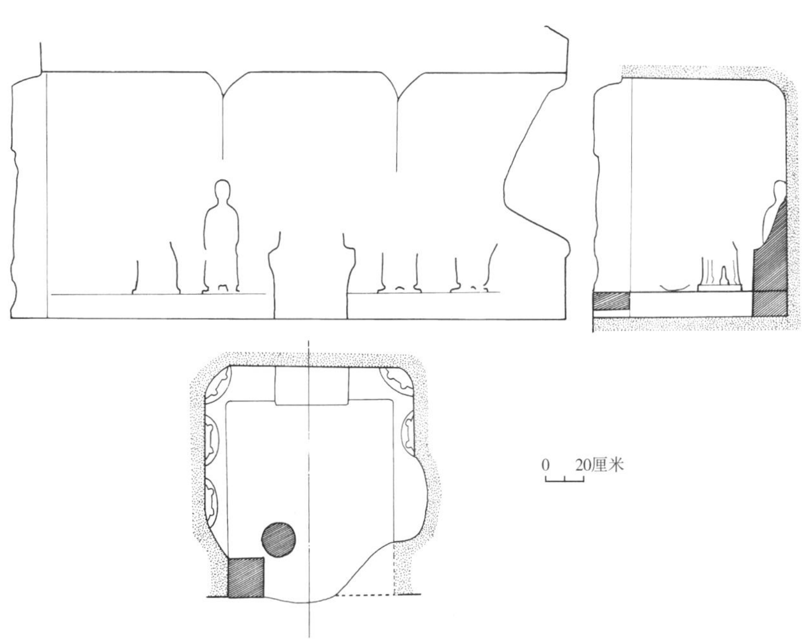

图391　第277龛平、剖面及立面展开图

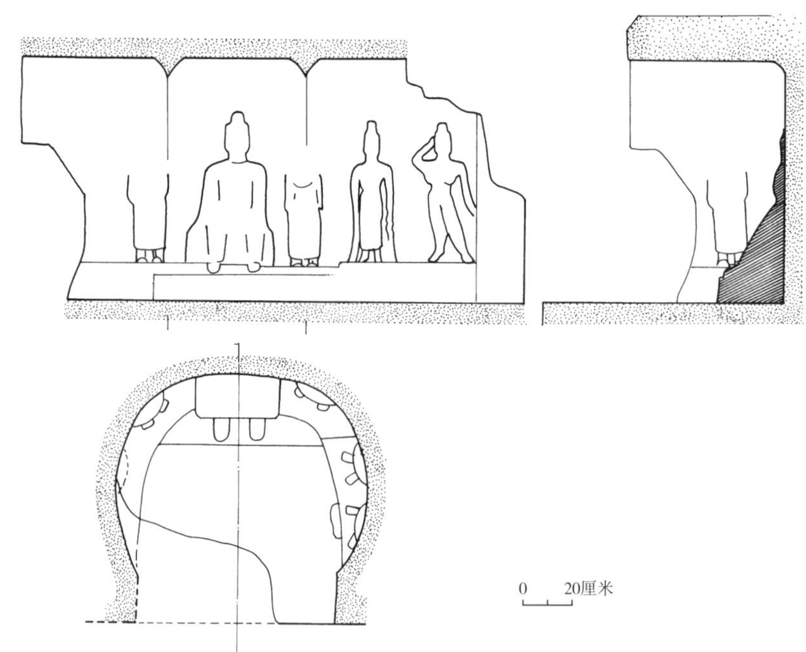

图392 第278龛平、剖面及立面展开图

第279龛

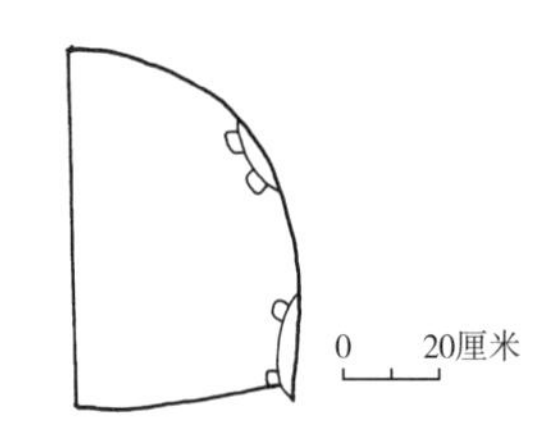

图393 第279龛平面及立面展开图

位置：窟群南段上层，位于第280龛北侧。

时代：唐

形制：半圆形平顶龛，其余形制不明。残高125、宽125、深70厘米。

造像：龛内现存南壁一菩萨一力士。菩萨侍立，残高70厘米，力士残高50厘米。

保存现状：因支撑工程，北壁砖砌挡墙，龛内风化严重，仅见南壁二身造像。

第280龛

位置：窟群南段三台，位于第37窟北侧。

时代：唐

形制：平面半圆形方形龛，高65、宽70、深32厘米。

造像：龛内雕一佛二菩萨，佛居中而坐，通残高55厘米；二菩萨侍立，残高52厘米。

保存现状：北侧壁残失，顶部风化残损，佛头两侧有17厘米见方的小洞二孔。造像风化严重。

第281龛

位置：窟群南段上层，位于第38窟下方。

时代：唐

形制：平面半圆形龛，低坛基。龛残高100、残宽117、深50厘米。坛基高16、深9厘米。

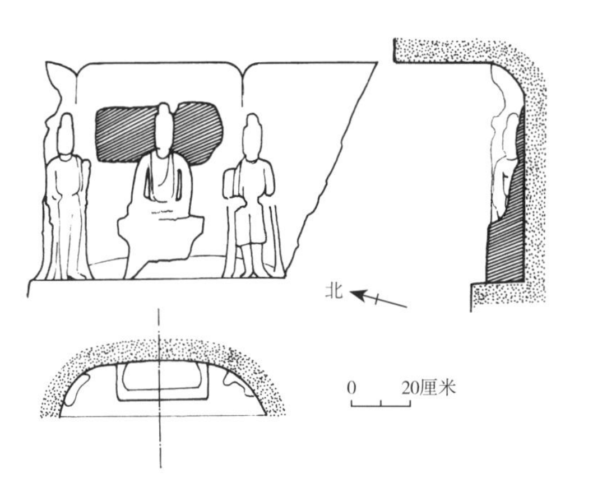

图394　第280龛平、剖面及立面展开图

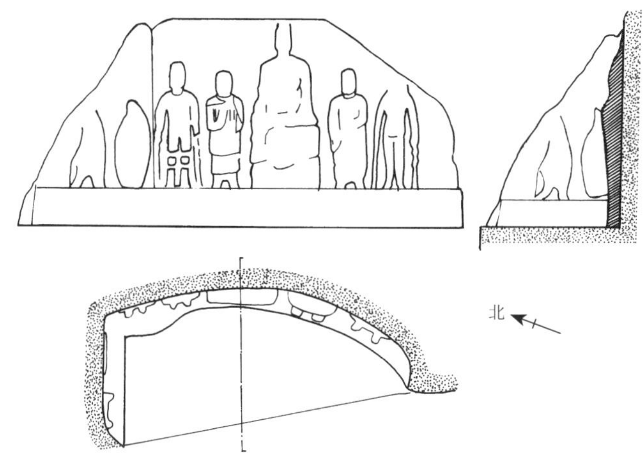

图395　第281龛平、剖面及立面展开图

造像：龛内原雕一佛二弟子二菩萨二力士，佛残高 70 厘米，弟子残高 50 厘米，菩萨残高 50 厘米，力士残高 43 厘米，均侍立于两侧低坛上。南侧力士已毁。

保存现状：龛顶部及南壁已坍塌。龛内造像风化严重，仅见轮廓。

第282龛

位置：窟群北端上层，位于第 258 窟顶部。

时代：唐

形制：凸字形浅龛，高 42、宽 30、深 13 厘米。

造像：龛内雕主尊坐像，残高 35 厘米，坐于方座上；两侧各雕一半卧狮，残高 14、长 13 厘米。

保存现状：龛形保存完整，龛内造像风化严重，主尊仅留残迹。

第283龛

位置：位于窟群南段下层，位于第 103 龛下方。

时代：不详

形制：方形平顶龛，高 46、宽 57、深 7 厘米。

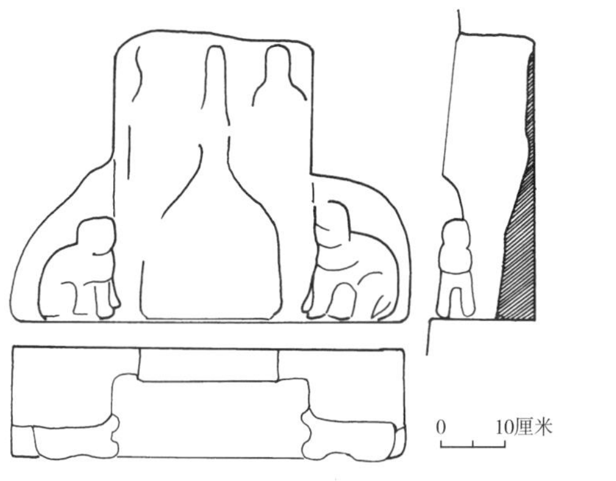

图396　第282龛平、剖、立面图

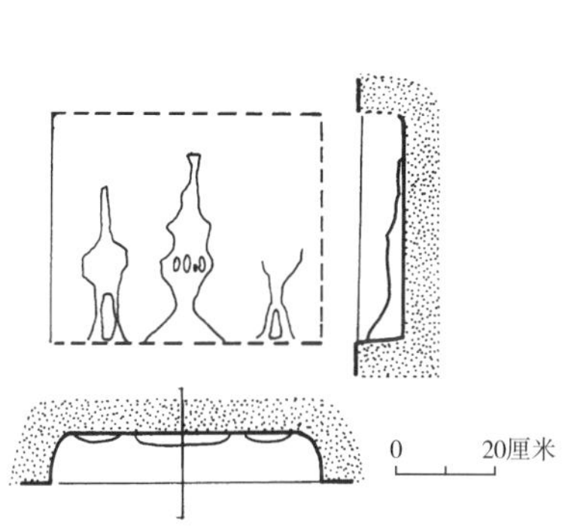

图397　第283龛平、剖、立面图

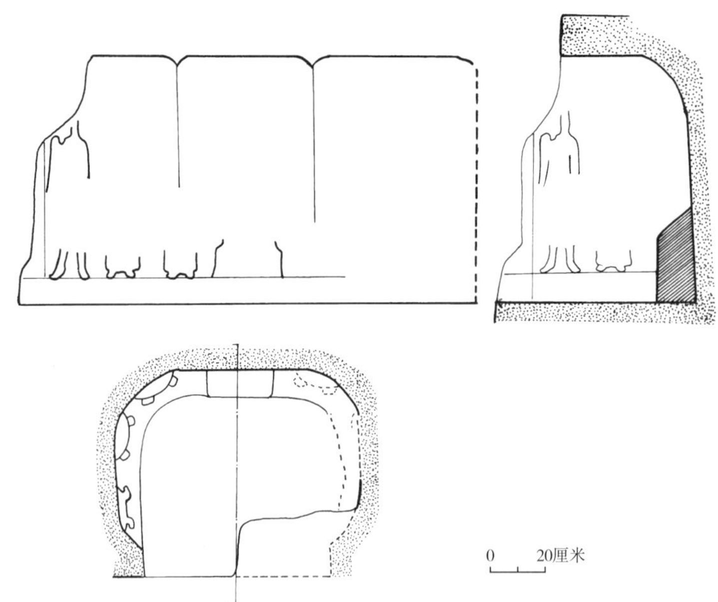

图398 第284龛平、剖面及立面展开图

造像：龛内残存三尊像痕迹，佛残高40厘米，坐于方座上；胁侍残高33厘米，侍立于两侧。

保存现状：龛形及造像风化严重，仅留残迹。

第284龛

位置：窟群南端下层，位于第272龛北侧上方。

时代：不详

形制：形制不明，残高82、宽90、深50厘米。

造像：龛内东壁存两尊立像残迹，残高48厘米。北壁存一力士残迹，残高48厘米，其余造像已不存。

保存现状：龛形残毁，南壁及底部坍塌，龛内造像大部分不存，现存三尊造像仅留痕迹。

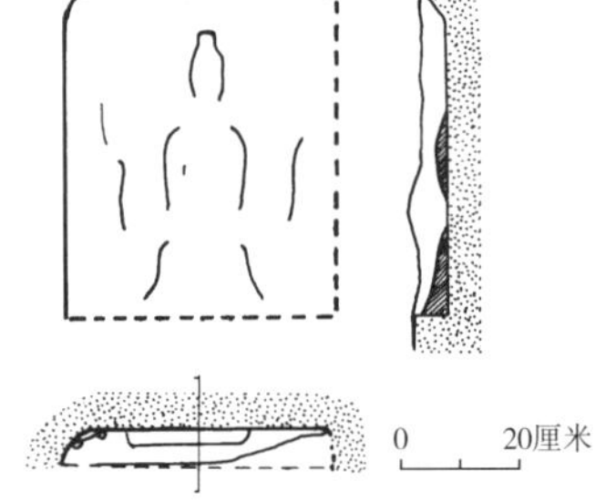

图399 第285龛平、剖、立面图

第285龛

位置：窟群南段下层，位于第271龛北侧。

时代：不详。

形制：形制不明，残高50、宽47、深6厘米。

造像：龛内现存一佛一胁侍痕迹，佛残高36厘米，坐于台座上；胁侍残高34厘米，侍立于北侧。

保存现状：龛南壁残损，龛内造像风化严重，仅留痕迹，南侧胁侍已不存。

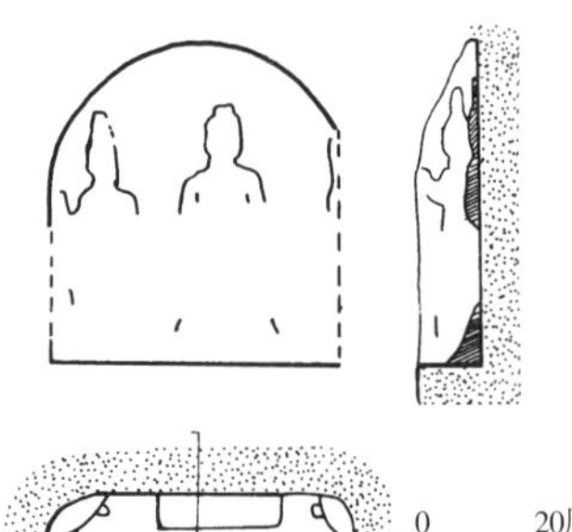

图400 第286龛平、剖、立面图

第286龛

位置：窟群南段下层，位于第285龛下方。

时代：不详

形制：形制不明，残高 43、宽 40、深 8 厘米。

造像：龛内现存两身造像残迹，北侧一身残高 32 厘米，南侧一身残高 34 厘米。

保存现状：龛形残损，龛内造像风化严重，已无法辨识。

第287龛

位置：窟群南段下层，位于第 286 龛下方。

时代：不详

形制：圆拱形浅龛，高 75、宽 65、深 15 厘米。

造像：龛内雕一束腰座像，残高 58 厘米。

保存现状：龛北壁残损，龛内造像风化严重，仅留残迹。

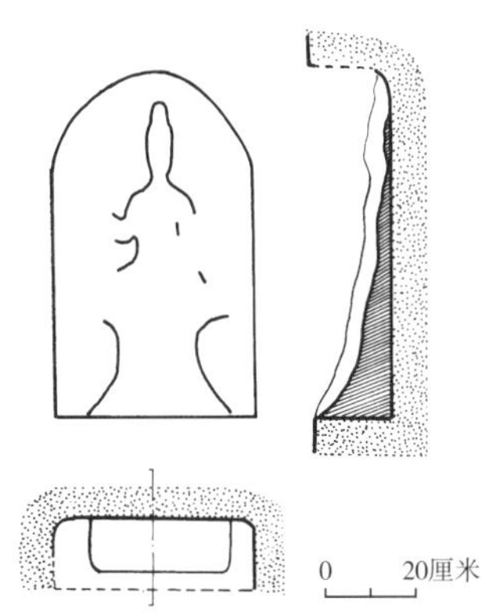

图401 第287龛平、剖、立面图

第288龛

位置：窟群南段下层，位于第 8 龛上方。

时代：不详

形制：平面半圆形残龛，残高 76、宽 71、深 52 厘米。

造像：龛内主尊已不存，仅留方形座，南侧立像残高 13 厘米，一立像残高 12 厘米。

保存现状：龛顶部及北壁坍塌，龛内现存造像上身残，且风化严重，其余造像已不存。

第289龛

位置：窟群南段下层，位于第 8 龛上方。

时代：不详

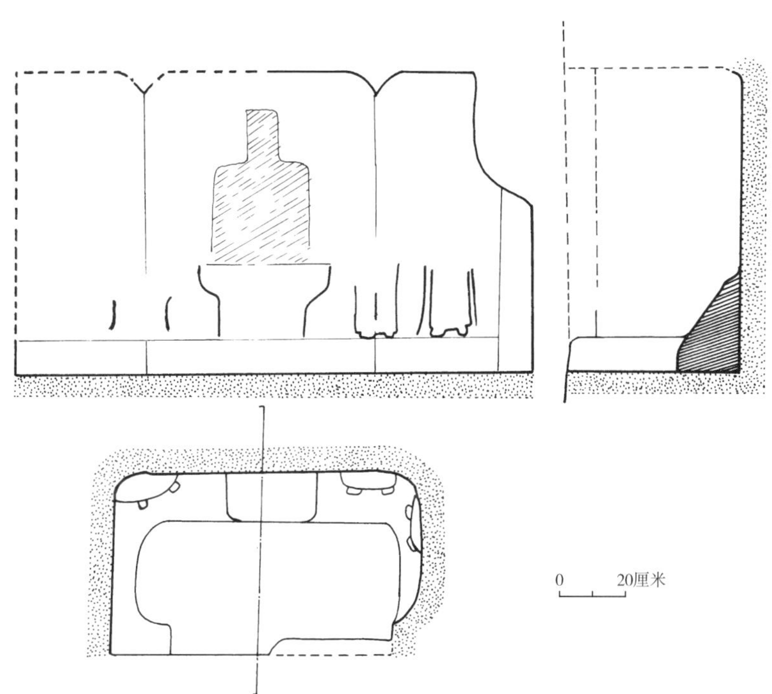

图402 第288龛平、剖面及立面展开图

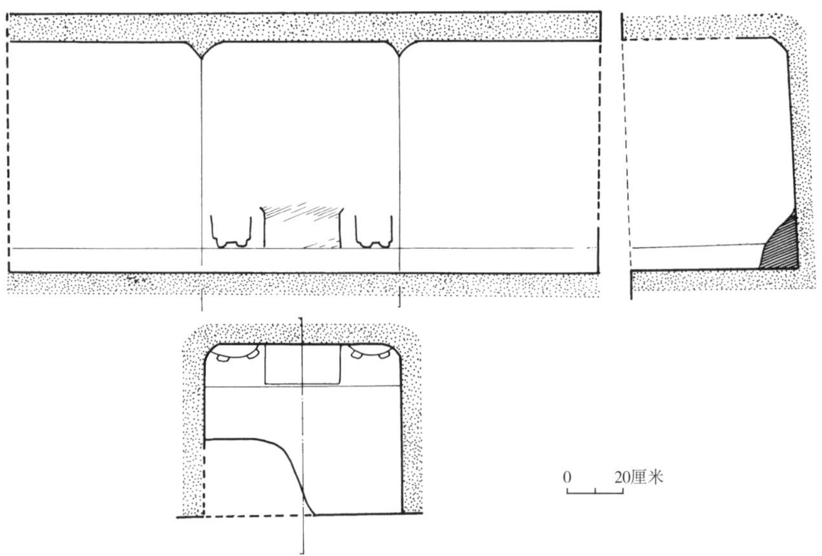

图403 第289龛平、剖面及立面展开图

形制：平面半圆形龛，高 87、宽 71、深 58 厘米。

造像：龛内原雕三身造像，残损风化严重，现已无法辨识。

保存现状：龛顶部、北壁及底部北侧坍塌，龛内造像仅留痕迹。

第290龛

位置：窟群南段下层，位于第 291 龛上方。

时代：不详

形制：平面半圆形龛，低坛基。残高 76、宽 60、深 48 厘米。坛基高 11、深 8 厘米。

造像：龛内主尊不存，仅留台座，北侧胁侍残高 21 厘米，侍立于低坛上，南侧胁侍已不存。

保存现状：龛南壁坍塌，现存胁侍仅残留腰部以下，且风化严重。

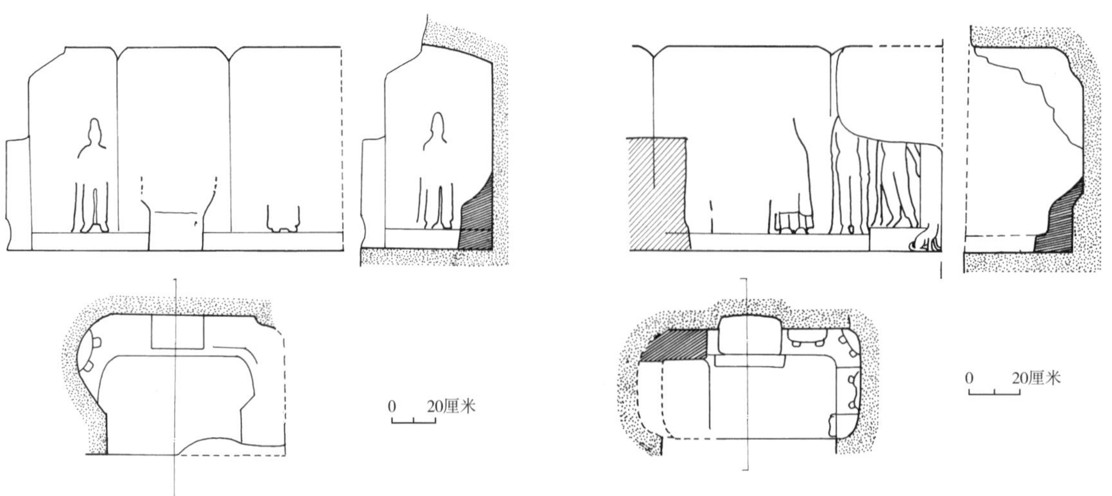

图404 第290龛平、剖面及立面展开图

图405 第291龛平、剖面及立面展开图

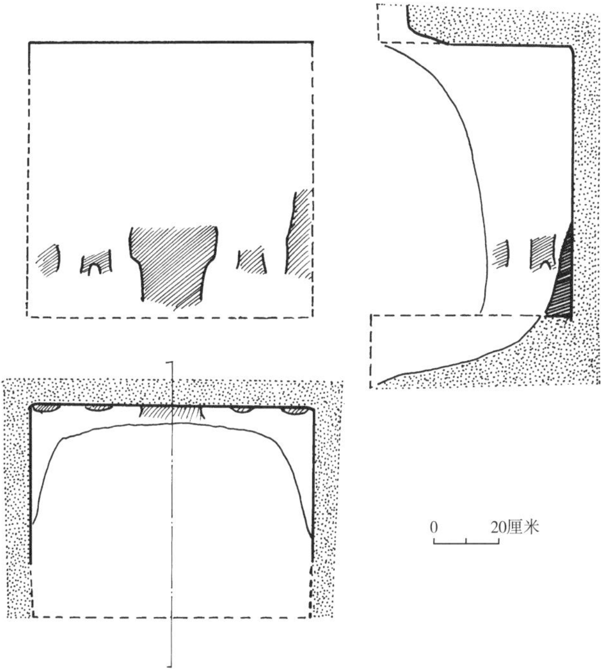

图406　第292龛平、剖、立面图

第291龛

位置：窟区南段下层，位于第9窟上方。

时代：唐

形制：平面半圆形龛，高90、宽105、深42厘米。

造像：龛内现仅存东壁南侧立像，残高41厘米；南壁二立像，残高31厘米；南侧龛门下有一半卧状狮子，残高13、长11厘米。

保存现状：龛形残毁，南壁上方及北壁下方坍塌，龛内现存造像胸部以上残，且风化严重，其余造像已不存。

第292龛

位置：窟群南段下层，位于第134龛下方。

时代：不详

形制：平面半圆形平顶龛，高90、宽97、深36厘米。

造像：龛内残存三尊像痕迹，风化严重，仅留残迹。

保存现状：龛内北壁及底部风化严重。

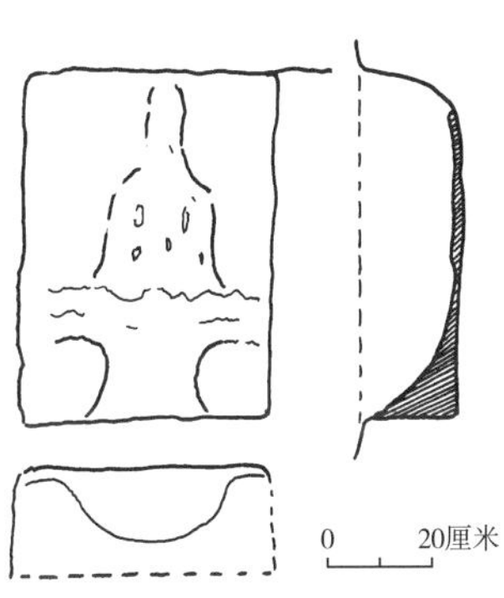

图407　第293龛平、剖、立面图

第293龛

位置：窟群南段下层，位于第292龛北侧。

时代：不详

形制：龛形不明，残高70、宽43、深10厘米。

造像：龛内残存一尊像痕迹，残高60厘米。

保存现状：龛形残损，龛内造像风化严重，仅留痕迹。

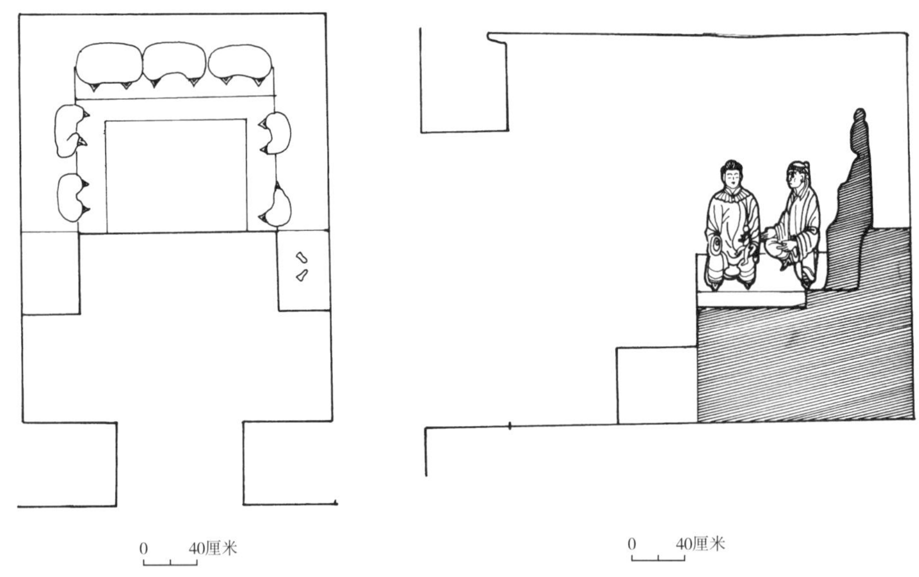

图408 第294龛平、剖面图

第294窟（俗称娘娘庙）

位置：窟群北端上层，位于第265窟上方。窟口北偏西88度。

时代：晚清宣统元年（1909）九月进行过重修。

形制：长方形平顶窟。窟高290、前宽241、里宽270、进深317厘米，正壁筑凹字形基坛，坛高100、宽255、深170厘米，中间凹下处高90、宽100、深77厘米。三面基坛上各砌筑塑像台座，正壁像座高45、长270、宽50厘米，北侧像座高26、宽43、长63厘米，南侧像座高28、宽52、长66厘米。

造像：正壁基坛上并排彩塑三身倚坐像（三霄娘娘），通高137厘米，面涂白色，柳叶细眉，两眼炯炯有神，悬胆鼻，樱桃口，面容慈祥。头戴凤冠（中、南二像凤冠残失），身穿皇室锦衣，外披绣有凤蝠花卉图案的长袍，小脚，穿高跟尖头小鞋。中间塑像两手持笏板举于腹部，手上覆以桃形织锦（笏板残失），腕戴手镯；两侧塑像左手抚于左膝，右手半握，掌心向上置于右膝上，手中似曾持物（现残失）。南北两侧像台上各塑两身民间妇女形象，通高99厘米。北壁西侧塑一中年妇女，身穿红色大衣、五彩披肩，胸部露出左乳房，左膝上坐一男孩伸右手抚摸乳头，左手向前伸出，天真可爱；东侧塑一满头白发的老年妇女，身着蓝花布大衫，舒相面西而坐，两手前伸，似乎接物。南壁塑两身中年妇女形象，东侧一身穿深蓝色大衫，两手前伸，作接迎状；西侧塑像身着淡绿大衫，红裤，舒相坐于像座，右手扶于东侧像左肩，似相互帮扶，面带微笑。像台前筑稍低方台，台上彩塑马面小鬼已残毁；南侧长80、宽58、高69厘米，台上彩塑牛头小鬼立像，像高51厘米。正壁像台前面中间塑三身男童小像，两侧像高39厘米，中间塑一小浴盆，内坐一男孩，通高19厘米。

壁画：正壁墙面彩绘四屏图，画面宽266、高144厘米，色彩淡白，内容模糊。像台南壁壁画面宽 186、高 170 厘米，上部彩绘《封神演义》中的六位星官，根据《封神演义》所记，应为虚日鼠周宝、牛金牛李弘、尾火虎朱招、房日兔姚公伯、亢金龙李道通、翼火蛇王蛟，各自头旁升起一缕祥云，云气里彩绘各自星象：鼠、牛、虎、兔、龙（残毁）、蛇（残毁）等动物形象，下部彩绘造像头光；像台北壁壁画面宽 166、高 160 厘米，彩绘形式基本与南壁相同，六位星官应分别是：星日马吕能、鬼金羊赵白高、觜火猴方贵，昴日鸡黄仓、娄金狗张雄、室火猪高震。像台前两侧土筑低台，北侧长 63、宽 43、高 56 厘米。小鬼侧旁台壁南面画一束富贵牡丹，北面画一簇吉祥莲花。正壁像台前南北墙壁均有壁画，绘《封神演义》故事图。

南壁画面宽 137、高 250 厘米，分三层画面。上层绘“三霄娘娘出行图”，中层西侧绘“三霄娘娘送子图”，东侧绘“纣王进香题淫词图”，下层绘“杨任大破瘟癀阵图”和“比干路遇卖菜妇图”。

北壁画面宽 150、高 235 厘米，亦分三层。上层画面基本与南壁相同，中层西侧绘“三霄娘娘送子图”，东侧绘“姬昌解围进妲己图”，下层绘“燃灯义破红沙阵图”和“子牙火烧琵琶精图”。西壁门上方墨色素绘，“鹰狼相斗，老鹰护子图”，寓意爱子是人与动物的本能。两侧素绘鹿、松、鹤、蝠等画面，寓意长寿福禄、松鹤延年、吉祥如意。窟顶以土红色为底色，墨线和白色划分为二十四个方框，内画圆形图案及带翅膀的瑞兽图案，寓意多子多福。窟门两侧绘两方墙碑，内书题记。

题记：窟门北侧墙碑内墨书修庙序文，笔录如下：

“重修宝洞门窗数合 / 同治兵燹之后庙宇焚毁寺院结成荒草蔓烟合社人等目击心伤不忍坐视各输己赀 / 重修庙宇改换金身虽不比昔日之作庙诸　神尚且有安亦不如旧日之庙华丽现今 / 诸佛　菩萨　圣母娘娘赴位香烟拜祷依然旧日之规模恐后裔不知何时造作故留 / 墙碑一座诱大众作福之要路也 谨将有名人等开列于后以此为序 / 皇清宣统元年九月初十日 / 合社人等　敬立。”

南侧墙碑碑额书“万善同归”四字，碑内墨书修庙捐银姓名，笔录如下：

金辑邦施钱拾两　金文杰施钱□两　金扶邦施钱贰两四钱　金俱新施钱贰两贰钱　金文儒施钱贰两贰钱　金兆银施钱贰两　金永璋施钱贰两　金汉邦施钱贰两　金星耀施钱贰两　金星海施钱贰两　金兆璧施钱贰两二钱　金文焕施钱贰两　金兆选施钱一两五钱　金文秀施钱一两五钱　金兆海施钱一两四钱　金自逢施钱一两三钱　金文举施钱一两　金文华施钱二两　金清源施钱一两　柳世魁施钱一两　金文江施钱八钱　金星生施钱八钱　金永善施钱八钱　金文学施钱七钱　张守明施钱七钱　金文选施钱五钱

金天成施钱五钱　金文魁施钱一两五钱　金文玉施钱九钱　金清玺施钱四钱　金俱存施钱四钱八分　金天存施钱二钱　金天和施钱三钱　金永身施钱三钱　金魏凡施钱三钱　金天相施钱二钱四分　柳世英施钱一两二钱　金廷贵施钱四钱　金廷儒施钱四钱　孙永康施钱二钱　金占学施钱二钱　张富吉施钱二钱　金岁学施钱一钱二分　金希荣施钱一钱二分　李光孟施钱一钱二分　金天西施钱一钱二分　金天王施钱一钱二分　金天举施钱一钱二分　曹文章施钱一两二钱　张富吉施钱二钱　金殿贤施钱五钱　柳意海施钱二钱　金廷福施钱三钱

金文汉施钱二两　柳世富施钱三钱　金学兴施钱一钱　薛庚兒施钱一钱　刘廷贵施钱一钱　刘君喜施钱一钱　张守信施钱一钱二分

碑文南侧游人墨书题记："民国八年闰七月十四日立"，"弟子泾川县好善不过赵义忠苏家塬人氏"。

保存现状：此洞窟于晚清时期改造成"娘娘庙"，宣统元年进行过重修，并作有墙碑。政府建所保护以前，庙内主尊两身头上的凤冠被人破坏，一马面小鬼被毁，正壁及南壁上部有四处壁画被盗挖，其他内容基本保存完整。北壁壁画因阳光照射而变淡，南壁壁画较鲜艳。20世纪80年代安装窟门，加强了保护。

三　楼底村石窟（简称北1号窟）

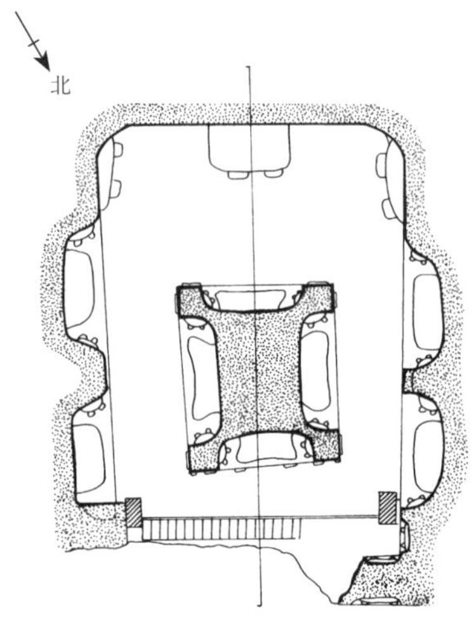

图409　楼底村1号窟平面图及中心柱上层断面图

位置：位于北石窟寺主窟群以北1.9公里处的蒲河右岸，楼底村南。石窟开凿在距窟前路面9.3米高的岩体上。坐西面东，窟口北偏东30度。

时代：北魏，唐代有增修。

形制：平面长方形平顶中心柱大窟。窟门高447厘米，窟内高493厘米，内宽477、外宽433厘米，原窟进深660厘米。中心柱分两层，下层平面方形，高282厘米；上层八棱形，高165厘米。上层八面开盝形顶小龛。下层前宽225、后宽243厘米，北侧长262、南侧长270厘米，四面开圆拱顶大龛。

窟南壁上层开三个半圆形圆拱顶龛，从里向外，西龛高144、宽138厘米，中龛高144、宽127厘米，东龛高150、宽120厘米。下层开两个方形大龛，1号龛高180、宽180厘米，2号龛高180、宽190厘米。

窟北壁上层开三个圆拱顶小龛，下层开两个方形大龛，高低形状基本与南壁相同。

造像：窟内造像均为石雕，现存半圆雕和浮雕造像，具体分述如下：

正壁（西壁）雕一立佛二侍立菩萨，佛残高482厘米，右侧菩萨高467厘米，左侧菩萨高468厘米，风化严重，衣纹、手印均不可识。二胁侍菩萨实际位于南北两壁的西端。

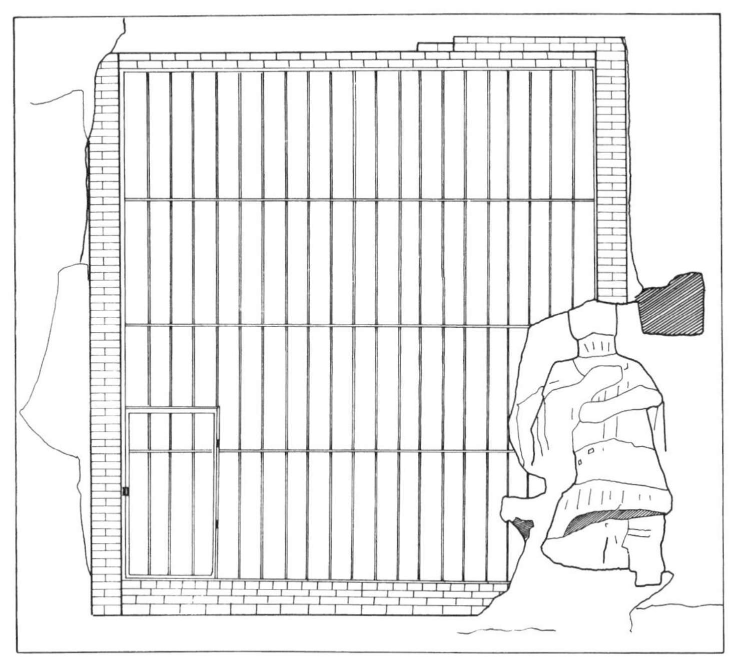

图410 楼底村1号窟外立面图

南壁上层三龛，东龛为平面半圆形圆拱顶龛，龛楣造像风化严重，已无法辨识，龛内雕二佛并坐；中龛立面为竖长方形，圆拱顶，内雕一交脚菩萨和二胁侍；西龛立面竖长方形，比中龛略宽，圆拱顶，内雕一佛二菩萨，佛结跏趺坐，菩萨侍立。此龛上部有浅浮雕造像，但风化严重，仅可辨中间一坐佛及左侧一思惟菩萨。

此壁上层和下层龛之间有四组浮雕。从东向西（从外向里）第一组为结跏趺坐佛，残高 40 厘米，其头部上方有二飞天，佛西侧残存一胁侍立像，高 35 厘米。第二组为一莲瓣形浅龛，高 50 厘米，内雕一思惟菩萨，高 50 厘米，头上有华盖，舒相坐于一方形座上。第三组为一佛二弟子，佛高 40 厘米，结跏趺坐，其头部上方有二飞天，弟子高 33 厘米，侍立于两侧。第四组浮雕一佛，结跏趺坐，高 43 厘米，其头部上方雕二相向而飞的飞天。以西风化严重。

南壁下层开凿二大龛。东龛平面半圆形，圆拱顶，高 165、宽 146、深 60 厘米，内雕一佛二菩萨；佛结跏趺坐，残高 130 厘米；菩萨侍立于两侧，残高 120 厘米。西龛平面半圆形，圆拱顶，残高 170、宽 200、深 60 厘米，内雕一佛二菩萨，佛结跏趺坐，二菩萨侍立，佛残高 156 厘米，菩萨残高 135 厘米，风化严重，仅留痕迹。

北壁上层三龛内均雕一佛二菩萨，佛结跏趺坐，菩萨侍立于两侧。龛间两个隔柱上部各开一圆拱形浅龛，龛内雕坐佛，但风化严重，衣纹、手印均不可识。

北壁下层开凿二大龛，均高 195、宽 200、深 80 厘米。西龛内雕一

佛二菩萨；佛残高170厘米，结跏趺坐；二菩萨残高130厘米，头戴宝冠，宝缯垂肩，颈佩宽项圈，帔巾自肩穿肘下垂，侍立于两侧，风化严重。东龛龛楣尾端雕兽头，龛楣内雕一佛二菩萨；佛残高185厘米，水波纹发髻，结跏趺坐于低座上；二菩萨残高135厘米，头戴宝冠，宝缯垂肩，颈佩宽项圈，帔巾自肩穿肘下垂，侍立于两侧。西龛顶与上层龛底之间有三尊浅浮雕坐佛的痕迹。东龛与西龛交界处上方浅浮雕佛传故事“九龙灌顶”，但风化严重，仅可见太子及头顶部残存的三个龙头。东大龛龛楣上方中间开小龛，内雕一坐佛，两侧雕二侍立菩萨，风化严重，造像模糊，西侧又雕一小坐佛，高45厘米。东大龛龛楣与上层龛间所雕造像较多，因风化严重，模糊不清。龛楣上方东侧雕一西向胡跪供养人。

二大龛下（北壁最下层）呈一横方形浅龛，高36、宽440、深10厘米，内雕八身力士，双手上举作承托状，两侧可见三蹲狮，风化严重。

北壁最东侧（现木栏门外），唐代开一长方形浅龛，龛内雕一立佛。

中心柱上层八面开龛，龛高86、宽87、深25厘米，内均雕一佛二菩萨，佛结跏趺坐，两手置于腹前，作禅定印，二菩萨侍立。佛残高75厘米，菩萨残高62厘米。龛楣上方均有浮雕，多已模糊不清，唯正西面龛楣上浮雕六身供养天人，西北面龛楣上方浮雕较清晰，为二方形小浅龛，每龛内浮雕三身供养天人，手中捧物，面面相对。其他浮雕及龛楣上方飞天等浮雕皆风化，漫漶不清。

中心柱东面（正面）下层开大龛，高155、宽130、深75厘米，内雕一佛二菩萨。佛高135厘米结跏趺坐，水波纹肉髻，内着僧祇支，

图411 楼底村1号窟立面展开图

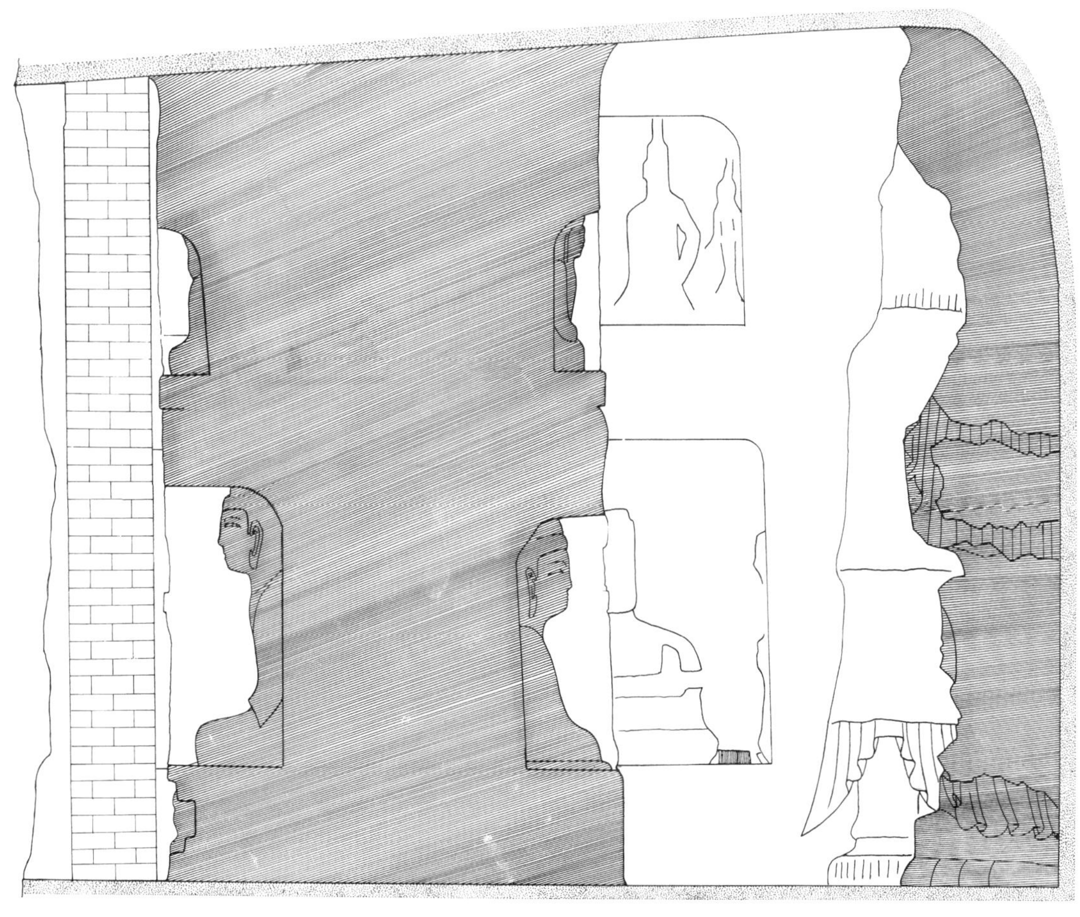

图412 楼底村1号窟剖面图

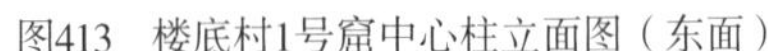

图413 楼底村1号窟中心柱立面图（东面）

图414 楼底村1号窟中心柱立面图（南面）

外着半披肩式袈裟，两臂残；二菩萨高125厘米，头戴宝冠，宝缯飘扬，头后浮雕桃形头光，颈佩宽项圈，上身袒露，帔巾自肩下垂，于腹前相交穿璧（北侧菩萨无璧），而后绕肘垂下。龛外两侧凿浅龛，龛高92、宽43、深4厘米，龛内各雕一弟子，身高85厘米。大龛龛楣宽9厘米，龛楣中间呈尖拱形，两端各雕一回首龙头，北端龙爪前方浅浮雕一身15厘米高立佛，佛身穿双领下垂式宽博袈裟，内着交领内衣，双手捧物斜举于胸前，有头光及三层阴线刻舟形背光，背光上方有华盖，龙足踏覆莲台；南端龙爪前方浮雕一菩提树，树下坐一思惟菩萨。龛楣浅浮雕一佛二菩萨二弟子一供养人及二思惟菩萨。正中结跏趺坐佛，坐于方座上，高35厘米。佛两侧侍立菩萨身披帔帛，颈戴宽项圈，下着长裙。右侧菩萨帔巾于胸前交叉后自上穿肘向外下垂，右手上举于胸前，左手提净瓶。左侧菩萨戴宽项圈，帔巾于胸前穿圆璧，向上穿肘下垂，右手上举胸前，左手提香囊。弟子身着宽博僧衣，双手合十于胸前，侍立两边。北侧弟子左侧为一供养人、一思惟菩萨。南侧弟子右侧为一思

图415　楼底村1号窟中心柱立面图（西面）

图416　楼底村1号窟中心柱立面图（北面）

惟菩萨。龛楣两侧，北侧上部浮雕二飞天，下部一俯首马。龛楣南侧下部浮雕一俯首象。

中心柱南面下层中间大龛，高 160、宽 180、深 62 厘米，内雕一佛二菩萨，佛残高 140 厘米，内着僧衹支，外披袈裟，结跏趺坐，双手相叠置于腹前，作禅定印（佛头 1993 年被盗割）。二菩萨高 105 厘米，侍立于两侧圆台上，有头光，头戴宝冠，宝缯飘扬，颈佩宽项圈，帔巾自肩下垂，于腹前相交穿璧（西侧菩萨无璧），而后绕肘垂下。西侧菩萨右手置于腹际，左手持花蕾上举；东侧菩萨右手置于胸前，左手持净瓶。龛外两侧各凿一浅龛，龛高 85、宽 40、深 4 厘米。东侧龛内雕一 80 厘米高的立像，身着僧衣，右手持花蕾侧上举，左手持物举于胸前。西侧龛内雕一 80 厘米高的菩萨，风化严重，仅残留宝缯、宝冠及项光。大龛龛楣两端各雕一带角怪兽头。龛楣浅浮雕分上下两层，下层浮雕七佛，即正中雕一交脚弥勒，两侧各雕三身坐佛及一卧狮，弥勒高 43 厘米，坐佛高 33 厘米。七佛西侧又雕一供养天人，双手捧物，右

图417　楼底村1号窟中心柱东面浮雕俯首马

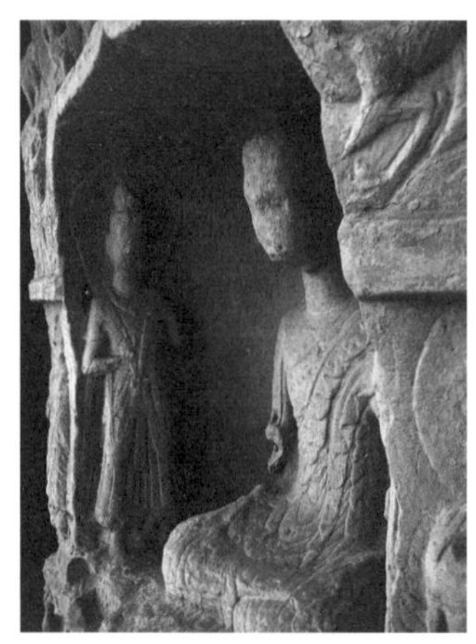

图418　楼底村1号窟中心柱东面大佛龛

腿胡跪。上层浅浮雕十五身供养天人。龛楣西侧浮雕一供养菩萨，通高45厘米，双手捧物，右腿胡跪于覆莲台上。龛楣东侧浮雕一蹲坐怪兽。

中心柱西面下层中间大龛，高156、宽155、深47厘米，内雕一佛二菩萨。结跏趺坐佛，高148厘米，水波纹高肉髻，内着僧祇支，外披袈裟，双手相叠置于腹前，作禅定印。二菩萨高144厘米，头戴花瓣宝冠，宝缯飘扬，颈佩宽项圈，帔巾自肩下垂，于腹前相交后绕肘垂下。左侧菩萨右手稍屈下垂，左手持花蕾上举胸前；右侧菩萨右手上举，左手下垂置于腰部。大龛两边雕浅龛，北侧龛内雕一僧装立像，南侧龛内雕一侧立人像，均高68厘米。大龛龛楣高14厘米，龛楣两端雕回首龙头。龛楣浅浮雕分上下两层，下层正中雕一结跏趺坐佛，施禅定印，两侧雕二立姿胁侍菩萨，二菩萨外侧各雕三身胡跪供养天人；上层雕二十身双手合十坐像。龛楣南侧浮雕一供养天人。龛楣北侧和中心柱北面下层龛楣西侧雕一大象头，装饰柱棱。

中心柱北面下层中间大龛，高150、宽166、深70厘米，内雕一佛二菩萨，佛结跏趺坐，二菩萨侍立。佛通高140厘米，外着双领下垂式袈裟，内着僧祇支，系带于胸前打结，双手合于腹前作禅定印。菩萨高120厘米，头戴宝冠，宝缯飘扬，颈佩宽项圈，上身袒露，帔巾自肩下垂，于腹前相交（东侧菩萨巾带于腹前穿璧），而后绕肘垂下。右侧菩萨双手于胸前持一桃形物，左侧菩萨残损严重，手形无法辨认。龛外两侧各凿一浅龛，东侧龛高80、深4厘米，龛内雕侍立菩萨，菩萨高80厘米。西侧龛与东面基本相同。大龛龛楣高14厘米，龛梁中间雕一兽头，两端雕回首带角怪兽。龛楣浅浮雕分上下两层，下层尖拱形，中间雕一善跏坐佛，高46厘米，佛两侧雕六身供养天人。上层正面端坐十二身合十半身像，分列下层拱尖两侧。龛楣西侧雕一象头（即中心柱西面下层龛楣北侧象头），东侧雕半蹲状、头向东的怪兽。

现建造的木栏门外，还残存部分洞窟内容：北壁东端下层，开一方形浅龛，龛高104、宽36、深4厘米。东壁（前壁）北侧，残存一力士造像，残高170厘米，足下踏怪兽。原始窟门外北侧，面东岩壁上，雕凿一身天王，残高200厘米。

题记：窟门外北壁龛外及残留的东壁转角处，有阴刻题记，七行，每行约七字，东壁自右向左:“□□忘息□□□/释迦一区愿□□/大唐贞观四年□/□壬辰王令世□/”；北壁自右向左“[子]眷属恒□□□/□[王]下瞻泰山□/□深愿亡□春□”。

保存现状：此窟前檐坍塌，洞窟顶部和四壁风化落沙严重，正壁三身造像仅留残迹。南北壁上部浮雕已模糊不清，下部大龛内造像头部均残，壁面风化剥蚀严重。中心柱南面大龛内佛头，1993年5月被盗割。窟顶中心柱靠里边，从西南角延及北壁至窟底，有一条卸荷裂隙，宽约3厘米。中心柱上的浮雕保存较完整，造像均无彩绘。20世纪70年代对窟前崖体进行了块石砌护加固，做了防水窟檐，安装了铁纱门。

1992 年曾用 PS–C 药剂，对西壁及南北壁个别造像进行了喷涂保护。2000 年 3 月，铁道部第一勘测设计院对洞窟进行了勘测。2004 年 9 月，甘肃铁科地质灾害防治工程公司对洞窟岩体进行了锚固注浆加固，对窟前崖体进行了块石砌筑防护。但北壁仍有渗水现象，窟前地面因村民修路损伤了砌石防护崖体，窟门前壁及造像出现悬空状。2011 年北石窟寺文研所专业人员对造像进行了全面测绘，并重新设计了保护加固工程方案。

四　石道坡石窟（第1～6窟）

石道坡石窟群位于北石窟寺主窟群南 650 米处的石道坡遗址西侧。石窟群坐南朝北。

第1窟

位置：石道坡石窟群东段。窟口北偏东 30 度。

时代：唐

形制：平面长方形、平顶、低坛、方门小型窟。窟高 116、宽 120、深 76 厘米。低坛高 20、深 18 厘米。门高 83、宽 95、深 14 厘米。

造像：窟内正壁（南壁）低坛上雕一佛二弟子二菩萨。佛通高 74 厘米，结跏趺坐于束腰座上，身后浅浮雕舟形背光。弟子通高 58 厘米，菩萨通高 68 厘米，侍立于束腰圆台上，东侧菩萨立于山形台上。窟内东、西两壁无造像。

保存现状：窟底部风化剥蚀，门顶部风化脱落。窟内造像风化严重，头部均毁，形体模糊，坛基有后代改造的凿痕。

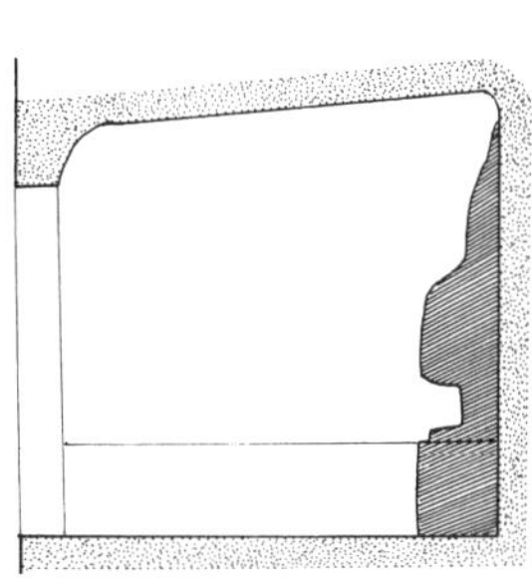

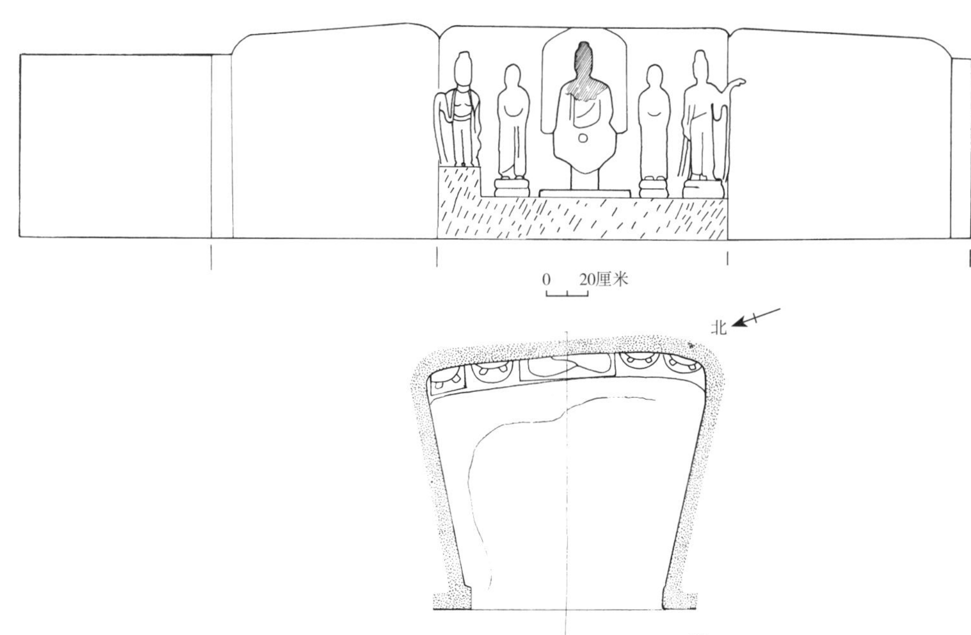

图419　石道坡第1窟平、剖面及立面展开图

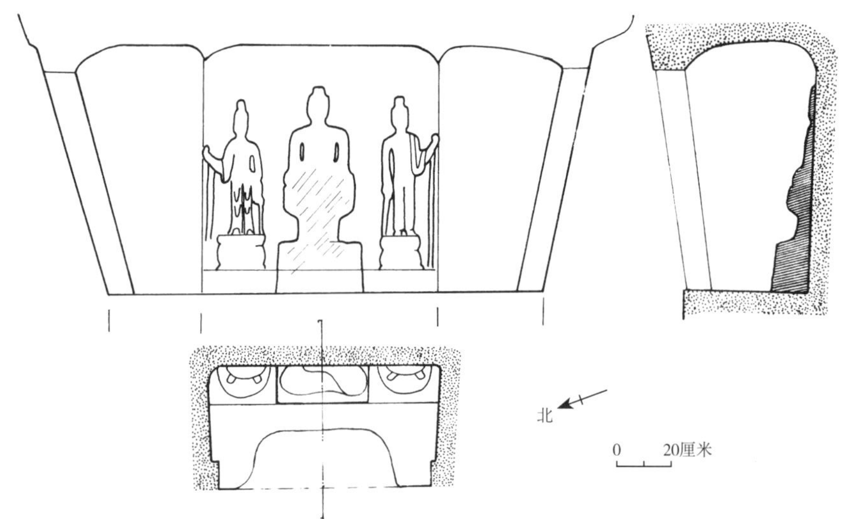

图420 石道坡第2龛平、剖面及立面展开图

第2龛

位置：窟群中段，位于第1窟西侧。

时代：唐

形制：平面长方形，平顶龛，有坛基，方门。龛高87、宽87、深28厘米。坛高8、深10厘米。门高80、宽76、深10厘米。

造像：龛内正壁雕一佛二菩萨。佛通高64厘米，双手似作禅定印，结跏趺坐于束腰座上。菩萨通高60厘米，侍立于两侧束腰圆台上。

保存现状：龛顶及底部风化残损。龛内造像头部残缺，形体模糊，台座有后代改造的凿痕。

第3龛

位置：窟群中段，位于第2龛西侧。

时代：唐

形制：平面长方形，平顶浅龛。龛高70、宽69、深10厘米。

造像：龛内正壁雕一佛二胁侍。佛通高58厘米，坐于束腰座上。

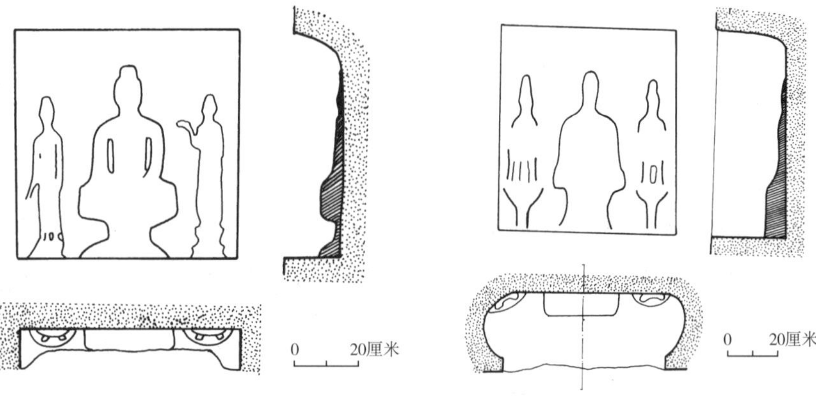

图421 石道坡第3龛平、剖、立面图

图422 石道坡第4龛平、剖、立面图

胁侍通高 48 厘米，侍立于两侧圆台上。

保存现状：龛底被第 4 龛打破，龛顶风化。龛内造像风化严重，仅留残迹。

第4龛

位置：窟群中段下部，位于第 3 龛下方。

时代：唐

形制：平面半圆形，平顶方形浅龛。龛高 56、宽 66、深 14 厘米。

造像：龛内雕一佛二菩萨。佛通高 48 厘米，坐于束腰座上。菩萨残高 46 厘米，侍立于两侧带梗莲台上。

保存现状：龛正壁有明显点状凿痕，顶部与第 3 龛相通。造像风化严重，佛右侧菩萨仅留身形。

第5龛

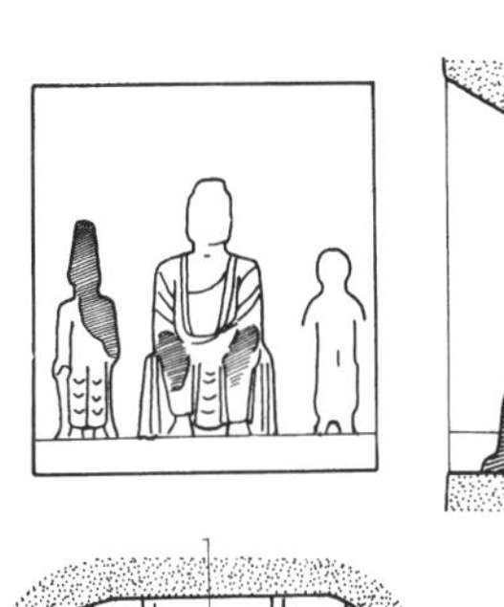
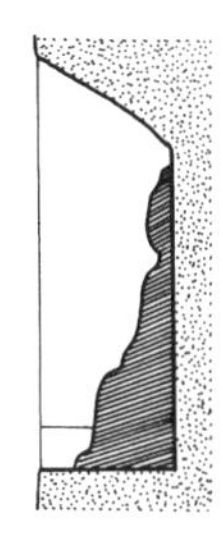
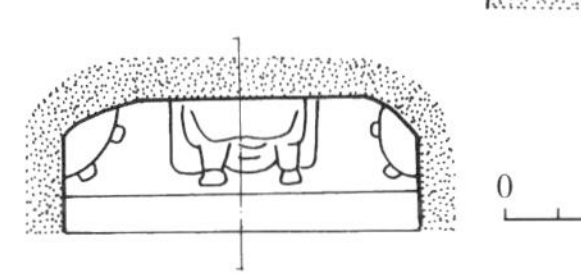

图423　石道坡第5龛平、剖、立面图

位置：窟群中段，位于第 3 龛西侧。

时代：唐

形制：平面半圆形方形浅龛，低坛基。龛高 68、宽 66、深 20 厘米。坛高 6、深 17 厘米。

造像：龛内雕一佛二菩萨。佛通高 46 厘米，内着僧祇支，外披双领下垂式袈裟，善跏趺坐于方座上。菩萨残高 38 厘米，侍立于两侧低坛上。

保存现状：龛形保存较完整，龛内造像风化严重，菩萨残损尤甚，仅留残迹。

第6龛

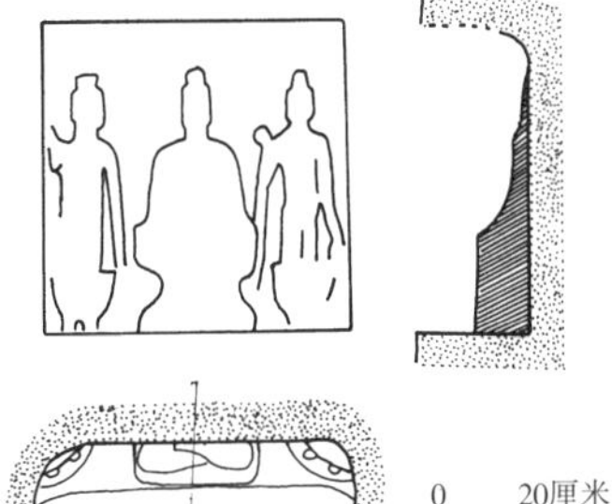

图424　石道坡第6龛平、剖、立面图

位置：窟群西段，位于第 5 龛西侧。

时代：唐

形制：平面半圆形。龛高 80、宽 68、深 20 厘米。

造像：龛内雕一佛二菩萨，佛通高 62 厘米，坐于束腰方座上。菩萨通高 58 厘米，侍立于两侧带梗莲台上。佛、菩萨身后残留彩绘项光及花草纹饰。

保存现状：龛顶及底部风化残损，龛内造像风化严重，仅留残迹。

五　花鸨崖石窟（第1～3窟）

花鸨崖窟群位于北石窟寺主窟群南约 1 公里处，蒲河东岸崖壁上，距离地面 12 米，坐东朝西，并排开凿 3 个窟龛。

第1窟

位置：花鸨崖窟区最北侧，位于第 2 窟北侧。

图425 花鸨崖第1窟平、剖及立面展开图

时代：唐

形制：平面方形，平顶龛。龛高 90、宽 74、深 72 厘米。正壁有低坛，坛高 16、深 27 厘米。南壁开圆拱形小龛，龛高 50、宽 20 厘米。北壁开长方形浅龛，龛高 55、宽 40 厘米。

造像：正壁低坛上雕一佛二菩萨。佛通高 60 厘米，结跏趺坐于束腰方座上。菩萨残高 52 厘米，上身袒露，下着裙，北侧菩萨手提净瓶，侍立于圆台上。南壁圆拱形龛内雕一佛，通高 49 厘米，立于莲台上。北壁方形龛内雕二佛，通高 54 厘米，并立于莲台上。窟顶残存彩绘花卉图案。

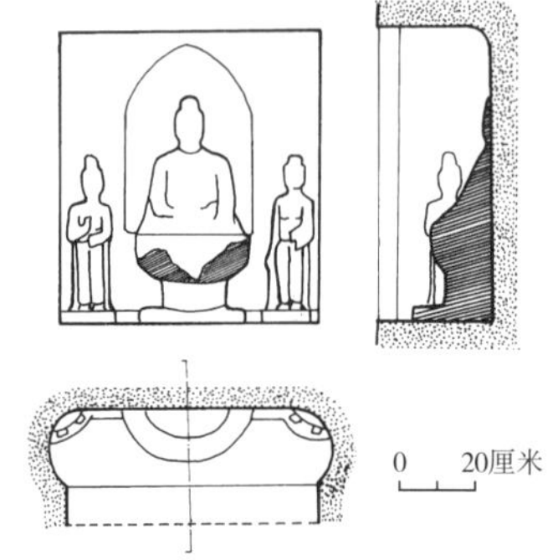

图426 花鸨崖第2龛平、剖、立面展开图

龛外北侧下部残存一蹲狮身体，顶部南侧残留一未凿成佛像。

题记：与第 2 龛之间上部岩面阴刻竖排“张横”二字。

保存现状：龛形风化略残。龛内造像风化严重，头部均残。

第2龛

位置：花鸨崖窟区中间，位于第 1 窟南侧。

时代：唐

形制：平面方形，平顶龛。龛高 75、宽 60、深 32 厘米。

造像：龛内雕一佛二菩萨。佛高 75 厘米，结跏趺坐于圆形束腰座上，身后凿舟形身光和桃形头光。菩萨高 42 厘米，侍立于两侧圆形低台上。

保存现状：龛形略残，龛底残损。龛内造像风化严重，头部均残。

第3窟

位置：花鸨崖窟群最南侧，第 2 龛南侧。窟口南偏西 45 度。

时代：唐

形制：平面马蹄形，穹隆顶，方形门小窟。窟高 166、宽 192、深

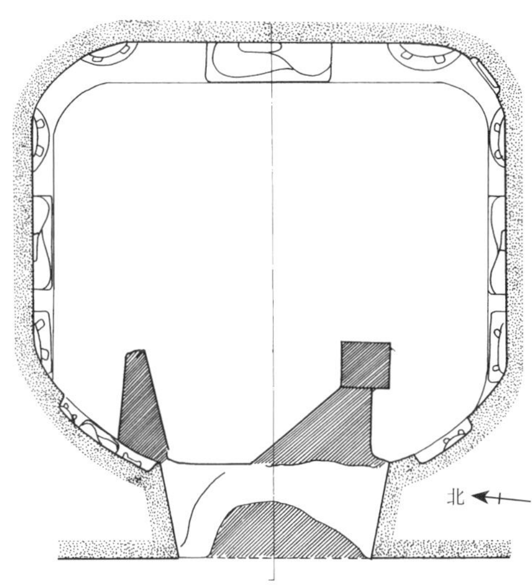

图427 花鸮崖第3窟平、剖面及立面展开图

160厘米。窟门高100、宽97、深40厘米。

造像：窟内正壁（东壁）雕一佛二弟子及一小龛。佛通高120厘米，结跏趺坐于束腰方座上。弟子残高110厘米，身披袈裟，双手抱腹前，侍立于莲台上。南侧与南壁交界处开一小龛，内雕一佛，通高40厘米，坐于台座上。

南壁正中龛内雕一佛二菩萨。佛通高130厘米，结跏趺坐于束腰座上，菩萨通高120厘米，肩披长巾，下着裙，侍立于圆形台上。

北壁正中龛内雕一佛二菩萨。佛通残高120厘米，结跏趺坐于束腰座上，菩萨通高116厘米，肩披长巾，下着裙，侍立于方形台上。

西壁南侧上部，开一方形小龛。龛高57、宽28厘米。龛内雕一立式菩萨，高45厘米。西壁北侧上部开一方形浅龛。龛高55、宽60厘米。龛内雕一佛二菩萨。佛通高45厘米，结跏趺坐于束腰方座上；菩萨高42厘米，侍立于两侧。

题记：窟内西壁北侧阴刻："天宝元年……赵和僧一心供养。"

窟门内西壁北侧小龛上方墨书："景祐二年。"

窟外北侧阴刻："天宝……"；"……到……"

保存现状：窟顶风化残损，窟门下沿残缺。窟内造像头部均残。

六　石崖东台石窟（第1～4窟）

石崖东台石窟群位于北石窟寺主窟群以南1.5公里，蒲河东岸二级阶地石崖低处。

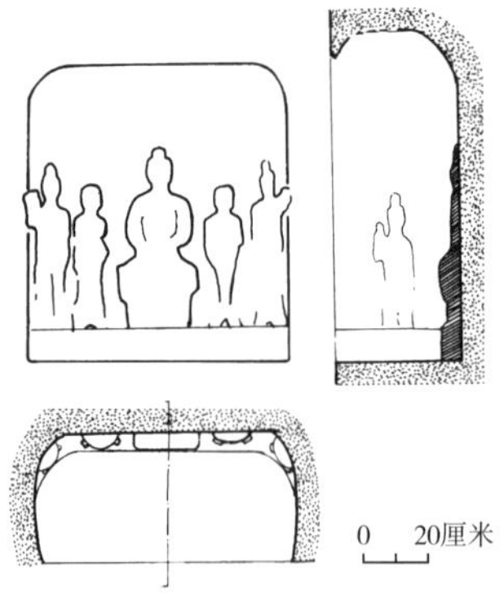

第1龛

位置：石崖东台石窟区北段上层。

时代：唐

形制：平面半圆形，圆拱顶，方形小龛，有坛基。龛高100、宽80、深40厘米。坛高10、深6厘米。

造像：龛内残存五尊像，主尊佛像通高54厘米，似结跏趺坐于方座上。内侧胁侍残高42厘米，外侧胁侍残高50厘米，均侍立于两侧低坛上。

保存现状：龛底残破，龛内造像风化严重，仅留残迹。

0　20厘米

图428　石崖东台第1龛平、剖、立面图

第2窟

位置：窟区北侧，位于第1龛南侧10米处。窟口南偏西40度。

时代：唐

形制：平面长方形，穹隆顶，低坛基，方门。窟高165、宽210、深170厘米。坛高20、深30厘米，门高116、宽90、深30厘米。

造像：窟内正壁（东壁）雕三身立佛，南侧雕一身立菩萨；南壁雕三佛；北壁雕二佛。佛通高115厘米，均着双领下垂式袈裟，立于低坛

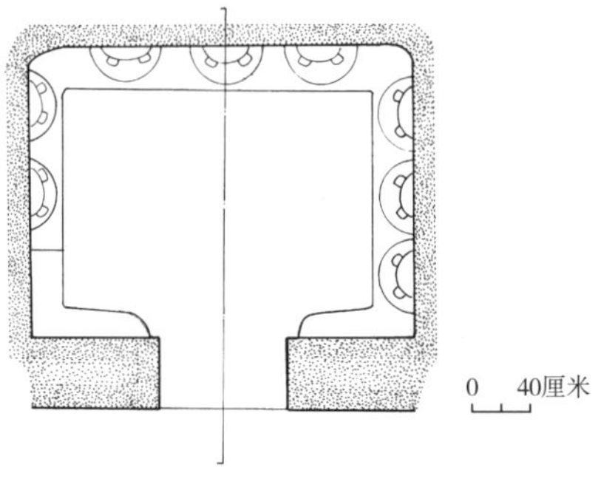

图429　石崖东台第2窟平、剖面及立面展开图

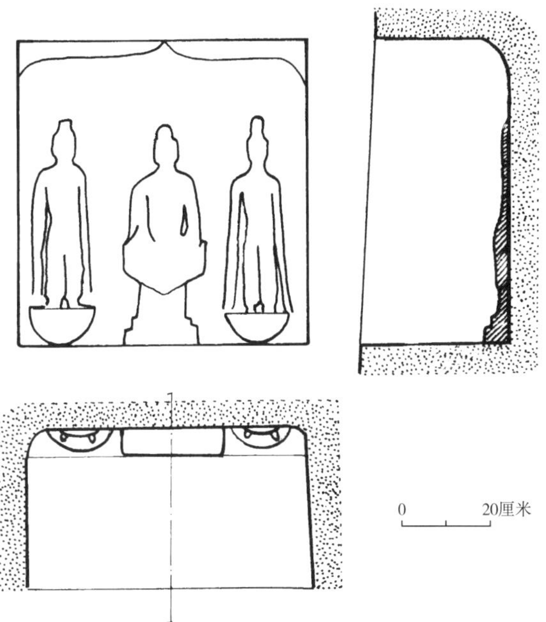

图430 石崖东台第3龛平、剖、立面图

圆台上。菩萨通高 54 厘米，立于圆台上。

保存现状：龛顶风化残损，西壁有一烟道。窟内造像头部已残，并留有补修小孔。每个造像胸部或两腿间，均留有后人凿刻的圆孔。

第3龛

位置：窟区中部，位于第 2 龛南侧。

时代：唐

形制：方形平顶龛，低坛基。龛高 68、宽 64、深 30 厘米。坛高 8、深 3 厘米。

造像：龛内雕一佛二菩萨。佛通高 40 厘米，结跏趺坐于束腰座上。菩萨残高 40 厘米，侍立于两侧圆形台上。

保存现状：龛形保存完整，龛内造像风化严重，模糊不清。

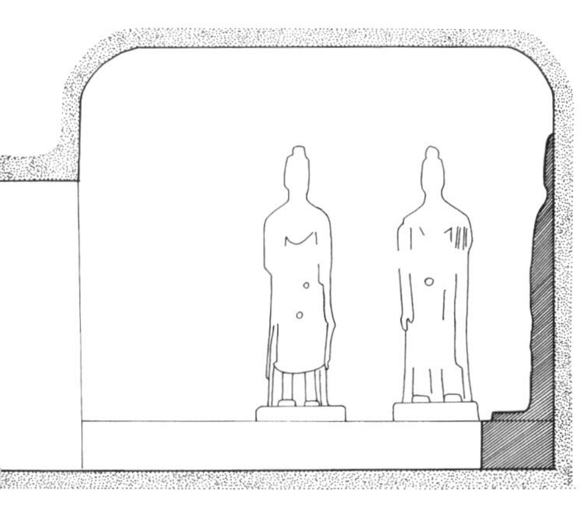

第4窟

位置：窟区南段，位于第 3 龛南侧。窟口南偏西 45 度。

时代：唐

形制：平面马蹄形，穹隆顶，低坛基，方门。窟高 160、宽 176、深 143 厘米。坛高 18、深 20 厘米。门高 110、宽 114、深 25 厘米。

造像：窟内正壁（东壁）雕一佛二弟子二菩萨。佛通高 115 厘米，结跏趺坐于束腰方座上；弟子通高 105 厘米，侍立于圆台上；菩萨通高 110 厘米，侍立于两侧方台上。正壁佛、弟子、菩萨之间，有后代增开的四个圆拱形小龛。南侧小龛内雕一坐佛，其余三个小龛内均雕一立菩萨。

南壁残存一佛一弟子一力士。佛通高 110 厘米，弟子通高 108 厘米，力士通高 82 厘米，佛、弟子立于带梗莲台上，力士立于山形台上。

北壁残存一佛一菩萨一力士。佛通高 110 厘米，弟子通高 100 厘

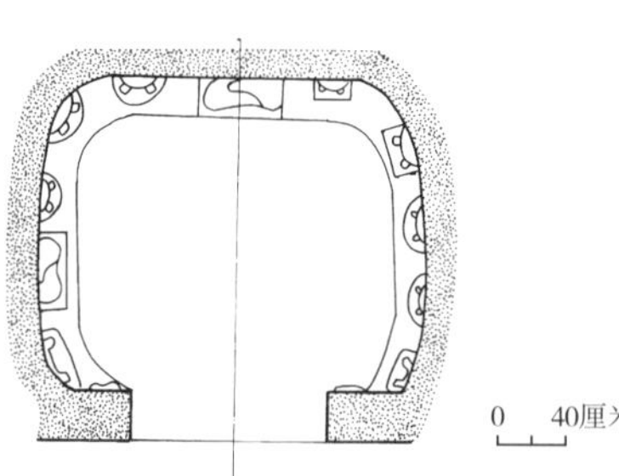

图431 石崖东台第4窟平、剖面及立面展开图

米，力士通高 82 厘米。佛结跏趺坐于叠涩式束腰座上，菩萨侍立于带梗莲台上，力士立于山形台上。窟门内两侧各雕一卧狮，高 20 厘米。

保存现状：窟顶风化，窟内造像面部及衣纹较模糊。

七 北石窟寺现存的石刻和窟前遗址

1. 宋代残碑

北石窟寺宋代残碑，原置于第 165 窟前献殿遗迹之前，现存放在第 165 窟内，碑残高 155、宽 106 厘米，砂岩石质，现存碑文二十三行，因碑石上下均残失，每行字数不详。现将可识碑文抄录如下：

□□进士仇□□……/将仕郎守原州彭阳县尉□□薄事……/承奉郎试□□□校书郎守原州彭阳……/……□寺者达千百季矣究诸寺额……/……□□观其龛像宏壮□凿之功疑……/……□□□肇立□□□事虽迁得验……/……□有本县令柳公图□云厥寺案图……/……□泾州节度使奚侯创置□历景像……/……□屡经残毁鲜偶□筑胜概虽莅良……/……□则□□交□又□□使□成□□……//……□有令之寺主僧惠果师德□……/……奇秀警而叹□□乃真安禅之□……/……□□心□□□□化诸信士□……/……□□□□□□□□不幸而卒□……/……□□日累功化□□二十余□……/……□未毕矣□之极矣危□峻□……/……□之□对□东之二水湍□……/……□□□□□□□□愚迷者省……/……□之□像终□之所知以……/……□□□□以无闻……/……□□胜

图432　宋代残碑

□僧□……/……□□□□壁……/……□禁□……

2. 宋代绍圣盂兰盆会碑

宋代绍圣元年（1094）所立《原州彭阳县石窟寺盂兰会记》碑，原镶嵌于第165窟窟门南壁上方，现存放于该洞窟内。碑呈竖长方形，高77、宽47、厚10厘米，砂岩石质，无碑额。碑文阴刻楷书十六行，共391字。全文抄录如下：

原州彭阳县石窟寺盂兰会记 / 彭阳县令高　舜俞　闲述　男乡贡进士　耆年　奉命书朱

石窟寺灵迹胜概历历可览至窍凿龛像磅礴广大信非人力所为 / 必穴天地之所然矣绍圣元年七月十四日寺主僧德宣以状闻县 / 云每岁中元近寺十社建盂兰道场设 千佛之供作乐大会四方 / 来者不啻百千众均施笋脯之饭以广善因予始疑苾刍张大其言 / 翌朝率巡检侍禁李德监酒殿直李尧臣主簿董宗谊因出观稼遂 / 至精宇瞻顶　七俱胝如来既而临石室以藉其清虚抚胡床以休 / 其尘累于是列金罍翻玉觥罗珍果于朱垒敷甘瓜于绀盘高谈大 / 嚼同民俗之乐坐未移时往来游人其众如云或贯鱼骈头炼香于 / 前或胡跪合掌作礼于后群附迭至果如僧言噫愚夫愚妇昼茅宵 / 绹终岁勤动衣有不蔽其身粟有不充其肠官逋省负潜名匿迹以 / 刑绳之不能遂集至聚财喜舍不戒而乐从者不可胜计岂人情好 / 行于自然而恶人之强率欤抑幻化之理入人也深而沉迷之性不 / 复反欤是皆不可质其彼识而然也因即其事以警其所向云 / 大宋绍圣元年八月一日寺主赐紫僧德宣　立石 京兆刘隐刊字

3. 正德佛灯及《重修佛灯记》碑

明代武宗正德元年(1506)修造的佛灯，现安置在第165窟内地面正中。灯通高238厘米，由灯座、灯柱、灯盘、灯碗四部分构成，灯碗内油池为圆形，外呈八角形，八面分别阴刻福、禄、寿三字和莲花、牡

图433　宋代绍圣《原州彭阳县石窟寺盂兰会记》碑

丹花卉纹饰，灯柱上阴刻立灯时间、落款和戒语共48字："惟大明国陕西平凉府镇原县五泉里人，大明正德元年正月十五日卯时立，若有不善男女专心盗油永堕地狱托生禽兽"。其余几面阴刻忍冬、连枝、花瓶、竹节、祥云、水波、八卦等纹样，刻制较为精细。

门道北侧镶有一方《重修佛灯记》石碑，高57、宽39、厚10厘米，碑上阴刻造灯人姓名和发愿词。功德主是镇原县五泉里的安泰冯

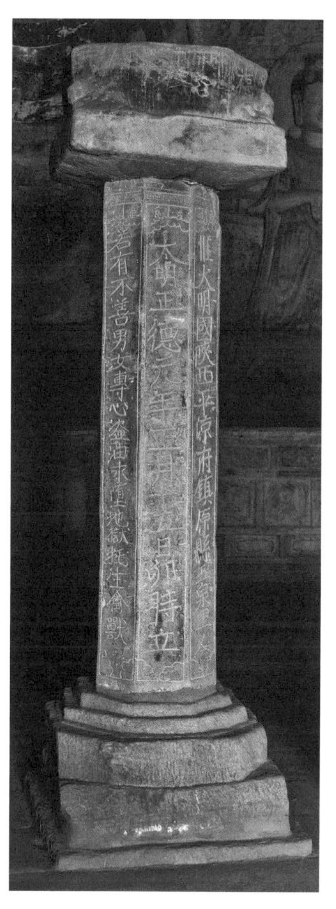
图434 明代正德佛灯

氏。现将碑文抄录如下：

维大明国陕西平凉府镇原县五泉里怀任村／居住信士安泰冯氏发心为因本处圣境石窟寺七／佛殿内古灯一硂迎□七月十五盂蓝大会思□行善军民／发心舍送灯油□□□□古境／佛像不善男女近年专心盗油或虽借不还者私家已用是泰□／嗣又思生死之道大矣先在下蒲川河南至十捌里地旧有古／迹重修石室殿宇圣像圆满仍修石灯进送安立永照／佛像 庆贺万寿保佑吉祥如意者／

母徐氏 安泰冯氏 女净□茓茓 弟生员安仁 安廷秀 安伽蓝保／□□冯翱 金秀师 于文进 吴宣 陈瑚刘氏男陈添爵缘／僧人德全 圆清 圆真 真仙／助缘施主 冯斌全 翟璠 邢文举／

邢文旻 捡文旻 任景贤 金玉 脱景 孟志昌 翟文才 翟文举 翟友智 王福全 陈琼 脱景昭 脱廷佐 脱廷章 脱友才 李端 李学 罗普能 李见 李淮 陈志京 徐仲和 金慧 金虎 冯志玉 冯景山 尚隆 金万 冯伯民 冯伯林 金昌

正德元年岁次丙寅春正月十五日陈瑞撰写立碑／

富平县石匠石龙石银石锦／柳文爨

“五泉里”，有学者认为就是北石窟寺所在地，据碑文记载，应在镇原县蒲河川上游一带，此处安姓人家较多，安泰应是当地人，其妻冯氏应是冯堡村人，为佛教居士，常来北石窟寺进香礼佛，故而发心携家人修立佛灯，当时助缘者多达三十余人。可见当时佛教在民间信仰的人还是比较多。

图435 明代《重修佛灯记》碑

4. 嘉靖祈雨碑

明代嘉靖三十三年（1554）所立祈雨感应碑，为黄砂岩石质，现树立在第165窟门外南侧。碑通高320、宽92、厚17厘米，蟠龙碑首，赑屃碑座，碑首中间方牌内镌刻两行题铭共十字“观音圣湫祈雨感应碑记”。碑阳是韩潘乐叙述祈雨泉求雨得降的神奇情景。碑文字迹大多风化剥蚀，漫漶不清，现将可识读的部分记录如下：

□□□石窟／敕进阶□□□忠大夫□□□／周王 傅 前乡进士 皮静道撰文／镇原县儒□□霁阴静庵郝希经书丹／镇原县□□廪□生员邑□□瑾□□／余岁□昉知邑□可□顾许有□□□石窟者形迹 奇怪得工□穀之□□□□□□□□□□□森□欲怀老倦于劃钟欲／□而□香数矣义□□迫亦□□□自怪□□复脱宦冯玄遴國游□□□□□夫常善□者指□□□□□□□□□□曰倒也矧兹佳／境僧求出□而今□□经莫能□□□缺□乃□寅□□不寒而□□□□□□□□□□□□□□□□□壶约邑庠郝司训道／经诸生学子逢率□璋□甘雨□张囿婿刘睿鼬迈刎偿□愿且行且□□□□□□□□□□□即□造而□□□所謂奇怪者／则见集砋危方空洞□□洪岤㐅佛巉罗劃缘□㔟剞劂□之痕□天经□□□识□□□□□□□□□□□杭囿飞来峰㫁□／瞿云神幻移木□殿宇飞来于是乎信非人所能因也既而出□以法□□□君则□□□□□

图436　明代嘉靖祈雨碑

丽佛□□□□□□而旹长也/出户一頫一叩焉则见晴嶂□□□僜□远□玉虹山青而水秀□□□□而□□□□□□□□□□□□过人酬社饮马驰归/阑可诗而可画也相与叹美不足□而今我□则尘襟豁开俗□蒲□□□□□□□□□□□□□□□□□石则吾足言楚/然善而追随者又得国宾□□□寺左乃堪别墅凡寺□□□間新亚□□补陋之□□□□□□□□一瞬陵谷不无变迁/物安□保坚牢□图□密长者贻告我后之义士趑趄不敢及门阖期高轩□□□□□□□过□罪□子□诚求之讵能感/召圕是余曰斯行也谓匪朝夕固欲旧名垂永圣然□雁踏雪泥偶印指爪□□□□□□□□□□游者庸从纪汝事不识/可否佥曰可□旨此罔□石人人仍□之□以□积善德爰□孔进余于□□□□□□□□□□□□峨重洐轻徛与蕃祉爰/萃孙曾从舅伊何……/韩国懿亲伉俪伊何舞阳乡君昔也韋□人也绣裳昔也穴处仝立　画堂谓非里……嗣/大明嘉靖三十三年岁次甲寅春三月之吉□韩潘乐于王府仪宾奉议大夫……检……/祖父捡仲和　祖母□氏　父义賔□□□□□　舞阳……四年□五……褒成王府仪宾□议大夫……

碑阴阴刻游人诗文共六首：

石窟寺题咏：奇形怪迹孰雕镌，闻说神灵造胜缘。高廓一龛开古佛，并包万像见西天。僧为优钵岩前释，民是桃源洞里仙。何必空同寻隐逸，此中真可老参禅 。

空同宋万年

次韵一首：灵宇不名匠氏镌，谅由神斧稽何缘。劈开太古崭岩石，现出西方兜率天。白马翰如驮贝叶，青蓬颙若坐金仙。筒中圃是维摩诘，唤囫惺惺一问禅。

自圖二首：佛氏闻吾萧寺游，云飚豫遣六丁收。岚□翠黛逸轩出，水弄丝桐绕囝流。梵□能谈□入定，奇观未厌客□□。回车明日还停轫，欲上峰头放远眸。

龛岩维石□□缘，谁□当中一□空。为修慈悲镌万像，年年盖为悲□□。久要巾舄访奇侠，此日□□□□□。囊有新收诗料在，取留成句贲如来。

桃坡　张道巨人长史

二明崇信已多季，像教传来自竺乾。异状异形谁作俑，无君无父妄谈禅。苾刍叼钻云岩栖，石窟徒劳剞劂镌。□□□□□□表，惜哉堤聩莫回天。

静庵郝希经山西朔州人训导

诗酒追□，□胜游边。冠盖依人，□岚染烟。稽古□傍，观游屋楼。旧鸡黍动，渠信□□。

北石窟寺院北端原有一水泉，水位约2米深，是石窟岩体内基岩水渗出的聚集，长年不竭。陇东每年上半年常遇天旱，古代老百姓此时有在水泉边求雨的习俗，在寺院水泉边祭祀祷告一番有时就能遇到天降雨水。这是一种朴素的民间宗教文化娱乐活动，有人就将此渲染得非常神奇。现在此碑多已风化，大多文字已漫漶不可识读，只能看清文后的落款和时间。碑阴选刻了六首宋元时期游人来此观赏礼佛的感触赞美诗词，反映出北石窟寺自古以来就是一处名胜古迹，是很神圣的地方。

5. 大清碑记

树立在第165窟门外北侧的砂岩石碑，是清康熙四十三年（1704）村民信士修建石窟山门后立的一通功德碑，石碑通高323、宽92、厚18厘米，蟠龙碑首，赑屃碑座，蟠龙碑首阳面中间楷书阴刻“大清碑记”，碑身上端刻：“陕西省□□□镇原县东有 石窟寺内古有 / □□□□□□□□□为有 / 关圣帝君 / 二郎诸神共修山门 / 万善同归 / 释天调御师门下菩萨戒弟子海法　男能悟书 / 康熙肆拾叁年岁次甲申正月吉日立碑。”

其下刻参与立碑者人名，大多已风化，可读者记录如下：

金□□　金宏□　金□□　祈立□　金光□　金光仆　金□□　金　□　金铨　金雷　金扈　金珍　金耜　□成昌　钱成功　王成义　王满仓　祈成□　张禧　金养□　金铭　柳喜蕊　金光能　金花明　金花□　金光禄　金光□　金□□　金花熊　金花玉　金花汉　金光新　金光海　金光荣　金光馀　金光兵　金□□　金光世　金光绪　金光□　柳□□　柳花奇　金花杨　金德　金略　金曲　折可倡　折应升　折继绪　王自玉　王春正　折可进

碑阴人名：

金光大　刘大□　何□□　金□□　金世隆　柳景林　柳□阳　□□宗　柳朝□　柳□朝　柳朝云　柳朝经　柳朝宪　石朝□　浦□　□宗宪　郑进表　郑进□　金进表　郑顶　郑进朝　张宗□　张进佐　杨虎　郑景云　曹薪　邢登选　邢登霄　邢登岩　张恭　李尧男承若　李邦宪　李邦玉　李瓒　李彦金　李彦积　刘仁　刘□□　刘仲良

图437　大清碑记

6. 乾隆年诸神庙碑记

现置第165窟内，为清乾隆六十年（1795）树立的《重修石窟寺诸神庙碑记》石碑一通，砂岩石质，保存较完整，无碑首，通高180、宽65、厚20厘米。碑文记录如下：

重修石窟寺诸神庙碑记　　安邑庠生郭拨□（群）沐手撰书 / 圣王之制祭祀也法施于民则祀之以死勤事则祀之以劳定国则祀之能禳灾恶则祀之其所以设庙社置揖而祭 / 之者皆报益民之功德初未有非其鬼而祭之也自汉明帝开释氏之端而浮图之法流如中国倡为死生轮回之说 / 因果抱应之术警顽惩恶省迷觉愚于是上自通都大邑下逮弹丸微区莫不建寺立像焉今原州之东有石窟寺者 / 粤稽厥初盖创自元魏永平二年泾原节度使奚侯创建其泉石清幽境况奇幻龛像宏壮阁楼严峻似有非人力所 / 为者迄今历千有余年代有补葺而无所考验惟有宋时绍圣初年重修之绩记于古碑然断蚀磨灭十亡八九□□（矣）/ 旧有明季所增修诸

图438　清代乾隆年《重修石窟寺诸神庙碑记》碑

庙宇至本朝康熙年间更经重演奈历年又久墙倾壁圮址颓垣覆神若有难安其舍社中信 / 士不敢坐视其残毁遂于乾隆五十三年咸发虔念舍金捐资庀工修理移基换像作庙于大佛殿前中置 / 观音大士左　关帝右　二郎旁对　显圣　龙王阅数载而功告成焉一时栋宇崇隆榱桷巍峨殿阁神□庙 / 貌森如荒凉之基焕然一新堪为千古之胜概圮败之址翻然复旧允作邻封之异境面潮晚霞蒲水清流□□□作 / 镇之孤山层峦耸翠仰灵爽而无从匪彝民人赖其庇覆睹法象而无即慆淫庶物籍以康宁虽其功德之□（大）然以□ / 言所能罄而修理之迹聊勒石以志于不朽云 /　时大清乾隆六十年岁次乙卯十月十五日

会首　/ 柳生玉六两　金保兴一两五钱五分　张纯仁　金保雅一两三钱五分 / 金保献六两二钱　金宗有一两九钱　金积才　金保孔六钱五分 / 生员金鸿逵三两九钱树方二个　金宗业一两七钱　金国学　金保实一两五钱 / 柳学武五两　柳花德　金邦宁　柳生行四钱 / 监生金保科　金法章、金法古、金法妙、金荣美合户二十一两五钱 / 金国道　柳学礼一两九钱五分　金保考三两树一个　金国新　柳进田一两二钱五分 / 柳学尧二两一钱　金积仓　柳进周一两　柳进库　柳进甫一两六钱 / 会众　金宗成一两五钱五分　宗寅一两　宗汶一两二钱　宗荣一两　宝善一两二钱五分 / 宗贤六钱五分　宗厚六钱五分　玉路一两六钱　监生宗尧一两二钱　宝均六钱二分 / 一宝六钱五分　宝郑一两　一海六钱五分　宝爵五钱六分　宝楷三钱　宗教五钱 / 宝升八钱五分　宗太五钱　宗美四钱　宗礼四钱　宝秀四钱　宝元四钱　宝世四钱 / 宗德二钱　宗良　宝用　一学　宗贵　宗彬　宗甫　宝禄　宝有 / 以上各四钱　荣鼎六钱五分　荣大四钱　法贤　济矣　济恩　法蘭　满礼　□成　荣成　荣元　荣库　法志　荣朴　法直　法卷　法考 / 法汉　法本　法进　法□　法俊　荣兴　法全　荣奎　满世　法□ / 法□　济凡　学子　法□　满贵　满易　荣勤　有禄　荣耀　法巧 / 荣秩　荣□　满□　宗□　保□　保□　得玉　得寿　以上各一两二钱

7. 嘉庆石碑

现存于第165窟内的清嘉庆二年（1797）《重修石窟寺碑记》碑，又是一通重要的石刻，碑通高185、宽72、厚21厘米，砂岩石质，无碑首，碑额篆刻“重修石窟寺碑记”。碑文抄录如下：

社中人

张德寿　满成　居喜　局仓　秉仁　世良　　夏积先　李林千

柳生文九钱　生龙九钱　生虎四钱　生耀四钱　生林四钱　生长四钱　花有一两　进禄四钱

进桂九钱　进学四钱　进孝九钱　进芝四钱　进善四钱　进万四钱　进公九钱　进奎四钱

进考九钱　进性九钱　进谟四钱　进直一两四钱　进忠四钱　进义四钱　进朝四钱　进仓四钱

进显　学禹一两四钱　学正九钱　学奇一两四钱　学梅九钱　学智九钱　学仁一两四钱　学信九钱

图439　清代嘉庆年《重修石窟寺碑记》碑

学能四钱　学义九钱　学文　学汤九钱　学舜四钱　刘松年 刘仰泗 刘自得 张学士一两 赵学纯二两 李林有一两四钱 李彦奎一两 夏积新一两四钱　刘彻一钱　夏積重　王者奎

金贵周　金贵禄　金邦重　金贵存　金贵喜　金贵能 金邦兴 金贵存

金贵礼　金贵寔　金积宝　金贵芝　金仁明　王宝□ 安□□ 金贵寿

金贵柱　金积德 金积库　金邦业　金贵忠 金贵安　金保印　金贵□

金贵玉　金宗敬　金一宝

四方客商并居民助缘人名

山西 王有珍艮二两四钱　邢永改麦米一石　邢永显艮八钱　邢世臣艮八钱　李满贵六钱　刘主邦木方　生员刘启顺三钱　监生冯慕仁二钱九

陈殿珠三钱　孙成奇三钱　陈秉矣二钱四分　陈秉良一钱五分 黄彦仁二钱四分　生员冯映星二钱　杜天秩二钱　杜天位二钱　梁文奎一钱二分

监生田如玳二钱　张心维二钱　邢永万二钱　监生何守仁二钱　监生何守记一钱二分　庠生何逄春一钱二卜 庠生何芳春一钱二卜　王茗二钱四分　李作仁一钱二分　杜学玉一钱二分

杨光宗一钱　巩光台一钱二卜　生员王才三钱六卜　孙文太 常兴福一钱二卜 复盛合 义兴号一钱二卜 万顺德　福兴德以上各一钱二分

翟福矣　周逄春 玉成贵三两二钱 脱出花一钱二分　杜正让　陈秉杰 张选一钱二分　张能学　张大积以上各一钱五卜　孙天楷　孙天文

邢永赖 邢永密　张大寿 陈秉桓　陈世荣　陈世良　陈殿虎一钱五分 陈殿圣　朱明世　陈典君 杜良仓　杜良志

冯学　冯利仁 庠生冯存仁　庠生冯映梅　张宁　张大金　贺汉锡 黄大玉以上各一钱二分　李生花　李文尧　常永春　折养积

陈梅 刘安　陈库 苟天秩 杨应莪　杨应隆　孙同二钱　孙仁　孙荣 孙成连　孙成凤　孙喜才 段能武 柳生心以上各一钱二分　蒙圣谟 冯尚仁 李生桂 李生柱 杜良谟　杜念　杜良忠　杜良寅　杜德　杜天才 杜芳以上各一钱　张有林　生员张凤来　陈秉刚　杨玉珍 姜胡　陈俊

李明一钱五分　李杰　刘步蟾　李本世　李本广　李本净以上各一钱

柳花贵　崔穆镇共化银四两　张天笃　陈国福二人化银一两八钱　太平镇银一两八钱二分

爨育　白花廷二人化银三两三钱三分　董志镇　早立子社银一两　庄子坬社银七钱六分

高崖子社银六钱七分　米丰庄银七钱　邢家庄银九钱一分　杜家庄银七钱三分　黄李家社银三钱一分　地头孙社银二钱六分　杨家塞社银一钱六分 丰沟庄银二钱六分

南庄张社银□□四分　南庄李社银□□　太洋高社银四钱　后李家庄银

图440　窟前清代遗址

六钱　□□曹社银五钱　下冯家庄银六钱　上冯家庄□钱　罗家庄银四钱五分　答述颜合社施银一两八钱　夏县□银三钱五分　张礼木方　折养元木方　薛有吉木方

孙门杨氏八分　刘学苍二两　刘瑞云一钱　灵州刘兴银三钱六分

泾阳冯守业银一钱　陈□□　□□节　□克福银一钱　□有章

主持　贾心正

瓦匠刘颊子　马不生不长

石匠曹启长　刘一成

解匠薛继居

才匠李辉　魏光采　赵忍　章李

画士王宗胡

米绍闽刊石

特授镇原县正堂加五级纪录五次保　为石窟寺原系古迹历年久远祀礼几缺于嘉庆二年三月十五立牲畜会以修祀典所收税务一半输官一半留为香火之资永为定例勒记于石以示不刊云

8. 道光碑

道光十四年（1834）碑，原为水云寺的一座石碑。1965 年搬回北石窟寺，放置在第 165 窟内。水云寺，即现在的石崖东台石窟群，距北石窟寺主窟区 1.5 公里，处在蒲河东岸的一个河湾平台处的崖体下，现存四个唐代小洞窟，岩面上留有木构建筑插接椽檩的桩孔遗迹。此处原叫柳树湾，建有水云寺，寺院毁于何时，现无史料可查。《道光碑》为黄砂岩石质，通高142、宽51、厚16厘米。碑额阴刻楷书“皇清”二字，碑下部残损，上部碑文抄录如下：

蒲川水云寺为寿官法章金公创修殿宇庙碑记　献灯戏两夜　居……/尝思人受天地之中以生间立天地名分三才而其所以无愧于为人者非……/城东蒲水　法章金公先生者洵镇邑特出之一人也盖公自少读书自……/世生灵之计暨为家务所纷寄身陶朱兼理农桑克勤克俭以故家道寖寖……/人若公可以无愧矣而公则曰此寻常遇耳终非我初年立心之始也欲……/独是创修云者大抵一人倡之众人从之一家行之一里効之从未闻以……/岁月之几何蠲资善果不留余地亦□计费用之奚若流俗之人鲜不曰……/一身遗产后昆延及数世岂若兹之建功当代积福千秋虽不敢与天地齐名……/者公推出己身柳树湾庙前地一段己身兑明柳树湾庙前地三段以为岁时……/出己身培植已成树枝以为增修补葺之谋树之照管亦随种地之人自后所种树……/镇原县邑庠生 张辅龙沐浴……/金法翠化好善姓氏银一两三钱　金宗信施银六分　金荣举……/邢永显化好善姓氏银九钱五分　金宝献施银一钱二分　曹氏施……/张居升化好善姓氏银一两七钱三分　金法古施银一钱　刘氏……/金生员化好善姓氏银五钱二分　曹有章施银一钱一分/时/龙飞道光拾四年岁次甲午□□十月 上浣之……

9. 窟前遗址

第165窟门前7.15米处，有清代献殿建筑遗迹一处，条石殿基宽9.6、进深7.4米，殿基距地面高0.52米，基前中部有二级踏步，踏步前有赑屃碑座一台。殿基前两侧1.3米处有钟鼓二楼房基遗迹两处，南基宽4.4、进深3.65米；北基宽3.65、进深3.65米。据《重修石窟寺诸神庙碑记》载，献殿重修于清乾隆六十年（1795）。据娘娘庙墙碑文记载，此殿及钟鼓二楼毁于清同治七年（1868）战乱。

殿前15.65米处有清代光绪年间所建戏楼一座，面宽6.7、进深6.7、高约5.9米，保存较完整。20世纪80年代，拆除戏楼后墙，改造成山门。

〔附　录〕

庆阳寺沟石窟勘察记录*

霍熙亮

寺沟石窟距庆阳县城西南一百五十华里，原属镇原县境，1958年划归庆阳。

石窟位于蒲河与茹河交汇口的北侧蒲河的东岸，开凿于高14米、长110米的黄砂岩层的悬崖之间，窟龛密布着像蜂窝一样。现存洞窟六十一个，摩崖造龛二百二十个，总计窟龛二百八十一个，石雕造像二千一百二十五躯，各代凿龛造窟题铭及游人题记等一百二十余方。石窟虽遭受过自然的损毁和严重的人为破坏，至今还保存着一部分自北魏至宋代的优秀的雕刻艺术，是研究我国古代佛教艺术的珍贵资料。

寺沟石窟原名北石窟寺，俗称大佛寺，早期碑铭虽已久失，但据镇原县志记载“……在县东九十里元魏永平二年（509）泾州刺史奚侯创置窍石为龛金碧辉煌室内可容数百人……”，今编号165窟高13.20米，宽21.40米，深15.70米，顶为穹隆式，为该石窟群中最大的一窟，其空间足能容纳数百人，与县志记载巧相吻合。就其窟形与造像风格，也具备北朝的造像特征，因此当为北魏永平二年奚侯首创的遗存，今据勘查结果与初步认识逐窟记录如下：

一　寺沟石窟编号及其内容

第1号窟　唐，现高1.18米，宽4.30米，深3.10米，窟口南向，窟形椭圆，顶风化。全窟为淤土填，仅露雕像头部十五身，西壁主佛面形尚存原唐代风格。

第2号窟　现高1.25米，宽3.75米，深3.65米，顶风化，北段全崩毁，西壁门上及南壁各有穿孔一个。全窟为淤土所填，雕像未露，仅有东壁主佛凿龛形状。

第3号窟　现高1.47米，宽2.90米，深3.10米，窟顶穹隆形风化，窟口上开裂一口北壁洞穿，残存雕像八躯，有二身只存痕迹。

第4号龛　龛高1.07米，宽0.94米，顶壁皆毁，风化过甚，残存雕像五躯。

第5号龛　宽0.64米，深0.37米，残存一佛二菩萨。

* 本文为1961年10月敦煌文物研究所霍熙亮所作北石窟寺内容总录。

第 6 号龛　高 0.50 米，宽 0.59 米，深 0.20 米，顶毁，残存一佛二菩萨。

第 7 号龛　高 0.65 米，宽 0.68 米，深 0.30 米，残存一佛二菩萨（南侧一身毁）。

第 8 号龛　高 0.88 米，宽 0.84 米，深 0.43 米，风化过甚，现存雕像残迹五身。

第 9 号窟　唐，高 2.75 米，宽 4.10 米，深 3.50 米，东壁与南壁各雕一佛二菩萨，两铺六躯，只有南壁之主佛及左胁侍菩萨衣纹尚存，窟口内南侧存一佛二菩萨四龛十二躯，北侧一佛二菩萨二龛六躯，一佛二弟子二菩萨一龛五躯，女式天王一龛二躯，雕像头部全部大毁，南壁左胁侍菩萨尚存头光，图案土红线。

第 10 号龛　高 0.48 米，宽 0.83 米，深 0.35 米，龛下部为淤土所埋，雕像风化过甚，残存一佛二弟子二菩萨一铺五躯。

第 11 号龛　高 0.94 米，宽 0.30 米，深 0.93 米，残存一佛二菩萨三躯，头毁衣纹不清。

第 12 号龛　高 0.97 米，深 0.98 米，残存一佛二菩萨三躯。

第 13 号龛　高 1.13 米，宽 1.27 米，深 1.20 米，残存雕像一佛二弟子二菩萨一铺五躯，下衣纹风化。

第 14 号龛　高 0.93 米，宽 0.82 米，深 0.65 米，残存雕像一佛二菩萨三躯。

第 15 号龛　高 0.40 米，宽 0.98 米，深 0.56 米，雕像风化过甚，残存一佛二弟子二菩萨五躯。

第 16 号窟　高 2.05 米，宽 2.37 米，深 2.05 米，顶倒斗形，北壁洞穿，西壁崩毁，雕像残存一佛及南壁弟子菩萨、力士各一身共四躯。

第 17 号龛　高 0.62 米，深 0.55 米，残存一佛北壁一菩萨共二躯。

第 18 号龛　高 0.39 米，深 0.55 米，残存北壁一弟子一菩萨。

第 19 号龛　龛口北向，高 0.78 米，宽 0.75 米，深 0.54 米，残存雕像坐佛一尊及东侧观音一躯。

第 20 号窟　窟口北向，现高 1.80 米，宽 2.35 米，深 2.10 米，顶及四壁风化过甚，东壁洞穿，西壁上部崩毁，残存观音一躯及东壁雕像残迹三身，窟口西侧残存小佛像一躯。

第 21 号窟　高 1.61 米，宽 1.73 米，深 1.80 米，窟顶漫漶，北壁及西壁各洞穿一孔，残存主佛三尊弟子二身观音二躯，窟外两侧各有后代石刻残像一身。

第 22 号窟　现高 1.12 米，宽 1.75 米，深 1.63 米，顶及洞口皆崩毁，正壁残存一佛二菩萨，南北二壁各残存一佛二菩萨各一铺。

第 23 号龛　高 0.82 米，宽 0.70 米，深 0.28 米，仅存雕像残迹三身。

第24号龛　龛口北向，高0.47米，宽0.38米，深0.19米，残存跏趺坐佛一尊菩萨二躯，大部漫漶。

第25号龛　高1.90米，宽1.03米，深0.67米，仅存雕像残迹三身。

第26号龛　高1.17米，宽0.97米，深0.41米，仅存雕像残迹三身。

第27号龛　现为淤土所埋，仅见雕像残迹。

第28号窟　魏，高3米，宽2.74米，深2.32米，顶为穹隆式，有浮雕残迹，仅存雕像主佛衣纹及须弥座，北侧残留佛弟子衣角，造像多被后代凿毁，经过涂灰泥重叠装塑尚有残画痕迹，窟口北侧有唐代石雕观音三龛，南侧残存唐雕一佛二菩萨三龛观音二龛各一身。

第29号窟　高2.55米，宽5.80米，深3.10米，窟顶平，前壁崩，原中有一龛柱为后代凿毁，现窟中仅存一八角石柱宽0.50米，三壁雕像及壁画无存。

第30号龛　唐，高0.52米，宽1.17米，龛壁全毁，残存高雕菩萨八躯。

第31号龛　唐，高0.70米，宽0.64米，深0.53米，仅残存坐佛一尊菩萨二躯。

第32号窟　唐，窟顶平式，有中心龛柱，正龛前上雕斗栱为一斗四升，后龛的斗栱尚未形成。洞口三个，两侧口为后代所开。中心柱正龛主佛跏趺坐，裙盖双足，右手放腿上手心向上，左手抚左膝手背毁，面毁大半，坐圆形须弥座，南侧迦叶右手握左手背置腹前。菩萨高髻，左手下垂执净瓶，右臂上屈，体侧手毁，面部漫漶仅存轮廓，下身着三角裤，下肢裸露，右臂毁。佛北侧阿难右手在下左手在上，并掌于胸前。主佛背光凹进有浅雕头光。中心柱北侧下层主佛同前龛，头手毁，弟子合掌，二菩萨皆外手下垂执带内手皆漫漶，头全毁。上层西段三菩萨，西数第一身左手下垂右手屈胸侧，头皆毁。二、三身右手下垂，左手屈放胸前。东段雕刻未成，凿毁弟子菩萨皆立莲台上。中心柱南下层，佛坐圆形须弥座，头及衣纹皆毁。二弟子抄手放胸前，二菩萨外手屈举体侧执带。西头一身衣纹风化过甚，皆立圆形莲台上。上层佛坐于方形座上，左脚下垂，足踏莲台，右腿露足，屈放座上，足心向上，膝头、臂皆毁。西侧菩萨左手执带下垂，右手屈于体外执带立双莲台上，头毁但身段苗条。东侧一躯体形臃肿着长裙，雕技粗糙，似为后代凿修。后龛南段主佛坐方座右手抚膝左手放腿上；二弟子抄手立莲台，二菩萨外手执带侧举，内手执带下垂，立于莲台，头毁，下雕卧狮两只。北接立佛一龛，主佛左手前举，已毁，右手下垂，二菩萨举手体外侧执带，内手执带下垂，皆立莲台上，仅佛座微低，头全毁。南窟口南侧下龛佛坐八角方座，左手放腿上，右手抚膝，头裙皆毁，二弟子抄手立双层莲台上，二菩萨东一身上部毁，西一身漫漶。上层一龛，坐佛下段毁，背光凹进，阿难立双莲台上，抄手侧立颇为生动，迦叶上身毁；二菩萨皆侧举外手，内手执带下垂，立于两层莲台上。以上二龛由下斜上为后代凿一烟筒所破坏，上龛全为油烟粘结，但衣纹雕技柔和而生动。北壁下层由西数第一身为药师佛，手捧药钵。第二龛佛坐圆座，二菩萨前举内手，外手皆执带下垂，头全毁，躯漫漶。上层佛一龛跏趺坐，左手抚膝坐圆座上，浮雕背光；阿难迦叶皆双手捧经；二菩萨裙薄如裸，外手执带下垂，内手屈举皆立平台，头全毁。中层下龛佛坐圆座手式同上，背光凹进，浅雕头光，头裙皆毁，座下有跪拜二童子于带梗莲上，但为后人凿毁。二弟子手捧经，阿难头身漫漶，上有浮雕飞天一身但已漫漶。二菩萨东一躯，左手执瓶下垂，右手侧举体侧双手举物。另一身左手侧举但已打毁；外侧观音二躯坐于圆座上。东侧一躯背光凹进有浅雕头光，左手抚膝右手侧举，右腿屈放座上，左腿下垂，披带于两侧，头臂四肢皆毁。东北立菩萨右手斜放腹前握带，左手屈臂高举立于带梗莲台上。南坐式菩萨坐于圆座上，头四肢皆毁。西内菩萨一躯，腰微屈，左手执带下垂，举右手，头身皆毁。外侧菩萨屈左手于腹前，举右手，头腿皆毁。西坐式菩萨下面各有二菩萨及天王力士，雕迹雕像惜为后人盘炕住人时所凿除。北壁东头佛一小铺，主佛跏趺坐双手托物于腿上。二菩萨外手执带下垂，内手皆举立于平台上，头毁。下有侧跪童子二身于带梗莲台上。再东为后人开一通道所破坏。东壁北头第一龛为尚未凿成之立佛一尊，第二龛立式药师佛一尊，左手执钵于胸前右手下垂立于双层莲台上，仅头部打毁。北窟口南侧一坐佛于方座上，上身毁，二弟子捧物立于双层莲台上，二菩萨外手下垂，西一身内手举臂，东侧一身内手侧外举，头皆毁手臂漫漶。西壁北段佛一龛坐圆形座，右手抚膝，左手执钵于腿上，背光凿进，二菩萨外手执带下垂，内手托带齐肩，头皆毁。南有一龛，仅佛头及上身与南侧菩萨身体轮廓，尚未完工。中心龛柱后东壁北段，系弥勒佛一铺，为如意元年造像，主佛趺坐，右手抚膝，左手心向上放于腹前，左足叠右足上，坐四方须弥座，仅鼻与发髻打毁。阿难抄手赤足，迦叶右手握左手于腹前，着履。南侧菩萨右手执带下垂，左手托物外举；北侧菩萨左手并指下放，右手托物，皆立于八角台上。龛南壁雕力士一躯，举左手，右手握于大腿，臂毁，有卧狮一只，左右侧下，上有如意元年造像雕刻题记一方。北壁力士一躯，左臂手外举屈卷于上右手抚膝，左侧下卧狮一只，头皆打毁。在龛中开一大裂缝，通顶相连，南头连接的另一窟，东壁第一身为托钵药师佛立于双层莲台，头打毁；第二尊为接引佛一尊，龛凹进，双臂前伸打毁，立莲台上，头毁。西壁立佛一尊，右手下垂尚完好，左手前伸掌外向指尖向下屈无名指，面上部漫漶，足为土埋。西壁中原有小龛为后人住时开窗凿毁，仅残存菩萨局部。南壁间为后人凿平，几处凿有烟筒，全洞熏黑，油烟满壁，中心龛柱与西壁门柱皆开一大斜缝。南窟口南段也开几裂缝，北壁开一人字形裂缝，此窟内外有阴刻题记数方皆摘录于题记专集内。

第 33 号龛　唐，高 2 米，宽 2.15 米，残佛三尊，缘饰皆毁，龛顶及壁皆风化。

第 34 号龛　唐，高 2.10 米，宽 2.75 米，深 2.76 米，顶穹隆形，窟口南向，北壁为后代凿一穿道，仅存残雕像痕迹三处。

第 35 号窟　宋，高 2.42 米，宽 3 米，深 2.58 米，顶毁，东壁坐佛一尊及残狮座一，北侧二龛坐佛六躯，北壁上层普贤一铺坐佛四尊，西侧贤劫千佛六尊，下层四龛二坐佛二龛一佛，四贤劫佛二龛，南壁上层残存四世佛一铺，释迦多宝二佛并坐一龛，下层残存一佛二菩萨残迹，西壁南侧二龛三坐佛北侧上下各坐佛一尊。

第 36 号窟　唐，高 1.80 米，宽 2.16 米，深 1.67 米，顶漫漶，窟底为后代凿毁，坐佛一尊，二菩萨二弟子二力士头皆毁，尚残存头光彩绘痕迹。

第 37 号窟　唐，高 3.77 米，宽 4.30 米，深 4.38 米，顶为覆斗式，东壁仅存雕像一佛面南侧一弟子一菩萨，南侧接引佛三躯中间一佛二弟子，二菩萨一龛上有阴刻题记一方。

第 38 号窟　唐，高 1.50 米，宽 1.55 米，深 1.30 米，顶为穹隆式，北壁下穿一洞，残存雕像一佛二弟子二菩萨二力士，并存残留彩绘头光。

第 39 号窟　唐，高 1.70 米，宽 2.20 米，深 1.65 米，顶毁，正龛坐佛一尊，南侧残存一菩萨一力士皆漫漶，北壁弟子一身、菩萨一躯、力士一身，衣纹尚存。西壁窟口南段崩毁，北段有宋代题记一方。

第 40 号窟　唐，高 1.85 米，宽 3.35 米，深 1.45 米，窟平顶前半坠毁，东壁残存坐佛一尊，二胁侍菩萨东北角有小龛有一佛二菩萨雕像，南、北两壁各雕观音一躯，为后代凿毁，尚存头光彩绘。另有各代题记数方，已择录专集。

第 41 号窟　魏，现高 1.70 米，宽 2.32 米，深 1.16 米，窟顶平式，前壁及顶大半崩毁，东壁石刻高浮雕佛像一尊，四周为浅龛，佛传故事多已漫漶，南北壁各雕天王二身，上部坐佛各二尊，雕像前皆彩涂尚存残部，北壁存北宋时代题记数字。

第 42 号窟　唐，现高 1 米，宽 1.65 米，深 1.45 米，窟顶圆形存雕像一佛二弟子二菩萨二力士，头部皆毁，身半数埋于土中，佛及弟子尚存局部彩绘头背光图案，另有北宋及金代题记数方。

第 43 号窟　唐，高 0.85 米，宽 0.92 米，深 0.93 米，石雕一佛二弟子二菩萨，南侧佛弟子半毁，雕像下部为淤土所埋，有彩绘图案痕迹，北口侧有明代嘉靖墨笔题记。

第 44 号窟　魏，高 2.90 米，宽 2.10 米，深 1.76 米，东壁被后代凿毁前壁及顶崩毁大半。南壁残存高雕佛像一尊，下浮雕供养人二身力士二躯及供宝。北壁残存高雕佛像一尊，下浮雕供养人二身，及供宝，上层有并列二坐佛。

第 45 号窟　唐，高 1.75 米，宽 1.47 米，深 1.74 米，窟顶圆形已漫漶，石雕一佛二菩萨皆无头，衣纹饰半毁，尚存宋代彩色图案局部并有南宋及元代题记数方。

第 46 号龛　隋，高 0.92 米，宽 0.73 米，深 0.53 米，石雕一佛二菩萨已风化。

第 47 号龛　隋，龛高 0.67 米，宽 0.54 米，深 0.23 米，石雕一佛二弟子二菩萨。

第 48 号龛　隋，龛高 1.03 米，宽 1 米，深 0.60 米，石雕一佛二菩萨。

第 49 号龛　唐，高 0.60 米，宽 0.58 米，深 0.15 米，残存雕像一佛二菩萨。

第 50 号龛　唐，高 0.50 米，宽 0.50 米，深 0.27 米，残存一佛二菩萨，尚存背项光彩绘图案。

第 51 号龛　唐，高 0.80 米，宽 0.95 米，深 0.44 米，残存雕像一佛二弟子二菩萨尚存彩绘，龛口北侧雕立式菩萨一躯，南侧残存雕像坐佛一尊。

第 52 号龛　唐，高 0.78 米，宽 0.70 米，深 0.33 米，存石刻残像四身。

第 53 号龛　隋，高 0.76 米，宽 0.74 米，深 0.48 米，雕一佛二弟子二菩萨尚存，唐代重绘背光彩绘。

第 54 号龛　宋，高 0.20 米，宽 1.70 米，深 0.06 米，石雕坐佛一尊。

第 55 号龛　隋，高 1 米，宽 0.70 米，深 0.52 米，石雕一佛二菩萨风化。

第 56 号龛　唐，高 0.76 米，宽 0.58 米，深 0.49 米，残存一佛二弟子及北侧菩萨一躯。

第 57 号龛　隋，高 0.89 米，宽 0.64 米，深 0.49 米，雕一佛二菩萨。

第 58 号龛　隋，高 0.90 米，宽 1.22 米，深 0.50 米，雕一佛二菩萨，已残毁过甚。

第 59 号龛　唐，高 0.90 米，宽 1.02 米，深 0.64 米，存雕像一佛二弟子二菩萨二力士。

第 60 号窟　隋，高 1.10 米，宽 0.30 米，深 1.28 米，顶漫漶，高雕三坐佛四弟子，窟口外两侧雕力士各一躯。

第 61 号龛　唐，高 0.57 米，宽 0.61 米，深 0.15 米，残存雕像一佛二菩萨风化。

第 62 号龛　唐，高 0.58 米，宽 0.60 米，深 0.32 米，雕一佛二菩萨漫漶，龛口外南侧残存雕像半身。

第 63 号龛　唐，高 0.62 米，宽 0.61 米，深 0.36 米，雕一佛二菩萨已漫漶。

第 64 号龛　唐，高 0.45 米，宽 0.67 米，深 0.32 米，残存雕像佛一尊。

第 65 号龛　隋，高 0.50 米，宽 0.47 米，深 0.10 米，残存雕像佛一尊，及立带梗莲台上佛弟子足部。

第 66 号龛　魏，高 0.50 米，宽 0.40 米，深 0.20 米，残存一佛二弟子。

第 67 号龛　唐，高 0.50 米，宽 0.50 米，深 0.47 米，残存一佛二菩萨。

第 68 号龛　唐，高 0.58 米，宽 0.48 米，深 0.24 米，石雕坐佛一尊，菩萨二躯，局部漫漶。

第 69 号龛　唐，高 0.68 米，宽 0.58 米，深 0.28 米，雕一佛二菩萨。

第 70 号窟　魏，前室高 4.20 米，宽 4.58 米，深 2.80 米，后室为后代所开，无像及画，高 2.65 米，宽 4.82 米，深 3.50 米，前室有中心龛柱宽 2 米，深 1.20 米，正龛为后代凿通，尽毁，上部雕一佛二弟子，下雕伎乐五身。柱南侧上浮雕骑龙菩萨一躯，中故事雕像一铺雕像三身，下雕女供养人六身，另骑牛女像一身。柱北侧上供养人二龛四身，男供养人残迹六身。

第 71 号龛　隋，高 1 米，宽 0.74 米，深 0.46 米，顶风化尽毁。雕一佛二菩萨。

第 72 号龛　隋，高 0.97 米，宽 0.81 米，深 0.47 米，顶毁，龛口南侧有阴刻题记一方，已漫漶不清，雕一佛二菩萨。

第 73 号龛　唐，高 0.73 米，宽 0.62 米，深 0.30 米，雕一佛二菩萨，风化过甚，尚残留背光彩色图案 。

第 74 号龛　高 0.55 米，宽 0.50 米，深 0.20 米，仅存残雕迹三身。

第 75 号龛　唐，高 0.64 米，宽 0.40 米，深 0.10 米，龛壁皆毁仅残存雕佛一尊，尚存彩色头背光图案局部。

第 76 号龛　唐，高 0.36 米，宽 0.32 米，深 0.13 米，残存雕像一佛及北侧菩萨半身，尚有图案残迹。

第 77 号龛　唐，高 0.28 米，宽 0.25 米，两壁皆毁只存雕像残迹。

第 78 号龛　唐，高 0.64 米，宽 0.88 米，深 0.50 米，龛顶风化，残存雕像一佛二弟子二菩萨。

第 79 号龛　唐，高 0.64 米，宽 0.74 米，深 0.30 米，残存一佛二菩萨，北侧为后代凿毁。

第 80 号龛　高 0.50 米，宽 0.46 米，深 0.30 米，残存雕像一佛与南侧菩萨一躯，风化过甚。

第81号龛 隋，高1.05米，宽0.85米，深0.40米，龛顶及北壁上部坠毁，雕像一佛二菩萨，左右卧狮各一只。

第82号龛 隋，高0.84米，宽0.62米，深0.46米，残存雕坐佛一尊。

第83号龛 唐，高0.57米，宽0.50米，深0.18米，残存一佛及南侧菩萨一躯，尚存彩色图案痕迹。

第84号窟 唐，高1.14米，宽1.15米，深0.76米，石雕一佛二弟子二菩萨。

第85号窟 魏，高1.60米，宽1.46米，深1.32米，圆顶残存浮雕幔帷图案等，雕坐佛一尊，菩萨二躯立带梗莲台上，北侧男供养人一身比丘一身，南壁残存供养人半身及榜书二方，南外浮雕女供养人一身，比丘尼一身，并有题记二则。

第86号龛 高0.38米，宽0.35米，深0.15米，风化过甚，仅存一佛二菩萨残迹。

第87号龛 隋，高0.43米，宽0.08米，深0.03米，残存雕像一佛二弟子。

第88号龛 高1.02米，宽1.05米，深0.40米，顶壁皆毁，残存一佛二弟子迹。

第89号龛 唐，高0.45米，宽0.55米，深0.20米，仅存雕像一佛与南侧菩萨一躯，头皆毁。

第90号龛 唐，高0.80米，宽0.65米，深0.35米，龛北段为后代开烟筒熏黑，雕一佛二菩萨。

第91号龛 唐，高0.58米，宽1.10米，深0.40米，石刻七世佛一铺北头一身只存残迹。

第92号龛 唐，高0.78米，宽0.75米，深0.35米，雕一佛二菩萨半风化。

第93号龛 魏，高1.05米，宽1.04米，深0.38米，雕菩萨一躯，弟子二身。

第94号龛 唐，高0.60米，宽0.77米，深0.20米，残雕一佛二菩萨。

第95号龛 唐，高0.60米，宽0.62米，深0.20米，雕一佛二菩萨。

第96号龛 魏，高1.05米，宽0.83米，深0.36米，雕一佛二弟子尚存彩色衣饰。

第97号龛 隋，高0.80米，宽0.70米，深0.30米，雕一佛四菩萨，南段毁一身，北壁供养人画迹及榜书一方为后人重描。

第98号龛 唐，高0.55米，深0.07米，南壁崩毁残存雕像一佛与北侧菩萨。

第 99 号龛　高 0.68 米，宽 0.55 米，风化过甚仅存残像三躯。

第 100 号龛　高 0.53 米，宽 0.20 米，风化过甚，残存立菩萨一躯。

第 101 号龛　唐，高 0.49 米，宽 0.32 米，深 0.15 米，龛壁全毁残存雕像一佛二菩萨无头。

第 102 号龛　唐，高 0.50 米，宽 0.28 米，深 0.14 米，雕像立佛一尊风化毁，尚有头光彩绘画痕。

第 103 号龛　高 0.70 米，宽 0.75 米，深 0.46 米，仅存立佛一尊，弟子二身打毁。

第 104 号龛　五代，高 0.47 米，宽 0.48 米，深 0.22 米，石雕一佛二菩萨头毁衣饰彩绘尚存，局部为后代重绘描。

第 105 号龛　五代，高 0.53 米，宽 0.33 米，立佛一尊，弟子二身，头毁残存彩色。

第 106 号龛　隋，高 0.82 米，宽 0.61 米，深 0.28 米，雕一佛二弟子，面毁风化，龛外南侧有浮雕建筑与菩萨一身。

第 107 号龛　宋，宽 0.50 米，深 0.30 米，残存一佛二菩萨下身，上身为后代凿毁。

第 108 号龛　宋，高 0.70 米，宽 0.69 米，深 0.28 米，雕一佛二弟子二菩萨上部风化，南侧二身为后代凿毁。

第 109 号龛　魏，高 1.15 米，宽 0.90 米，深 0.45 米，残存一佛二菩萨，风化过甚。

第 110 号龛　唐，高 0.98 米，宽 0.90 米，深 0.80 米，雕一佛二弟子残存有南壁菩萨一躯力士一身。

第 111 号龛　宋，高 0.70 米，宽 0.70 米，深 0.30 米，残雕一佛二菩萨。

第 112 号龛　唐，高 0.72 米，宽 0.70 米，深 0.32 米，残存一佛二菩萨，上部风化。

第 113 号窟　魏，高 1.70 米，宽 1.20 米，深 1.27 米，前壁崩毁，东壁雕一佛二菩萨，佛头及菩萨上身打毁，北侧浮雕供养人三身，南侧供养人二身，彩绘佛像一躯，北壁有宋代彩绘供养人残迹，南壁残存供养人六身，有明代万历游人题记一方墨迹。

第 114 号龛　高 0.77 米，宽 0.68 米，深 0.30 米，残雕一佛二弟子，龛顶全毁，龛外南侧菩萨二身，小龛高 0.45 米，宽 0.28 米，深 0.15 米。

第 115 号窟　魏，高 1.07 米，宽 1.20 米，深 0.73 米。残存坐佛一尊，须弥座下浮雕一狮一象，南北二侧各雕菩萨一躯，力士一身，头面皆毁。

第 116 号龛　高 0.40 米，宽 0.38 米，两壁皆毁，残存坐佛一尊，两侧雕像全毁。

第 117 号龛　隋，高 0.34 米，宽 0.23 米，两壁皆毁，仅存残佛雕像一尊。

第 118 号龛　高 0.30 米，宽 0.25 米，两壁皆毁，仅存雕像残迹二处。

第 119 号龛　魏，高 1 米，宽 0.83 米，深 0.36 米，雕一佛二弟子，头皆打毁并有彩画迹。

第 120 号龛　高 0.52 米，宽 0.50 米，深 0.25 米，残存一佛二菩萨下部。

第 121 号龛　宋，高 0.52 米，宽 0.58 米，深 0.20 米，残存一佛及菩萨二身，站带梗莲台上，头皆打毁。

第 122 号窟　魏，高 1.67 米，宽 1.40 米，深 0.35 米，残存一佛二菩萨，佛头毁菩萨上身毁，佛背光彩绘千佛图案。

第 123 号龛　唐，高 0.75 米，宽 0.65 米，深 0.30 米，雕一佛二菩萨。

第 124 号龛　高 0.66 米，宽 0.68 米，深 0.25 米，残雕一佛二弟子二菩萨，北侧二身凿毁。

第 125 号龛　高 0.65 米，宽 0.84 米，顶壁全毁，残存一佛二菩萨南壁一躯凿毁。

第 126 号龛　隋，高 0.83 米，宽 0.64 米，深 0.24 米，两侧像为后代凿除，残存一佛。

第 127 号龛　隋，高 0.86 米，宽 0.50 米，深 0.35 米，残存一佛及北侧菩萨一躯。

第 128 号龛　隋，高 1 米，宽 0.96 米，深 0.40 米，雕一佛二菩萨，头毁残存头背光彩绘图案。

第 129 号龛　隋，高 1.06 米，宽 1.16 米，深 0.95 米，雕一佛二菩萨头背光为后代重绘，北壁有宋彩绘供养人残迹。

第 130 号龛　高 0.58 米，宽 0.65 米，深 0.20 米，残存一佛二菩萨。

第 131 号龛　高 0.60 米，宽 0.65 米，深 0.33 米，残存雕像一佛二菩萨。

第 132 号龛　高 0.50 米，宽 0.48 米，深 0.20 米，南壁毁，残存一佛二弟子，北壁有清代阴刻题记一方。

第 133 号龛　隋，高 0.80 米，宽 0.70 米，深 0.47 米，残存中坐菩萨一躯，弟子二身，北一身全毁，门两侧各雕小佛一尊。

第 134 号龛　高 0.40 米，宽 0.38 米，深 0.12 米，残存坐佛一尊，南侧弟子上半身。

第 135 号龛　魏，高 2.30 米，宽 2 米，深 1.20 米，雕一佛二菩萨二天王，上浮雕弟子四身，伎乐四身，佛背光为后代重绘，但尚露局部，早期彩绘菩萨迹及供养人像。

第 136 号龛　高 0.90 米，宽 0.68 米，深 0.22 米，残存一佛上半身，二弟子为后代凿毁。

第 137 号龛　隋，高 1.05 米，宽 1.10 米，深 0.85 米，雕一佛二弟子二菩萨二力士，南侧力士毁一身，顶崩毁。

第 138 号龛　隋，高 1 米，宽 1.02 米，深 0.40 米，雕一佛二弟子头毁存彩绘图案部分。

第 139 号龛　唐，高 0.80 米，宽 0.56 米，深 0.30 米，雕一佛二菩萨二力士头毁存局部彩绘背光图案。

第 140 号龛　唐，高 0.60 米，宽 0.60 米，深 0.15 米，雕一佛二菩萨头皆打毁。

第 141 号龛　唐，高 0.75 米，宽 0.52 米，深 0.25 米，雕一佛二菩萨头皆毁。

第 142 号龛　隋，高 0.55 米，宽 0.52 米，深 0.18 米，残存一佛二菩萨头皆毁。

第 143 号龛　高 0.52 米，宽 0.24 米，深 0.13 米，残存立佛一躯。

第 144 号龛　隋，高 0.57 米，宽 0.55 米，深 0.24 米，残存坐佛一尊及风化菩萨迹。

第 145 号龛　唐，高 0.48 米，深 0.15 米，龛口北壁向西全毁，残存一佛及东侧菩萨一躯。

第 146 号龛　唐，高 0.68 米，宽 0.55 米，深 0.22 米，龛口北向雕一佛二菩萨，西侧一身跪拜合掌。

第 147 号龛　隋，高 1.35 米，宽 1.20 米，深 0.53 米，口北向，残存一佛二弟子二菩萨及西侧力士头毁。

第 148 号龛　唐，高 0.90 米，宽 0.75 米，深 0.40 米，口北向，一佛二弟子二菩萨，头毁。

第 149 号龛　唐，高 0.10 米，宽 0.90 米，深 0.60 米，北向，一佛二菩萨及残雕二迹。

第 150 号龛　唐，高 0.94 米，宽 0.62 米，深 0.28 米，北向，雕一佛二菩萨头毁。

第 151 号龛　唐，高 1.20 米，宽 1.17 米，深 1.02 米，北向，雕坐佛三尊，菩萨四躯，东侧存弟子一身头全毁。

第 152 号龛　唐，高 0.42 米，宽 0.44 米，深 0.08 米，雕一佛二菩萨头毁。

第 153 号龛　唐，高 0.55 米，宽 0.47 米，深 0.17 米，雕一佛二菩萨头毁。

第 154 号龛　唐，高 0.48 米，宽 0.34 米，深 0.10 米，仅残存一佛及南侧菩萨一躯。

第 155 号龛　唐，高 0.60 米，宽 0.52 米，深 0.10 米，雕一佛二菩萨。

第156号龛 唐，高0.42米，宽0.55米，深0.10米，残存一佛二菩萨北侧下身凿毁。

第157号龛 唐，高0.42米，宽0.57米，深0.12米，一佛二菩萨北侧一身凿毁。

第158号龛 魏，高1.20米，宽1.24米，深0.82米，雕一佛二菩萨被后代凿毁二身尚有彩绘迹。

第159号龛 隋，高1.63米，宽1.92米，深0.95米，雕一佛二弟子二菩萨二力士头皆毁，龛外下浮雕男供养人十五身，比丘一身，阴刻题记六方。

第160号龛 唐，高0.60米，宽0.53米，深0.12米，雕一佛二菩萨头皆毁。

第161号龛 唐，高0.50米，宽0.58米，深0.20米，雕一佛二菩萨头毁。

第162号窟 唐，高1.36米，宽1.54米，深1.14米，雕一佛二弟子四菩萨，门外南侧有浮雕力士一躯，左右雕狮各一只。

第163号龛 唐，高0.50米，宽0.45米，深0.28米，一佛二菩萨头毁。

第164号龛 唐，高0.46米，宽0.40米，深0.15米，雕一佛二菩萨头毁。

第165号窟 北魏永平二年，高13.20米，宽21.40米，深15.70米，穹隆形顶长方窟圆角，东壁立佛三尊，菩萨四躯，正中佛背光北侧浮雕化生坐菩萨一躯，南侧狮子二只，上坐菩萨一躯，再上为伎乐及残存局部佛传故事一排，东南角下层雕三坐佛二化生，中层婆薮仙二身，上供养像跪式二身，再上坐佛一尊，东北角下露山与供宝及二象下部上层漫漶不清，再上飞天二身，北壁立佛二尊，菩萨三躯，二佛背光中浮雕二化生，第二层坐佛二尊及飞天二身，三层伎乐一排，第四层飞天二身。南壁二立佛菩萨二躯，弟子一身，浮雕上部风化。西壁南侧坐佛一躯，普贤与弟子及象奴骑象圆雕一铺，北侧交脚弥勒一尊，三头四臂日月天一躯，上贤劫千佛两排九尊，西北角一坐佛二弟子二龛，再上风化，南侧上部贤劫千佛二排，西南角下层飞天一身，上坐佛二尊，再上风化，西顶饲虎图及佛传故事二排，上残存飞天二身。窗口两侧有宋代雕十八罗汉。门外两侧天王两身，为北宋重刻。再外侧各雕卧狮。窟口内外有北宋以后各代题记或阴刻墨笔题辞。

第166号龛 魏，高1.25米，宽1.20米，深0.58米，雕一佛二菩萨头毁，有题记二方。

第167号龛 隋，高0.78米，宽1.03米，深0.34米，雕一佛二菩萨头毁。

第168号龛 唐，高0.54米，宽0.60米，深0.30米，雕一佛二菩萨南毁一身。

第 169 号龛　唐，高 0.76 米，宽 0.80 米，深 0.35 米，残雕一佛二弟子二菩萨二力士迹。

第 170 号龛　唐，高 0.50 米，宽 0.48 米，深 0.22 米，残雕一佛二菩萨。

第 171 号龛　唐，高 0.77 米，宽 0.76 米，深 0.37 米，雕一佛二弟子二菩萨。

第 172 号龛　高 0.30 米，宽 0.22 米，深 0.05 米，残存一佛。

第 173 号龛　高 0.30 米，宽 0.23 米，深 0.08 米，残存一佛头毁。

第 174 号龛　魏，高 0.62 米，宽 0.60 米，深 0.10 米，顶及南壁崩毁，雕一佛二弟子二菩萨头毁。

第 175 号龛　唐，高 0.45 米，宽 0.60 米，深 0.30 米，南壁毁，雕一佛二菩萨头毁。

第 176 号龛　隋，高 0.90 米，宽 0.80 米，深 0.65 米，残雕一佛二菩萨风化。

第 177 号龛　唐，高 0.40 米，宽 0.40 米，深 0.12 米，雕一佛二菩萨头毁。

第 178 号窟　魏，高 0.80 米，宽 1.01 米，深 1.03 米，雕一佛二菩萨二弟子西侧狮另一只头皆毁。

第 179 号龛　五代，高 0.48 米，宽 0.32 米，深 0.10 米，雕一佛二弟子。

第 180 号龛　隋，高 0.52 米，宽 0.33 米，深 0.14 米，残存一佛。

第 181 号龛　隋，高 0.43 米，宽 0.33 米，深 0.18 米，坐佛一尊头毁。

第 182 号龛　唐，高 0.50 米，宽 0.52 米，深 0.17 米，雕一佛二菩萨头毁。

第 183 号龛　唐，高 0.55 米，宽 0.50 米，深 0.15 米，一佛二菩萨头毁。

第 184 号龛　魏，高 1.20 米，宽 0.85 米，深 0.40 米，残存雕像一佛二弟子风化过甚。

第 185 号龛　唐，高 0.60 米，宽 0.65 米，深 0.40 米，残雕一佛二菩萨。

第 186 号龛　唐，高 0.58 米，宽 0.48 米，深 0.20 米，残存一佛及北侧菩萨一躯。

第 187 号龛　高 0.50 米，宽 0.40 米，深 0.10 米，残存坐佛一尊打毁。

第 188 号龛　高 0.30 米，宽 0.20 米，深 0.05 米，残留佛迹

一处。

第 189 号龛　高 1.15 米，宽 1 米，深 0.90 米，残留雕像迹五处。

第 190 号龛　隋，高 0.90 米，宽 0.85 米，深 0.45 米，雕像一佛二菩萨上身打毁。

第 191 号龛　魏，高 0.80 米，宽 0.55 米，深 0.23 米，雕一佛二菩萨上部打毁。

第 192 号龛　唐，高 0.32 米，宽 0.07 米，雕立式观音一躯，风毁过甚。

第 193 号龛　唐，高 0.40 米，宽 0.20 米，深 0.05 米，立式观音一躯风化。

第 194 号龛　魏，高 0.37 米，宽 0.30 米，深 0.10 米，残存一佛。

第 195 号龛 宋，高 0.88 米，宽 0.80 米，深 0.45 米，北壁毁，残存一佛二菩萨二弟子二力士。

第 196 号龛　唐，高 0.70 米，宽 0.50 米，深 0.20 米，雕一佛二菩萨上部打毁。

第 197 号龛　魏，高 1.40 米，宽 1.05 米，深 0.70 米，残存一佛面部打毁上身风化。

第 198 号龛　唐，高 0.50 米，宽 0.60 米，深 0.10 米，残存一佛二弟子及南侧菩萨一身。

第 199 号龛　魏，高 0.60 米，宽 0.70 米，深 0.12 米，雕一佛二菩萨上部毁，龛外北侧供养人一身。

第 200 号窟　魏，高 1.45 米，宽 1.15 米，深 0.78 米，雕一佛二菩萨头毁，北壁唐雕一龛坐观音一身，南壁唐坐观音一身头毁，有元代墨迹题记一方。

第 201 号龛　唐，高 0.58 米，宽 0.43 米，深 0.30 米，雕一佛二菩萨下部风化。

第 202 号龛　魏，高 0.50 米，宽 0.45 米，深 0.12 米，一佛二弟子头打毁。

第 203 号龛　唐，高 1.10 米，宽 1.10 米，深 0.60 米，雕一佛二弟子二菩萨二力士，立带梗莲台上，多毁。

第 204 号窟　隋，高 1.32 米，宽 1.14 米，深 0.85 米，雕一佛二菩萨，北侧一小龛坐佛一尊残存背光。

第 205 号龛　唐，高 0.25 米，宽 0.15 米，深 0.04 米，残雕佛一尊风化。

第 206 号龛　魏，高 0.30 米，宽 0.28 米，深 0.03 米，雕一佛二弟子，风化过半。

第 207 号龛　唐，高 0.50 米，宽 0.75 米，深 0.30 米，雕一佛二菩萨南一身凿毁。

第 208 号龛　魏，高 1.10 米，宽 0.70 米，深 0.30 米，一佛二弟子风化。

第 209 号龛　唐，高 1 米，宽 0.75 米，深 0.55 米，一佛二弟子二菩萨风化过甚。

第 210 号龛　唐，高 0.67 米，宽 0.75 米，深 0.68 米，雕一佛二弟子二菩萨二力士风化过甚。

第 211 号龛　魏，高 0.70 米，宽 0.50 米，深 0.24 米，雕一佛二弟子头打毁。

第 212 号龛　唐，高 0.70 米，宽 0.60 米，深 0.15 米，雕一佛二弟子二菩萨头毁。

第 213 号龛　唐，高 0.60 米，宽 0.50 米，深 0.10 米，顶壁皆毁，雕一佛二菩萨多打毁。

第 214 号龛　唐，高 0.70 米，宽 0.60 米，深 0.20 米，残存一佛及北侧菩萨一躯多打毁及风化。

第 215 号龛　宋，高 0.94 米，宽 0.67 米，雕像残存一佛二弟子二菩萨残留彩绘背光局部。

第 216 号龛　高 0.40 米，深 0.10 米，仅有残佛迹一处，风化即尽。

第 217 号龛　唐，高 0.75 米，宽 0.70 米，深 0.34 米，一佛二弟子二菩萨头毁及残狮二只痕迹。

第 218 号龛　宋，高 0.56 米，深 0.12 米，雕菩萨二身，头毁。

第 219 号龛　魏，高 1.15 米，宽 1.30 米，深 1 米，雕一佛二弟子二菩萨二力士头皆毁。

第 220 号龛　唐，高 1 米，宽 1.05 米，深 0.50 米，残雕一佛二弟子及南侧菩萨力士各一躯，北侧全毁。

第 221 号龛　宋，高 0.60 米，宽 0.52 米，深 0.20 米，雕一佛二弟子头毁。

第 222 号窟　唐，高 6.10 米，宽 6.40 米，深 8.40 米，窟顶覆斗形，正龛一佛二弟子二菩萨，北侧二身下部风化，南壁下层由西数一佛二弟子二菩萨共三龛，二菩萨一龛，一菩萨一龛。第二层一佛二弟子二菩萨共三龛，一佛一龛，一菩萨一龛，二佛三菩萨一龛。第三层一佛二菩萨一龛，一佛二弟子二菩萨一龛，一佛二菩萨二龛，一佛二弟子二菩萨一龛。第四层一佛二菩萨二龛，一佛二弟子二菩萨二龛，一佛二菩萨一龛。北壁下层由西数一佛二弟子二菩萨二龛内一大龛一佛二弟子二菩萨风化。第二层一佛二弟子一龛，坐观音一龛，一佛二弟子二菩萨二龛。第三层一佛二弟子二菩萨四龛。第四层一佛二菩萨二龛，一佛二弟子二菩萨二龛，立观音一龛。西壁南侧下层由南数一佛二弟子二菩萨一龛，坐佛一龛。第二层双观音三龛。第三层一佛二弟子一龛，一佛二菩萨一龛，立观音一龛。西壁北侧由南起下层一佛二弟子一龛，一佛二菩萨一龛。第二层观音一龛，立佛一龛，一佛二菩萨一龛，一佛二弟子二菩萨一龛。第三层一佛二弟子二菩萨二龛。窟口南北侧雕像为后代砌墙所遮，南侧露坐观音一铺，小龛局部弟子一身观音一躯；北侧露坐观音一铺，弟子一身头毁，下层一佛一菩萨，上层坐佛半身。此窟皆石雕像，虽为晚清刷粉，但尚未影响原作，雕像三分之二尚属完整。

第 223 号龛　宋，立观音一躯。

第 224 号龛　隋，高 1.10 米，宽 0.88 米，深 0.50 米，残雕一佛二菩萨头毁，残留彩色图案三层。现残留元代与清代题记二方。

第 225 号龛　唐，高 0.96 米，宽 0.92 米，深 0.43 米，残存坐佛一尊，壁画表面五代画弟子二身。

第 226 号龛　唐，高 0.56 米，宽 0.70 米，深 0.22 米，立式观音二躯，头毁，尚存彩色画迹。

第 227 号龛　魏，高 0.58 米，宽 0.42 米，深 0.07 米，雕一佛二弟子头毁。

第 228 号龛　唐，高 0.70 米，宽 1.50 米，深 0.25 米，雕一佛二菩萨二力士已风化。

第 229 号窟　隋，高 2.10 米，宽 1.95 米，深 2.10 米，窟顶覆斗形，有佛三龛皆雕一佛二菩萨，东龛下浮雕供养人一身，尚完好。龛坐北侧有初唐彩绘跪式男女供养人二身，立式供养人比丘二身，颇像敦煌壁画中的初唐风格，北龛台座下有浮雕供养人一身，南龛仅存一佛二菩萨上身毁，三龛头背光为唐代重绘卷草图案，剥落处尚有隋代彩绘菩萨头饰，西壁仅存彩绘佛像衣角。此窟雕像衣纹已由直线和曲线间用，当为唐代石雕艺术的过渡阶段。窟内有平裂缝一条。

第 230 号龛　隋，高 1.07 米，宽 0.92 米，深 0.88 米，一佛二菩萨头毁头背光彩绘三层。

第 231 号龛　唐，高 1 米，宽 1.10 米，深 0.68 米，残雕一佛二弟子二菩萨二力士，头全毁。

第 232 号龛　唐，高 0.64 米，宽 0.60 米，深 0.20 米，雕一佛二弟子及残菩萨一躯，头毁尚残留背光彩绘二层。

第 233 号龛　唐，高 0.66 米，宽 0.78 米，深 0.43 米，雕一佛二菩萨卷草项光尚为后代重绘。

第 234 号龛　五代，高 0.50 米，宽 0.50 米，雕立式观音二躯。

第 235 号龛　唐，高 1.10 米，宽 0.85 米，深 0.55 米，一佛二弟子二菩萨二力士风化过甚，力士全毁。

第 236 号龛　唐，高 1 米，宽 1.15 米，深 0.95 米，北壁崩毁，残雕一佛二弟子头毁。

第 237 号窟　魏，高 1.68 米，宽 1.73 米，深 1.10 米，正龛一佛二菩萨，北浮雕比丘供养人一身，上化生二身。另化生二身，男供养人一身，顶及前壁全毁。

第 238 号龛　唐，高 0.47 米，宽 0.70 米，深 0.30 米，雕一佛四菩萨（南外坐式一身）。

第 239 号龛　五代，高 2.10 米，残存立式观音一躯。

第 240 号窟　隋，高 4.23 米，宽 5.26 米，深 5.30 米，圆顶覆斗，二层东壁、北壁、南壁各雕一佛二菩萨，惜为清代重妆，西壁窟门北侧上一佛二弟子二菩萨一龛，下层一佛二弟子二菩萨一龛；南侧下层一佛二菩萨二龛，上层一佛二弟子三菩萨一龛。西顶剥落处露隋代佛传故事一方，可惜全为烟火熏黑。

第 241 号龛　宋，高 0.65 米，顶壁皆毁，残存一佛二菩萨。

第 242 号龛　宋，高 1 米，宽 1.10 米，两壁全毁，残雕一佛二菩萨。

第 243 号窟　五代，高 1.52 米，宽 2.05 米，深 2 米，前壁及顶崩毁过半，残存一佛二弟子二菩萨头皆毁，尚存彩色衣饰。

第 244 号窟　魏，高 1.50 米，宽 1.20 米，深 1.04 米，顶与前壁皆毁，正龛一佛二菩萨头毁。力士二身，座毁。飞天二身。南壁菩萨三躯，下供养人四身。北壁男供养人四身，供养比丘一身，雕像风毁过甚，尚存残千佛、背光彩绘。

第 245 号龛　唐，高 0.75 米，深 0.50 米，顶与北壁毁，残存一佛及南侧弟子与菩萨各一躯，彩绘头光尚存。

第 246 号龛　唐，高 0.50 米，宽 1.08 米，深 0.42 米，北壁毁，残存一佛二弟子二菩萨坐式，南侧残存一狮。

第 247 号龛　宋，高 2.10 米，雕观音一躯，头臂皆毁。

第 248 号龛　唐，高 1.08 米，宽 0.93 米，顶壁皆毁，雕一佛二菩萨，残狮二只。

第 249 号龛　五代，高 0.45 米，宽 0.81 米，现深 0.12 米，残存一佛二弟子及南侧菩萨一躯。

第 250 号窟　魏，高 0.90 米，宽 0.95 米，顶与壁为后代凿毁，龛内残存北侧菩萨一躯，南顶浮雕飞天一身，北侧浮雕供养人三身，主佛为后代凿除。

第 251 号窟　唐，高 1.50 米，宽 1.73 米，深 1.76 米，顶及南壁崩毁，残雕一佛二弟子及北侧菩萨一躯，头皆毁漫漶过甚。

第 252 号窟　唐，高 1.40 米，宽 1.55 米，深 1.65 米，顶与南壁崩毁，雕像残留一佛二弟子二菩萨及残力士一躯，北侧狮一只头皆毁。

第 253 号窟　唐，高 2.70 米，宽 3.45 米，深 3 米，顶穹隆式，正龛一佛二弟子二菩萨，南壁一佛二弟子二菩萨，下一佛二菩萨三铺多毁，及观音四身，北壁一佛二菩萨及双狮一龛，正西及北底雕像毁并风化，西壁崩毁，残余力士雕迹，窟口北侧上层一佛二菩萨一龛，坐观音一龛，下部残存一佛一菩萨，北侧崩毁窟壁烟熏黑。

第254号窟 唐，高2米，宽1.57米，深1.40米，顶漫漶风毁，残雕一佛二弟子二菩萨及北侧残狮一只下浮雕男供养人19身，清代题记二方。

第255号窟 唐，高1.50米，宽1.72米，深1.25米，顶漫漶，前壁毁，雕一佛二弟子二菩萨二力士头皆毁。

第256号窟 唐，高2.45米，宽2.70米，深2.20米，顶及前壁皆毁。东壁上层一佛二菩萨一龛及坐佛二尊，下层残存一佛一菩萨，南侧为后代穿凿一门，附近雕一佛四菩萨。北壁上层坐佛四尊，中层三坐佛，下层观音二身，坐菩萨一躯，西侧一佛二菩萨。南壁上层一佛一菩萨及坐佛三尊，下层七世佛一铺两侧坐佛各一尊。

第257号窟 唐，高3.10米，宽4.75米，深6.15米，平顶，残存北壁立佛三躯，西壁立佛一尊，南壁仅存立佛雕迹二处，已为后代凿穿，窟口南侧残存力士一身，窟口北侧阴刻武周证圣造窟记铭及后代题记五方。

第258号窟 唐，高1.65米，宽1.73米，深1.65米，顶与东壁窟门皆毁，雕一佛二弟子二菩萨二接引佛，南壁外侧浮雕狮一只，窟底为后代凿穿一个洞。

第259号龛 高1米，宽1.10米，深0.65米，残留雕像迹四处。

第260号龛 高1.45米，宽0.90米，深0.50米，雕像残存立观音一躯。

第261号龛 唐，高1.35米，宽1.65米，深0.80米，残存北坐佛一尊，弟子一身，南一佛二菩萨多风化。

第262号窟 唐，外窟道高2.40米，宽2.90米，深8.30米，窟内高6.10米，宽2.55米，深0.68米，甬道北侧残存立佛三躯。佛一龛内南壁接引佛一尊，甬道有后代题记三方。

第263号窟 唐，高2.82米，宽3.55米，深3.68米，窟方形平顶，北壁与前顶崩毁，东壁坐佛一铺一佛二弟子二菩萨，主佛南侧迦叶额缺，菩萨头漫漶。佛左脚叠于右腿，右手抚膝，左手放大腿上，手心向上坐方形须弥座；阿难抄手立双层莲台上，迦叶双手捧物于胸前；南侧菩萨左手执净瓶，下垂，右手上屈于体侧握带；北菩萨左手外屈执带举肩，右手握带下垂。北壁残存雕像立佛下半身左手贴于体外。南壁三立佛由西第一身左手平举胸前握腰带，右手屈握袈裟，头与上身毁，中立佛手势前伸臂毁，头与下身漫漶，东段一身右手屈贴于腰间，左手毁头与下身皆漫漶，但现存三身较完整的雕像，实为该窟群唐代之杰作。窟底为后代凿毁。壁画为后代重绘，但底层尚见唐代彩绘千佛及佛座图案尚清晰，有元、明各代题记四方。

第264号窟 唐，宽3.10米，顶底皆毁，残雕一佛二弟子二菩萨头毁，土埋大半身。

第265号窟 唐，宽3.85米，深2.43米，此窟为淤土所埋，残露雕像发髻七个，窟口为晚清所砌石阶。

第266号龛　唐，为土所埋，仅露菩萨胸部，头毁。

第267号窟　清，高2.92米，宽2.85米，深3.80米，平顶绘平棋图案，泥塑送子娘娘一铺七身，及三童子一鬼役，东壁绘屏折四扇山水人物，龛南北绘十二层神像，南北壁各绘道教画四铺，西壁绘鹿鹤尊图，并有宣统元年墙碑二方。

北1号窟　北魏，距寺沟窟群约二华里，位蒲河西岸悬崖中间，窟口东向为有中心龛柱型窟，高4.45米，宽4.26米，残深6.72米。中心柱下段为方形四佛龛，上层为八角形凿佛龛八个，前壁崩毁仅残存西南角壁根一方，外残雕力士一躯，内天王一躯，右臂屈胸前，左手外伸似持兵器，在右上方有唐代贞观四年造像阴刻题记一方。南壁下层大龛二个，自东第一龛一佛二菩萨，主佛头髻与头部尚好，衣纹大部风化，左右胁侍衣纹及西部多属风化，上有龛楣饰双龙头，东南有浮雕一佛二菩萨一铺，东侧一身及全铺上部已风化，龛楣双层，下层较宽雕一佛二菩萨，东跪供养菩萨三躯，外跪式供养菩萨一躯；上层龛楣东段弟子十一身，表层多漫漶，下层龛楣西侧坐佛一尊，男女供养人九身，上层为佛弟子六身，跪式一身，二龛中间雕一佛二弟子残迹。第二龛一佛二菩萨，东侧菩萨七尊及头饰尚可看清，但下部及佛面多风化，裙纹为后代凿毁，雕二香炉，西侧菩萨仅存头部残迹。二龛下有四狮八力士风化过甚，第二龛楣有八世佛残迹，上层有三佛龛，皆为一佛二菩萨，龛上面残存千佛雕像四尊。西壁大立佛一尊菩萨二躯，风化过甚，仅残存佛腹部与下身裙角及菩萨裙角纹样，足为后代凿击一半。北壁有龛二层皆风化过甚，自东第一龛残存一佛及西侧胁侍菩萨残迹，第二龛残存一佛二菩萨残迹，下面为后代凿毁，第一龛楣中为面向东侧坐思惟菩萨一躯，东侧二坐佛三菩萨外侧一身毁半，上层龛楣飞天八身，左侧龛楣残存二佛二菩萨残飞天迹六身。上层有三龛，东起第一龛释迦多宝二佛及菩萨二躯残迹，中龛一佛二菩萨，第三龛残存一佛及西侧菩萨迹，顶上有雕像残迹八处。中心柱正面下层龛内一佛二胁侍菩萨，龛楣饰双龙浮雕，龛楣中为坐佛一尊，供养菩萨二躯，佛弟子二身，北侧男供养人童子一身，双手合十，着宽袖短衫，衬有腰束，头转向后正与侧身屈坐的思惟菩萨相呼应，南侧思惟菩萨上身与衣纹皆漫漶。北侧龛楣外有马一匹，将跪卧上有马鞍蹬，顶有舞乐飞天二身，南侧仅存立象一只，龛下残存力士六躯多被打毁，龛外南北两侧雕弟子各一身，头部皆毁。中心柱北侧下龛雕一佛二菩萨，面皆长方形，龛外雕菩萨二躯分立两侧，龛楣两侧饰双龙，但为后代重刻，楣心下层中坐观音一躯，两侧各跪式供养菩萨三躯，皆手捧莲花，上层千佛十尊左右供养菩萨各一躯。龛楣的东侧有露齿老虎一只，西北角雕象头一个，尚完好。中心柱后龛下层雕一佛二胁侍菩萨皆为仰莲发冠，龛北雕比丘一身风化，南侧雕跪式婆薮仙一躯，龛楣饰双龙，一层中佛一尊、菩萨二身，及跪供养菩萨六身，上层合掌贤劫千佛二十尊，南外跪供养菩萨一躯，供养菩萨衣纹为后代重刻。中心柱南龛下层雕一佛二菩萨，龛楣饰双龙，第一层交脚弥勒佛及双狮与坐佛六尊，西侧有跪供养菩萨一躯，衣纹为后代重刻，上层存西侧跪式供养菩萨九躯，东侧漫漶无存，龛楣外雕虎一只，西向窟口。中心柱上段正面一佛二菩萨，东北角一佛二菩萨皆风化过甚；北龛一佛二菩萨，以上龛楣皆风化无存；西北角一佛二菩萨上身风化，龛楣中雕跪供养人七身；西龛一佛二菩萨龛楣浮雕忍冬纹，衣纹为后代重刻；西南龛一佛二菩萨面及衣纹多风化，龛楣风化似为飞天；南龛一佛二菩萨多风化；东南龛一佛二菩萨龛楣多皆风化，最上层虽有雕像迹，已难辨认。此窟南壁风化最严重，据当地群众谈，曾 1947 年 6 月间发过大水直流冲窟内，至今雕像衣纹均为淤泥所盖。因河水南流直冲击此窟南壁年久后，所受损坏当较其余壁为要更深。

寺沟石窟群南约半华里处之悬崖上，有唐代佛龛六个，北向编号由东段起共六龛，崖底石阶有大元至正七年阴刻修道铭文一方。

南第 1 号龛 唐，高 1.12 米，宽 1.10 米，深 1.25 米，南壁雕一佛二弟子二菩萨，东西两壁为后代凿毁，龛壁已毁大半，像头毁身部风化。

南第 2 号龛 唐，高 0.94 米，宽 0.82 米，深 0.45 米，龛顶平，风化，南壁雕一佛二菩萨头毁风化，西壁上残存唐代彩绘女供养人一身，榜书一方，字已不清。

南第 3 号龛 唐，高 0.72 米，宽 0.70 米，深 0.22 米，雕一佛二菩萨头毁风化过甚。

南第 4 号龛 唐，高 0.65 米，宽 0.77 米，深 0.21 米，雕一佛二菩萨头毁风化过甚。

南第 5 号龛 唐，高 0.62 米，宽 0.67 米，深 0.22 米，雕一佛二菩萨头毁，西侧一身风化最甚。

南第 6 号龛 唐，高 0.82 米，宽 0.85 米，深 0.34 米，雕佛一尊二菩萨立带梗莲台上，头毁风化过甚，尚残存头背光彩色图案。

再南约半华里河岸悬崖有窟龛三个，窟口西向，编号 7 ～ 9 号。

南第 7 号龛 唐，高 0.88 米，宽 0.76 米，深 0.72 米，东壁雕一佛二菩萨，北壁二立佛像，南壁立佛一躯，龛口外上面凿一小龛，坐佛一尊头皆打毁，顶上图案尚完整。

南第 8 号龛 唐，高 0.64 米，宽 0.64 米，深 0.42 米，东壁雕一佛二菩萨，裙纹打毁，头皆打毁，有唐彩绘图案残部，龛外上阴刻“张横”二字。

南第 9 号龛 唐，高 1.65 米，宽 2.10 米，深 2.25 米，东壁雕一佛二弟子，立于带梗莲台上，头毁，漫漶过甚；南侧有小龛坐佛一尊，系宋代雕凿。北壁雕一佛二菩萨，南壁雕一佛二菩萨。西壁窟口内北侧一龛雕一佛二菩萨，有残图案彩绘。窟口内南侧有宋凿小龛雕立式观音一躯，图案尚完好。窟内外阴刻天宝题文二方，北宋墨迹造龛发愿文一方，字漫漶不清，仅存年代，西顶有阴刻“同治”二字，另有缺年代阴刻题字二处。

距 7 ～ 9 号窟南半华里处有唐代龛窟四个，现编号 10 ～ 13 号。

南第 10 号龛　唐，高 0.70 米，宽 0.64 米，深 0.32 米，龛在半崖上，雕一佛二菩萨皆风化。

南第 11 号龛　唐，高 1.70 米，宽 2.60 米，深 2.10 米，东壁雕立佛三尊，南侧小菩萨一躯，北壁雕立佛二尊，南壁雕立佛三尊多风化，顶穹隆式风化。

南第 12 号龛　唐，高 0.70 米，宽 0.65 米，深 0.35 米，雕一佛二菩萨皆风化。

南第 13 号龛　唐，高 1.80 米，宽 2.18 米，深 2.20 米，东壁雕一佛二弟子三菩萨另一小龛坐佛一尊，系后代凿。南壁立佛一尊菩萨二躯力士一身，北壁雕坐佛一铺一佛二菩萨一力士，西侧雕卧狮一只有彩绘残迹，像多风化。

二　有关石窟题铭及石刻墨书文字抄录

隋（公元 581 ～ 618 年）

159 号龛下阴刻供养人题铭由南向北数

（1）第七身“……胡长命”

（2）第八身“……[检]帅□□　崇”

（3）第九身“校尉刘相寿”

（4）第十身“比丘□□□□”

（5）第十四身“……周先政”

唐

（1）公元 630 年太宗世民

北 1 号窟东北角阴刻造像题铭七行

“……上□……$_{1}$……[释]迦一区愿……$_{2}$……[贞]观四年……$_{3}$……[壬]辰王令□……$_{4}$……工眷属恒……$_{5}$……[王]下瞻泰山……$_{5}$……□[深][愿][亡]……$_{7}$”（1 ～ 4 行刻于东壁，5 ～ 7 行刻于北壁）

（2）公元 656 年

171 龛下阴刻造像题铭十行

“[显]庆元年岁$_{1}$次六月甲午$_{2}$九日壬□木$_{3}$□崇义[州]故$_{4}$□洛□□符$_{5}$□造像一龛$_{6}$□托生[西]方$_{7}$□皇帝□及$_{8}$□马□□真$_{9}$□……$_{10}$”

（3）公元 659 年高宗李治

212 龛顶阴刻造像题铭

“显庆四年九月二十五 $_{1}$ 日清信女杨大娘为 $_{2}$ 亡夫敬造阿弥陀像 $_{3}$ 一龛愿亡者托生西方 $_{4}$ □登正觉 $_{5}$ 清信女屈大姐屈李延□ $_{6}$ 一心供养 $_{7}$”

（4）公元 692 年则天后武曌（第 32 窟南壁阴刻造像题铭）

“大周如意元年岁次壬 $_{1}$ 辰四月甲午州八月戊 $_{2}$ 戌太州□堂县人奉 $_{3}$ 义郎□泾州临泾县 $_{4}$ 令杨元裕敬造阿弥 $_{5}$ 陀像一铺□ $_{6}$ 大普明五明慧沨 $_{7}$ 六通海镜无□而临 $_{8}$ 有际倾心雾□□□ $_{9}$ □奔者欤□□临泾 $_{10}$ 县令杨元裕奉为□ $_{11}$ 亡□银青光禄大夫 $_{12}$ 行□□侍郎□泾州 $_{13}$ □□□亡姐知□郡 $_{14}$ 夫人□地□氏敬造阿 $_{15}$ 弥陀像一铺记□门 $_{16}$……”（最后三行漫漶不清）

（5）公元 695 年（257 窟口北侧阴刻造像题铭）

“惟大周证圣元年□□ $_{1}$ 月己酉□□□□□□ $_{2}$ □县朝散大夫□□□□ $_{3}$ 丰□县令安守筠为七 $_{4}$ 代父母见存眷属及□ $_{5}$ □界□□于宁州北石窟 $_{6}$ 寺造窟一所一佛二菩 $_{7}$ □□造□□人□□□□七世 $_{8}$ □□□□□□□□此功 $_{9}$ 三□八难□□□于社□□ $_{10}$ □解脱□□□人□有 $_{11}$ □□同登正觉 $_{12}$”

（6）公元 742 年玄宗隆基（南 9 号窟内西壁阴刻供养人题记）

“天宝元年……赵知僧一心供佛”

窟外北侧阴刻残存“天宝……”

（7）公元 797 年德宗适（40 窟内墨笔题记，左起二行）

“……贞元十三年 $_{1}$ 三月五日 $_{2}$”

（8）公元 868 年懿宗漼（153 窟外南侧阴刻题记）

“咸通九年闰十二月十五日……”

宋

（1）公元 992 年北宋太宗光义（32 窟外北侧阴刻修窟题铭）

“……淳化三年六月重修此寺……”

（2）公元 1035 年仁宗祯（南 9 号石窟口内上造龛墨笔题铭）九行多漫漶，仅存

“景祐二年……”

（3）公元 1060 年（40 窟游人题记）

“嘉祐庚子岁春……”

（4）公元 1063 年（40 窟南壁阴刻）

“嘉祐癸卯伏……”

（5）公元 1094 年哲宗煦（165 窟口南侧镶阴刻石碑一方，游人题铭）

“原州彭阳县石窟寺盂兰会记

彭阳县令高舜俞闲述男乡贡进士耆年奉命书朱 $_{1}$ 石窟寺灵迹胜概历历可览至窍凿龛像磅礴广大信非人力所为 $_{2}$ 必穴天地之自然矣绍圣元

年七月十四日寺主僧德宣以状闻县$_{3}$云每岁中元近寺十社建盂兰道场设千佛之供作乐大会四方$_{4}$来者不啻百千众均施笋脯之饭以广善因予始疑苾刍张大其言$_{5}$翌朝率巡检侍禁李德监酒殿直李尧臣主簿董中谊因出观稼遂$_{6}$至精宇瞻顶七俱眩如来既而临石室以藉其清虚抚胡床以休$_{7}$其尘累于是刊金罍翻玉觥罗珍果于朱垒敷甘瓜于绀盘高谈大$_{8}$嚼同民俗之乐坐未移时往来游人其众如云或贯鱼骈头练香于$_{9}$前或胡跪合掌作礼于后……”

（以下文字为后代所砌砖墙所遮）

（6）公元 1095 年（135 窟口南侧阴刻）左起三行

“……囲和育至令蔡安时居$_{1}$易绍圣乙亥仲夏十三$_{2}$日同游观览移时还县$_{3}$”

（7）公元 1096 年（40 窟内墨笔题记）

“裴天倪吴子厚$_{1}$胡纵道同游$_{2}$观览前人因□$_{3}$识叹相远□$_{4}$数百年外后□$_{5}$观此者当处□$_{6}$可胜叹耶$_{7}$绍圣丙子……$_{8}$六月二十二日$_{9}$”

（8）公元 1098 年（165 窟外南侧阴刻铭）

“□□□念因务逃圈率$_{1}$诸同僚闲游石窟寺作$_{2}$小诗致书以为异之记$_{3}$水云深处藏何寺石窟经纵几世传$_{4}$我苦劫尘名利役暂游真境欲忘筌$_{5}$绍圣戊寅三月中木日$_{6}$”

（9）41 窟北壁墨笔题记：“绍圣……”

（10）公元 1103 年徽宗佶（165 窟口阴刻游人题记）

“崇宁二年二月念三日清明$_{1}$邑令高道华挈家游此$_{2}$敬礼如来抵暮还邑$_{3}$男寿翁侍行$_{4}$”

（11）同上

“二月晦日邑令东都高道$_{1}$华居实以都巡通许介天$_{2}$祐吉老招游此时群山铺$_{3}$翠万花争红幽禽发声$_{4}$清泉泻韵山间佳趣斯尽$_{5}$之矣……$_{6}$”

（12）公元 1104 年（262 窟墨笔题记）

“……崇宁甲午三年□□$_{1}$三日谨记$_{2}$”

（13）公元 1105 年（166 窟东壁墨笔题记）

“三水蒙人吕和廿四人□$_{1}$岳山□于好儿四……$_{2}$崇宁四年四月……$_{3}$”

（14）公元 1105 年（195 龛下阴刻造像题铭）

“崇宁四年李才$_{1}$供养$_{2}$岁次庚申二月$_{3}$弟子杨子彷$_{4}$小□园弟子$_{5}$□德□□□$_{6}$造像一龛$_{7}$”

（15）（162 窟顶墨笔题记）

“崇宁……”

（16）公元 1108 年（40 窟墨笔题记）左起八行

“杨君□$_{1}$孙几圣$_{2}$吴景由$_{3}$同游至此$_{4}$睏暮而归$_{5}$时大观戌$_{6}$丁仲夏$_{7}$……七日$_{8}$”

（17）公元 1110 年（42 窟西顶墨笔题记）

“……庆宁寺□大师时大观庚寅五月二十二日”

（18）公元 1118 年（165 窟口北侧阴刻题铭）

“政和戊戌夏五月甲辰 $_{1}$ 大帅种公统五路兵出 $_{2}$ 鄜延郡倅钱监迎谒 $_{3}$ 境上因率巡检祈谨权 $_{4}$ 邑淳于铎县尉元澧工 $_{5}$……”

（19）（40 窟墨笔题记）

“政和……九月……”

（20）（165 窟南侧题记）

“政和……”

（21）公元 1119 年（165 窟口南侧阴刻游人题铭）左起五行

“东沂新太主 $_{1}$ 洙道源重和 $_{2}$ 二年二月二日 $_{3}$ 挈家游此男汝 $_{4}$ 翊汝贤侍行 $_{5}$”

（22）公元 1119 年（49 窟雕像背光上墨笔题记）

“宣和己亥……秋……”

（23）公元 1123 年（165 窟口内南侧阴刻）

“宣和五年寒食日……”（下段为砌砖所遮）

（24）公元 1124 年（39 窟墨笔题记）左起六行

“开封□震康发□ $_{1}$ 因□事□□镇 $_{2}$ 与弟安发同 $_{3}$……时宣和甲辰首 $_{4}$ 夏二日也 $_{5}$……凉周 $_{6}$”

（25）公元 1124 年（40 窟北壁墨笔题记）

“宣和六岁次甲辰年 $_{1}$ 三月廿四日到此窟记 $_{2}$”

（26）公元 1126 年钦宗桓（165 窟外北侧天王衣角刀刻）

“靖康元年四月 $_{1}$ 四日 $_{2}$”

（27）公元 1129 年南宋高宗构（165 窟口外南侧阴刻游人题铭）左起五行

“朝散郎通判原州夏大□□郡 $_{1}$ □诸镇点季因游石窟礼大像 $_{2}$ 巡检武翼郎索安尉成忠郎 $_{3}$ 王舜臣前监酒保义郎李震 $_{4}$ 同至时建炎三年七月二十有二日 $_{5}$”

（28）公元 1130 年（45 窟墨笔题记）左起四行

“彭城刘……汾阳郭莘 $_{1}$ 庆阳僧……凉州僧远…… $_{2}$ 是图□□□暮而归 $_{3}$ 建炎庚戌□月十有一日题 $_{4}$”

（29）公元 1134 年刘豫（40 窟东壁墨笔题记）

“京兆□□民瞻缘干 $_{1}$ 过此投宿是寺时阜昌 $_{2}$ 甲寅六月上浣日书 $_{3}$”

（30）公元 1135 年刘豫（165 窟口北侧阴刻题铭）

“蒙勉功王持正周伯荣赵蓬 $_{1}$ 老以阜昌乙卯孟夏初九日 $_{2}$ 同游 $_{3}$ 萍客宗林刊 $_{4}$”

金

（1）公元 1142 年（37 窟南壁阴刻）

“壬戌岁中烁念七日 $_{1}$ 小雨初晴西畤□□ $_{2}$ 邑宰原武郑耆老□ $_{3}$ 颍川赵直孺联□观 $_{4}$ 稼壬□石窟□逅武威 $_{5}$ 安敦仁遂成小□颊 $_{6}$ □清逸之図

命笔以$_{7}$□岁月男春申侍行$_{8}$”

（2）公元1144年熙宗亶（165窟口外北侧阴刻游人题记）

“皇统甲子中春社日郑彭寿$_{1}$携家来游常皋赵正卿预焉$_{2}$男彦申彦平彦文彦龄甥$_{3}$邦彦时彦侍海凝海端同至$_{4}$”

（3）公元1146年（42窟南顶墨笔题字）

“……因眷九年……”

（4）公元1147年（165窟口南外阴刻游人题铭）左起四行

“皇统丁卯冬十月三日庞仲由$_{1}$核守义渠遇宝严瞻礼$_{2}$圣像叹灵迹之奇□命下$_{3}$客崔可宪书记一时诡异之记$_{4}$”

（5）公元1193年章宗璟（165窟口外北侧阴刻题记）

“提副高有邻瞻礼而去$_{1}$明昌癸丑七月廿五日$_{2}$从行□员肅北王……$_{3}$”

西夏

（1）公元1108年崇宗乾顺（257窟口北侧墨笔题记）

“……太原江都总管……$_{1}$从者廿余人前……$_{2}$故□戏……$_{3}$石窟万佛圣像异……$_{4}$圆观之时岁次戊子孟$_{5}$夏五日谨记□吏惠裕题$_{6}$”

（2）（165窟外北侧石狮前残存阴刻三字颇似西夏字体）

元

（1）公元1270年世祖忽必烈（200窟东壁墨笔游人题记）

“……至元七年十二月十日……”

（2）公元1271年（45窟南顶墨笔沙门题记）

“……系南宋重庆府人$_{1}$……为大像寺戒师□□$_{2}$□就于助缘善利$_{3}$……□释沙门弟子性$_{4}$……谨题计耳$_{5}$至元八年……日$_{6}$”

（3）公元1271年（45窟顶墨笔游人题记）

“……朝至元八年京兆府$_{1}$□县牛董云集寺$_{2}$……”

（4）公元1271年（45窟顶墨笔游人题记）

“……朝至元□年三月一日记$_{1}$……兆府云县牛董云集寺$_{2}$□师初十日记立□……$_{3}$”

（5）公元1312年仁宗爱育黎拔力八达（263窟墨笔题记）

“……寺住皇庆……”

（6）公元1320年（165窟口北侧阴刻沙门题铭）

“……资相覆□至今载近有一辈恐后迷失宗源法属大明院沙门义□□集本寺僧众及本处应□$_{1}$各院大小法属等并咸阳县最师空圣寿□众法属等同于延祐六年岁次己未季冬乙丑二$_{2}$十日投七佛前焚香发愿依般若经重经后嗣十辈乃如应真实听闻悟妙智慧宗般$_{3}$若者出生诸佛之母为圣凡之所依赖后远近法属仗此般若之因同登无为之果聊以直$_{4}$言书于门首刊之上石后代相繼者矣時大元延祐七年岁次庚申仲秋乙酉南□月□

生初$_{5}$□日记$_{6}$宣授沙辩真行大师讲经律论沙门义师$_{7}$宣授本院尊宿诵经沙门义胜$_{8}$宣授本院住持讲经沙门义玉$_{9}$副院镇原州僧副□□义金$_{10}$讲经沙门了祐了智了源了才了来了□$_{11}$”

（7）公元1321年（224龛墨笔题记）

“……延祐八年……”

（8）公元1327年泰定帝也孙铁木儿（257窟墨笔题记）

“……泰定四年十五日记”

（9）公元1341年顺帝妥懽帖睦儿（165窟东壁墨迹）

“至正元年四月七日……直行大师讲经沙门□融”

（10）公元1347年（南1～6号龛崖下修石道阴刻铭记）

“……化社下$_{1}$……李受进$_{2}$……吉石道$_{3}$清……士郭高$_{4}$二人□□□□二钱三□$_{5}$……半□□壹石三斗$_{6}$大院之争七年二月□□修道$_{7}$……人李受进$_{8}$……元圣……$_{9}$”

（11）公元1349年（257窟南壁墨笔题铭）

“晋宁路沁州在城$_{1}$……天宁寺僧海荣同来游到……$_{2}$平凉府有十万施主普清$_{3}$交□龙□家……会因来$_{4}$化缘礼拜……$_{5}$大石空寺此处坐施$_{6}$至正九年……$_{7}$”

（12）公元1350年（283窟东壁墨笔题记）

“……至正十年六月廿八日……”

（13）公元1351年（165窟北壁墨迹）

“……至正十一年……”

（14）公元1356年（263窟东壁墨笔题记）

“……至正十六年八月……”

（15）（165窟外北侧阴刻游人题记）

“西安府□□县……至正”

明

（1）公元1374年太祖元璋（165窟口北侧墨笔题记）

“……洪武甲寅春三月初……”

（2）公元1395年（165窟西壁下阴刻游人题记）

“……洪武二十八年八月初十日……”

（3）公元1413年成祖棣（165窟东壁墨书）

“……永乐十三年六月初九日……”

（4）公元1515年武宗厚照（165窟普贤头光内墨笔题记）

“正德十年三月初十日拙造……”

（5）（165窟口南侧墨笔题记）

“大明正德□年$_{1}$春三月十五日……$_{2}$”

（6）（263窟墨笔题记）

“……正德……”

（7）公元1523年世宗厚熜（165窟口北侧墨笔题记）
"……时皇明嘉靖二年岁次五月初一日……"
（8）公元1523年（165窟口北侧墨笔题记）
"……嘉靖二年九月十五日到此……"
（9）公元1524年（165窟口北侧墨笔题记）
"……大明嘉靖三年四月……"
（10）公元1537年（43窟北口墨笔题记）
"……嘉靖十六年八月……
（11）公元1570年穆宗载垕（165窟普贤头光内墨笔题记）
"隆庆四年重修石窟寺保祐祈……"
（12）公元1572年（262窟墨笔题记）
"隆庆六年四月初八日$_{1}$舍阎施主王……$_{2}$"
（13）公元1573年神宗翊钧（113窟墨笔题记）
"……大明万历……"

清
（1）公元1745年高宗弘历（224龛南壁墨笔题记）
"乾隆十年立甲子……"
（2）公元1746年（162窟西壁墨笔题记）
"……乾隆十一年……"
（3）公元1753年（162窟南壁墨笔题记）
"乾隆十八年正月十四日弟子三千……"
（4）公元1778年（165窟口南侧墨笔题记）
"乾隆四十三年闰六月十八日……"
（5）公元1788年（254窟南壁墨笔题记）
"大庆乾隆五十三年岁次己酉四月初八日……"
（6）公元1795年（178窟南顶墨笔题记）
"大清乾隆六十年二月……"
（7）公元1796年仁宗颙琰（240窟口南侧墨笔题记）
"嘉庆元年三月十五日大会会议陕……"
（8）公元1796年（254窟北侧菩萨上墨书）
"嘉庆元年……"
（9）公元1802年（132龛北壁阴刻题记）
"嘉庆七年十月十七日$_{1}$五人至石窟寺邦工了二月$_{2}$"
（10）公元1839年宣宗旻宁（第1窟外南崖阴刻）
"道光十九年十二月十六日……"
（11）公元1862年穆宗载淳（南9号窟西顶阴刻）
"……同治……"
（12）公元1908年德宗载湉（165窟西壁墨笔题记）

“光绪戊申夏至后三日镇原县令宋运贡游此”

“立定脚跟扫除心地宋牧九又题”

时代无法考据的题记

（1）32 窟南壁残存阴刻题铭一方

“……□心庶□胜冶……十力化□三而□□写月□□□$_{1}$……有□□泊无□大□沦溺宏开盖$_{2}$□……魄游月凝神驰紫烟永固层□□$_{3}$……海田……$_{4}$……而不……$_{5}$……为……$_{6}$”

（2）同上窟另一阴刻题记

“真明氏惠州霍丘县人也$_{1}$佛弟子刘□一心供养$_{2}$泾原弟子周□川题……$_{3}$”

（3）同上窟阴刻题记

“……弟子曹季才记之”

（4）40 窟墨笔题记

“黎昌路使宜郡总帅府□来……”

（5）42 窟南顶墨笔题记

“……卿赵……和政□年岁……”

（6）同上窟墨笔题记

“……庆五……”

（7）45 窟南顶墨笔题记

“……中七年正月……”

（8）85 窟南壁女供养人莲瓣墨笔题记

“丙申四月初八日□□$_{1}$旗□伸同到此寺$_{2}$院住二宿□至$_{3}$□省园……$_{4}$”

（9）85 窟北口墨笔题记

“……德顺……”

（10）85 窟墨笔题记，左起四行

“壹峰郝唐公来住池$_{1}$边以大暑中挈家游此$_{2}$顿觉清爽经夕而□宁□$_{3}$甲辰季夏二日男竞之侍行$_{4}$”

（11）151 窟西顶墨笔题记

“原州崇宁寺僧……”

（12）159 窟墨笔题记

“……巩昌□□仁寿寺……”

（13）165 窟口北侧顶墨笔题记（一段为砖墙所盖，图 441）

165 窟口北侧下墨笔题记（一段为砖墙所盖，图 442）

（14）165 窟外南侧阴刻题铭

“窟宅广深高大凿之者其神欤余$_{1}$尝游回中之龙翔寺与南山之庆寿$_{2}$寺方此其□矣夫长安何常德同题$_{3}$石之有窟非一日之□也其工非一人之力也$_{4}$以余今之望昔□相后千百世□人之$_{5}$望余今日也戊亥岁孟秋廿有

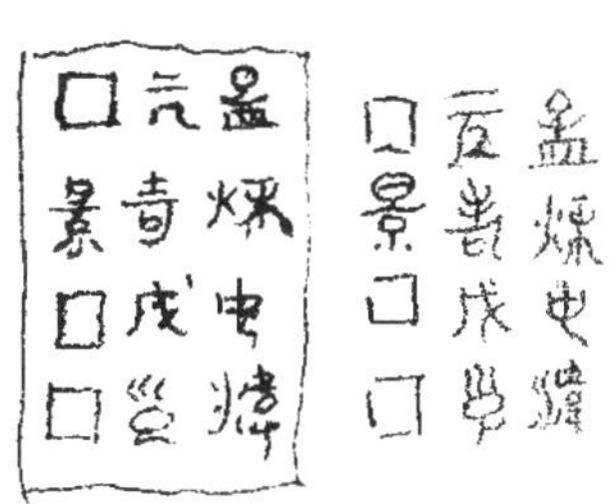

图441 第165窟口北侧顶墨笔题记

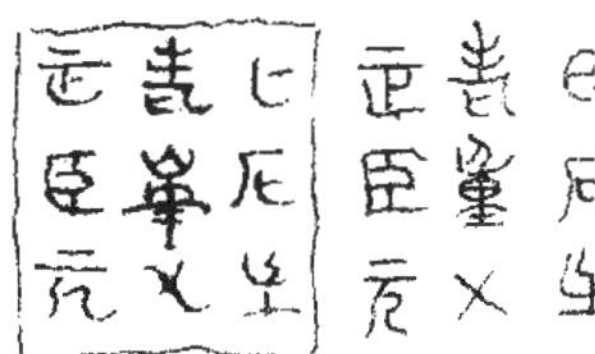

图442 第165窟口北侧下墨笔题记

一日□□$_{6}$”

（15）165 窟口南侧上墨笔题记（前段为墙所遮）

“……七月廿九日镇原$_{1}$人张伯祐祐之同$_{2}$跟璲张光至此瞻礼$_{3}$如来抵暮仆李有等侍$_{4}$众张世鸣$_{5}$”

（16）165 窟口南侧上墨笔题记

“御笔题诗不敢留$_{1}$小僧惊见鬼神愁$_{2}$常将法水频频洗$_{3}$上有$_{4}$龙光射斗牛$_{5}$”

（17）165 窟口南侧墨笔题记（左起二行）

“古原郭道齐之官北幽辛丑六月……$_{1}$正浣过此瞻檀石像一夕$_{2}$”

（18）165 窟口南侧下墨笔题记（后段为墙所遮）

“奇工怪迹孰雕镌闻说神灵$_{1}$造圣缘高廓一龛开古佛并$_{2}$包万象见西天僧为千钵圖$_{3}$前释民是桃源洞里仙何因$_{4}$空同为隐逸此中真可老参禅$_{5}$空同逸人宋万年自$_{6}$庆阳还泾渭过此偶$_{7}$作时仙尉王良辅里$_{8}$人杨几先曹季霖白$_{9}$泽民王用上赵蓬老$_{10}$安敦仁同游承院室$_{11}$惠师出□馔至醉……$_{12}$”

（19）165 窟西壁上墨笔题记

“乙丑年七月十四日早被悟顿打死人命来寺祈祷”

（20）165 窟口北侧阴刻题铭

“……解职彭阳俄复四$_{1}$载光阴易得益使$_{2}$人兴叹因笔以书$_{3}$”

（21）170 龛上阴刻

“……寺有十……宁五年……”

（22）204 窟阴刻

“……甲申……”

（23）254 窟西侧阴刻

“沙门德贞……”

（24）257 窟墨笔题记

“……庚子岁孟夏月十七日……”

（25）262 窟口南侧阴刻（左起二行）

“……僧师□昙……$_{1}$王同游壬申……$_{2}$九前五日因□书$_{3}$”

（26）南第 8 窟口外上阴刻

“张横”

（27）南第 9 窟口外北侧阴刻

“……三月苗仲伦记”

（28）南第 9 窟正龛南侧阴刻

“……霍士贞……”

（29）南第 9 窟外南侧阴刻

“……赵文……”

（30）165 窟东壁墨书

“……事官……时和□四年……”

（31）165窟东壁墨书

"……陕西指挥□□将军前□□……"

（32）240窟口南侧墨书

"……庆丰元年四月十五日"

泾川南石窟寺内容总录*

泾川南石窟寺，位于泾川县东7.5公里之泾河北岸的下蒋家村。石窟群坐北面南，地理坐标：东经107度26分55秒，北纬35度21分48秒，海拔1004米。1988年1月，被国务院公布为第三批全国重点文物保护单位。

南石窟寺当地群众叫佛爷寺。石窟开凿在泾河北岸的黄砂岩崖壁之上，窟群距地面6米。现存窟龛7个，其中有造像的洞窟两个，共计造像44身，石碑2通。其石质与庆阳北石窟寺的石质基本相同，属早白垩纪沉积砂岩，结构酥松，易于雕刻，也易于风化，因而风化残损严重。

据《南石窟寺之碑》记载，南石窟寺开创于北魏永平三年（510），和开创于北魏永平二年（509）的庆阳北石窟寺同为泾州刺史奚康生主持创建，两窟之间相距约45公里，是一对南北对应的姊妹石窟。

南石窟寺现存窟龛中，除第1窟和第4窟有造像外，其他均为小型窟龛，其内无造像。现记录如下：

第1窟

位置：位于窟群东端，当地群众称东大窟。洞窟距窟前地面高差412厘米（图443）。

时代：北魏永平三年（510）

形制：窟内形状为覆斗式顶，平面横长方形。窟高1100厘米，东西宽1720厘米，南北进深1450厘米。平面约23800平方厘米。方形窟门，高296厘米，宽256厘米，门道进深200厘米。门上方开盝形顶明窗，窗约高150厘米，宽100厘米。窗内顶部浮雕尖拱顶窗楣。

造像：窟内现存石雕造像主要有“七佛”及胁侍菩萨、交脚弥勒和窟顶四披浮雕的佛传故事等。壁面原有石刻浮雕，现已风化，大部分已剥落。现分述如下：

七尊立佛，分立于北、东、西三面沿窟壁高90厘米的石坛基上。

正壁（北壁）：三身立佛，通高600厘米。磨光高肉髻，方形脸，细眉凤眼，高鼻小口，嘴角向上微翘，面带微笑，两耳垂肩，颈粗肩窄，身着双领下垂式袈裟，褒衣博带，前襟从胸前折起搭于左臂，内

* 本文由甘肃北石窟寺文物保护研究所宋文玉整理。

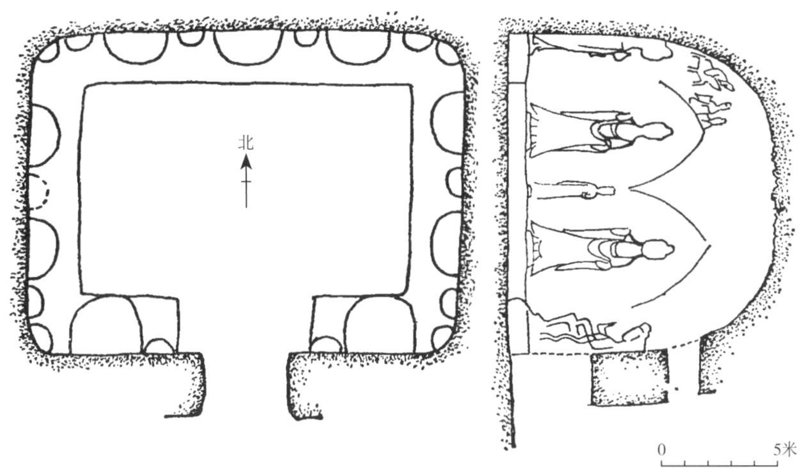

图443 南石窟寺第1窟平、剖面图

衣两层，系带于胸前打结后下垂，外层系带打结后垂于袈裟外。右手于胸前上举，五指并拢，掌心向外，作施无畏印；左手半握，掌心向外，拇指朝食指和中指朝下作与愿印。正壁三身佛基本是一种法相。佛侧雕四身胁侍菩萨，身高350厘米，头戴方冠，宝缯自两侧贴壁高起折下，方脸长颈，面容清秀，身披帔帛，下着长裙，项戴长璎珞。西侧二菩萨右手上举于胸前，左手于身侧自然下垂。东侧二菩萨，靠中间菩萨左手上举，右手自然下垂；东端菩萨右手上举，左手抬于胸前，手中提一香包（图444）。

东壁：雕二身立佛，北侧佛衣纹细密，南侧佛头残，为清代后补

图444 南石窟寺第1窟正壁造像

图445　南石窟寺第1窟东壁造像

修，二佛通高600厘米，着双领下垂式宽博袈裟，左手握衣带，法相与正壁佛基本相同。三身胁侍菩萨，中间菩萨双手合十举于胸前，其他两身与正壁基本相同，风化较严重（图445、446）。

西壁：雕二立佛，通高600厘米，着双领下垂式宽博袈裟，法相与正壁佛基本相同，三胁侍菩萨中间一身已被损毁，两侧菩萨风化严重，形象较为模糊（图447）。

南壁：窟门两侧雕二交脚弥勒菩萨，于交脚弥勒两侧各雕二胁侍菩萨。胁侍菩萨较正壁的略小。二弥勒和四胁侍衣着各自稍有区别，风化残破程度较重，后代多有补修泥层。

窟顶：四面斜披布满浮雕，有树木、山形、飞鸟、屋舍、宝塔、飞天及佛传故事等图形（图448、449）。正壁及左右壁上部佛身光之间也都保存有浮雕，浮雕故事顺序从右向左展开。除去左、右披前端风化剥落外，北披及东、西披后部大体保存完好，其浮雕内容能看清者如下：

东披尚留有树下诞生（已残）、一马、阿私陀占相。

北披从左向右（从东向西）依次为：尼拘陀树，树上有鸟；一塔；宫中观歌舞；逾城出家，四天王捧马腿，一飞天。

西披有树下思惟，白马犍陟辞别。

图446 南石窟寺第1窟东壁北侧佛像

图447 南石窟寺第1窟西壁佛像

树下诞生，这幅浮雕是在东壁上方的窟顶斜披，以残存的位置推断，其前面可能还有一两个画面已残缺掉了。本幅浮雕现石质风化，漫漶不清，可以看出有一树，树下站立人群，可能是摩耶夫人树下诞生太子的画面。这是佛传壁画雕刻中较多出现的一个画面，见于《过去现在因果经》卷一：于四月八日，摩耶夫人于园内右手攀无忧树枝，太子从右胁下诞生。在画面之左上雕有一马，佛经上说，太子诞生时“象生白子，马生白驹，牛、羊亦生五色犊……”推测这匹马就是犍陟马。

阿私陀占相位于东披北侧，树下诞生之后，画面左侧是身穿大衣的阿私陀仙人坐于高几之上，怀抱太子，太子是小佛的形象。画面右侧跪两名头饰高髻、宽衣大袖的侍女，其一举二指面向仙人。这是《过去现在因果经》卷一所记阿私陀仙人为太子占相的场面。

一树一塔，位在北披东端，树上雕一鸟，塔为方形楼阁式，高三层，上有塔刹，每层塔檐上雕出瓦垄，塔身雕出方窗。塔和树出现在佛传故事里，很少见。《佛本行集经·舍宫出家品》讲释迦出家狮子吼处曾立塔，塔侧倚树，名尼拘陀树。这里雕出的可能就是此塔和尼拘陀树的形象。但释迦狮子吼事在逾城出家之后，而这里将它刻在逾城出家画

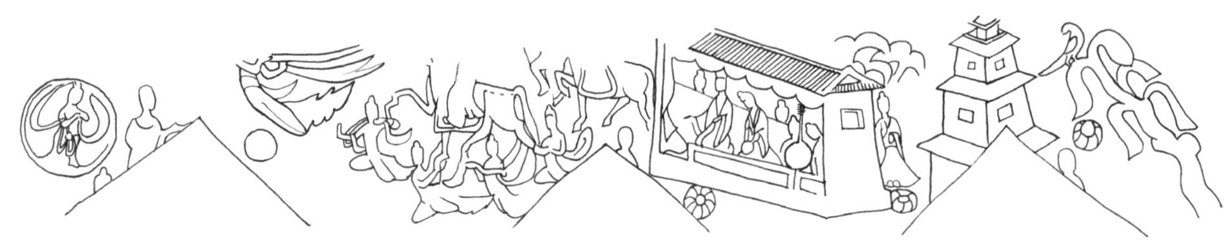

图448 南石窟寺第1窟窟顶正披佛传故事

图449 南石窟寺第1窟窟顶北披东部浮雕佛传故事

面之前的正壁左侧，可能是出于画面构图平衡的需要。

宫中观歌舞，位在北披东侧。一悬山顶的屋宇，内设帷帐，一男一女坐于几上，右侧两人，其一怀抱阮咸，帷屏之后有两人，屋外右侧立一人，屋后有树。这是一表现释迦为太子时，净饭王为了消除太子出家的欲念，宫中配有无数婇女陪伴娱乐的情景。

逾城出家，四天王捧马腿，位在北披正中，紧接宫中观歌舞之后，图中右侧有一马，备有鞍鞯。前面有一驭者。马作行走状。左侧一马，备有鞍鞯，上有乘者（上身残），由四天王捧马腿，天王都作飞行之状，袒上身，下着裙，飘带迎风，表现太子出家的情景。此外，在北披左侧，逾城出家之前方，还雕有一飞天，可能表示王师往返，将王师雕成飘逸的飞天形象。

树下思惟、犍陟辞别，位于西披西侧。大树下坐一舒相菩萨，一马前膝跪在菩萨前。入居山林修行之后，乘坐了多年的犍陟马将要离别太子，被遣还王宫。这个人格化了的马，表现出了依依不忍离去的情景。

南披（前披）明窗东侧，雕有三人骑马并立，可能是三太子出游，深山遇虎画面的残留部分，属萨埵太子本生故事。

窟门外东壁，树立一通清代道光年间题为《重修石窟寺碑记》的石碑，碑高 164 厘米，宽 62 厘米；西壁凿一竖形浅龛，似为镶嵌石碑而凿，但其碑已不存在。窟外两侧，开二浅龛，内雕二力士，东侧龛高 219 厘米，宽 124 厘米，力士身高 210 厘米；西侧龛高 225 厘米，宽 137 厘米，力士高 213 厘米。二像均风化严重，形象已模糊不清。后世用灰砖修造了龛檐。

保存现状：洞窟潮湿，风化严重，顶部形制及浮雕几乎风化剥落殆尽。东壁南侧佛头是清代用泥重修的，胁侍菩萨衣饰多被清代重修过，西壁一胁侍菩萨被毁坏，南壁西侧弥勒菩萨方座被后代人用泥巴修成狮子状。西侧及上部明窗以下塌陷，后代用青砖砌筑补修。弥勒两侧用四根木柱支顶，上部用青砖砌护。窟内地面是 20 世纪 90 年代用水泥块铺整的。2011 年对窟外护栏进行了重新修造。

第2窟

位置：第 1 窟西侧。

时代：唐

形制：平顶长方形洞窟，高 217 厘米，宽 348 厘米，进深 405 厘米

造像：窟内无造像，有炕台遗迹，可能曾用作僧房。

保存现状：窟内壁面较粗糙，有铲凿的痕迹，后人用红砖砌筑门窗，门高 220 厘米，宽 89 厘米，窟内现放置文管所杂物。

第3窟

位置：第 2 窟西侧。

时代：唐

形制：平顶方形洞窟，高 217 厘米，宽 276 厘米，进深 183 厘米。

造像：窟内无造像，修有锅台，可能是僧人生活中的厨窟。

保存现状：窟内壁面较粗糙，有铲凿的痕迹。后人做了砖砌前墙和木质门窗，门高 214 厘米、宽 89 厘米。窟内修筑锅台，现闲置，存放杂物。

第4窟

位置：第 3 窟西侧，当地人称东小窟。

时代：唐代开凿，宋代重修。

形制：平顶长方形洞窟，高 301 厘米，宽 307 厘米，进深 430 厘米，窟门高 240、宽 115 厘米。

造像：窟内正壁凿基坛，坛高 75 厘米，坛上原雕一佛二菩萨。现存造像为宋代彩塑的三身菩萨，主尊高 153 厘米，为舒相莲座菩萨，右侧菩萨结跏趺坐于圆形莲座上，座下雕一卧象；左侧菩萨结跏趺坐于圆形莲座上，座下雕一卧狮。东西两壁下层彩塑十六罗汉，高 55 厘米；上层彩塑八菩萨和六力士，菩萨身高 50 厘米，力士身高 40 厘米。清代

以后均进行过重修妆彩。

保存现状：该窟与第 1 窟相比较为干燥，风化程度较轻，彩塑颜色明显，后代多次进行过重修，文物价值相对较低。

第5龛

位置：第 4 窟西侧崖面。

时代：唐?

形制：圆拱形浅龛，高约 130 厘米，底宽 100 厘米，深 30 厘米。

造像：龛内原为一佛二菩萨，现已风化殆尽，仅留残迹，难以辨认。

保存现状：龛形和造像风化严重，仅留残迹。

第6窟

位置：窟区西端崖面中层，距地面约 600 厘米处。

时代：唐?

形制：圆拱顶，敞口中型窟，残高约 200 厘米，宽 150 厘米，进深 220 厘米。

造像：窟内无造像。

保存现状：窟形残破，风化严重。

第7窟

位置：窟区西端崖面上层，距地面约 750 厘米处。

时代：唐?

形制：立面呈方形，敞口，高约 180 厘米，宽 150 厘米，深 160 厘米。

造像：窟内无造像。

保存现状：距地面较高，风化严重，仅留残迹。

南石窟寺之碑

南石窟寺之碑是一件珍贵文物，现存于王母宫石窟文管所院内之碑亭（图 450、451）。碑高 225 厘米，厚 17 厘米，宽 103 厘米。碑额阳文隶书“南石窟寺之碑”，碑阳文字可辨读者尚有 650 余字。碑阴为官署和人名。现录碑文如下：

石窟寺主僧斌

南石窟寺之碑

夫玄猷冲冏而繁霞尘其晖冥渊澄镜而途绮波式其涧□使神□□玄俗流□□□□□/使三有纷离六尘器翳轮回幽途迷趣靡返者也是以至觉垂悲拯彼沈溺阐无□□□/火宅秉洪一之维则腾□于渺境□夕晖□□之旦大千瞩常乐之□□风既□□□□/若不迁之训周诲于昏明万化兹□

之范□播于幽显通塞归乎□□行藏盛□□□□/皇帝陛下圣契潜通应期纂历道气笼三才之经至德盖五常之纬□唐[康]□□魏□□□/五教遐融礼风远制慈导开章真宗显诰□[戒]□羁乎有心政□变乎□才彼岸□□□□/于兹将济矣自惟鸿源帝乡庇邻云液议踪翼亲论畴懿胕荣要山河连基齐晋遂得□/金于云阶斑爵五等垂玉于丹墀内备帏幄永委霜□专节戎场辟土之勋［功］未申耀威□/志靡逮岂谓乾荫云敷皇泽雨洒冲旨偏加春华交暎契约雨岳耀轩三蕃列土□□□/崇海量不[介]焉闵酬遂寻案经教追访法图冥福起于显誓[世]鸿款发于涓心悟寻训旨建□/厥泾阳简兹名埠重峦烟蔚景气之初交川流泱瀁鲜荣之后畅飞峭合霄玄崖吐液□/峙冥造之形风水萧散嗂[喤]韻之势命匠呈奇竞工开剖积节移年营构乃就图双林之遗/于玄堂頮住圣之鸿□[京]则巍嶷于□[虚]室群像垂霄冏[日]之朗众□表□[珠]光之鲜晔晔焉若□/鹫岌岌焉如踊出之应法机又构以房馆建之堂问[门]藻洁渟[停]津荫□殊仞□宇禅区众□/穷微之僧近跧通冢[寂]之儁□尘言诫禆乎治端豪绩瑍乎不朽刊铭□□遂兴颂曰

修修冥造寥寥太虚动以应有静以照无穹经垂像□化亦敷□□□[纷]□道隐昏途造系□□□/四包[色][俗]流竞波爱根争殖回住幽衢沉沦□或圣觉匪遥真图言至哉大觉持畅灵咨/廓兹圣维大千被化幽境蒙□[晖]□[潜]神吐曜应我皇机圣皇玄感协扬治猷道液垂津冥（祐）/九区慧镜长幽三乘既驾六度□[斯]流飡沐法膏□[澡]心道津鸿源流□是近是亲均戚（感）遐旧□□/躬闵款建斯嘉回[因]重阿叠巘蔚映阳川邃户飞窗翠错□[玉]妍双□[林]运[远]矣遗仪更鲜□□/永诠

大魏永平三年岁在庚寅四月壬寅朔十四日乙卯使持节都督泾州诸军事平西将军□［兼］□［华］/泾□［二］州刺史安武县开国男□[奚]康生造。

碑阴录文仅留残迹：

第一排

平西府长史河[南][陈][平]/司马敷西男安定皇甫慎/录事参军扶风马瓒/功曹参军宁远将军华容男□□字元若昌黎人/仓曹参军奋威将军赭阳子梁瑞字乡□天水人/中兵参军略阳王□□广/府主薄[簿]天水尹字庆安/外兵参军金城赵怍字兴庆/骑兵参军事督护安定内史辽西段迤字丰口/长流参军昌黎韩洪超/城局参军新平冯澄字清□/参军事[“事”字衍]冯翊□□/□鹰扬将军参军事北海邴哲□别驾从事史/安远将军统军治史安[“安”字衍]/征虏将军安定内史[临]/太守朝[那]/新平太守参[军]/宁朔将军赵平太守临泾县开国/陇东太守领汧□[阳]戈河古[“古”字衍]/别驾从事史安定胡武伯/平漠将军统军兼别驾主簿安定胡文安/主簿平凉员祥/主簿□□/别驾从事史安定梁僧授/西□□主簿赵平声

图450　南石窟寺之碑（碑阳拓片）

第二排

铠曹参军赵□/田曹参军□□董辩默/曹……达/……史安定□□询/……阳王胤祖……平雷炽/……原郭松茂/……安定席道原[源]/

图451　南石窟寺之碑（碑阴拓片）

……张广□ / 事□平凉员英 / 部郡从事史冯翊□雍芝 / 门下□北□神符 / 省事安定胡季安

第三排

成□幼……哲 [诚]/ □□鸠故以别□之 / □□施于……温饱 /……往……/……终后袭封者 / 常……/ 兄弟不得独自跨拥□ / □□□不分孙故川□ / 安定郡丞沛国刘□ /……济□侯安定胡刚 / 新平□□京兆李之□ / 超……上谷赵椿 / 陇……冯法孙 /……令阳子武威阴 / 临泾令……河

第四排

□□令南阳□□ / 临洮太守 / 令……/ □得令□部罗宗 / 觚令……姚……/ 阴密令扶风马元咸 /……进 / 抚……

甘肃省图书馆研究馆员党燕妮在其《〈南石窟寺碑〉校录研究》一文中，根据《甘肃新通志稿》、《盾园金石录跋尾》、张维《陇右金石录》等书中的录文，以及陈万里先生1925年对南石窟寺调查时对该碑的录文，又对照《陇东石窟》一书中张宝玺先生的录文和日本《书品》1988年第297期台湾赖鹏举先生依西川宁所藏拓本的录文、断句，并参照杜斗城教授所藏本碑拓片及国家图书馆藏梁启超当年所藏拓片，对照原碑，参考前述释文，对《南石窟寺之碑》正面碑文重新作了释读、断句，谨录于下：

石窟寺主僧斌

南石窟寺之碑

1　夫玄猷冲冏而繁霞塵其晖，冥渊澄镜而绮波惑其泂。□（使）（神）□（灭）□□（于）俗（流）。□□□□□□□□□。

2　使三有纷离，六尘嚣翳，輪迴幽塗，迷趣靡返者也。是以至觉垂悲，拯彼沉溺，阐三乘之□□，□□□

3　火宅乘湛一之维，则腾道于妙境。正念晖盛昰之旦，大千嘱常乐之（净）。□□风既□，□□□□□□

4　若不迁之训，周诲于昏明，万化无亏之范，永播于幽显，通塞归乎有缘，行藏盛（乎）□□，□□□□□

5　皇帝陛下，圣契潜通，应期饔历，道气笼三才之经，至德盖五常之纬，启唐□□魏气□□□□□□

6　五教遐融，礼风远制。慈道开章，真宗显诰。戒纲羁乎有心，政聚变乎□□。彼岿起□□□，□□□□

7　于兹将济矣，自惟鸿源帝乡，庇邻云液，议踪翼亲，纶畴懿腑，荣要山河，连基齐晋，遂得□□□□□

8　金於云阶，斑爵五等垂玉于丹墀，内备帏幄，永委霜绒，专节戎场，辟土之效未申，耀威□□□□□

9　志靡建，岂谓乾荫云敷，皇泽雨洒，冲旨偏加。春华交暎。势均两岳。跃轩三蕃。列土□□。□□□□。□

10　崇海量，爪焉罔酬，遂寻案经教，追访法图，冥福起于显誓，鸿报发于涓心，悟寻训旨，建□□□□□

11　厥泾阳简兹名埠，重峦烟蔚，景气之初交，川流泱瀁，鲜荣之后畅，飞峭合霄，玄崖吐液□□□□□

12　峙。冥造之形，风水萧散，嗂韵之势，命匠呈奇，竞工开剖，积节移年，营构乃就，图双林之遗□，□□□

13　于玄堂，顿住圣之鸿质，则巍嶷于虚室，群像垂霄冏之朗，众影表珠光之鲜，晖晖焉若分□之□

14　鹫，岌岌焉如踊出之应法机，又构以房馆，建之堂阁，藻洁渟津，荫□殊例，静宇禅区，众□□□□□

15　穷微之僧，近跧通寂之儁，謶尘诫禆乎治端，豪绩瑛乎不朽，刊铭乎（庭），遂兴颂曰：

16 攸攸冥造，寥寥太虚，动以应有，静以照无，穹经垂像。淳化亦敷，嚣□纷藹，道隐昏途。道（经）□□，□□

17 四色，俗流竞波，爱根争殖，回住幽衢，沉沦死或，圣觉匪运，真图诲测，至哉大觉，持畅灵（姿），□□□□

18 廓兹圣维，大千被化，幽境蒙晖，潜神吐曜，应我皇机，圣皇玄感，协扬治猷，道液垂津，冥（祐）□□□□

19 九区。慧镜长幽。三乘既驾，六度（斯）流，食沐法膏，澡心道津，鸿源流衍，是近是亲，均（感）遐旧，□□□□。

20 应躬罔报，建斯嘉因，重阿叠巘，蔚映阳川，邃户飞窗，翠错晖姘，双林运矣。遗仪更鲜，盈晖□□□□

21 永证

22 一　大魏永平三年，岁在庚寅，四月壬寅朔，十四日乙卯。使持节都督泾州诸军事平西将（军）□□

23 泾（贰）州刺史、安武县开国男奚康生造。

□表示无法释读及缺字，（　）表示不确定之字

北石窟寺第165窟三维激光扫描工作*

北石窟寺（俗称寺沟石窟），位于甘肃省东部庆阳市西峰区西南25公里处的覆钟山下。该石窟群始建于北魏，历经西魏、北周、隋唐历代开凿，现存大小龛窟308个，石雕造像2429躯，其中位于窟群中央的第165窟为北石窟规模最大和最具代表性的一个洞窟，为北魏永平二年泾州刺史奚康生所建。

北石窟寺与其西南方向约45公里的南石窟寺遥相呼应，是甘肃陇东地区重要的佛教遗存，以其宏大的规模、久远的开凿历史、精美的造像艺术，与同在甘肃境内的敦煌莫高窟、永靖炳灵寺、天水麦积山等一起，连成一道石窟长廊。北石窟寺于1988年经国务院公布为第三批全

项目执行时间表

项目阶段	项目内容	完成时间
第一阶段 前期准备	勘察测区	2011年11月14日
	扫描测试	11月15日
	灯光布置	11月15日
	拍照测试	11月15日
第二阶段 数据采集	拍照	11月16日
	扫描	11月16日～11月19日
	数据检查	11月20日～11月21日
第三阶段 内业处理	点云拼接	11月25日～12月1日
	封装模型	2012年2月3日～3月5日
	提取轮廓线	3月5日～3月11日
	最终成果	3月15日～3月25日

* 本文由张驰执笔。

国重点文物保护单位。北石窟寺所在地区，其地质岩石属白垩系沉积砂岩，极易风化脱落。虽然国家已经拨专款对北石窟寺的岩体进行加固，并对文物进行了修复。但从长期来看，加固与修理，只能延缓石窟崩塌、风化等病害现象的发生，如何借助最新的科学技术，将北石窟寺的现状数据尽快通过数字化的手段，保存记录下来，显得非常必要。

对于文物特征的记录、文物档案的建立，传统的测绘方式，无论在数据的精度还是完整性方面，都已经显示出诸多的弊端。而三维激光扫描技术的出现，则解决了这一系列的难题。其以激光反射的原理，同步获取目标范围内静态物体表面的海量三维点云坐标数据以及数码照片，再通过计算机重构三维数据模型，以此将文物的现状以及实时变化信息、变化趋势，精确、快捷地记录下来，为文物受损后的修复工作提供第一手的原始数据，并为文物研究提供可靠、详备的资料。但由于三维激光扫描高昂的费用，国内除了敦煌石窟、云冈石窟、龙门石窟、大足石刻等大型的石窟之外，其余中小型石窟保护单位大都还没有条件进行该技术的引入和应用尝试。

2011 年 9 月，北京东方道迩信息技术股份有限公司孙冰总裁决定免费提供公司 Z+F IMAGER 5006i 扫描仪，并出资由公司为北石窟寺第 165 窟进行激光三维扫描测绘工作。10 月 23 日，北京东方道迩信息技术股份有限公司张驰、杨昊雨，文物出版社编审黄文昆和蒋永梅一行，到庆阳北石窟寺进行了实地考察，与甘肃北石窟寺文物保护研究所宋文玉所长就第 165 窟的三维激光扫描工作进行了可行性探讨并初步制订了实施方案。11 月 14 日，公司技术人员刘磊等一行 7 人进驻北石窟寺，正式开始扫描工作。由于正值西北的深秋，天气寒冷，且当地的住宿条件有限，他们克服了各种困难，历时 8 天，顺利完成了扫描工作。

此次扫描工作详细的工作技术流程如下：

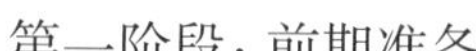

第一阶段：前期准备

1. 勘察测区

数据采集之前，安排三维扫描工程师和摄影师勘察测区。主要包括：确定数据采集范围，设计扫描测站位置、拍照角度，解决现场需求等。初步制定了数据采集方案，为后面的数据采集工作做好了准备。

第 165 窟是北石窟寺最大的洞窟，窟高 14.4 米，深 15.7 米，宽 21.5 米。为了能获得最完整的数据，需要高度不低于 7 米的脚手架，满足在不同的角度扫描和拍照（图 452）。脚手架由北石窟寺文物保护研究所提供。

图452　7米高的脚手架

拍照时，为了获得色彩均匀的照片，需要用到功率较大的聚光灯，由于石窟里面的电线只能用作照明，所以由北石窟工作人员购买了 6 平方毫米的铜线 100 米，为我们解决了用电问题。

2. 扫描测试

三维扫描仪属于精密仪器，考虑到在运输过程中的颠簸，为了确

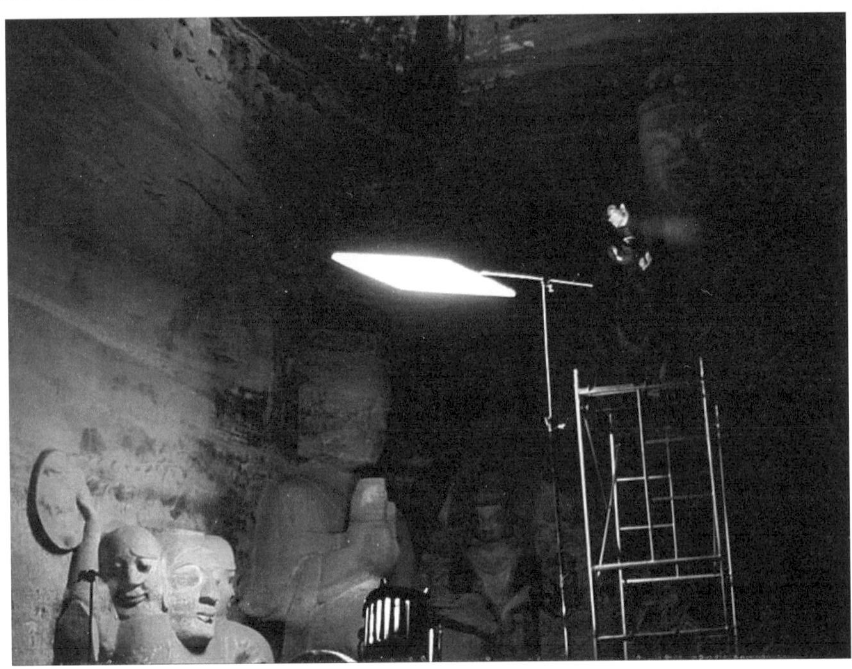

图453　拍照测试现场
图454　拍照工作现场

保仪器正常工作，在每个项目执行之前都要进行开机测试工作。

3. 灯光布置

为了满足拍照要求，准备了 2 个 4 千瓦和 2 个 2.5 千瓦的聚光灯，4 个魔术腿，各种用于反光的泡沫板等。

4. 拍照测试

为了获得分辨率较高的照片，配备了佳能 5D Mark II 系列数码相机，EF 24-70mm f/2.8L USM 镜头和 EF 16-35mm f/2.8L USM 镜头。打开聚光灯，利用测光表调试光照效果，确保拍照区域光源均匀，进行拍照测试，检查拍照效果，保证所拍区域亮度均匀（图

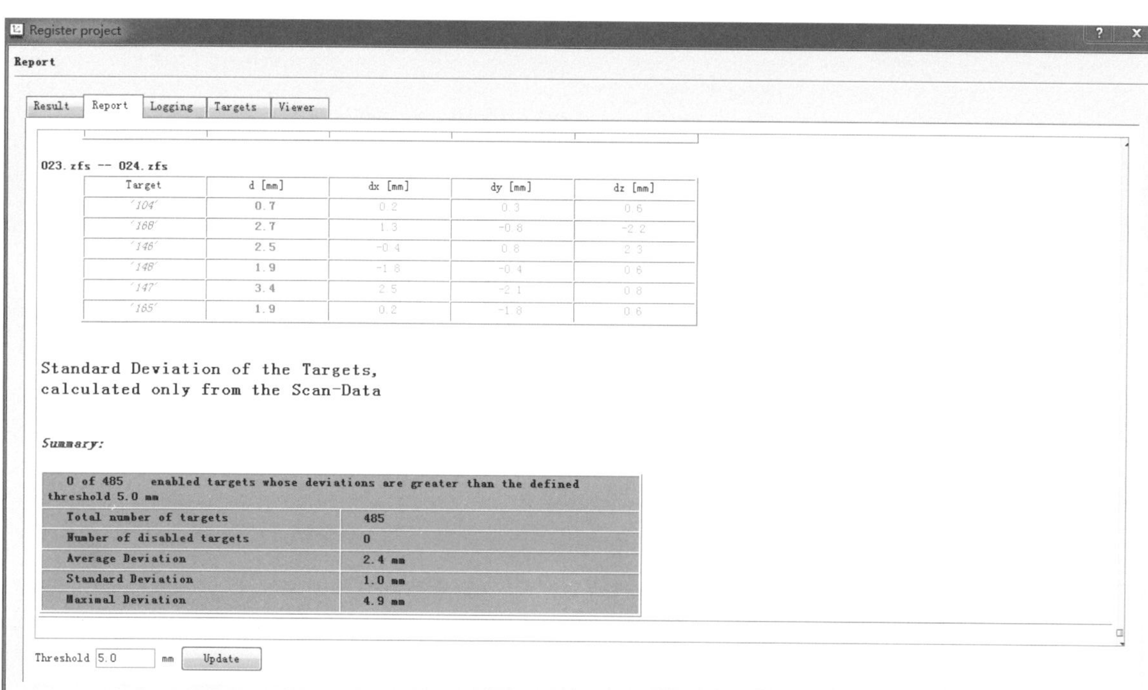

图455　拼接精度报告

图456　封装完成的北石窟寺整体模型

453）。

第二阶段：数据采集

1. 拍照

根据拍照区域的大小和距离等因素，选择不同的聚光灯打光，用测光表测试光照强度，通过调整聚光灯和泡沫板的位置，直至测光表的示数满足要求。分别在佛像右侧面、右前方、正前方、左前方、左侧面等角度拍照，然后在脚手架上继续对佛像较高的地方拍照。本项目中共获取照片 1174 张（图 454）。

2. 扫描

根据佛像扫描精度的要求，使用 Z+F IMAGER 5006i 扫描仪完成了整个测区的扫描工作，共扫描 24 站，其中地面扫描 17 站，脚手架上扫描 7 站。

3. 数据检查

数据检查是数据采集中不可或缺的一部分，采集的照片及时按照佛像进行分类，并检查是否有漏拍的地方；扫描的数据也当天进行拼接处理，检查是否有点云漏洞，并对所有数据和记录进行双备份。

第三阶段：内业处理

1. 点云拼接

点云数据获取完成后，各个扫描站的坐标系统是相对独立的，需要通过各个扫描站之间的公共点，将不同坐标系下的数据转换到同一个坐标系中，这个过程叫做点云拼接。

拼接时将需要拼接的扫描站点云数据全部导入到点云处理软件中，通常采用公共标靶点拼接的方式。选择其中一站数据为基准拼接数据，分别选取各扫描站数据中的相对应的标靶点，对其周围扫描站进行拼接，逐步进行两两测站拼接，等所有的测站拼接完成以后，即得到完整的扫描数据。

窟内共扫描了 24 站，其中脚手架上的 7 站，主要采集佛像上半部分及窟顶的点云数据，与地面上采集到的数据一起，全部拼接成一个整体数据，平均误差为 2.4 毫米，最高 4.9 毫米，符合限差要求，图 454 为拼接精度报告。

2. 封装模型

封装模型是将预处理完成的点云按照几何算法，构成不规则三角面结构的过程，实质上就是指用许多细小的空间三角形来逼近还原实体对象。

由于被测对象本身的几何拓扑原因或因遮挡效应、破损以及不同测站之间点云数据拼接存在缝隙等原因，会出现部分表面无法测量、采集的数字化模型存在数据破损的现象，后期可通过软件将这些缺失数据补齐。封装完成的模型如图 455 ～ 458 所示。

3. 提取轮廓线

在处理软件中，对封装完成的模型沿着对应的轴线进行切剖，然后分别提取对应切剖面的剖面轮廓线，如图 459 所示。

4. 最终成果

利用激光三维扫描获取的数据，构建三维数据模型，生成点云影像图，在此基础上着手石窟结构图的绘制。依据正投影和点云切片的影像图绘制轮廓线图，再以手工上墨描绘细部，最后于 2012 年 3 月，完成了北

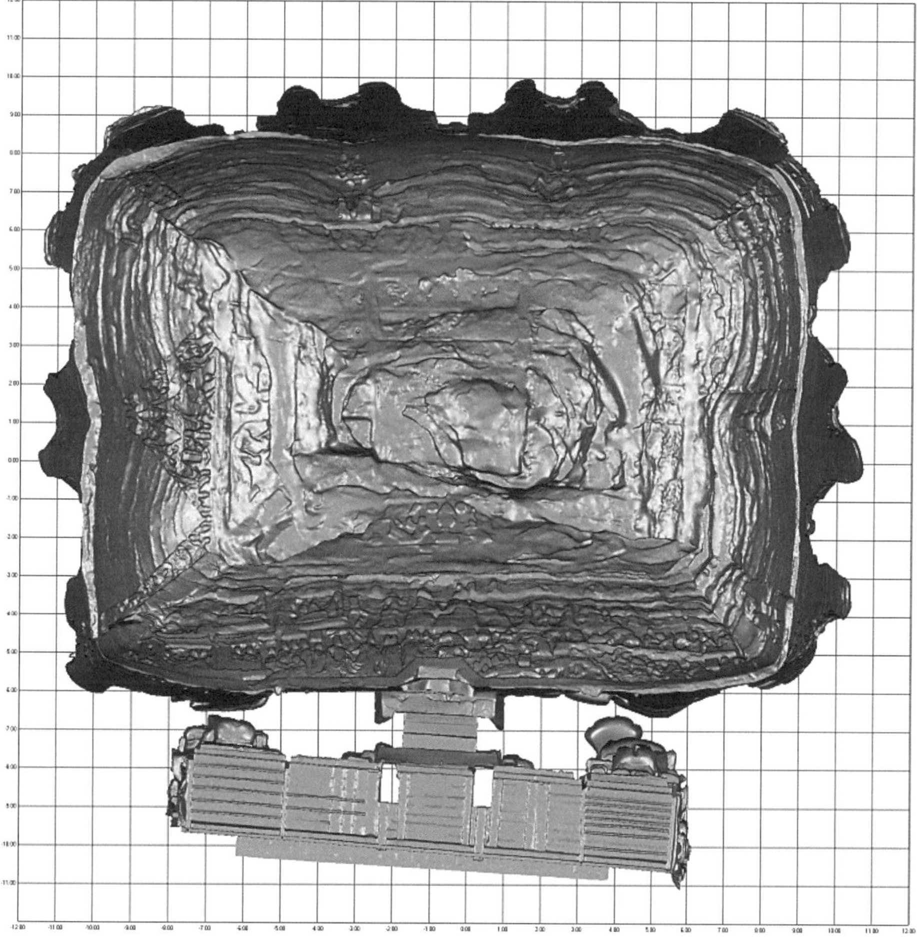

图457 模型正视图

图458 模型顶视图

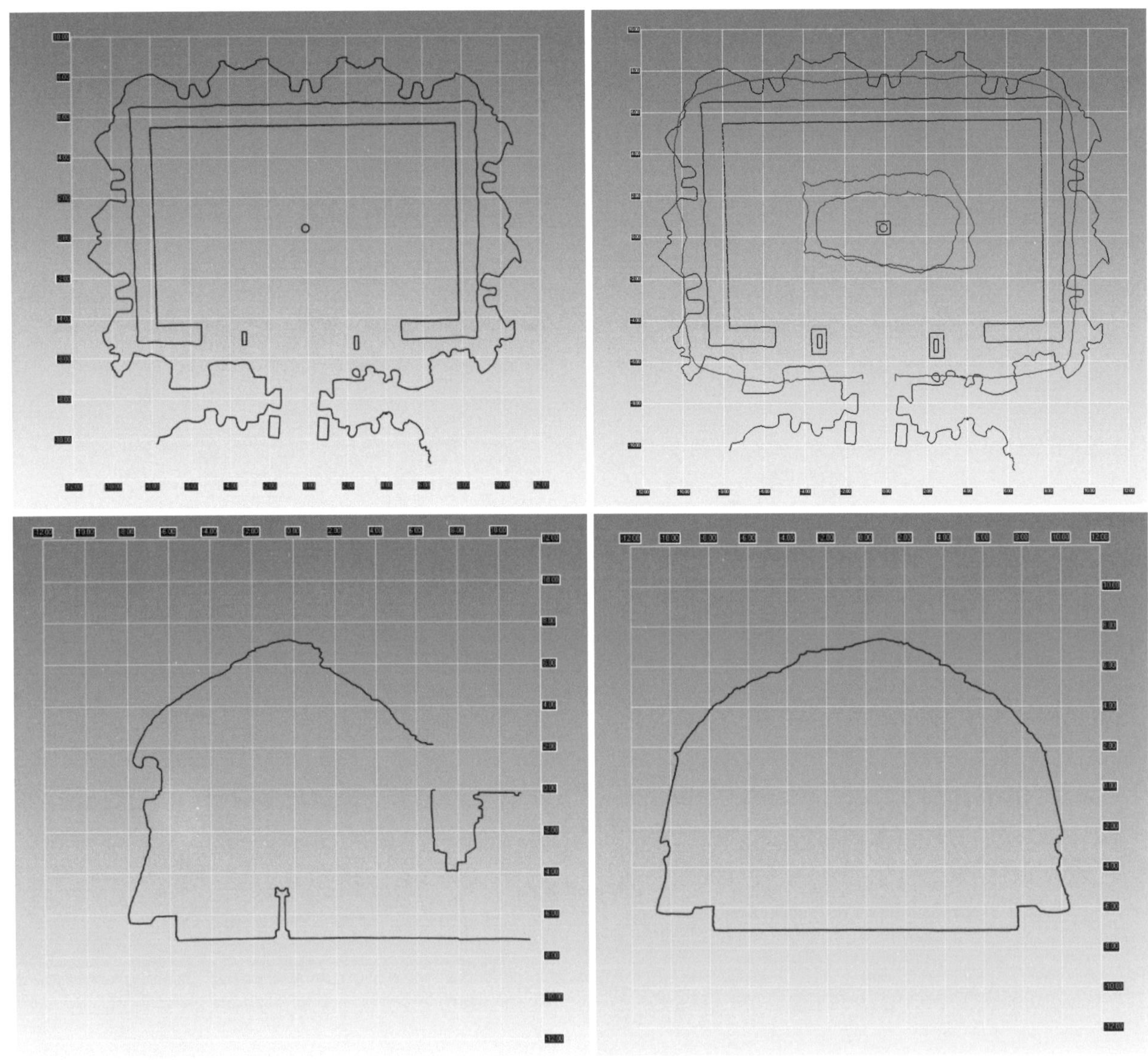

图459　模型剖面轮廓线

石窟寺第165窟现状精确尺寸的洞窟结构专题实测图纸12张（图460～471）。列目如下：

1．北石窟寺第165窟外立面图
2．北石窟寺第165窟平面（C–C）图
3．北石窟寺第165窟平面（D–D）及顶部投影图
4．北石窟寺第165窟纵剖面图（向北）
5．北石窟寺第165窟纵剖面图（向南）
6．北石窟寺第165窟横剖面图（向东）
7．北石窟寺第165窟横剖面图（向西）
8．北石窟寺第165窟东壁立面图
9．北石窟寺第165窟南壁立面图
10．北石窟寺第165窟北壁立面图
11．北石窟寺第165窟西壁立面图

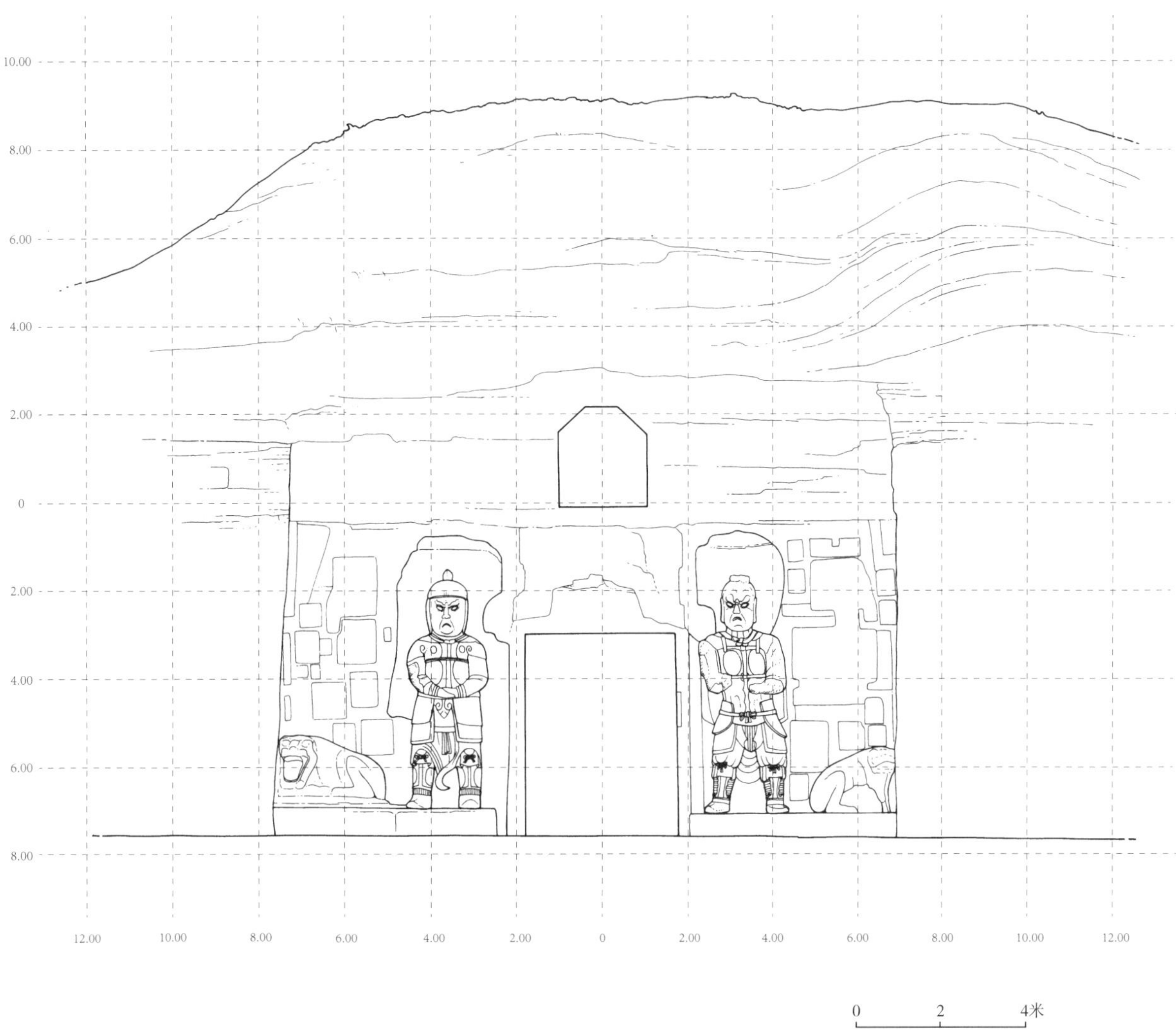

图460　北石窟寺第165窟外立面图

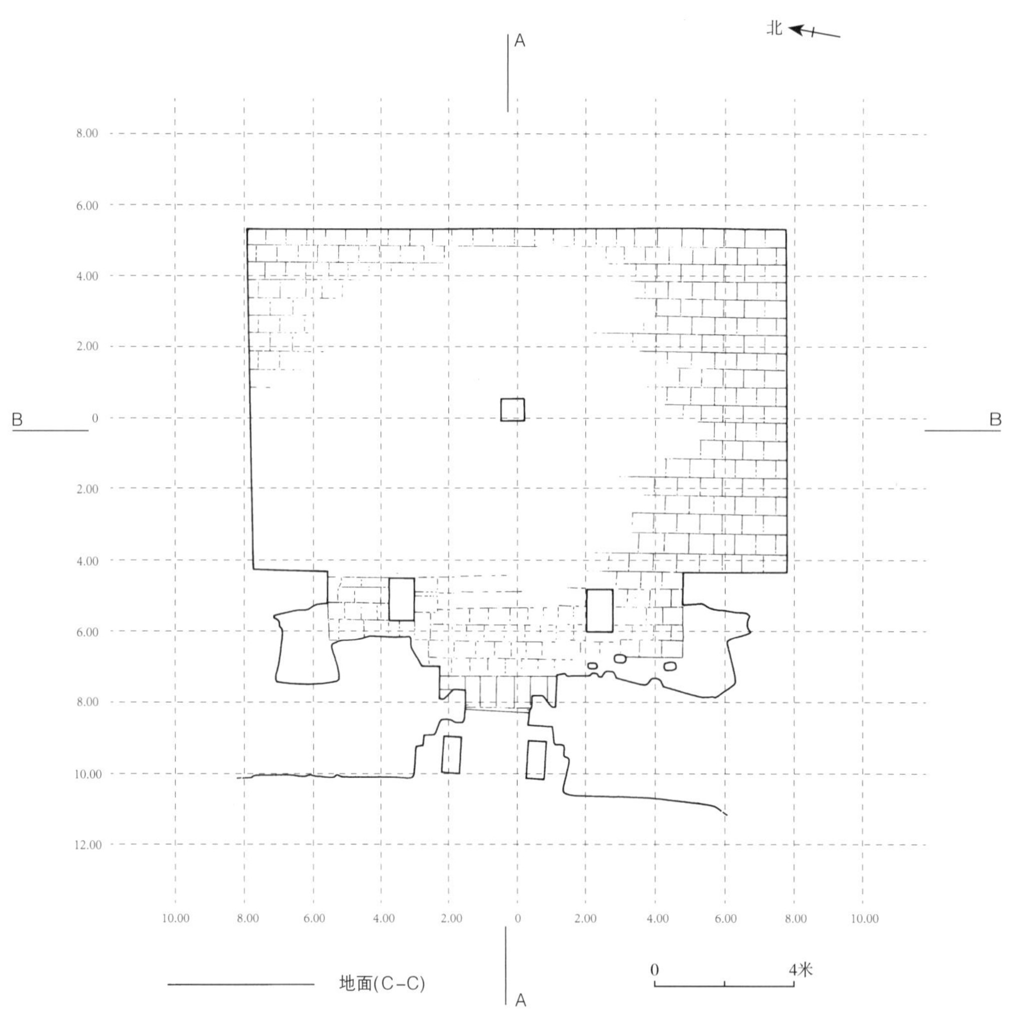

图461　北石窟寺第165窟平面（C-C）图

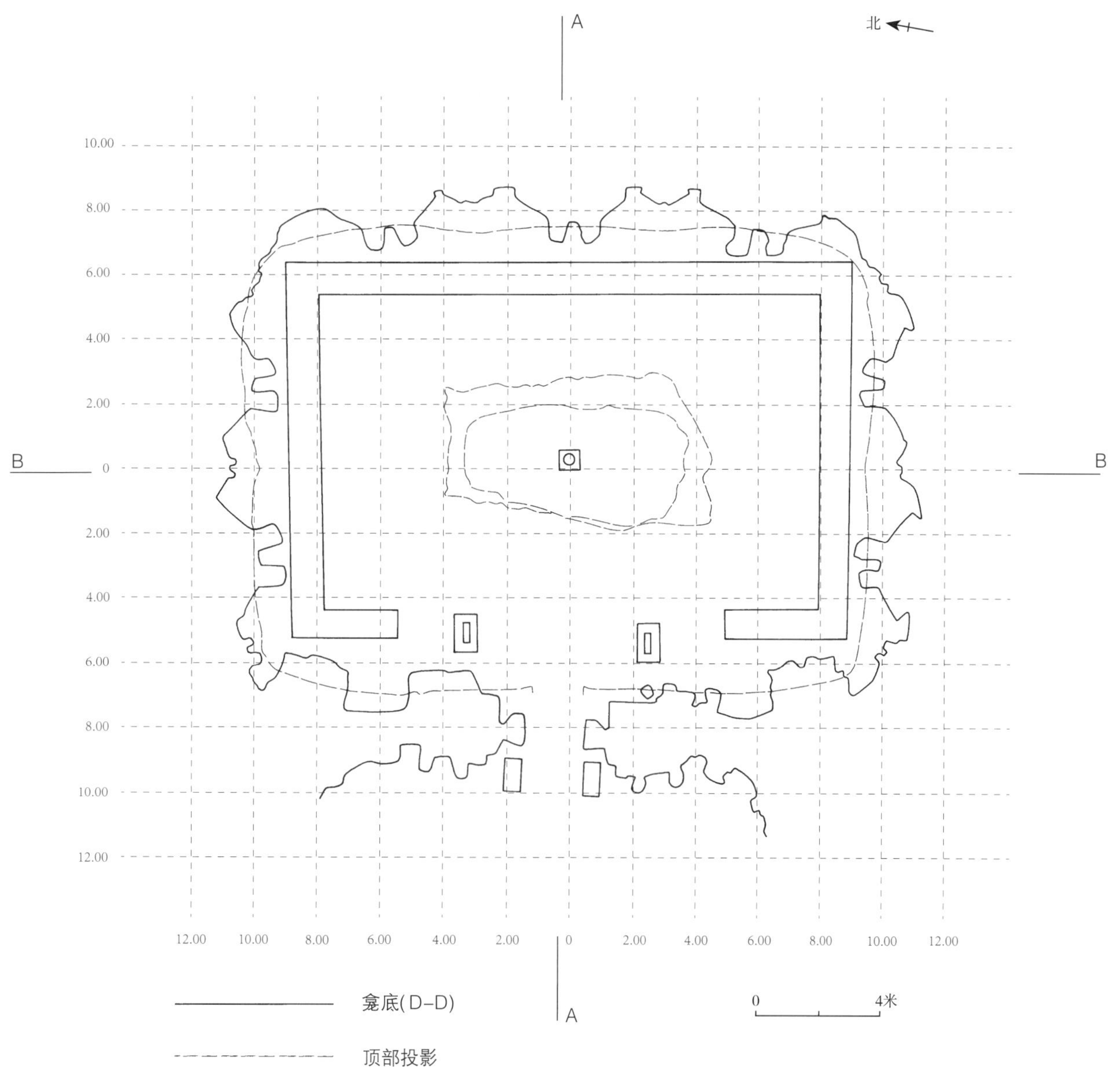

图462　北石窟寺第165窟平面（D–D）及顶部投影图

图463　北石窟寺第165窟纵剖面（A-A）图（向北）

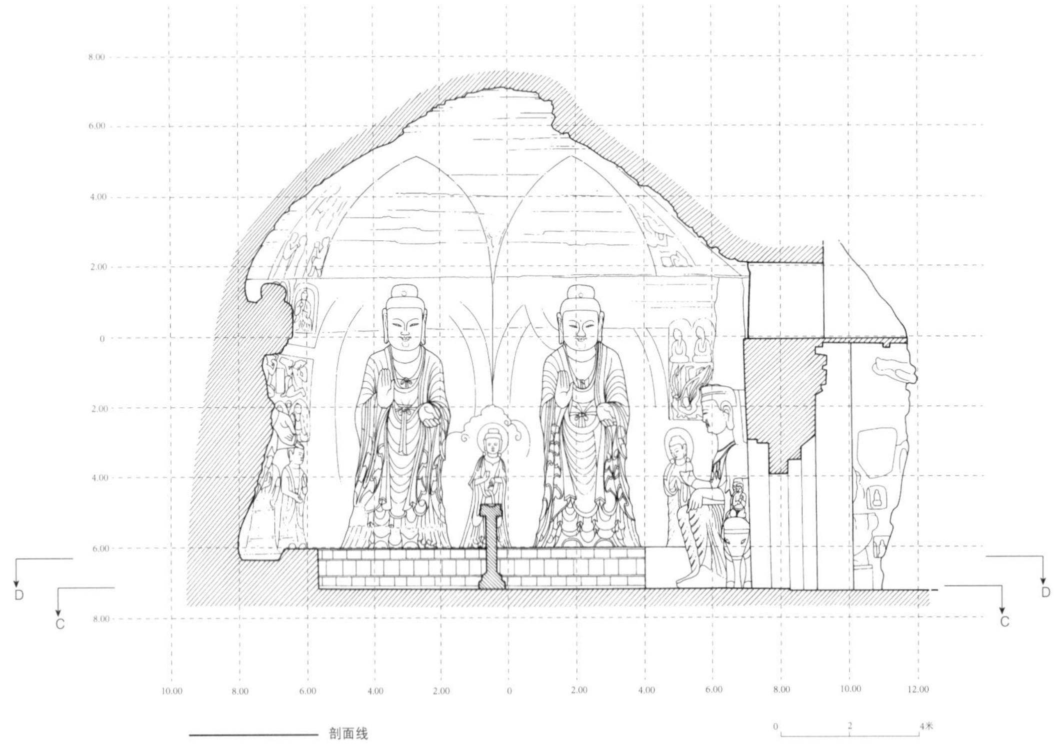

图464　北石窟寺第165窟纵剖面（A-A）图（向南）

图465 北石窟寺第165窟横剖面（B–B）图（向东）

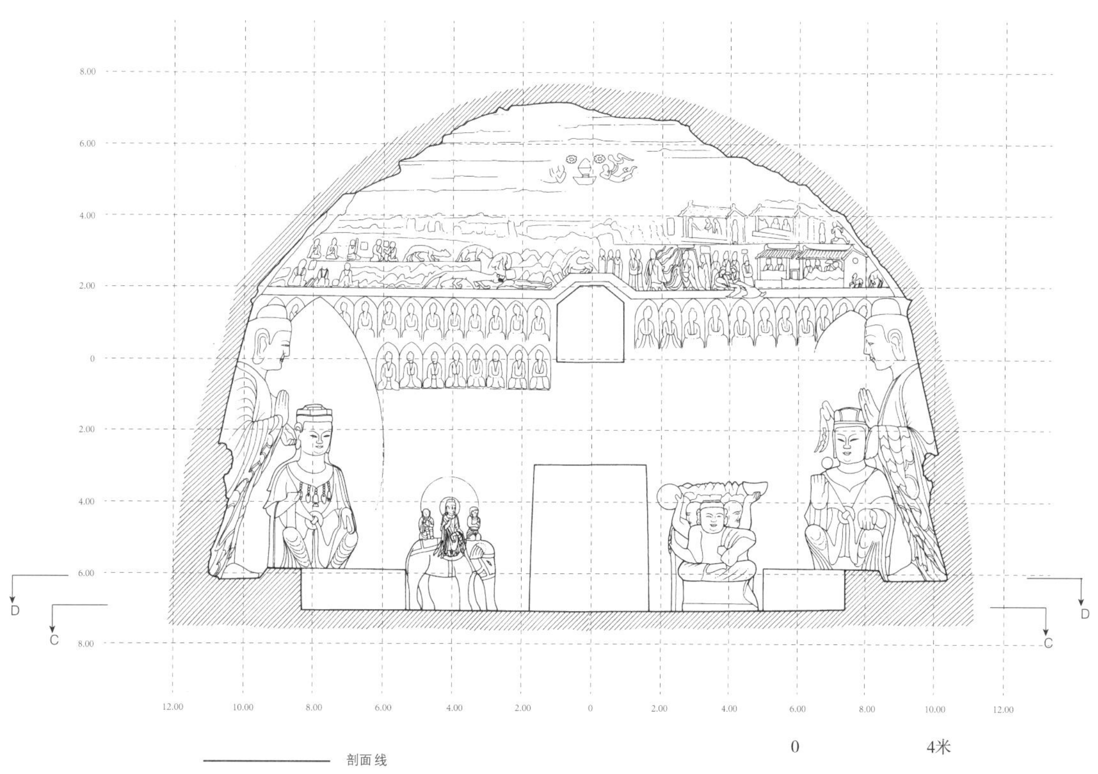

图466 北石窟寺第165窟横剖面（B–B）图（向西）

图467　北石窟寺第165窟东壁立面图

图468　北石窟寺第165窟南壁立面图

图469　北石窟寺第165窟北壁立面图

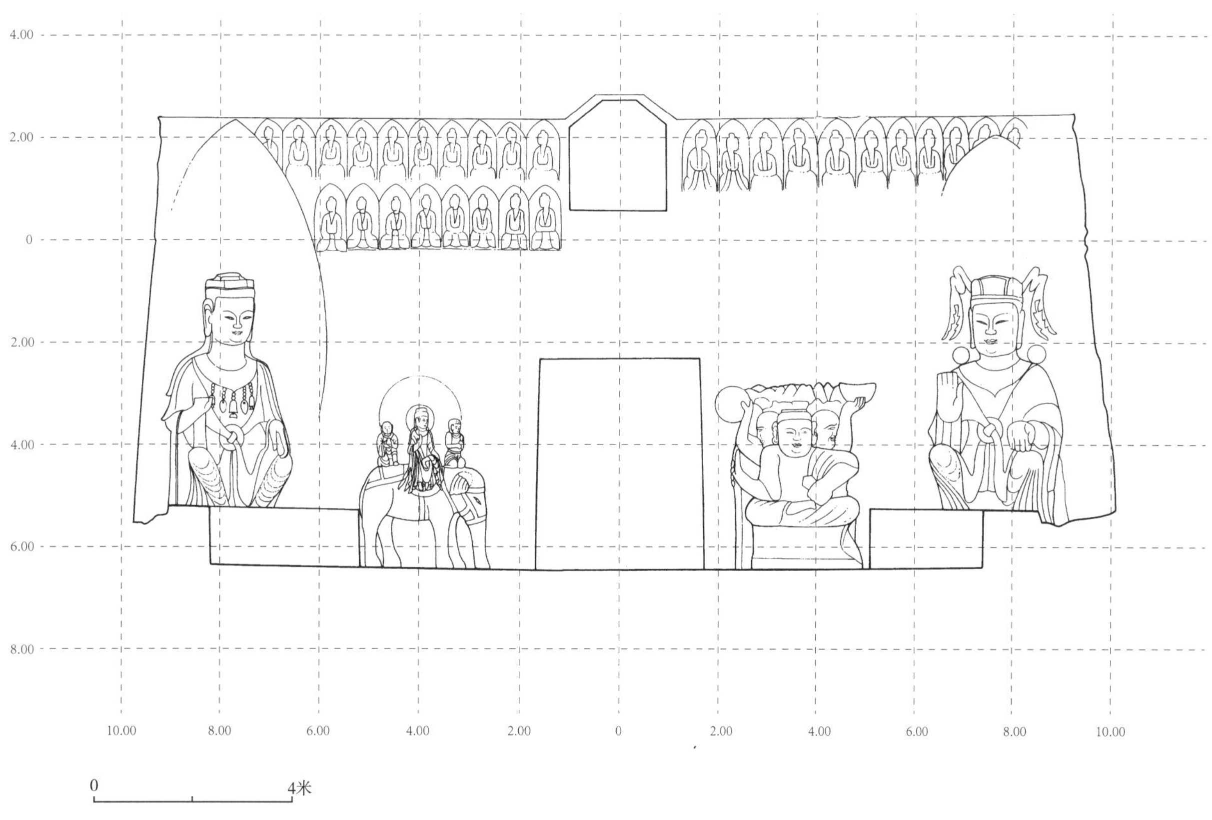

图470　北石窟寺第165窟外立面图

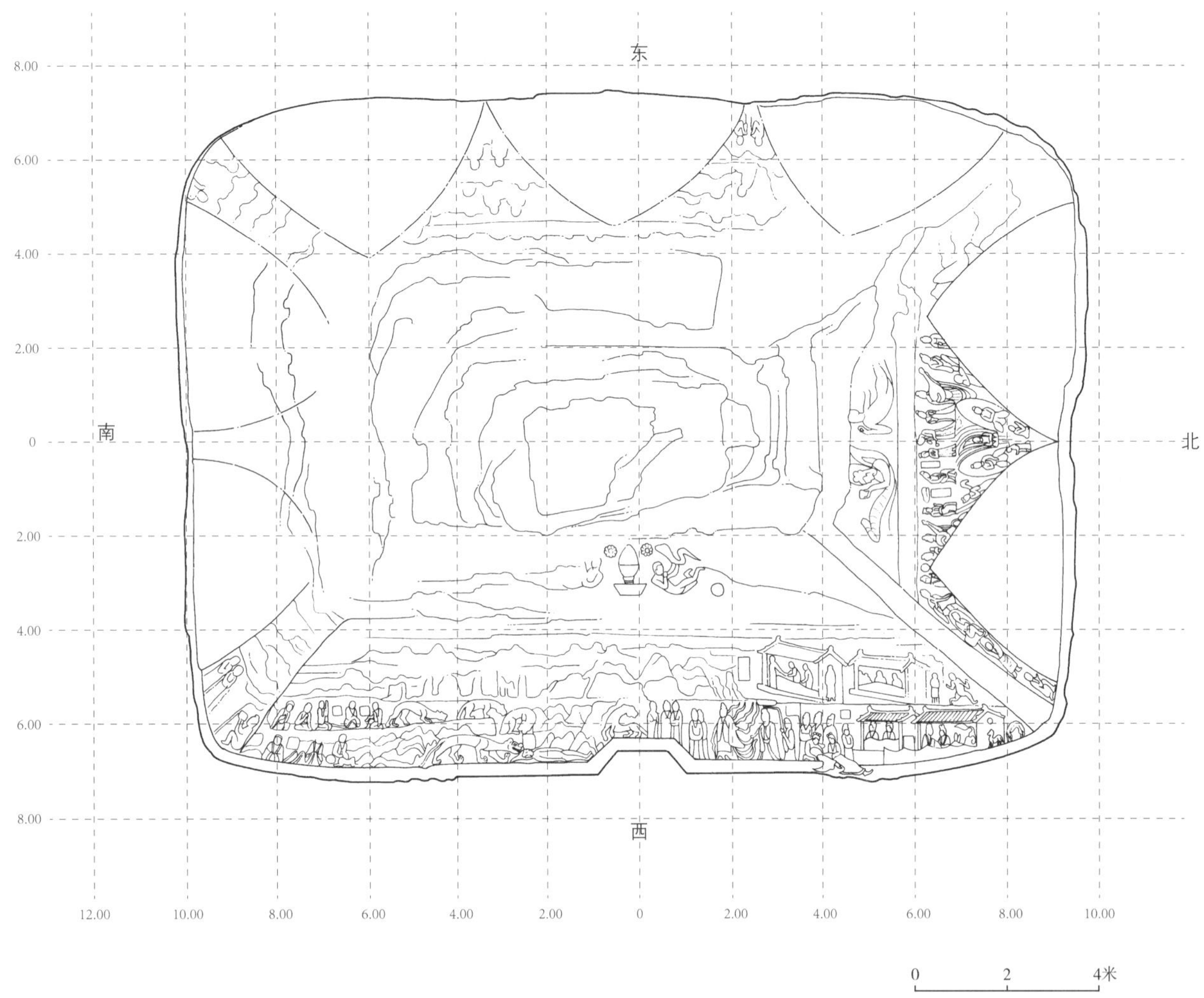

图471　北石窟寺第165窟窟顶仰视图

12. 北石窟寺第 165 窟窟顶仰视图

此次测绘工作具体由杨昊雨、李致东负责，内业处理由郑声远担任，工作中得到黄文昆先生的指导。

北京东方道迩信息技术股份有限公司，主要从事空间信息服务，近年在文物保护领域进行了多方基础调研，将公司的新技术与文物保护工作很好地结合起来，并取得了良好的合作开端，庆阳北石窟寺第 165

庆阳北石窟寺

内容总录

下

甘肃北石窟寺文物保护研究所 编著

文物出版社

图 版 目 录

一　北石窟寺及周围环境

二　北石窟寺远景
三　北石窟寺寺沟门窟群（加固前，北—南）
四　北石窟寺寺沟门窟群（加固前，南—北）

五　寺沟门窟群全景（北—南）

六 寺沟门窟群全景（南—北）

七　第3、9、32窟外景（加固前）

八 第165窟外景（加固前）

九　寺沟门窟群南段窟龛外景

一〇　第44、70、85、135等窟龛外景

一一　第197、210、222、229等窟龛外景

一二　第237、240、244、253、254等窟龛外景
一三　第1窟北（正）壁（唐）
一四　第1窟东壁（唐）
一五　第1窟西壁（唐）

一六　第1窟南壁（唐）
一七　第9窟东（正）壁（唐）
一八　第9窟南壁（唐）

一九　第9窟北壁（唐）

二〇　第9窟9–3号龛（唐）
二一　第9窟9–7号龛（唐）
二二　第9窟9–8号龛（唐）

030

二三　第30龛（唐）
二四　第32窟内景（唐）
二五　第32窟东壁如意年大龛（唐）

二六　第32窟如意年大龛左侧（唐）

二七　第32窟如意年大龛坐佛、弟子（唐）

二八　第32窟如意年大龛右侧菩萨（唐）
二九　第32窟如意年大龛左侧菩萨（唐）
三〇　第32窟如意年大龛南壁力士（唐）
三一　第32窟如意年大龛北壁力士（唐）
三二　第32窟南侧大龛西壁立佛（唐）
三三　第32窟南侧大龛东壁弟子（唐）

32-1
32-2

32-2
32-3

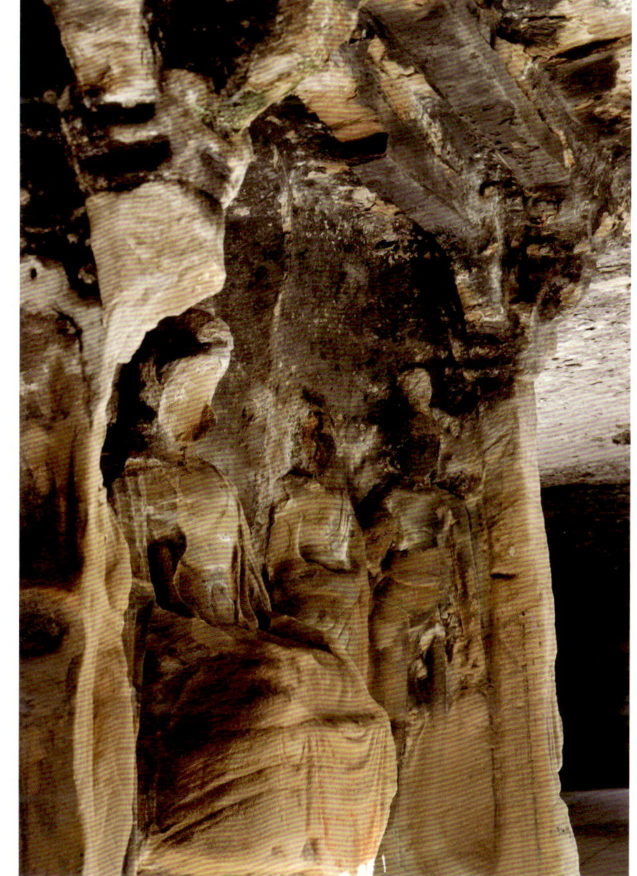

三四　第32窟北壁32-1、2号龛（唐）
三五　第32窟北壁32-3、4号龛（唐）
三六　第32窟中心柱正面32-13号大龛（唐）
三七　第32窟中心柱正面32-13号大龛侧视（唐）

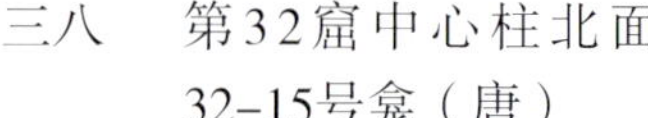

三八　第32窟中心柱北面32–15号龛（唐）

三九　第32窟中心柱东面32–16、17号龛（唐）

四〇　第32窟中心柱南面32–18号龛（唐）

四一　第32窟中心柱南面32–19号龛（唐）

四二　第35窟北壁（宋）

四三　第35窟北壁35-5号龛（宋）

四四　第35窟北壁35-6号龛（宋）

四五　第37窟东（正）壁（唐）

四六　第37窟南壁（唐）

四七　第37窟南壁37-1号龛（唐）

四八　第37窟南壁37-4号龛（唐）

四九　第39窟北壁（唐）
五〇　第41龛（唐）
五一　第41龛东壁南侧浮雕（唐）

190

五二 第41龛东壁上部飞天（唐）
五三 第41龛北壁天王、狮子（唐）
五四 第41龛南壁天王（唐）
五五 第41龛南壁天王局部（唐）
五六 第41龛北壁狮子（唐）
五七 第42窟南壁（唐）

五八 第44龛北壁上部二佛并坐（西魏）
五九 第44龛北壁佛龛（西魏）
六〇 第44龛南壁佛龛（西魏）
六一 第44龛北壁龛下供养人（西魏）
六二 第44龛南壁龛下供养人（西魏）

六三　第45窟东（正）壁（唐）

六四　第46龛（隋）

六五　第48龛（隋）

六六　第50龛（隋）

六七　第53龛（隋）
六八　第55龛（隋）
六九　第57龛（隋）

七〇 第60窟外观（北周）

七一　第60窟东（正）壁（北周）
七二　第60窟北壁坐佛、弟子（北周）
七三　第60窟南壁坐佛（北周）

七四　第70窟外观（西魏）

七五　第70窟中心柱西（正）面70-1、2号龛（西魏）

七六　第70窟中心柱北面70–8、9号龛（西魏）

七七　第70窟中心柱北面70-10号龛（西魏）
七八　第70窟中心柱南面70-4号龛（西魏）
七九　第70窟中心柱南面70-5号龛（西魏）
八〇　第70窟中心柱南壁70-6、7号龛（西魏）

八一　第71龛（北周）

八二　第71龛北壁菩萨（北周）

八三　第72龛（隋）

八四　第81龛（隋）

八五　第82龛（隋）

八六　第85窟东（正）壁（隋）

八七 第85窟东壁北侧菩萨（隋）
八八 第85窟东壁南侧菩萨（隋）
八九 第85窟北壁（隋）

九〇　第85窟南壁（隋）

九一　第93龛（隋）

九二　第96龛（北周）

九三 第97龛（隋）
九四 第103龛（北周）
九五 第105龛（北周）

九六　第106龛（北周）

九七　第109龛（隋）
九八　第113窟（北魏）

115

九九　第113窟北壁供养人（北魏）
一〇〇　第113窟南壁供养人（北魏）
一〇一　第115龛（隋）
一〇二　第119龛（北周）

126
127
121
120

128

一〇三 第122窟（北周）及第126、127龛外观
一〇四 第128 龛（隋）
一〇五 第135 龛（西魏）

135

一〇六　第135龛顶部（西魏）
一〇七　第135龛北壁（西魏）
一〇八　第135龛南壁（西魏）
一〇九　第138龛（隋）
一一〇　第146龛（唐）

一一一　第147龛（隋）

一一二　第151窟内景（隋）
一一三　第151窟东壁坐佛（隋）
一一四　第151窟东南角菩萨（隋）
一一五　第151窟东壁弟子（隋）

一一六　第153龛（唐）、第159龛（隋）
一一七　第159龛下供养人（隋）
一一八　第159龛南侧菩萨（隋）
一一九　第159龛南侧弟子（隋)
一二〇　第159龛北侧弟子、菩萨（隋）

一二一　位于寺沟门窟群正中的北石窟——第165窟
一二二　第165窟外景
一二三　第165窟门外北侧天王（北魏）
一二四　第165窟门外南侧天王（北魏）

一二五　第165窟东（正）壁、北壁（北魏）

一二六　第165窟南部（北魏）

一二七 第165窟西（前）部（北魏）

一二八　第165窟东（正）壁（北魏）
一二九　第165窟东壁立佛局部（北魏）
一三〇　第165窟东壁佛身光彩绘（宋～元）
一三一　第165窟东壁主尊左胁侍菩萨（北魏）

一三二　第165窟南壁（北魏）
一三三　第165窟南壁西侧立佛、菩萨（北魏）
一三四　第165窟南壁立佛局部（北魏）

一三五　第165窟南壁东侧立佛（北魏）

一三六　第165窟南壁中间菩萨（北魏）
一三七　第165窟南壁西侧菩萨（北魏）
一三八　第165窟东南角习工巧明（北魏）
一三九　第165窟西南角飞天（北魏）
一四〇　第165窟北壁（北魏）

一四一　第165窟北壁西侧立佛（北魏）
一四二　第165窟北壁西侧立佛、菩萨（北魏）

一四三　第165窟北壁西侧立佛局部（北魏）
一四四　第165窟北壁东侧立佛局部（北魏）
一四五　第165窟北壁中间菩萨（北魏）

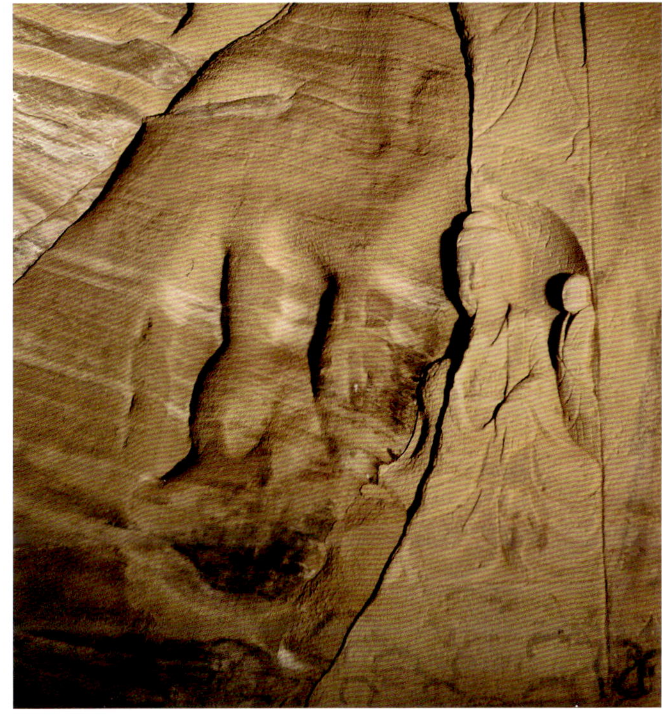

一四六　第165窟东北角菩萨（北魏）
一四七　第165窟北壁西侧菩萨（北魏）
一四八　第165窟西北角上部龛像（北魏）

一四九　第165窟西壁南侧骑象菩萨（北魏）
一五〇　第165窟西壁北侧阿修罗（北魏）

一五一　第165窟西壁骑象菩萨局部（北魏）

一五二　第165窟西壁阿修罗局部（北魏）
一五三　第165窟西壁阿修罗右侧头部（北魏）
一五四　第165窟西壁阿修罗左侧头部（北魏）
一五五　第165窟西壁南侧（北魏）
一五六　第165窟西壁北侧（北魏）

一五七　第165窟西壁南侧弥勒菩萨（北魏）

一五八　第165窟西壁南侧弥勒菩萨（北魏）
一五九　第165窟西壁北侧弥勒菩萨（北魏）
一六〇　第165窟窟门南侧线刻供养人（元）
一六一　第165窟窟门北侧小龛（西魏）

一六二　第165窟窟顶北披26号区浮雕故事（北魏）

一六三　第165窟东南角上部27号区浮雕猕猴献宝等（北魏）
一六四　第165窟窟顶西披南侧舍身饲虎图（北魏）
一六五　第165窟窟顶西披北侧舍身饲虎图（北魏）

一六六　第165窟窟顶西披上层飞天供宝（北魏）

一六七　第165窟窟顶西披舍身饲虎图局部（北魏）

一六八　第165窟西壁上层浮雕千佛（北魏）

一六九　第165窟窟顶西披舍身饲虎图局部（北魏）

一七〇　第165窟窟顶西披舍身饲虎图局部（北魏）

一七一　第165窟窟顶西披中层浮雕故事局部（北魏）

一七二　第165窟明窗南壁局部（宋）
一七三　第165窟明窗南壁部分罗汉（宋）
一七四　第165窟明窗北壁局部（宋）
一七五　第165窟明窗北壁部分罗汉（宋）

一七六　第165窟明窗北壁部分罗汉（宋）
一七七　第165窟明窗北壁罗汉龛（宋）

一七八　第165窟坛基砖雕（宋～元）

一七九　第168龛（唐）
一八〇　第169龛（唐）

一八一 第171龛（唐）
一八二 第173、174龛（唐）

一八三　第178窟外观（隋）
一八四　第178窟北（正）壁造像（隋）
一八五　第178窟东侧菩萨、弟子（隋）
一八六　第178窟西壁弟子、菩萨（隋）

一八七　第184龛（北周）
一八八　第194龛（北周）
一八九　第191龛（西魏）
一九〇　第199龛（西魏）

一九一　第200龛（隋）
一九二　第204龛（北周）
一九三　第202龛（西魏）
一九四　第206龛（西魏）

一九五　第208龛（北周）
一九六　第210窟外观（唐）
一九七　第210窟南壁（唐）
一九八　第210窟北壁（唐）

一九九　第211龛（西魏）
二〇〇　第221龛（隋）
二〇一　第222窟及附近窟龛外景

二〇二　第222窟内景（唐）
二〇三　第222窟东（正）壁倚坐佛、弟子、菩萨（唐）

二〇四　第222窟东壁倚坐佛、弟子、菩萨（唐）
二〇五　第222窟东壁南侧弟子局部（唐）
二〇六　第222窟东壁南侧菩萨局部（唐）
二〇七　第222窟东壁北侧弟子局部（唐）
二〇八　第222窟东壁北侧菩萨局部（唐）

222-01

222-01
222-01

222-36

222-36

二〇九　第222窟南壁（唐）
二一〇　第222窟南壁上层222-3号龛（唐）
二一一　第222窟南壁部分龛像（唐）
二一二　第222窟北壁（唐）

222-08
222-09
222-10
222-13
222-14
222-15
222-16
222-17
222-24
222-25
222-26

二一三　第222窟北壁222-49、50号龛（唐）

二一四　第222窟北壁222-42号龛（唐）

二一五　第222窟西壁南侧部分龛像（唐）

二一六　第222窟西壁北侧（唐）

222-20
222-21
222-30

222-52
222-51
222-48
222-60

二一七　第222窟西壁北侧222-52号龛（唐）

二一八　第222窟西壁北侧222-56～58号龛（唐）

二一九　第222窟甬道南壁半跏坐菩萨（宋）

二二〇　第222窟甬道北壁半跏坐菩萨（宋）

二二一　第224龛（隋）

二二二　第225龛（西魏～隋）

二二三　第227龛（西魏）

二二四　第229窟及周围诸龛外观

二二五　第229窟东（正）壁佛龛（北魏）

二二六　第229窟东壁佛座供养人（北魏）
二二七　第229窟南壁佛龛（北魏）
二二八　第229窟北壁佛龛（北魏）

二二九　第229窟北壁佛座供养人（北魏）
二三〇　第230龛（北周）

二三一 第234龛（唐）

二三二　第237龛东（正）壁佛龛（北魏）

二三三　第237龛东壁龛内南侧菩萨（北魏）
二三四　第237龛东壁龛内北侧菩萨（北魏）
二三五　第237龛东壁龛外北侧莲花化生（北魏）

二三六　第237龛东壁南侧供养人（北魏）
二三七　第237龛东壁北侧供养人（北魏）
二三八　第237龛北壁供养人（北魏）
二三九　第237龛南壁上部飞天（北魏）
二四〇　第237龛南壁下部力士（北魏）

二四一　第240窟窟门（北周）

二四二　第240窟东（正）壁（北周～清）
二四三　第240窟北壁、东壁（北周～清）
二四四　第240窟南壁（北周）
二四五　第240窟南壁坐佛局部（北周）

二四六　第240窟南壁西侧菩萨（北周）

二四七　第240窟南壁西侧菩萨（北周）
二四八　第240窟南壁东侧菩萨（北周）

二四九　第240窟北壁（北周）

二五〇　第240窟北壁坐佛局部（北周）

二五一　第240窟北壁西侧菩萨局部（北周）

二五二　第240窟西壁南侧240–1号龛（唐～清）
二五三　第240窟西壁南侧240–2号龛（唐～清）
二五四　第240窟西壁北侧240–3号龛（唐）
二五五　第240窟西壁北侧240–4号龛（唐～清）
二五六　第240窟西壁门上方壁画（隋）
二五七　第240窟门外南侧力士（北周）
二五八　第240窟门外北侧力士（北周）

二五九　第242龛（隋）
二六〇　第243窟东（正）壁（唐）

二六一　第244窟（北魏）
二六二　第244窟东（正）壁
　　　　龛顶飞天（北魏）

二六三　第244窟北壁供养人（北魏）

二六四　第244窟北壁供养人（北魏）

二六五　第246龛（唐）
二六六　第248龛（隋）

二六七 第250龛东（正）壁龛顶飞天（北魏）

二六八　第253窟东（正）壁（唐）
二六九　第253窟南壁（唐）
二七〇　第253窟北壁（唐）

二七一　第254龛东（正）壁坐佛（唐）
二七二　第254龛南壁（唐）
二七三　第254龛北壁（唐）

二七四　第256窟东南角上层256–2号龛（唐）
二七五　第256窟东南角下层256–3号龛（唐）

二七六　第256窟南壁（唐）
二七七　第256窟下层256-4号龛（唐）

二七八　第257窟北壁（唐）

二七九　第257窟甬道南壁力士（唐）

二八〇　第263窟东（正）壁南侧（唐）

二八一　第263窟东壁北侧（唐）
二八二　第263窟东壁坐佛局部（唐）

二八三　第263窟东壁北侧弟子局部（唐）
二八四　第263窟东壁北侧菩萨局部（唐）

二八五 第263窟南壁（唐）

二八六　第263窟东壁北侧彩绘（元）
二八七　第263窟东壁佛背光彩绘（唐）
二八八　第263窟东壁佛座彩绘（唐）
二八九　第264龛（唐）

二九〇　第267窟及附近窟龛外景

二九一　第267窟中央主尊倚坐弥勒佛（唐）

二九二　第267窟东（正）壁立佛（唐）

二九三　第267窟北壁立佛、菩萨（唐）
二九四　第267窟北壁立佛、力士（唐）
二九五　第267窟北壁、东壁立佛（唐）
二九六　第268龛（唐）

二九七　第294窟（娘娘庙）外观
二九八　第294窟东（正）壁（清）
二九九　第294窟南壁上部壁画（清）
三〇〇　第294窟南壁中部壁画（清）

三〇一　楼底村石窟（北1号窟）外景

三〇二　楼底村石窟西（正）壁立佛、菩萨（北魏）

三〇三　楼底村石窟北壁部分龛像（北魏）

三〇四　楼底村石窟北壁下层西侧龛（北魏）

三〇五　楼底村石窟北壁下层东侧龛（北魏）

三〇六　楼底村石窟南壁东侧浮雕思惟菩萨（北魏）

三〇七　楼底村石窟南壁东侧浮雕飞天（北魏）

三〇八　楼底村石窟中心柱东（正）面上层龛内坐佛（北魏）

三〇九　楼底村石窟中心柱东面上层龛内菩萨（北魏）

三一〇　楼底村石窟中心柱东面大龛（北魏）

三一一　楼底村石窟中心柱东面大龛内北侧菩萨（北魏）
三一二　楼底村石窟中心柱东面浮雕俯首象（北魏）
三一三　楼底村石窟中心柱东面龛楣北端回首龙（北魏）

三一四　楼底村石窟中心柱东面浮雕俯首马、飞天（北魏）
三一五　楼底村石窟中心柱东面龛楣浮雕（北魏）
三一六　楼底村石窟中心柱东面龛楣浮雕思惟菩萨（北魏）

三一七　楼底村石窟中心柱东面龛楣供养菩萨、弟子（北魏）

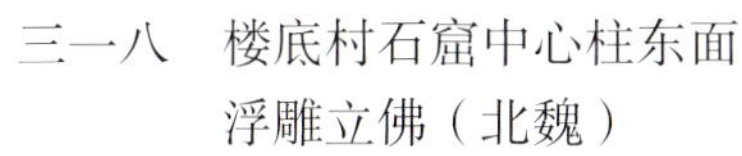

三一八　楼底村石窟中心柱东面浮雕立佛（北魏）

三一九　楼底村石窟中心柱南面大龛坐佛（北魏）

三二〇　楼底村石窟中心柱南面龛楣西端（北魏）

三二一　楼底村石窟中心柱南面龛楣东端（北魏）

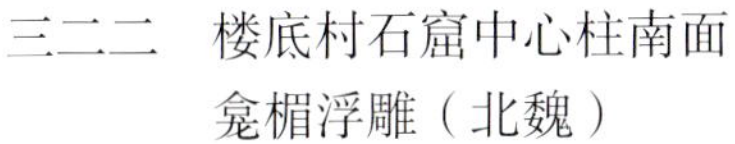

三二二　楼底村石窟中心柱南面
　　　　龛楣浮雕（北魏）

三二三　楼底村石窟中心柱南面
　　　　大龛东侧弟子（北魏）

三二四　楼底村石窟中心柱西面
　　　　大龛坐佛、菩萨（北魏）

三二五　楼底村石窟中心柱西面
　　　　上部（北魏）

三二六　楼底村石窟中心柱西面
　　　　龛楣端北端回首龙（北魏）

三二七　楼底村石窟中心柱西面大龛南侧（北魏）
三二八　楼底村石窟中心柱西面大龛北侧（北魏）

三二九　楼底村石窟中心柱北面大龛内坐佛、菩萨（北魏）
三三〇　楼底村石窟中心柱北面大龛东侧菩萨（北魏）

三三一　楼底村石窟中心柱北面龛楣局部（北魏）
三三二　楼底村石窟中心柱北面龛楣局部（北魏）

三三三　楼底村石窟中心柱北面龛楣局部（北魏）

三三四　楼底村石窟中心柱北面龛楣东端回首龙（北魏）

三三五　楼底村石窟中心柱北面龛楣西端回首龙（北魏）

三三六　石道坡石窟外景

三三七　石道坡石窟第1窟东（正）壁（唐）

三三八 石道坡石窟第2龛东（正）壁（唐）

三三九 石道坡石窟第6龛（唐）

三四〇　花鸨崖石窟外景
三四一　花鸨崖石窟第1窟顶部彩绘（元）
三四二　花鸨崖石窟第1窟东（正）壁（唐）

三四三　花鸨崖石窟第2龛（唐）

三四四　花鸨崖石窟第3窟东（正）壁（唐）
三四五　花鸨崖石窟第3窟南壁（唐）
三四六　花鸨崖石窟第3窟北壁（唐）

三四七　石崖东台石窟外景
三四八　石崖东台石窟第1龛（唐）
三四九　石崖东台石窟第2窟东（正）壁立佛（唐）
三五〇　石崖东台石窟第2窟北壁（唐）
三五一　石崖东台石窟第4窟北壁坐佛、力士（唐）

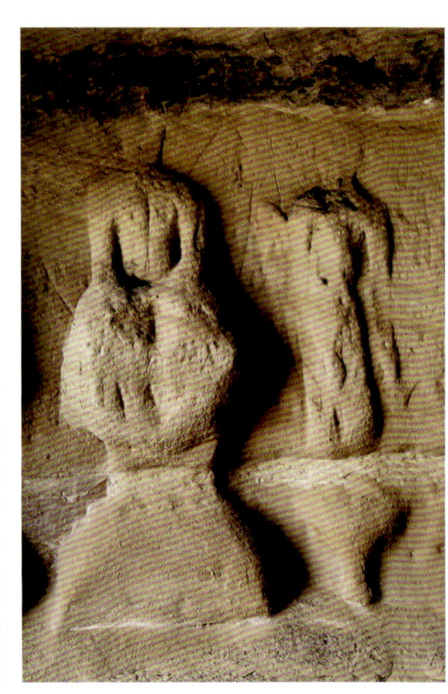

三五二　石崖东台石窟第3龛（唐）

三五三　石崖东台石窟第4窟窟口（唐）

三五四　石崖东台石窟第4窟南壁（唐）

三五五　石崖东台石窟第4窟北壁坐佛、菩萨（唐）

崇寧二年二月念三日清明
邑令高道華挈家遊此
敬礼如来抵暮還邑
男壽翁侍行

三五六　宋崇宁二年（1103）题记

三五七　宋政和戊戌年（1118）题记

三五八　宋宣和五年（1123）题记

三五九　宋建炎戊申年（1128）宋万年题记

三六〇　宋绍兴庚申年（1140）题记

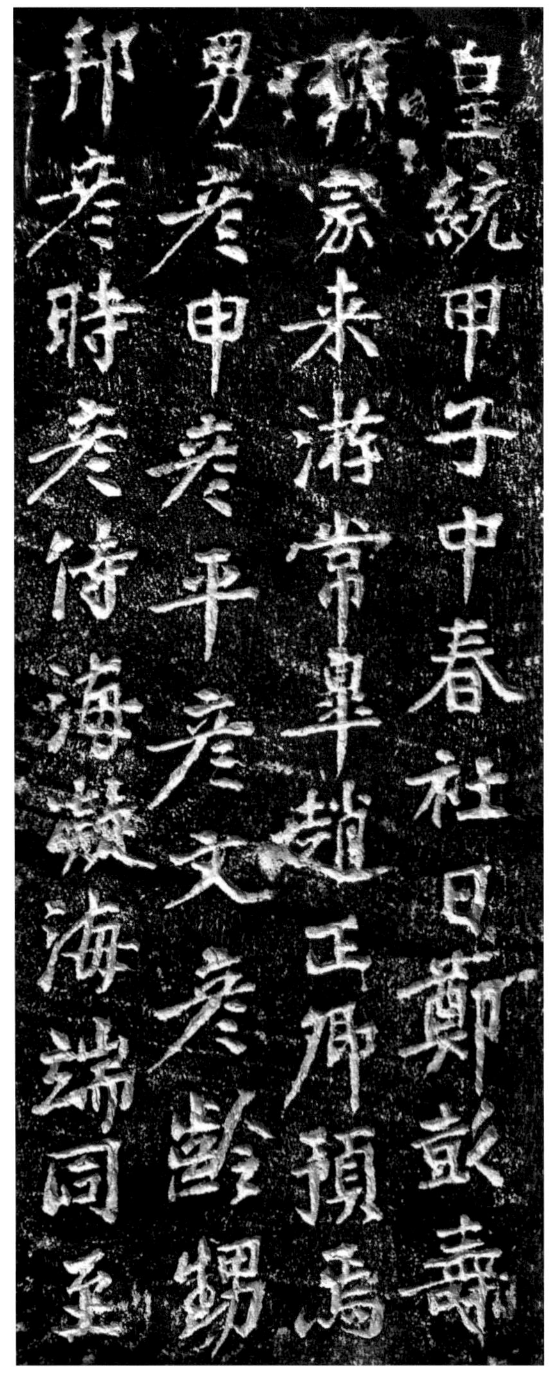

三六一　金皇统甲子年（1144）题记
三六二　金皇统丁卯年（1147）庞仲由题记

三六三　金代题记

三六四　元延祐七年（1320）宗派图碑记
三六五　明正德元年（1506）题记

后　记

位居陇东的北石窟寺在中国石窟艺术中占有重要的位置。半个世纪以来，学术界在造像内容、历史背景、文物保护等方面对北石窟寺的研究取得了众多成果，但一直以来没有一部比较完整、细致的内容总录，在很大程度上影响了研究的深入。经过五年多时间的整理编撰，新编《庆阳北石窟寺内容总录》(下简称《总录》) 一书付梓在即，我们由衷感到欣慰！

新编《总录》经历了半个世纪的不断调查、探讨和积累才得以完备，是全所同志们辛勤工作的结晶，也是成立文管所以来对北石窟文化遗产调查与研究的总结。霍熙亮先生于 1961 年第一次调查北石窟寺后，整理编写了《庆阳寺沟石窟勘察记录》，其中主要内容为《庆阳寺沟石窟编号及其内容》，但仅有油印稿，未正式出版。1985 年甘肃省文物工作队和庆阳北石窟寺文管所编成调查报告《庆阳北石窟寺》一书，由文物出版社出版，附录中收入《庆阳北石窟寺内容总录》一文。这两部书内容相对较简略。2003 年，按照全国重点文物保护单位建立规范的文物档案的统一要求，在甘肃省文物考古研究所张宝玺先生的指导下，我们组织业务人员在原有记录的基础上，对所有窟龛重新核对、记录整理。之后许多专家建议我们重新编撰北石窟寺内容总录，特别是北京大学马世长先生，认为扎扎实实做好内容总录非常重要，是一项坚实的基础工作，务必高度重视。2007 年 7 月，正式开始了新编《总录》的编撰工作。在前人研究成果的基础上，我们力求准确、完整、全面地记录文物信息和现状，校核补充遗漏内容，为今后开展保护、研究和利用，提供翔实可靠的资料。北石窟寺文物保护研究所所长、副研究馆员宋文玉担任编撰工作的总负责人和执笔人，在四川大学历史文化学院考古学系讲师董华锋（时为兰州大学敦煌研究所博士研究生）的配合下，将以前收集整理的资料，按照原来的洞窟编号顺序，边整理边测绘边校对边补正，并增加了 13 个窟龛的编号记录，完成了《总录》的初稿。其后，宋文玉在工作之余逐窟逐龛进行了核对补充，并经多位专家进行审查修改。2011 年，在本所职工的配合下，田秀茂用了七个多月的时间，完成了全部窟龛线图测绘工作。2012 年，完成了本书的校对和编撰工作。

本书在编撰过程中，得到了多方面的关心和帮助，国家文物局及甘肃省文化厅、省文物局给予了大力支持，将编撰出版《总录》作为一项科研成果，予以立项，给予经费支持和业务指导；甘肃省文化厅副厅长、文物局局长杨惠福亲自为之作序；北京大学文博学院教授马世长多次询问，审阅文稿，并撰写了序言；西安美术学院中国艺术与考古研究所副教授于春两次到北石窟寺，帮助核对记录，校审文稿，对部分窟龛的断代提出了新的见解和宝贵意见；甘肃省考古所研究员张宝玺和麦积山石窟艺术研究所副所长、研究员魏文斌承担本书编撰顾问和审稿工作，提出了许多宝贵意见；北京理工大学教授陈悦新为本书的编撰提供了许多参考资料；敦煌研究院副研究员霍秀峰为我们捐献出其父霍熙亮先生1961年调查时所记录的原始资料；北京东方道迩信息技术股份有限公司免费采用激光三维扫描技术测绘了庆阳北石窟寺第165窟，为我们提供了准确的测绘线描图；泾川县王母宫石窟文管所所长陈善学和南石窟寺文管所所长曹应强，为我们提供了有关南石窟寺的资料。对以上诸位领导、专家学者和同仁们的关心指导、鼎力支持和热心帮助，在此表示衷心感谢！

本书执笔人：宋文玉、董华锋、米万忠等；统稿：宋文玉；顾问兼审稿：张宝玺、魏文斌；摄影：宋文玉、张宝玺、米万忠；测绘制图：田秀茂、米万忠等；先后参与资料整理的有詹社红、张乃辉、崔惠萍、周强、白京平、王荟莉、宋龙、南煜锋、卜小翠、金军及庆阳市博物馆副馆长张驰等。

由于水平和学识所限，本书的错误与疏漏在所难免，希望各位领导、专家、学者、文物界同仁以及广大读者予以指正。

编 者

2012年12月1日